税法
一本通

法规应用研究中心 编

中国法制出版社

编辑说明

"法律一本通"系列丛书自2005年出版以来，以其科学的体系、实用的内容，深受广大读者的喜爱。2007年、2011年、2014年、2016年、2018年、2019年、2021年我们对其进行了改版，丰富了其内容，增强了其实用性，博得了广大读者的赞誉。

我们秉承"以法释法"的宗旨，在保持原有的体例之上，今年再次对"法律一本通"系列丛书进行改版，以达到"应办案所需，适学习所用"的目标。新版丛书具有以下特点：

1. 丛书以主体法的条文为序，逐条穿插关联的现行有效的法律、行政法规、部门规章、司法解释、请示答复和部分地方规范性文件，以方便读者理解和适用。

2. 丛书紧扣实践和学习两个主题，在目录上标注了重点法条，并在某些重点法条的相关规定之前，对收录的相关文件进行分类，再按分类归纳核心要点，以便读者最便捷地查找使用。

3. 丛书紧扣法律条文，在主法条的相关规定之后附上案例指引，收录最高人民法院、最高人民检察院指导性案例、公报案例以及相关机构公布的典型案例的裁判摘要、案例要旨或案情摘要等。通过相关案例，可以进一步领会和把握法律条文的适用，从而作为解决实际问题的参考。并对案例指引制作索引目录，方便读者查找。

4. 丛书以脚注的形式，对各类法律文件之间或者同一法律文件不同条文之间的适用关系、重点法条疑难之处进行说明，以便读者系统地理解我国现行各个法律部门的规则体系，从而更好地为教学科研和司法实践服务。

5. 丛书结合二维码技术的应用为广大读者提供增值服务，扫描前勒口二维码，即可免费部分使用中国法制出版社推出的【法融】数据库。【法融】数据库中"国家法律法规"栏目便于读者查阅法律文件准确全文及效力，"最高法指导案例"和"最高检指导案例"两个栏目提供最高人民法院和最高人民检察院指导性案例的全文，为读者提供更多增值服务。

简 目

一、税务管理
中华人民共和国税收征收管理法 …………………… 1(1)

二、货物和劳务税
中华人民共和国增值税暂行条例 …………………… 6(115)
中华人民共和国消费税暂行条例 …………………… 7(170)
中华人民共和国车辆购置税法 ……………………… 8(188)
中华人民共和国关税法 ……………………………… 9(196)

三、所得税
中华人民共和国企业所得税法 ……………………… 12(259)
中华人民共和国个人所得税法 ……………………… 16(322)

四、财产和行为税
中华人民共和国房产税暂行条例 …………………… 17(399)
中华人民共和国城镇土地使用税暂行条例 ………… 17(405)
中华人民共和国城市维护建设税法 ………………… 18(414)
中华人民共和国印花税法 …………………………… 19(421)
中华人民共和国资源税法 …………………………… 20(434)
中华人民共和国土地增值税暂行条例 ……………… 20(448)
中华人民共和国车船税法 …………………………… 21(468)
中华人民共和国烟叶税法 …………………………… 22(507)
中华人民共和国契税法 ……………………………… 22(509)
中华人民共和国耕地占用税法 ……………………… 23(527)
中华人民共和国环境保护税法 ……………………… 24(542)
中华人民共和国船舶吨税法 ………………………… 25(568)

附录
本书所涉文件目录 …………………………………… 26(575)

1

目　录

一、税务管理

中华人民共和国税收征收管理法

第一章　总　则

第 一 条【立法目的】…………………………………… 2
第 二 条【适用范围】…………………………………… 2
★ 第 三 条【依法进行税收工作】………………………… 2
★ 第 四 条【纳税人、扣缴义务人】……………………… 3
第 五 条【主管部门及其权限】………………………… 4
第 六 条【加强税收征收管理信息系统的现代化建设】…… 5
第 七 条【税收宣传】…………………………………… 5
★ 第 八 条【纳税主体的权利】…………………………… 5
第 九 条【税务机关加强队伍建设】…………………… 8
第 十 条【税务机关建立、健全内部制约和监督管理
　　　　　制度】………………………………………… 8
第十一条【工作人员职责明确、相互分离、相互制约】…… 9
第十二条【税务人员回避】……………………………… 9
第十三条【公众的检举权】……………………………… 9
第十四条【税务机关的范围】…………………………… 24

第二章 税务管理

第一节 税务登记

★ 第十五条【税务登记】 …………………………… 24
第十六条【变更、注销税务登记】 ………………… 30
第十七条【纳税主体将全部账号向税务机关报告
义务】 ………………………………………… 33
第十八条【税务登记证件】 ………………………… 33

第二节 账簿、凭证管理

★ 第十九条【设置账簿】 …………………………… 34
第二十条【须报送税务机关备案内容】 …………… 36
★ 第二十一条【发票主管机关】 …………………… 36
第二十二条【发票印制】 …………………………… 38
第二十三条【税控装置】 …………………………… 41
第二十四条【账簿、记账凭证、完税凭证及其他资料
的保管】 ……………………………………… 41

第三节 纳税申报

★ 第二十五条【纳税申报】 ………………………… 41
第二十六条【申报方式】 …………………………… 44
第二十七条【延期申报】 …………………………… 44

第三章 税款征收

第二十八条【税务机关依法征收税款】 …………… 45
第二十九条【非法定机关不得进行税款征收活动】 ……… 54
第三十条【扣缴义务人依法履行代扣、代收税款的
义务】 ………………………………………… 54

第三十一条【税收征收期限】………………………… 54
第三十二条【滞纳金】………………………………… 55
第三十三条【依法书面申请减税、免税】…………… 55
第三十四条【开具完税凭证】………………………… 57
第三十五条【税务机关有权核定其应纳税额】……… 57
第三十六条【分支机构与关联企业的业务往来的应纳税额】………………………………………… 58
第三十七条【未依法办理税务登记的纳税人的应纳税额】………………………………………… 58
第三十八条【税收保全措施】………………………… 58
第三十九条【未及时解除税收保全措施的赔偿责任】… 59
★ 第四十条【强制执行措施】…………………………… 59
第四十一条【税收保全和强制执行主体】…………… 61
第四十二条【依法采取税收保全和强制执行措施】… 61
第四十三条【违法采取保全、强制执行措施的责任】… 61
★ 第四十四条【阻止欠缴纳税主体的出境】…………… 62
★ 第四十五条【税收优先于无担保债权】……………… 70
第四十六条【纳税人设定抵押、质押的欠税情形说明】… 71
第四十七条【开付收据和开付清单】………………… 71
第四十八条【纳税人合并、分立情形向税务机关报告义务】………………………………………… 72
第四十九条【欠税额较大的纳税人处分财产前的报告义务】………………………………………… 72
第五十条【税务机关行使代位权、撤销权】………… 72
第五十一条【超过应纳税额缴纳的税款的退还】…… 72
第五十二条【补缴税款】……………………………… 73
第五十三条【税款缴入国库】………………………… 73

3

第四章 税务检查

★ 第五十四条【税务检查范围】 ………………………… 74
  第五十五条【依法采取税收保全措施或者强制执行
         措施】 ………………………………………… 76
  第五十六条【依法接受税务检查】 …………………… 77
  第五十七条【税务机关的调查权】 …………………… 77
  第五十八条【税务机关记录、录音、录像、照相和复
         制权】 ………………………………………… 78
  第五十九条【税务机关进行税务检查应出示税务检查
         证和税务检查通知书】 …………………… 78

第五章 法律责任

★ 第 六 十 条【纳税人的行政处罚】 …………………… 81
  第六十一条【扣缴义务人的行政处罚】 ……………… 84
  第六十二条【未按规定纳税申报和报送纳税资料的
         处罚】 ………………………………………… 84
  第六十三条【纳税主体虚假作账的责任承担】 ……… 84
  第六十四条【编造虚假计税依据，不依法纳税申报的责任】 … 95
  第六十五条【转移或者隐匿财产逃避纳税的责任承担】 … 95
  第六十六条【骗取国家出口退税款的责任承担】 …… 96
  第六十七条【抗税的责任承担】 ……………………… 99
  第六十八条【欠缴少缴税款的责任承担】 …………… 99
  第六十九条【扣缴义务人的责任承担】 ……………… 100
  第 七 十 条【逃避、拒绝税务机关检查的责任承担】 … 100
  第七十一条【非法印制发票的责任承担】 …………… 100
  第七十二条【收缴发票或者停止向其发售发票】 …… 104
  第七十三条【金融机构妨碍税收工作的责任承担】 … 105

第七十四条【二千元以下罚款可由税务所决定】………… 105

第七十五条【涉税罚没收入依法上缴国库】…………… 105

第七十六条【非法改变税收征管范围的责任承担】…… 105

第七十七条【纳税主体逃避税款的刑事责任】………… 105

第七十八条【未经委托非法征收税款的责任承担】…… 106

第七十九条【查封、扣押纳税人生活必需品的责任
承担】………………………………………… 106

第 八 十 条【税务人员与纳税主体勾结逃税的责任】…… 107

第八十一条【税务人员受贿的责任承担】……………… 107

第八十二条【税务人员违法行为的责任承担】………… 108

第八十三条【违法征收或摊派税款的行政责任】……… 109

第八十四条【违法作出税收决定的责任承担】………… 109

第八十五条【违反回避规定的处罚】…………………… 110

第八十六条【执行时效】………………………………… 110

第八十七条【工作人员违反保密义务的处罚】………… 110

第八十八条【救济方式】………………………………… 110

第六章 附 则

第八十九条【纳税人、扣缴义务人的委托权】………… 111

第 九 十 条【适用除外规定】…………………………… 111

第九十一条【条约、协定优先原则】…………………… 112

第九十二条【追溯力】…………………………………… 112

第九十三条【国务院依法制定实施细则】……………… 112

第九十四条【施行日期】………………………………… 112

二、货物和劳务税

中华人民共和国增值税暂行条例

★ 第 一 条【纳税义务人和征税范围】…………… 115
★ 第 二 条【税率】…………… 118
　 第 三 条【增值税兼营的规定】…………… 124
★ 第 四 条【应纳税额的计算】…………… 124
　 第 五 条【销项税额的计算】…………… 124
　 第 六 条【销售额】…………… 125
　 第 七 条【主管税务机关核定销售额的情形】…………… 130
　 第 八 条【进项税额的计算】…………… 131
　 第 九 条【进项税额不得从销项税额中抵扣的情形】…………… 133
★ 第 十 条【不得抵扣的项目】…………… 133
　 第十一条【小规模纳税人的应纳税额】…………… 135
　 第十二条【小规模纳税人的适用税率】…………… 136
　 第十三条【小规模纳税人以外的纳税人的认定】…………… 140
　 第十四条【组成计税价格和应纳税额的计算】…………… 146
★ 第十五条【免征增值税的项目】…………… 146
　 第十六条【免税、减税的情形】…………… 151
　 第十七条【增值税起征点】…………… 151
　 第十八条【扣缴义务人】…………… 151
　 第十九条【纳税义务的发生时间】…………… 152
　 第二十条【征税机关】…………… 153
　 第二十一条【不得开具增值税专用发票的情形】…………… 153
　 第二十二条【纳税地点、纳税申报】…………… 166

第二十三条【纳税期限】 …………………………… 167

第二十四条【进口货物的纳税规定】 ………………… 168

第二十五条【出口货物的退（免）税规定】 ………… 168

第二十六条【征收管理】 ……………………………… 169

第二十七条【缴纳增值税】 …………………………… 169

第二十八条【生效日期】 ……………………………… 169

中华人民共和国消费税暂行条例

★ 第 一 条【纳税义务人和征税范围】 ……………… 170
★ 第 二 条【税目、税率】 …………………………… 171
  第 三 条【消费税兼营的规定】 …………………… 173
  第 四 条【消费税的纳税时间】 …………………… 173
★ 第 五 条【应纳税额的计算】 ……………………… 175
  第 六 条【销售额】 ………………………………… 178
  第 七 条【纳税人自产自用的应税消费品的纳税
         计算】 ……………………………………… 180
  第 八 条【委托加工的应税消费品的纳税计算】 … 181
  第 九 条【进口应税消费品的纳税计算】 ………… 182
  第 十 条【纳税的核定】 …………………………… 183
★ 第十一条【免税】 …………………………………… 183
  第十二条【征税机关】 ……………………………… 184
  第十三条【纳税申报】 ……………………………… 184
  第十四条【纳税期限】 ……………………………… 185
  第十五条【进口应税消费品的税款征缴】 ………… 185
★ 第十六条【征收管理】 ……………………………… 185
  第十七条【施行日期】 ……………………………… 186

中华人民共和国车辆购置税法

  第 一 条【纳税义务人】……………………… 188
  第 二 条【购置的含义】……………………… 188
  第 三 条【一次性征收制度】………………… 188
★ 第 四 条【税率】……………………………… 188
  第 五 条【应纳税额的计算】………………… 188
★ 第 六 条【计税价格】………………………… 189
  第 七 条【最低计税价格】…………………… 189
  第 八 条【以外汇结算时应折合成人民币计算】………… 190
★ 第 九 条【免税、减税范围】………………… 190
  第 十 条【征税机关】………………………… 193
  第十一条【纳税申报的地点】………………… 193
  第十二条【纳税申报的时间】………………… 194
  第十三条【车辆登记注册】…………………… 194
★ 第十四条【免税、减税的例外情形】………… 194
  第十五条【申请退税情形】…………………… 195
  第十六条【信息共享机制】…………………… 195
  第十七条【征收管理】………………………… 195
  第十八条【法律责任】………………………… 195
  第十九条【施行日期】………………………… 195

中华人民共和国关税法

第一章 总　　则

第 一 条【立法目的】 ………………………… 196
第 二 条【适用范围】 ………………………… 196
★ 第 三 条【纳税人、扣缴义务人】……………… 197
第 四 条【税目、税率】 ……………………… 197
★ 第 五 条【个人自用进境物品的征税】 ………… 197
★ 第 六 条【坚持中国共产党的领导】 …………… 198
第 七 条【关税税则委员会】 ………………… 198
第 八 条【保密义务】 ………………………… 198

第二章 税目和税率

第 九 条【税目组成及适用规则】 ……………… 199
第 十 条【税率的种类】 ……………………… 199
第十一条【原产地规则】 ……………………… 199
第十二条【税率的适用（一）】 ………………… 200
第十三条【税率的适用（二）】 ………………… 200
第十四条【实行关税配额管理的进口货物的税率的适用】 … 201
第十五条【税率的调整】 ……………………… 201
第十六条【采取反倾销、反补贴、保障措施的进口货
　　　　　物的税率的适用】 ………………… 202
第十七条【对等原则】 ………………………… 208
第十八条【报复性关税税率】 ………………… 208
第十九条【较高税率的适用】 ………………… 209

第 二 十 条【进出口货物、进境物品的税率的适用】…… 209

第二十一条【适用纳税人、扣缴义务人办理纳税手续
之日实施的税率的情形】…………… 209

第二十二条【补征或者退还关税税款的税率的适用】…… 210

第三章 应纳税额

第二十三条【关税的计征方式】………… 210

第二十四条【进口货物的计税价格、成交价格】………… 210

第二十五条【进口货物计入计税价格的费用】………… 213

★ 第二十六条【进口货物不计入计税价格的费用】…… 216

第二十七条【进口货物估定计税价格】………… 217

第二十八条【进口货物估定计税价格应当扣除的项目】…… 220

第二十九条【出口货物计税价格、成交价格】………… 221

第 三 十 条【出口货物估定计税价格】………… 222

★ 第三十一条【海关有权确定计税价格、商品归类和原
产地】………… 223

第四章 税收优惠和特殊情形关税征收

第三十二条【免征关税的情形】………… 223

第三十三条【减征关税的情形】………… 225

第三十四条【关税专项优惠政策】………… 225

第三十五条【补缴税款】………… 225

第三十六条【保税货物的关税征收】………… 238

第三十七条【暂时进出境货物的关税征收】………… 238

第三十八条【其他暂时进境的货物的关税征收】………… 240

★ 第三十九条【复运进出境不征收进口关税的情形】……… 240

第 四 十 条【重新征收关税】………… 241

第五章 征收管理

- ★ 第四十一条【关税征收管理模式】 ……………… 241
- 第四十二条【申报纳税】 ……………… 241
- 第四十三条【缴纳税款】 ……………… 242
- 第四十四条【提供担保】 ……………… 243
- ★ 第四十五条【海关有权确认应纳税额】 ……… 248
- ★ 第四十六条【对少征或者漏征税款的处理】 …… 249
- 第四十七条【对走私行为的处理】 ……………… 250
- 第四十八条【对海关监管货物少征或者漏征税款的处理】 ……………… 250
- ★ 第四十九条【限制出境】 ……………… 251
- ★ 第 五 十 条【强制执行措施】 ……………… 251
- ★ 第五十一条【多征税款的退还】 ……………… 252
- 第五十二条【纳税人申请退还关税的情形】 ……… 252
- 第五十三条【加算银行同期活期存款利息】 ……… 253
- 第五十四条【反规避措施】 ……………… 253
- 第五十五条【报关企业的责任】 ……………… 253
- 第五十六条【海关监管货物损毁或者灭失的纳税责任】 …… 254
- 第五十七条【纳税人合并、分立或资产重组】 …… 254
- ★ 第五十八条【税款优于无担保债权和罚款】 …… 254
- 第五十九条【入库、退库】 ……………… 255
- 第 六 十 条【税款等以人民币计算】 ……………… 255
- 第六十一条【海关有权查询涉及关税的信息】 …… 255

第六章 法律责任

- 第六十二条【对纳税人不依法纳税的处理】 ……… 255

11

第六十三条【对纳税人妨碍海关追征欠缴税款的
　　　　　处理】 ·· 256
第六十四条【对扣缴义务人不依法征税的处理】·········· 256
第六十五条【对其他不依法纳税、征税行为的处理】······ 256
第六十六条【申请行政复议及提起行政诉讼】············ 256
第六十七条【对泄露个人信息的处理】···················· 257
第六十八条【刑事责任】···································· 257

第七章　附　　则

第六十九条【与海南自由贸易港法的衔接】············ 257
第 七 十 条【与船舶吨税法的衔接】····················· 258
第七十一条【免税商品零售业务】························· 258
第七十二条【施行日期】···································· 258

三、所得税

中华人民共和国企业所得税法

第一章　总　　则

★　第 一 条【适用范围】···································· 260
　　第 二 条【企业分类及其含义】························· 260
　　第 三 条【缴纳企业所得税的所得范围】··············· 261
★　第 四 条【企业所得税税率】··························· 262

第二章 应纳税所得额

- ★ 第 五 条【应税所得的计算】 ·················· 263
- 第 六 条【企业收入总额】 ····················· 264
- 第 七 条【不征税收入项目】 ··················· 267
- 第 八 条【与收入有关的、合理支出的扣除】 ······ 268
- 第 九 条【公益性捐赠支出的扣除】 ············· 272
- 第 十 条【不得扣除的支出事项】 ··············· 273
- 第 十 一 条【固定资产折旧的扣除】 ············· 274
- 第 十 二 条【无形资产摊销费用的扣除】 ········· 277
- 第 十 三 条【可扣除的长期待摊费用范围】 ······· 278
- 第 十 四 条【投资资产成本不得扣除】 ··········· 279
- 第 十 五 条【存货成本的扣除】 ················· 280
- 第 十 六 条【转让资产净值的扣除】 ············· 281
- 第 十 七 条【境外亏损不得抵减境内盈利】 ······· 281
- 第 十 八 条【年度亏损结转】 ··················· 281
- 第 十 九 条【非居民企业应税所得的计算】 ······· 281
- 第 二 十 条【具体办法的授权规定】 ············· 282
- 第二十一条【税收法律优先】 ··················· 282

第三章 应纳税额

- 第二十二条【应纳税额计算方法】 ··············· 283
- 第二十三条【境外缴纳所得税额的抵免】 ········· 283
- 第二十四条【境外法定所得抵免】 ··············· 285

第四章 税收优惠

- 第二十五条【税收优惠的一般规定】 ············· 286

13

★ 第二十六条【免税收入】 …………………………………… 286
★ 第二十七条【免征、减征所得】 ……………………………… 287
　第二十八条【小型微利企业、高新技术企业减征所
　　　　　　得税】 ……………………………………………… 290
　第二十九条【民族自治地方企业所得税的减免】 ………… 294
　第 三 十 条【加计扣除范围】 ………………………………… 295
　第三十一条【创业投资企业应税所得的抵扣】 …………… 299
　第三十二条【企业加速折旧】 ………………………………… 299
　第三十三条【应税所得的减计收入】 ………………………… 299
　第三十四条【企业税额抵免】 ………………………………… 300
　第三十五条【制定税收优惠办法的授权规定】 …………… 301
　第三十六条【专项优惠政策】 ………………………………… 301

第五章　源泉扣缴

　第三十七条【源泉扣缴的条件与执行】 …………………… 302
　第三十八条【非居民企业境内取得工程作业、劳务所
　　　　　　得源泉扣缴时的扣缴义务人】 ………………… 303
　第三十九条【扣缴义务人无法履行扣缴义务时纳税人
　　　　　　所得税的缴纳】 ……………………………… 304
　第 四 十 条【扣缴义务人缴纳代扣方式】 ………………… 304

第六章　特别纳税调整

★ 第四十一条【企业与关联方之间应税收入或所得的
　　　　　　计算】 …………………………………………… 305
　第四十二条【预约定价安排】 ………………………………… 306
　第四十三条【纳税申报的附随义务及协助调查责任】 …… 307

第四十四条【不提供、违规提供与关联方业务往来资料的处理】 ………………………… 307
第四十五条【设立在低税率国家（地区）企业的利润处理】 ………………………… 312
第四十六条【超标利息不得扣除】 ……………………… 313
第四十七条【不合理安排减少所得税的调整】 ………… 314
第四十八条【特别纳税调整补征税款应加收利息】 …… 314

第七章 征收管理

★ 第四十九条【企业所得税的征收管理】 ……………… 315
第 五 十 条【居民企业纳税地点】 ……………………… 315
第五十一条【非居民企业纳税地点】 …………………… 316
第五十二条【禁止合并缴纳所得税】 …………………… 316
第五十三条【企业所得税纳税年度】 …………………… 316
第五十四条【企业所得税缴纳方式】 …………………… 317
第五十五条【企业终止经营活动及清算时所得税的缴纳】 ……………………………… 318
第五十六条【货币计量单位】 …………………………… 320

第八章 附 则

第五十七条【已享受法定优惠企业的过渡性措施】 …… 320
第五十八条【本法与国际税收协定关系】 ……………… 321
第五十九条【制定实施条例的授权规定】 ……………… 321
第 六 十 条【施行日期】 ………………………………… 321

中华人民共和国个人所得税法

- ★ 第 一 条【纳税义务人和征税范围】…………… 322
- ★ 第 二 条【应税所得项目】…………… 325
- 第 三 条【税率】…………… 343
- ★ 第 四 条【免税】…………… 347
- 第 五 条【减税】…………… 350
- 第 六 条【应纳税所得额的计算】…………… 351
- 第 七 条【境外所得】…………… 381
- ★ 第 八 条【纳税调整】…………… 382
- 第 九 条【纳税人与扣缴义务人】…………… 384
- 第 十 条【纳税申报】…………… 384
- 第十一条【综合所得和工资、薪金所得】…………… 390
- 第十二条【经营所得和利息、股息红利所得】…………… 392
- 第十三条【取得应税所得的不同情形】…………… 392
- 第十四条【预扣、代扣税款的处理】…………… 393
- 第十五条【有关部门的职责】…………… 393
- 第十六条【计算单位】…………… 394
- 第十七条【扣缴手续费】…………… 394
- 第十八条【所得开征、减征、停止个人所得税】…………… 394
- 第十九条【法律责任】…………… 396
- 第二十条【征收管理】…………… 397
- 第二十一条【对国务院制定实施条例的授权】…………… 397
- 第二十二条【生效日期】…………… 397

四、财产和行为税

中华人民共和国房产税暂行条例

★ 第 一 条【征税范围】…………………… 399
　第 二 条【纳税义务人】…………………… 399
　第 三 条【房产原值】…………………… 400
　第 四 条【税率】…………………… 401
　第 五 条【免纳房产税的范围】…………… 402
★ 第 六 条【定期减征或免征规定】………… 404
　第 七 条【纳税期限】…………………… 404
　第 八 条【征收管理】…………………… 404
★ 第 九 条【征收机关】…………………… 404
　第 十 条【条例解释】…………………… 404
　第十一条【施行日期】…………………… 404

中华人民共和国城镇土地使用税暂行条例

　第 一 条【立法目的】…………………… 405
★ 第 二 条【纳税范围】…………………… 405
　第 三 条【税额计算】…………………… 407
　第 四 条【年税额】…………………… 407
　第 五 条【税额幅度】…………………… 408

17

第 六 条【免缴土地使用税的情形】 …………… 409
第 七 条【定期减免规定】 ………………… 411
第 八 条【缴税方式】 ……………………… 412
第 九 条【新征收土地的缴税方式】 ………… 412
第 十 条【征税机关】 ……………………… 412
第十一条【征收管理】 ……………………… 412
第十二条【纳入财政预算】 ………………… 412
第十三条【省、自治区、直辖市人民政府依法制定实施办法】 ……………………… 413
第十四条【施行日期】 ……………………… 413

中华人民共和国城市维护建设税法

第 一 条【纳税义务人】 …………………… 414
★ 第 二 条【纳税依据】 …………………… 414
★ 第 三 条【不征收城市维护建设税的情形】 …… 415
第 四 条【税率】 …………………………… 415
第 五 条【应纳税额的计算】 ……………… 416
第 六 条【减征或者免征城市维护建设税的情形】 416
第 七 条【纳税义务的发生时间】 ………… 417
★ 第 八 条【扣缴义务人】 ………………… 418
第 九 条【征税机关】 ……………………… 418
第 十 条【法律责任】 ……………………… 420
第十一条【施行日期】 ……………………… 420

18

中华人民共和国印花税法

  第 一 条【纳税义务人】 …………………………… 421
  第 二 条【应税凭证】 ……………………………… 421
★ 第 三 条【证券交易】 ……………………………… 423
  第 四 条【税目、税率】 …………………………… 423
★ 第 五 条【计税依据】 ……………………………… 423
  第 六 条【未列明金额的计税依据】 ……………… 424
  第 七 条【证券交易的计税依据】 ………………… 425
  第 八 条【应纳税额】 ……………………………… 425
  第 九 条【两个以上税目事项的应纳税额】 ……… 425
  第 十 条【两方以上当事人的应纳税额】 ………… 425
★ 第十一条【合计金额增加的应纳税额】 …………… 425
★ 第十二条【免征印花税的情形】 …………………… 426
  第十三条【征收机关】 ……………………………… 428
  第十四条【扣缴义务人】 …………………………… 429
  第十五条【纳税时间】 ……………………………… 429
★ 第十六条【计征时间】 ……………………………… 429
  第十七条【缴纳方式】 ……………………………… 429
  第十八条【征收管理】 ……………………………… 430
  第十九条【法律责任】 ……………………………… 431
  第二十条【施行日期】 ……………………………… 432

中华人民共和国资源税法

  第 一 条【纳税义务人和应税资源的范围】 …………… 434
★ 第 二 条【税目、税率】 ……………………………… 435
  第 三 条【应纳税额的计算】 ……………………… 435
  第 四 条【税额的适用】 ……………………………… 436
  第 五 条【课税范围】 ………………………………… 438
  第 六 条【减征或者免征资源税的情形】 ………… 439
  第 七 条【授权省、自治区、直辖市决定的情形】 …… 440
  第 八 条【不得减征或者免征资源税的情形】 …… 441
  第 九 条【征税机关】 ………………………………… 441
  第 十 条【纳税义务发生时间】 ……………………… 441
  第十一条【纳税地点】 ………………………………… 442
★ 第十二条【申报缴纳税款】 ………………………… 442
★ 第十三条【法律责任】 ……………………………… 442
★ 第十四条【水资源税】 ……………………………… 442
★ 第十五条【中外合作开采陆上、海上石油资源】 ………… 443
★ 第十六条【本法用语含义】 ………………………… 443
  第十七条【施行日期】 ………………………………… 444

中华人民共和国土地增值税暂行条例

  第 一 条【立法目的】 ………………………………… 448
★ 第 二 条【纳税范围】 ………………………………… 448

第 三 条【土地增值税的计算】................ 449

第 四 条【增值额】................ 449

第 五 条【纳税人转让房地产取得的收入】................ 449

★ 第 六 条【增值额的扣除项目的计算】................ 449

第 七 条【土地增值税实行四级超率累进税率】................ 452

第 八 条【免征土地增值税的情形】................ 452

第 九 条【按照房地产评估价格计算征税的情形】................ 455

第 十 条【纳税申报】................ 456

第十一条【征税机关】................ 457

第十二条【权属变更手续】................ 457

第十三条【征收管理】................ 457

第十四条【条例解释及授权制定实施细则】................ 467

第十五条【施行日期】................ 467

中华人民共和国车船税法

★ 第 一 条【纳税义务人和征税范围】................ 468

★ 第 二 条【适用税额】................ 468

★ 第 三 条【免税的情形】................ 470

第 四 条【特殊原因减税、免税的情形】................ 471

第 五 条【省级政府决定减税、免税的情形】................ 500

第 六 条【扣缴义务人】................ 500

第 七 条【纳税地点】................ 500

第 八 条【纳税义务的发生时间】................ 501

第 九 条【纳税期限】................ 501

★ 第 十 条【征收管理】................ 502

第十一条【征收管理依据】 …………………… 503
第十二条【国务院依法制定实施条例】 …………… 503
第十三条【生效日期】 ………………………… 503

中华人民共和国烟叶税法

第 一 条【纳税义务人】 ………………………… 507
第 二 条【烟叶】 ……………………………… 507
★ 第 三 条【计税依据】 ………………………… 507
第 四 条【税率】 ……………………………… 507
第 五 条【应纳税额的计算】 …………………… 508
第 六 条【征收管理】 ………………………… 508
第 七 条【征收机关】 ………………………… 508
第 八 条【纳税义务的发生时间】 ………………… 508
第 九 条【计征时间】 ………………………… 508
第 十 条【施行日期】 ………………………… 508

中华人民共和国契税法

★ 第 一 条【纳税范围】 ………………………… 509
第 二 条【转移土地、房屋权属的行为】 …………… 509
第 三 条【税率】 ……………………………… 510
第 四 条【计税依据】 ………………………… 510
第 五 条【应纳税额】 ………………………… 512

第 六 条【减征、免征契税的情形】………………… 512
★ 第 七 条【授权省、自治区、直辖市决定的情形】……… 520
第 八 条【不得减征、免征契税的情形】…………… 520
第 九 条【纳税义务发生的时间】…………………… 520
★ 第 十 条【申报缴纳契税的时间】…………………… 521
第十一条【开具契税完税凭证】……………………… 521
★ 第十二条【申请退还已缴纳的税款】………………… 522
★ 第十三条【信息共享和工作配合机制】……………… 522
第十四条【征税机关】………………………………… 523
★ 第十五条【征收管理】………………………………… 523
第十六条【施行日期】………………………………… 526

中华人民共和国耕地占用税法

第 一 条【立法目的】………………………………… 527
第 二 条【耕地的法律定义】………………………… 527
第 三 条【一次性征收规定】………………………… 528
★ 第 四 条【税额】……………………………………… 528
第 五 条【适用税额可以适当提高】………………… 529
第 六 条【占用基本农田的适用税额】……………… 529
★ 第 七 条【免税的情形】……………………………… 530
★ 第 八 条【免征、减征的例外情形】………………… 533
第 九 条【征税机关】………………………………… 534
第 十 条【征税期限】………………………………… 534
★ 第十一条【临时占用耕地的征税规定】……………… 535
第十二条【占用农、林、耕、牧、渔等用地的纳税规定】… 536

第十三条【信息共享机制】 ………………………………… 537

第十四条【征收管理】 ……………………………………… 540

第十五条【法律责任】 ……………………………………… 540

第十六条【施行日期】 ……………………………………… 540

中华人民共和国环境保护税法

第一章 总 则

第 一 条【立法目的】 ……………………………………… 542

第 二 条【应税污染物】 …………………………………… 542

第 三 条【课税范围】 ……………………………………… 543

第 四 条【不缴纳的情形】 ………………………………… 543

第 五 条【纳税义务人】 …………………………………… 544

★ 第 六 条【税目、税额】 …………………………………… 544

第二章 计税依据和应纳税额

★ 第 七 条【计税依据】 ……………………………………… 545

第 八 条【污染当量数计税】 ……………………………… 546

第 九 条【排放口计税】 …………………………………… 546

第 十 条【排放量和分贝数计税】 ………………………… 547

第十一条【应纳税额的计算】 ……………………………… 551

第三章 税收减免

★ 第十二条【免征税收的情形】 ……………………………… 551

★ 第 十 三 条【减征税收的情形】 ·················· 553

第四章 征收管理

第 十 四 条【征收管理】 ······················ 553
第 十 五 条【信息共享平台和工作配合机制】 ········· 554
第 十 六 条【纳税义务发生时间】 ················ 556
第 十 七 条【纳税地点】 ····················· 556
★ 第 十 八 条【纳税期限和申报数据资料】 ············ 556
第 十 九 条【纳税时间】 ····················· 557
第 二 十 条【比对纳税申报数据资料】 ············· 557
第二十一条【核定机关】 ····················· 558
第二十二条【对从事海洋工程的特殊规定】 ·········· 558
第二十三条【法律责任】 ····················· 559
第二十四条【政府支持】 ····················· 559

第五章 附 则

第二十五条【用语解释】 ····················· 559
第二十六条【损害责任】 ····················· 560
第二十七条【环境保护税征收日期】 ·············· 560
第二十八条【施行日期】 ····················· 560

中华人民共和国船舶吨税法

第 一 条【应税船舶】 ······················· 568
第 二 条【税目、税率】 ······················ 568
★ 第 三 条【优惠税率和普通税率】 ················ 568

第 四 条【征收方式】 ………………………………… 568

第 五 条【应纳税额的计算】 ……………………… 569

第 六 条【征收机关】 ………………………………… 569

第 七 条【吨税执照】 ………………………………… 569

第 八 条【纳税义务的发生时间】 ………………… 570

★ 第 九 条【免征吨税的情形】 ……………………… 570

第 十 条【延长吨税执照期限的情形】 ………… 571

第十一条【申明免税或者延长吨税执照期限的依据
和理由】 ………………………………… 571

第十二条【缴税期限】 ………………………………… 571

第十三条【入境担保】 ………………………………… 571

第十四条【净吨位变化】 …………………………… 572

第十五条【税率变化】 ………………………………… 572

第十六条【吨税执照毁损或者遗失】 ……………… 572

第十七条【少征、漏征或多征税款的处理】 …………… 572

第十八条【纳税人的行政处罚】 …………………… 573

第十九条【计算单位】 ………………………………… 573

第 二 十 条【其他规定】 ……………………………… 573

第二十一条【用语的含义】 …………………………… 573

第二十二条【施行日期】 ……………………………… 574

附 录

本书所涉文件目录 …………………………………… 575

案例索引目录

- 矿业投资公司、投资管理公司诉某旗人民政府、某旗税务局不履行行政允诺案 …………………………………… 3
- 房屋开发公司诉某市税务局行政复议案 …………………… 73
- 浙江省嵊州市人民检察院督促规范成品油领域税收监管秩序行政公益诉讼案 …………………………………… 94
- 宗某某、节能技术公司联营合同案 ………………………… 123
- 夏某虚开增值税专用发票案 ………………………………… 165
- 李某江、陈某、孙某荣等虚开增值税专用发票案 ………… 166
- 能源公司诉某区税务稽查局行政处罚案 …………………… 170

一、税务管理

中华人民共和国税收征收管理法

（1992年9月4日第七届全国人民代表大会常务委员会第二十七次会议通过　根据1995年2月28日第八届全国人民代表大会常务委员会第十二次会议《关于修改〈中华人民共和国税收征收管理法〉的决定》修正　根据2013年6月29日第十二届全国人民代表大会常务委员会第三次会议《关于修改〈中华人民共和国文物保护法〉等十二部法律的决定》第二次修正　根据2015年4月24日第十二届全国人民代表大会常务委员会第十四次会议《关于修改〈中华人民共和国港口法〉等七部法律的决定》第三次修正）

目　录

第一章　总　　则
第二章　税务管理
　第一节　税务登记
　第二节　账簿、凭证管理
　第三节　纳税申报
第三章　税款征收
第四章　税务检查
第五章　法律责任
第六章　附　　则

第一章　总　则

第一条　立法目的①

为了加强税收征收管理，规范税收征收和缴纳行为，保障国家税收收入，保护纳税人的合法权益，促进经济和社会发展，制定本法。

第二条　适用范围

凡依法由税务机关征收的各种税收的征收管理，均适用本法。

第三条　依法进行税收工作

税收的开征、停征以及减税、免税、退税、补税，依照法律的规定执行；法律授权国务院规定的，依照国务院制定的行政法规的规定执行。

任何机关、单位和个人不得违反法律、行政法规的规定，擅自作出税收开征、停征以及减税、免税、退税、补税和其他同税收法律、行政法规相抵触的决定。

● 行政法规及文件

《税收征收管理法实施细则》（2016年2月6日② 国务院令第666号）

第1条　根据《中华人民共和国税收征收管理法》（以下简称税收征管法）的规定，制定本细则。

第2条　凡依法由税务机关征收的各种税收的征收管理，均

---

① 条文主旨为编者所加，仅供读者参考，下同。
② 本书中的时间为法律文件的公布时间或最后一次修正、修订公布时间。

适用税收征管法及本细则；税收征管法及本细则没有规定的，依照其他有关税收法律、行政法规的规定执行。

第3条　任何部门、单位和个人作出的与税收法律、行政法规相抵触的决定一律无效，税务机关不得执行，并应当向上级税务机关报告。

纳税人应当依照税收法律、行政法规的规定履行纳税义务；其签订的合同、协议等与税收法律、行政法规相抵触的，一律无效。

● 案例指引

矿业投资公司、投资管理公司诉某旗人民政府、某旗税务局不履行行政允诺案①

裁判要点：再审申请人提出，其专门发函给当地税务机关要求确认按照15%的税率缴税的政策依据，并取得了书面允诺。再审法院认为，根据《中华人民共和国税收征收管理法》第三条，再审申请人起诉所指向的"行政允诺"并非可以允诺的事项，其是否能够按照15%优惠税率申报缴纳企业所得税，取决于是否符合相关法律法规规定。如再审申请人认为被申请人的相关行为使其产生信赖利益并由此造成损失，可依法通过其他途径解决。

第四条　纳税人、扣缴义务人

法律、行政法规规定负有纳税义务的单位和个人为纳税人。

法律、行政法规规定负有代扣代缴、代收代缴税款义务的单位和个人为扣缴义务人。

纳税人、扣缴义务人必须依照法律、行政法规的规定缴纳税款、代扣代缴、代收代缴税款。

---

① 最高人民法院（2020）最高法行申8721号行政裁定书。如无特别说明，本书所收录的案例均来自中国裁判文书网，https：//wenshu.court.gov.cn/，2024年4月12日访问。以下不再说明。

● 部门规章及文件

《国家税务总局关于贯彻〈中华人民共和国税收征收管理法〉及其实施细则若干具体问题的通知》(2003年4月23日　国税发〔2003〕47号)(部分失效)①

二、关于扣缴义务人扣缴税款问题

负有代扣代缴义务的单位和个人,在支付款项时应按照征管法及其实施细则的规定,将取得款项的纳税人应缴纳的税款代为扣缴,对纳税人拒绝扣缴税款的,扣缴义务人应暂停支付相当于纳税人应纳税款的款项,并在一日之内报告主管税务机关。

负有代收代缴义务的单位和个人,在收取款项时应按照征管法及其实施细则的规定,将支付款项的纳税人应缴纳的税款代为收缴,对纳税人拒绝给付的,扣缴义务人应在一日之内报告主管税务机关。

扣缴义务人违反征管法及其实施细则规定应扣未扣、应收未收税款的,税务机关除按征管法及其实施细则的有关规定对其给予处罚外,应当责成扣缴义务人限期将应扣未扣、应收未收的税款补扣或补收。

第五条　主管部门及其权限

国务院税务主管部门主管全国税收征收管理工作。各地国家税务局和地方税务局应当按照国务院规定的税收征收管理范围分别进行征收管理。

地方各级人民政府应当依法加强对本行政区域内税收征收管理工作的领导或者协调,支持税务机关依法执行职务,依照法定税率计算税额,依法征收税款。

各有关部门和单位应当支持、协助税务机关依法执行职务。

税务机关依法执行职务,任何单位和个人不得阻挠。

---

① 对于效力为"部分失效"的法律文件,本书收录的条文均为现行有效的条文,以下不再说明。

第六条　加强税收征收管理信息系统的现代化建设

国家有计划地用现代信息技术装备各级税务机关，加强税收征收管理信息系统的现代化建设，建立、健全税务机关与政府其他管理机关的信息共享制度。

纳税人、扣缴义务人和其他有关单位应当按照国家有关规定如实向税务机关提供与纳税和代扣代缴、代收代缴税款有关的信息。

● 行政法规及文件

《税收征收管理法实施细则》（2016年2月6日　国务院令第666号）

第4条　国家税务总局负责制定全国税务系统信息化建设的总体规划、技术标准、技术方案与实施办法；各级税务机关应当按照国家税务总局的总体规划、技术标准、技术方案与实施办法，做好本地区税务系统信息化建设的具体工作。

地方各级人民政府应当积极支持税务系统信息化建设，并组织有关部门实现相关信息的共享。

第七条　税收宣传

税务机关应当广泛宣传税收法律、行政法规，普及纳税知识，无偿地为纳税人提供纳税咨询服务。

第八条　纳税主体的权利

纳税人、扣缴义务人有权向税务机关了解国家税收法律、行政法规的规定以及与纳税程序有关的情况。

纳税人、扣缴义务人有权要求税务机关为纳税人、扣缴义务人的情况保密。税务机关应当依法为纳税人、扣缴义务人的情况保密。

纳税人依法享有申请减税、免税、退税的权利。

> 纳税人、扣缴义务人对税务机关所作出的决定，享有陈述权、申辩权；依法享有申请行政复议、提起行政诉讼、请求国家赔偿等权利。
>
> 纳税人、扣缴义务人有权控告和检举税务机关、税务人员的违法违纪行为。

● 行政法规及文件

1. 《**税收征收管理法实施细则**》（2016年2月6日　国务院令第666号）

第5条　税收征管法第八条所称为纳税人、扣缴义务人保密的情况，是指纳税人、扣缴义务人的商业秘密及个人隐私。纳税人、扣缴义务人的税收违法行为不属于保密范围。

● 部门规章及文件

2. 《**税务行政复议规则**》（2018年6月15日　国家税务总局令第44号）

第三章　税务行政复议范围

第14条　行政复议机关受理申请人对税务机关下列具体行政行为不服提出的行政复议申请：

（一）征税行为，包括确认纳税主体、征税对象、征税范围、减税、免税、退税、抵扣税款、适用税率、计税依据、纳税环节、纳税期限、纳税地点和税款征收方式等具体行政行为，征收税款、加收滞纳金，扣缴义务人、受税务机关委托的单位和个人作出的代扣代缴、代收代缴、代征行为等。

（二）行政许可、行政审批行为。

（三）发票管理行为，包括发售、收缴、代开发票等。

（四）税收保全措施、强制执行措施。

（五）行政处罚行为：

1. 罚款；
2. 没收财物和违法所得；
3. 停止出口退税权。
（六）不依法履行下列职责的行为：
1. 颁发税务登记；
2. 开具、出具完税凭证、外出经营活动税收管理证明；
3. 行政赔偿；
4. 行政奖励；
5. 其他不依法履行职责的行为。
（七）资格认定行为。
（八）不依法确认纳税担保行为。
（九）政府信息公开工作中的具体行政行为。
（十）纳税信用等级评定行为。
（十一）通知出入境管理机关阻止出境行为。
（十二）其他具体行政行为。

第15条　申请人认为税务机关的具体行政行为所依据的下列规定不合法，对具体行政行为申请行政复议时，可以一并向行政复议机关提出对有关规定的审查申请；申请人对具体行政行为提出行政复议申请时不知道该具体行政行为所依据的规定的，可以在行政复议机关作出行政复议决定以前提出对该规定的审查申请：

（一）国家税务总局和国务院其他部门的规定。
（二）其他各级税务机关的规定。
（三）地方各级人民政府的规定。
（四）地方人民政府工作部门的规定。

前款中的规定不包括规章。

第九条　税务机关加强队伍建设

税务机关应当加强队伍建设,提高税务人员的政治业务素质。

税务机关、税务人员必须秉公执法,忠于职守,清正廉洁,礼貌待人,文明服务,尊重和保护纳税人、扣缴义务人的权利,依法接受监督。

税务人员不得索贿受贿、徇私舞弊、玩忽职守、不征或者少征应征税款;不得滥用职权多征税款或者故意刁难纳税人和扣缴义务人。

第十条　税务机关建立、健全内部制约和监督管理制度

各级税务机关应当建立、健全内部制约和监督管理制度。

上级税务机关应当对下级税务机关的执法活动依法进行监督。

各级税务机关应当对其工作人员执行法律、行政法规和廉洁自律准则的情况进行监督检查。

● 行政法规及文件

《税收征收管理法实施细则》(2016年2月6日　国务院令第666号)

第6条　国家税务总局应当制定税务人员行为准则和服务规范。

上级税务机关发现下级税务机关的税收违法行为,应当及时予以纠正;下级税务机关应当按照上级税务机关的决定及时改正。

下级税务机关发现上级税务机关的税收违法行为,应当向上级税务机关或者有关部门报告。

第十一条 工作人员职责明确、相互分离、相互制约

税务机关负责征收、管理、稽查、行政复议的人员的职责应当明确,并相互分离、相互制约。

第十二条 税务人员回避

税务人员征收税款和查处税收违法案件,与纳税人、扣缴义务人或者税收违法案件有利害关系的,应当回避。

● 行政法规及文件

《税收征收管理法实施细则》(2016 年 2 月 6 日　国务院令第 666 号)

第 8 条　税务人员在核定应纳税额、调整税收定额、进行税务检查、实施税务行政处罚、办理税务行政复议时,与纳税人、扣缴义务人或者其法定代表人、直接责任人有下列关系之一的,应当回避:

(一)夫妻关系;
(二)直系血亲关系;
(三)三代以内旁系血亲关系;
(四)近姻亲关系;
(五)可能影响公正执法的其他利害关系。

第十三条 公众的检举权

任何单位和个人都有权检举违反税收法律、行政法规的行为。收到检举的机关和负责查处的机关应当为检举人保密。税务机关应当按照规定对检举人给予奖励。

● 行政法规及文件

1.《税收征收管理法实施细则》(2016 年 2 月 6 日　国务院令第 666 号)

第 7 条　税务机关根据检举人的贡献大小给予相应的奖励,

奖励所需资金列入税务部门年度预算，单项核定。奖励资金具体使用办法以及奖励标准，由国家税务总局会同财政部制定。

● 部门规章及文件

2.《检举纳税人税收违法行为奖励暂行办法》（2007年1月13日国家税务总局、财政部令第18号）

第1条 为了鼓励检举税收违法行为，根据《中华人民共和国税收征收管理法》及其实施细则有关规定，制定本办法。

第2条 本办法所称税收违法行为，是指纳税人、扣缴义务人的税收违法行为以及本办法列举的其他税收违法行为。

检举税收违法行为是单位和个人的自愿行为。

第3条 对单位和个人实名向税务机关检举税收违法行为并经查实的，税务机关根据其贡献大小依照本办法给予奖励。但有下列情形之一的，不予奖励：

（一）匿名检举税收违法行为，或者检举人无法证实其真实身份的；

（二）检举人不能提供税收违法行为线索，或者采取盗窃、欺诈或者法律、行政法规禁止的其他手段获取税收违法行为证据的；

（三）检举内容含糊不清、缺乏事实根据的；

（四）检举人提供的线索与税务机关查处的税收违法行为无关的；

（五）检举的税收违法行为税务机关已经发现或者正在查处的；

（六）有税收违法行为的单位和个人在被检举前已经向税务机关报告其税收违法行为的；

（七）国家机关工作人员利用工作便利获取信息用以检举税收违法行为的；

（八）检举人从国家机关或者国家机关工作人员处获取税收违法行为信息检举的；

（九）国家税务总局规定不予奖励的其他情形。

第4条 国家税务局系统检举奖励资金从财政部向国家税务总局拨付的税务稽查办案专项经费中据实列支，地方税务局系统检举奖励资金从省、自治区、直辖市和计划单列市财政厅（局）向同级地方税务局拨付的税务稽查办案专项经费中据实列支。

检举奖励资金的拨付，按照财政国库管理制度的有关规定执行。

第5条 检举奖励资金由稽查局、主管税务局财务部门共同负责管理，稽查局使用，主管税务局财务部门负责支付和监督。

省、自治区、直辖市和计划单列市国家税务局、地方税务局应当对检举奖励资金使用情况编写年度报告，于次年3月底前报告国家税务总局。地方税务局检举奖励资金使用情况同时通报同级财政厅（局）。

第6条 检举的税收违法行为经税务机关立案查实处理并依法将税款收缴入库后，根据本案检举时效、检举材料中提供的线索和证据详实程度、检举内容与查实内容相符程度以及收缴入库的税款数额，按照以下标准对本案检举人计发奖金：

（一）收缴入库税款数额在1亿元以上的，给予10万元以下的奖金；

（二）收缴入库税款数额在5000万元以上不足1亿元的，给予6万元以下的奖金；

（三）收缴入库税款数额在1000万元以上不足5000万元的，给予4万元以下的奖金；

（四）收缴入库税款数额在500万元以上不足1000万元的，给予2万元以下的奖金；

（五）收缴入库税款数额在100万元以上不足500万元的，

给予1万元以下的奖金；

（六）收缴入库税款数额在100万元以下的，给予5000元以下的奖金。

第7条 被检举人以增值税留抵税额或者多缴、应退的其他税款抵缴被查处的应纳税款，视同税款已经收缴入库。

检举的税收违法行为经查实处理后没有应纳税款的，按照收缴入库罚款数额依照本办法第六条规定的标准计发奖金。

因被检举人破产或者存有符合法律、行政法规规定终止执行的条件，致使无法将税款或者罚款全额收缴入库的，按已经收缴入库税款或者罚款数额依照本办法规定的标准计发奖金。

第8条 检举虚开增值税专用发票以及其他可用于骗取出口退税、抵扣税款发票行为的，根据立案查实虚开发票填开的税额按照本办法第六条规定的标准计发奖金。

第9条 检举伪造、变造、倒卖、盗窃、骗取增值税专用发票以及可用于骗取出口退税、抵扣税款的其他发票行为的，按照以下标准对检举人计发奖金：

（一）查获伪造、变造、倒卖、盗窃、骗取上述发票10000份以上的，给予10万元以下的奖金；

（二）查获伪造、变造、倒卖、盗窃、骗取上述发票6000份以上不足10000份的，给予6万元以下的奖金；

（三）查获伪造、变造、倒卖、盗窃、骗取上述发票3000份以上不足6000份的，给予4万元以下的奖金；

（四）查获伪造、变造、倒卖、盗窃、骗取上述发票1000份以上不足3000份的，给予2万元以下的奖金；

（五）查获伪造、变造、倒卖、盗窃、骗取上述发票100份以上不足1000份的，给予1万元以下的奖金；

（六）查获伪造、变造、倒卖、盗窃、骗取上述发票不足100份的，给予5000元以下的奖金；

查获伪造、变造、倒卖、盗窃、骗取前款所述以外其他发票的，最高给予5万元以下的奖金；检举奖金具体数额标准及批准权限，由各省、自治区、直辖市和计划单列市税务局根据本办法规定并结合本地实际情况确定。

第10条　检举非法印制、转借、倒卖、变造或者伪造完税凭证行为的，按照以下标准对检举人计发奖金：

（一）查获非法印制、转借、倒卖、变造或者伪造完税凭证100份以上或者票面填开税款金额50万元以上的，给予1万元以下的奖金；

（二）查获非法印制、转借、倒卖、变造或者伪造完税凭证50份以上不足100份或者票面填开税款金额20万元以上不足50万元的，给予5000元以下的奖金；

（三）查获非法印制、转借、倒卖、变造或者伪造完税凭证不足50份或者票面填开税款金额20万元以下的，给予2000元以下的奖金。

第11条　被检举人的税收违法行为被国家税务局、地方税务局查处的，合计国家税务局、地方税务局收缴入库的税款数额，按照本办法第六条规定的标准计算检举奖金总额，由国家税务局、地方税务局根据各自收缴入库的税款数额比例分担奖金数额，分别兑付；国家税务局、地方税务局计发的检举奖金合计数额不得超过10万元。

第12条　同一案件具有适用本办法第六条、第七条、第八条、第九条、第十条规定的两种或者两种以上奖励标准情形的，分别计算检举奖金数额，但检举奖金合计数额不得超过10万元。

第13条　同一税收违法行为被两个或者两个以上检举人分别检举的，奖励符合本办法规定的最先检举人。检举次序以负责查处的税务机关受理检举的登记时间为准。

最先检举人以外的其他检举人提供的证据对查明税收违法行

为有直接作用的，可以酌情给予奖励。

对前两款规定的检举人计发的奖金合计数额不得超过 10 万元。

第 14 条 检举税收违法行为的检举人，可以向税务机关申请检举奖金。

检举奖金由负责查处税收违法行为的税务机关支付。

第 15 条 税务机关对检举的税收违法行为经立案查实处理并依法将税款或者罚款收缴入库后，由税收违法案件举报中心根据检举人书面申请及其贡献大小，制作《检举纳税人税收违法行为奖励审批表》，提出奖励对象和奖励金额建议，按照规定权限和程序审批后，向检举人发出《检举纳税人税收违法行为领奖通知书》，通知检举人到指定地点办理领奖手续。《检举纳税人税收违法行为奖励审批表》由税收违法案件举报中心作为密件存档。

税收违法案件举报中心填写《检举纳税人税收违法行为奖金领款财务凭证》，向财务机构领取检举奖金。财务凭证只注明案件编号、案件名称、被检举人名称、检举奖金数额及审批人、领款人的签名，不填写检举内容和检举人身份、名称。

第 16 条 检举人应当在接到领奖通知书之日起 90 日内，持本人身份证或者其他有效证件，到指定地点领取奖金。检举人逾期不领取奖金，视同放弃奖金。

联名检举同一税收违法行为的，奖金由第一署名人领取，并与其他署名人协商分配。

第 17 条 检举人或者联名检举的第一署名人不能亲自到税务机关指定的地点领取奖金的，可以委托他人代行领取；代领人应当持委托人的授权委托书、身份证或者其他有效证件以及代领人的身份证或者其他有效证件，办理领取奖金手续。

检举人是单位的，可以委托本单位工作人员代行领取奖金，代领人应当持委托人的授权委托书和代领人的身份证、工作证到税务机关指定的地点办理领取奖金手续。

第18条 检举人或者代领人领取奖金时,应当在《检举纳税人税收违法行为奖金付款专用凭证》上签名,并注明身份证或者其他有效证件的号码及填发单位。

《检举纳税人税收违法行为奖金付款专用凭证》和委托人的授权委托书由税收违法案件举报中心作为密件存档。

第19条 税收违法案件举报中心发放检举奖金时,可应检举人的要求,简要告知其所检举的税收违法行为的查处情况,但不得告知其检举线索以外的税收违法行为查处情况,不得提供税务处理(处罚)决定书及有关案情材料。

检举的税收违法行为查结前,税务机关不得将具体查处情况告知检举人。

第20条 税务机关支付检举奖金时应当严格审核。对玩忽职守、徇私舞弊致使奖金被骗取的,除追缴奖金外,依法追究有关人员责任。

第21条 对有特别突出贡献的检举人,税务机关除给予物质奖励外,可以给予相应的精神奖励,但公开表彰宣传应当事先征得检举人的书面同意。

第22条 各省、自治区、直辖市和计划单列市国家税务局根据本办法制定具体规定。

各省、自治区、直辖市和计划单列市地方税务局会同同级财政厅(局)根据本办法制定具体规定。

第23条 《检举纳税人税收违法行为奖励审批表》、《检举纳税人税收违法行为领奖通知书》、《检举纳税人税收违法行为奖金领款财务凭证》、《检举纳税人税收违法行为奖金付款专用凭证》的格式,由国家税务总局制定。

第24条 本办法所称"以上"、"以下"均含本数。

第25条 本办法由国家税务总局和财政部负责解释。

第 26 条　本办法自 2007 年 3 月 1 日起施行。国家税务总局 1998 年 12 月 15 日印发的《税务违法案件举报奖励办法》同时废止。

3.《税收违法行为检举管理办法》(2019 年 11 月 26 日　国家税务总局令 49 号)

第一章　总　　则

第 1 条　为了保障单位、个人依法检举纳税人、扣缴义务人违反税收法律、行政法规行为的权利，规范检举秩序，根据《中华人民共和国税收征收管理法》及其实施细则的有关规定，制定本办法。

第 2 条　本办法所称检举，是指单位、个人采用书信、电话、传真、网络、来访等形式，向税务机关提供纳税人、扣缴义务人税收违法行为线索的行为。

采用前款所述的形式，检举税收违法行为的单位、个人称检举人；被检举的纳税人、扣缴义务人称被检举人。

检举人可以实名检举，也可以匿名检举。

第 3 条　本办法所称税收违法行为，是指涉嫌偷税（逃避缴纳税款），逃避追缴欠税，骗税，虚开、伪造、变造发票，以及其他与逃避缴纳税款相关的税收违法行为。

第 4 条　检举管理工作坚持依法依规、分级分类、属地管理、严格保密的原则。

第 5 条　市（地、州、盟）以上税务局稽查局设立税收违法案件举报中心。国家税务总局稽查局税收违法案件举报中心负责接收税收违法行为检举，督促、指导、协调处理重要检举事项；省、自治区、直辖市、计划单列市和市（地、州、盟）税务局稽查局税收违法案件举报中心负责税收违法行为检举的接收、受理、处理和管理；各级跨区域稽查局和县税务局应当指定行使税收违法案件举报中心职能的部门，负责税收违法行为检举的接收，并按规定职责处理。

本办法所称举报中心是指前款所称的税收违法案件举报中心和指定行使税收违法案件举报中心职能的部门。举报中心应当对外挂标识牌。

第6条　税务机关应当向社会公布举报中心的电话（传真）号码、通讯地址、邮政编码、网络检举途径，设立检举接待场所和检举箱。

税务机关同时通过12366纳税服务热线接收税收违法行为检举。

第7条　税务机关应当与公安、司法、纪检监察和信访等单位加强联系和合作，做好检举管理工作。

第8条　检举税收违法行为是检举人的自愿行为，检举人因检举而产生的支出应当由其自行承担。

第9条　检举人在检举过程中应当遵守法律、行政法规等规定；应当对其所提供检举材料的真实性负责，不得捏造、歪曲事实，不得诬告、陷害他人；不得损害国家、社会、集体的利益和其他公民的合法权益。

第二章　检举事项的接收与受理

第10条　检举人检举税收违法行为应当提供被检举人的名称（姓名）、地址（住所）和税收违法行为线索；尽可能提供被检举人统一社会信用代码（身份证件号码）、法定代表人、实际控制人信息和其他相关证明资料。

鼓励检举人提供书面检举材料。

第11条　举报中心接收实名检举，应当准确登记实名检举人信息。

检举人以个人名义实名检举应当由其本人提出；以单位名义实名检举应当委托本单位工作人员提出。

多人联名进行实名检举的，应当确定第一联系人；未确定的，以检举材料的第一署名人为第一联系人。

第 12 条 12366 纳税服务热线接收电话检举后，应当按照以下分类转交相关部门：

（一）符合本办法第三条规定的检举事项，应当及时转交举报中心；

（二）对应开具而未开具发票、未申报办理税务登记及其他轻微税收违法行为的检举事项，按照有关规定直接转交被检举人主管税务机关相关业务部门处理；

（三）其他检举事项转交有处理权的单位或者部门。

税务机关的其他单位或者部门接到符合本办法第三条规定的检举材料后，应当及时转交举报中心。

第 13 条 以来访形式实名检举的，检举人应当提供营业执照、居民身份证等有效身份证件的原件和复印件。

以来信、网络、传真形式实名检举的，检举人应当提供营业执照、居民身份证等有效身份证件的复印件。

以电话形式要求实名检举的，税务机关应当告知检举人采取本条第一款、第二款的形式进行检举。

检举人未采取本条第一款、第二款的形式进行检举的，视同匿名检举。

举报中心可以应来访的实名检举人要求出具接收回执；对多人联名进行实名来访检举的，向其确定的第一联系人或者第一署名人出具接收回执。

第 14 条 来访检举应当到税务机关设立的检举接待场所；多人来访提出相同检举事项的，应当推选代表，代表人数应当在 3 人以内。

第 15 条 接收来访口头检举，应当准确记录检举事项，交检举人阅读或者向检举人宣读确认。实名检举的，由检举人签名或者盖章；匿名检举的，应当记录在案。

接收电话检举，应当细心接听、询问清楚、准确记录。

接收电话、来访检举，经告知检举人后可以录音、录像。

接收书信、传真等书面形式检举，应当保持检举材料的完整，及时登记处理。

第16条　税务机关应当合理设置检举接待场所。检举接待场所应当与办公区域适当分开，配备使用必要的录音、录像等监控设施，保证监控设施对接待场所全覆盖并正常运行。

第17条　举报中心对接收的检举事项，应当及时审查，有下列情形之一的，不予受理：

（一）无法确定被检举对象，或者不能提供税收违法行为线索的；

（二）检举事项已经或者依法应当通过诉讼、仲裁、行政复议以及其他法定途径解决的；

（三）对已经查结的同一检举事项再次检举，没有提供新的有效线索的。

除前款规定外，举报中心自接收检举事项之日起即为受理。

举报中心可以应实名检举人要求，视情况采取口头或者书面方式解释不予受理原因。

国家税务总局稽查局举报中心对本级收到的检举事项应当进行甄别。对本办法第三条规定以外的检举事项，转送有处理权的单位或者部门；对本办法第三条规定范围内的检举事项，按属地管理原则转送相关举报中心，由该举报中心审查并决定是否受理。国家税务总局稽查局举报中心应当定期向相关举报中心了解所转送检举事项的受理情况，对应受理未受理的应予以督办。

第18条　未设立稽查局的县税务局受理的检举事项，符合本办法第三条规定的，提交上一级税务局稽查局举报中心统一处理。

各级跨区域稽查局受理的检举事项，符合本办法第三条规定的，提交同级税务局稽查局备案后处理。

第19条　检举事项管辖有争议的，由争议各方本着有利于案件查处的原则协商解决；不能协商一致的，报请共同的上一级税务机关协调或者决定。

第三章　检举事项的处理

第20条　检举事项受理后，应当分级分类，按照以下方式处理：

（一）检举内容详细、税收违法行为线索清楚、证明资料充分的，由稽查局立案检查。

（二）检举内容与线索较明确但缺少必要证明资料，有可能存在税收违法行为的，由稽查局调查核实。发现存在税收违法行为的，立案检查；未发现的，作查结处理。

（三）检举对象明确，但其他检举事项不完整或者内容不清、线索不明的，可以暂存待查，待检举人将情况补充完整以后，再进行处理。

（四）已经受理尚未查结的检举事项，再次检举的，可以合并处理。

（五）本办法第三条规定以外的检举事项，转交有处理权的单位或者部门。

第21条　举报中心可以税务机关或者以自己的名义向下级税务机关督办、交办检举事项。

第22条　举报中心应当在检举事项受理之日起十五个工作日内完成分级分类处理，特殊情况除外。

查处部门应当在收到举报中心转来的检举材料之日起三个月内办理完毕；案情复杂无法在期限内办理完毕的，可以延期。

第23条　税务局稽查局对督办案件的处理结果应当认真审查。对于事实不清、处理不当的，应当通知承办机关补充调查或者重新调查，依法处理。

第四章　检举事项的管理

第 24 条　举报中心应当严格管理检举材料，逐件登记已受理检举事项的主要内容、办理情况和检举人、被检举人的基本情况。

第 25 条　已接收的检举材料原则上不予退还。不予受理的检举材料，登记检举事项的基本信息和不予受理原因后，经本级稽查局负责人批准可以销毁。

第 26 条　暂存待查的检举材料，若在受理之日起两年内未收到有价值的补充材料，可以销毁。

第 27 条　督办案件的检举材料应当专门管理，并按照规定办理督办案件材料的转送、报告等具体事项。

第 28 条　检举材料的保管和整理，应当按照档案管理的有关规定办理。

第 29 条　举报中心每年度对检举案件和有关事项的数量、类别及办理情况等进行汇总分析，形成年度分析报告，并按规定报送。

第五章　检举人的答复和奖励

第 30 条　实名检举人可以要求答复检举事项的处理情况与查处结果。

实名检举人要求答复处理情况时，应当配合核对身份；要求答复查处结果时，应当出示检举时所提供的有效身份证件。

举报中心可以视具体情况采取口头或者书面方式答复实名检举人。

第 31 条　实名检举事项的处理情况，由作出处理行为的税务机关的举报中心答复。

将检举事项督办、交办、提交或者转交的，应当告知去向；暂存待查的，应当建议检举人补充资料。

第 32 条　实名检举事项的查处结果，由负责查处的税务机关的举报中心答复。

实名检举人要求答复检举事项查处结果的，检举事项查结以后，举报中心可以将与检举线索有关的查处结果简要告知检举人，但不得告知其检举线索以外的税收违法行为的查处情况，不得提供执法文书及有关案情资料。

第33条　12366纳税服务热线接收检举事项并转交举报中心或者相关业务部门后，可以应检举人要求将举报中心或者相关业务部门反馈的受理情况告知检举人。

第34条　检举事项经查证属实，为国家挽回或者减少损失的，按照财政部和国家税务总局的有关规定对实名检举人给予相应奖励。

第六章　权利保护

第35条　检举人不愿提供个人信息或者不愿公开检举行为的，税务机关应当予以尊重和保密。

第36条　税务机关应当在职责范围内依法保护检举人、被检举人的合法权益。

第37条　税务机关工作人员与检举事项或者检举人、被检举人有直接利害关系的，应当回避。

检举人有正当理由并且有证据证明税务机关工作人员应当回避的，经本级税务机关负责人或者稽查局负责人批准以后，予以回避。

第38条　税务机关工作人员必须严格遵守以下保密规定：

（一）检举事项的受理、登记、处理及查处，应当依照国家有关法律、行政法规等规定严格保密，并建立健全工作责任制，不得私自摘抄、复制、扣压、销毁检举材料；

（二）严禁泄露检举人的姓名、身份、单位、地址、联系方式等情况，严禁将检举情况透露给被检举人及与案件查处无关的人员；

（三）调查核实情况和立案检查时不得出示检举信原件或者复印件，不得暴露检举人的有关信息，对匿名的检举书信及材料，除特殊情况以外，不得鉴定笔迹；

（四）宣传报道和奖励检举有功人员，未经检举人书面同意，不得公开检举人的姓名、身份、单位、地址、联系方式等情况。

第七章 法律责任

第39条 税务机关工作人员违反本办法规定，将检举人的检举材料或者有关情况提供给被检举人或者与案件查处无关人员的，依法给予行政处分。

第40条 税务机关工作人员打击报复检举人的，视情节和后果，依法给予行政处分；涉嫌犯罪的，移送司法机关依法处理。

第41条 税务机关工作人员不履行职责、玩忽职守、徇私舞弊，给检举工作造成损失的，应当给予批评教育；情节严重的，依法给予行政处分并调离工作岗位；涉嫌犯罪的，移送司法机关依法处理。

第42条 税收违法检举案件中涉及税务机关或者税务人员违纪违法问题的，应当按照规定移送有关部门依纪依法处理。

第43条 检举人违反本办法第九条规定的，税务机关工作人员应当对检举人进行劝阻、批评和教育；经劝阻、批评和教育无效的，可以联系有关部门依法处理。

第八章 附 则

第44条 本办法所称的检举事项查结，是指检举案件的结论性文书生效，或者检举事项经调查核实后未发现税收违法行为。

第45条 国家税务总局各省、自治区、直辖市和计划单列市税务局可以根据本办法制定具体的实施办法。

第46条 本办法自2020年1月1日起施行。《税收违法行为检举管理办法》（国家税务总局令第24号公布）同时废止。

第十四条 税务机关的范围

本法所称税务机关是指各级税务局、税务分局、税务所和按照国务院规定设立的并向社会公告的税务机构。

● 行政法规及文件

《税收征收管理法实施细则》（2016年2月6日 国务院令第666号）

第9条 税收征管法第十四条所称按照国务院规定设立的并向社会公告的税务机构，是指省以下税务局的稽查局。稽查局专司偷税、逃避追缴欠税、骗税、抗税案件的查处。

国家税务总局应当明确划分税务局和稽查局的职责，避免职责交叉。

第二章 税 务 管 理

第一节 税 务 登 记

第十五条 税务登记

企业，企业在外地设立的分支机构和从事生产、经营的场所，个体工商户和从事生产、经营的事业单位（以下统称从事生产、经营的纳税人）自领取营业执照之日起三十日内，持有关证件，向税务机关申报办理税务登记。税务机关应当于收到申报的当日办理登记并发给税务登记证件。

工商行政管理机关应当将办理登记注册、核发营业执照的情况，定期向税务机关通报。

本条第一款规定以外的纳税人办理税务登记和扣缴义务人办理扣缴税款登记的范围和办法，由国务院规定。

● **行政法规及文件**

1. 《**税收征收管理法实施细则**》（2016年2月6日 国务院令第666号）

第二章 税务登记

第 10 条 国家税务局、地方税务局对同一纳税人的税务登记应当采用同一代码，信息共享。

税务登记的具体办法由国家税务总局制定。

第 11 条 各级工商行政管理机关应当向同级国家税务局和地方税务局定期通报办理开业、变更、注销登记以及吊销营业执照的情况。

通报的具体办法由国家税务总局和国家工商行政管理总局联合制定。

第 12 条 从事生产、经营的纳税人应当自领取营业执照之日起30日内，向生产、经营地或者纳税义务发生地的主管税务机关申报办理税务登记，如实填写税务登记表，并按照税务机关的要求提供有关证件、资料。

前款规定以外的纳税人，除国家机关和个人外，应当自纳税义务发生之日起30日内，持有关证件向所在地的主管税务机关申报办理税务登记。

个人所得税的纳税人办理税务登记的办法由国务院另行规定。

税务登记证件的式样，由国家税务总局制定。

第 13 条 扣缴义务人应当自扣缴义务发生之日起30日内，向所在地的主管税务机关申报办理扣缴税款登记，领取扣缴税款登记证件；税务机关对已办理税务登记的扣缴义务人，可以只在其税务登记证件上登记扣缴税款事项，不再发给扣缴税款登记证件。

第 14 条 纳税人税务登记内容发生变化的，应当自工商行政管理机关或者其他机关办理变更登记之日起 30 日内，持有关证件向原税务登记机关申报办理变更税务登记。

纳税人税务登记内容发生变化，不需要到工商行政管理机关或者其他机关办理变更登记的，应当自发生变化之日起 30 日内，持有关证件向原税务登记机关申报办理变更税务登记。

第 15 条　纳税人发生解散、破产、撤销以及其他情形，依法终止纳税义务的，应当在向工商行政管理机关或者其他机关办理注销登记前，持有关证件向原税务登记机关申报办理注销税务登记；按照规定不需要在工商行政管理机关或者其他机关办理注册登记的，应当自有关机关批准或者宣告终止之日起 15 日内，持有关证件向原税务登记机关申报办理注销税务登记。

纳税人因住所、经营地点变动，涉及改变税务登记机关的，应当在向工商行政管理机关或者其他机关申请办理变更或者注销登记前或者住所、经营地点变动前，向原税务登记机关申报办理注销税务登记，并在 30 日内向迁达地税务机关申报办理税务登记。

纳税人被工商行政管理机关吊销营业执照或者被其他机关予以撤销登记的，应当自营业执照被吊销或者被撤销登记之日起 15 日内，向原税务登记机关申报办理注销税务登记。

第 16 条　纳税人在办理注销税务登记前，应当向税务机关结清应纳税款、滞纳金、罚款，缴销发票、税务登记证件和其他税务证件。

第 17 条　从事生产、经营的纳税人应当自开立基本存款账户或者其他存款账户之日起 15 日内，向主管税务机关书面报告其全部账号；发生变化的，应当自变化之日起 15 日内，向主管税务机关书面报告。

第 18 条　除按照规定不需要发给税务登记证件的外，纳税人办理下列事项时，必须持税务登记证件：

（一）开立银行账户；

（二）申请减税、免税、退税；

（三）申请办理延期申报、延期缴纳税款；

（四）领购发票；

（五）申请开具外出经营活动税收管理证明；

（六）办理停业、歇业；

（七）其他有关税务事项。

第19条　税务机关对税务登记证件实行定期验证和换证制度。纳税人应当在规定的期限内持有关证件到主管税务机关办理验证或者换证手续。

第20条　纳税人应当将税务登记证件正本在其生产、经营场所或者办公场所公开悬挂，接受税务机关检查。

纳税人遗失税务登记证件的，应当在15日内书面报告主管税务机关，并登报声明作废。

第21条　从事生产、经营的纳税人到外县（市）临时从事生产、经营活动的，应当持税务登记证副本和所在地税务机关填开的外出经营活动税收管理证明，向营业地税务机关报验登记，接受税务管理。

从事生产、经营的纳税人外出经营，在同一地累计超过180天的，应当在营业地办理税务登记手续。

● 部门规章及文件

2.《税务登记管理办法》（2019年7月24日　国家税务总局令第48号）

第二章　设立登记

第8条　企业，企业在外地设立的分支机构和从事生产、经营的场所，个体工商户和从事生产、经营的事业单位（以下统称从事生产、经营的纳税人），向生产、经营所在地税务机关申报办理税务登记：

（一）从事生产、经营的纳税人领取工商营业执照的，应当自领取工商营业执照之日起30日内申报办理税务登记，税务机关发放税务登记证及副本；

（二）从事生产、经营的纳税人未办理工商营业执照但经有关部门批准设立的，应当自有关部门批准设立之日起30日内申报办理税务登记，税务机关发放税务登记证及副本；

（三）从事生产、经营的纳税人未办理工商营业执照也未经有关部门批准设立的，应当自纳税义务发生之日起30日内申报办理税务登记，税务机关发放临时税务登记证及副本；

（四）有独立的生产经营权、在财务上独立核算并定期向发包人或者出租人上交承包费或租金的承包承租人，应当自承包承租合同签订之日起30日内，向其承包承租业务发生地税务机关申报办理税务登记，税务机关发放临时税务登记证及副本；

（五）境外企业在中国境内承包建筑、安装、装配、勘探工程和提供劳务的，应当自项目合同或协议签订之日起30日内，向项目所在地税务机关申报办理税务登记，税务机关发放临时税务登记证及副本。

第9条　本办法第八条规定以外的其他纳税人，除国家机关、个人和无固定生产、经营场所的流动性农村小商贩外，均应当自纳税义务发生之日起30日内，向纳税义务发生地税务机关申报办理税务登记，税务机关发放税务登记证及副本。

第10条　税务机关对纳税人税务登记地点发生争议的，由其共同的上级税务机关指定管辖。

第11条　纳税人在申报办理税务登记时，应当根据不同情况向税务机关如实提供以下证件和资料：

（一）工商营业执照或其他核准执业证件；

（二）有关合同、章程、协议书；

（三）组织机构统一代码证书；

（四）法定代表人或负责人或业主的居民身份证、护照或者其他合法证件。

其他需要提供的有关证件、资料，由省、自治区、直辖市税务机关确定。

第12条　纳税人在申报办理税务登记时，应当如实填写税务登记表。

税务登记表的主要内容包括：

（一）单位名称、法定代表人或者业主姓名及其居民身份证、护照或者其他合法证件的号码；

（二）住所、经营地点；

（三）登记类型；

（四）核算方式；

（五）生产经营方式；

（六）生产经营范围；

（七）注册资金（资本）、投资总额；

（八）生产经营期限；

（九）财务负责人、联系电话；

（十）国家税务总局确定的其他有关事项。

第13条　纳税人提交的证件和资料齐全且税务登记表的填写内容符合规定的，税务机关应当日办理并发放税务登记证件。纳税人提交的证件和资料不齐全或税务登记表的填写内容不符合规定的，税务机关应当场通知其补正或重新填报。

第14条　税务登记证件的主要内容包括：纳税人名称、税务登记代码、法定代表人或负责人、生产经营地址、登记类型、核算方式、生产经营范围（主营、兼营）、发证日期、证件有效期等。

第15条　已办理税务登记的扣缴义务人应当自扣缴义务发生之日起30日内，向税务登记地税务机关申报办理扣缴税款登记。税务机关在其税务登记证件上登记扣缴税款事项，税务机关不再发放扣缴税款登记证件。

根据税收法律、行政法规的规定可不办理税务登记的扣缴义务人，应当自扣缴义务发生之日起 30 日内，向机构所在地税务机关申报办理扣缴税款登记。税务机关发放扣缴税款登记证件。

第十六条　变更、注销税务登记

从事生产、经营的纳税人，税务登记内容发生变化的，自工商行政管理机关办理变更登记之日起 30 日内或者在向工商行政管理机关申请办理注销登记之前，持有关证件向税务机关申报办理变更或者注销税务登记。

● 部门规章及文件

《税务登记管理办法》（2019 年 7 月 24 日　国家税务总局令第 48 号）

第三章　变更登记

第 16 条　纳税人税务登记内容发生变化的，应当向原税务登记机关申报办理变更税务登记。

第 17 条　纳税人已在工商行政管理机关办理变更登记的，应当自工商行政管理机关变更登记之日起 30 日内，向原税务登记机关如实提供下列证件、资料，申报办理变更税务登记：

（一）工商登记变更表；

（二）纳税人变更登记内容的有关证明文件；

（三）税务机关发放的原税务登记证件（登记证正、副本和登记表等）；

（四）其他有关资料。

第 18 条　纳税人按照规定不需要在工商行政管理机关办理变更登记，或者其变更登记的内容与工商登记内容无关的，应当自税务登记内容实际发生变化之日起30日内,或者自有关机关批准或者宣布变更之日起30日内,持下列证件到原税务登记机关申报办理变更税务登记:

(一)纳税人变更登记内容的有关证明文件;

(二)税务机关发放的原税务登记证件(登记证正、副本和税务登记表等);

(三)其他有关资料。

第19条 纳税人提交的有关变更登记的证件、资料齐全的,应如实填写税务登记变更表,符合规定的,税务机关应当日办理;不符合规定的,税务机关应通知其补正。

第20条 税务机关应当于受理当日办理变更税务登记。纳税人税务登记表和税务登记证中的内容都发生变更的,税务机关按变更后的内容重新发放税务登记证件;纳税人税务登记表的内容发生变更而税务登记证中的内容未发生变更的,税务机关不重新发放税务登记证件。

第四章 停业、复业登记

第21条 实行定期定额征收方式的个体工商户需要停业的,应当在停业前向税务机关申报办理停业登记。纳税人的停业期限不得超过一年。

第22条 纳税人在申报办理停业登记时,应如实填写停业复业报告书,说明停业理由、停业期限、停业前的纳税情况和发票的领、用、存情况,并结清应纳税款、滞纳金、罚款。税务机关应收存其税务登记证件及副本、发票领购簿、未使用完的发票和其他税务证件。

第23条 纳税人在停业期间发生纳税义务的,应当按照税收法律、行政法规的规定申报缴纳税款。

第24条 纳税人应当于恢复生产经营之前,向税务机关申报办理复业登记,如实填写《停业复业报告书》,领回并启用税务登记证件、发票领购簿及其停业前领购的发票。

第 25 条　纳税人停业期满不能及时恢复生产经营的，应当在停业期满前到税务机关办理延长停业登记，并如实填写《停业复业报告书》。

第五章　注 销 登 记

第 26 条　纳税人发生解散、破产、撤销以及其他情形，依法终止纳税义务的，应当在向工商行政管理机关或者其他机关办理注销登记前，持有关证件和资料向原税务登记机关申报办理注销税务登记；按规定不需要在工商行政管理机关或者其他机关办理注册登记的，应当自有关机关批准或者宣告终止之日起 15 日内，持有关证件和资料向原税务登记机关申报办理注销税务登记。

纳税人被工商行政管理机关吊销营业执照或者被其他机关予以撤销登记的，应当自营业执照被吊销或者被撤销登记之日起 15 日内，向原税务登记机关申报办理注销税务登记。

第 27 条　纳税人因住所、经营地点变动，涉及改变税务登记机关的，应当在向工商行政管理机关或者其他机关申请办理变更、注销登记前，或者住所、经营地点变动前，持有关证件和资料，向原税务登记机关申报办理注销税务登记，并自注销税务登记之日起 30 日内向迁达地税务机关申报办理税务登记。

第 28 条　境外企业在中国境内承包建筑、安装、装配、勘探工程和提供劳务的，应当在项目完工、离开中国前 15 日内，持有关证件和资料，向原税务登记机关申报办理注销税务登记。

第 29 条　纳税人办理注销税务登记前，应当向税务机关提交相关证明文件和资料，结清应纳税款、多退（免）税款、滞纳金和罚款，缴销发票、税务登记证件和其他税务证件，经税务机关核准后，办理注销税务登记手续。

第十七条　纳税主体将全部账号向税务机关报告义务

从事生产、经营的纳税人应当按照国家有关规定，持税务登记证件，在银行或者其他金融机构开立基本存款账户和其他存款账户，并将其全部账号向税务机关报告。

银行和其他金融机构应当在从事生产、经营的纳税人的账户中登录税务登记证件号码，并在税务登记证件中登录从事生产、经营的纳税人的账户账号。

税务机关依法查询从事生产、经营的纳税人开立账户的情况时，有关银行和其他金融机构应当予以协助。

第十八条　税务登记证件

纳税人按照国务院税务主管部门的规定使用税务登记证件。税务登记证件不得转借、涂改、损毁、买卖或者伪造。

● 部门规章及文件

1.《国家税务总局关于贯彻〈中华人民共和国税收征收管理法〉及其实施细则若干具体问题的通知》（2003年4月23日　国税发〔2003〕47号）（部分失效）

九、关于税务登记证件遗失问题

遗失税务登记证件的纳税人应当自遗失税务登记证件之日起15日内，将纳税人的名称、遗失税务登记证件名称、税务登记号码、发证机关名称、发证有效期在税务机关认可的报刊上作遗失声明，凭报刊上刊登的遗失声明向主管税务机关申请补办税务登记证件。

2.《税务登记管理办法》（2019年7月24日　国家税务总局令第48号）

第七章　证照管理

第35条　税务机关应当加强税务登记证件的管理，采取实地调查、上门验证等方法进行税务登记证件的管理。

第36条 税务登记证式样改变，需统一换发税务登记证的，由国家税务总局确定。

第37条 纳税人、扣缴义务人遗失税务登记证件的，应当自遗失税务登记证件之日起15日内，书面报告主管税务机关，如实填写《税务登记证件遗失报告表》，并将纳税人的名称、税务登记证件名称、税务登记证件号码、税务登记证件有效期、发证机关名称在税务机关认可的报刊上作遗失声明，凭报刊上刊登的遗失声明到主管税务机关补办税务登记证件。

第二节 账簿、凭证管理

第十九条 设置账簿

纳税人、扣缴义务人按照有关法律、行政法规和国务院财政、税务主管部门的规定设置账簿，根据合法、有效凭证记账，进行核算。

● 行政法规及文件

《税收征收管理法实施细则》（2016年2月6日 国务院令第666号）
第三章 账簿、凭证管理

第22条 从事生产、经营的纳税人应当自领取营业执照或者发生纳税义务之日起15日内，按照国家有关规定设置账簿。

前款所称账簿，是指总账、明细账、日记账以及其他辅助性账簿。总账、日记账应当采用订本式。

第24条 从事生产、经营的纳税人应当自领取税务登记证件之日起15日内，将其财务、会计制度或者财务、会计处理办法报送主管税务机关备案。

纳税人使用计算机记账的，应当在使用前将会计电算化系统的会计核算软件、使用说明书及有关资料报送主管税务机关备案。

纳税人建立的会计电算化系统应当符合国家有关规定，并能正确、完整核算其收入或者所得。

第25条　扣缴义务人应当自税收法律、行政法规规定的扣缴义务发生之日起10日内，按照所代扣、代收的税种，分别设置代扣代缴、代收代缴税款账簿。

第26条　纳税人、扣缴义务人会计制度健全，能够通过计算机正确、完整计算其收入和所得或者代扣代缴、代收代缴税款情况的，其计算机输出的完整的书面会计记录，可视同会计账簿。

纳税人、扣缴义务人会计制度不健全，不能通过计算机正确、完整计算其收入和所得或者代扣代缴、代收代缴税款情况的，应当建立总账及与纳税或者代扣代缴、代收代缴税款有关的其他账簿。

第27条　账簿、会计凭证和报表，应当使用中文。民族自治地方可以同时使用当地通用的一种民族文字。外商投资企业和外国企业可以同时使用一种外国文字。

第28条　纳税人应当按照税务机关的要求安装、使用税控装置，并按照税务机关的规定报送有关数据和资料。

税控装置推广应用的管理办法由国家税务总局另行制定，报国务院批准后实施。

第29条　账簿、记账凭证、报表、完税凭证、发票、出口凭证以及其他有关涉税资料应当合法、真实、完整。

账簿、记账凭证、报表、完税凭证、发票、出口凭证以及其他有关涉税资料应当保存10年；但是，法律、行政法规另有规定的除外。

第二十条　须报送税务机关备案内容

从事生产、经营的纳税人的财务、会计制度或者财务、会计处理办法和会计核算软件，应当报送税务机关备案。

纳税人、扣缴义务人的财务、会计制度或者财务、会计处理办法与国务院或者国务院财政、税务主管部门有关税收的规定抵触的，依照国务院或者国务院财政、税务主管部门有关税收的规定计算应纳税款、代扣代缴和代收代缴税款。

第二十一条　发票主管机关

税务机关是发票的主管机关，负责发票印制、领购、开具、取得、保管、缴销的管理和监督。

单位、个人在购销商品、提供或者接受经营服务以及从事其他经营活动中，应当按照规定开具、使用、取得发票。

发票的管理办法由国务院规定。

● 行政法规及文件

1.《发票管理办法》（2023年7月20日　国务院令第764号）

第一章　总　则

第1条　为了加强发票管理和财务监督，保障国家税收收入，维护经济秩序，根据《中华人民共和国税收征收管理法》，制定本办法。

第2条　在中华人民共和国境内印制、领用、开具、取得、保管、缴销发票的单位和个人（以下称印制、使用发票的单位和个人），必须遵守本办法。

第3条　本办法所称发票，是指在购销商品、提供或者接受服务以及从事其他经营活动中，开具、收取的收付款凭证。

发票包括纸质发票和电子发票。电子发票与纸质发票具有同等法律效力。国家积极推广使用电子发票。

第4条　发票管理工作应当坚持和加强党的领导,为经济社会发展服务。

国务院税务主管部门统一负责全国的发票管理工作。省、自治区、直辖市税务机关依据职责做好本行政区域内的发票管理工作。

财政、审计、市场监督管理、公安等有关部门在各自的职责范围内,配合税务机关做好发票管理工作。

第5条　发票的种类、联次、内容、编码规则、数据标准、使用范围等具体管理办法由国务院税务主管部门规定。

第6条　对违反发票管理法规的行为,任何单位和个人可以举报。税务机关应当为检举人保密,并酌情给予奖励。

● 部门规章及文件

2.《发票管理办法实施细则》(2024年1月15日　国家税务总局令第56号)

第一章　总　则

第1条　根据《中华人民共和国发票管理办法》(以下简称《办法》)规定,制定本实施细则。

第2条　在全国范围内统一式样的发票,由国家税务总局确定。

在省、自治区、直辖市范围内统一式样的发票,由省、自治区、直辖市税务局(以下简称省税务局)确定。

第3条　《办法》第三条所称电子发票是指在购销商品、提供或者接受服务以及从事其他经营活动中,按照税务机关发票管理规定以数据电文形式开具、收取的收付款凭证。

电子发票与纸质发票的法律效力相同,任何单位和个人不得拒收。

第4条 税务机关建设电子发票服务平台，为用票单位和个人提供数字化等形态电子发票开具、交付、查验等服务。

第5条 税务机关应当按照法律、行政法规的规定，建立健全发票数据安全管理制度，保障发票数据安全。

单位和个人按照国家税务总局有关规定开展发票数据处理活动，依法承担发票数据安全保护义务，不得超过规定的数量存储发票数据，不得违反规定使用、非法出售或非法向他人提供发票数据。

第6条 纸质发票的基本联次包括存根联、发票联、记账联。存根联由收款方或开票方留存备查；发票联由付款方或受票方作为付款原始凭证；记账联由收款方或开票方作为记账原始凭证。

省以上税务机关可根据纸质发票管理情况以及纳税人经营业务需要，增减除发票联以外的其他联次，并确定其用途。

第7条 发票的基本内容包括：发票的名称、发票代码和号码、联次及用途、客户名称、开户银行及账号、商品名称或经营项目、计量单位、数量、单价、大小写金额、税率（征收率）、税额、开票人、开票日期、开票单位（个人）名称（章）等。

省以上税务机关可根据经济活动以及发票管理需要，确定发票的具体内容。

第8条 领用发票单位可以书面向税务机关要求使用印有本单位名称的发票，税务机关依据《办法》第十五条的规定，确认印有该单位名称发票的种类和数量。

第二十二条　发票印制

增值税专用发票由国务院税务主管部门指定的企业印制；其他发票，按照国务院税务主管部门的规定，分别由省、自治区、直辖市国家税务局、地方税务局指定企业印制。

未经前款规定的税务机关指定，不得印制发票。

● 行政法规及文件

1. 《**发票管理办法**》（2023 年 7 月 20 日　国务院令第 764 号）

第二章　发票的印制

第 7 条　增值税专用发票由国务院税务主管部门确定的企业印制；其他发票，按照国务院税务主管部门的规定，由省、自治区、直辖市税务机关确定的企业印制。禁止私自印制、伪造、变造发票。

第 8 条　印制发票的企业应当具备下列条件：

（一）取得印刷经营许可证和营业执照；

（二）设备、技术水平能够满足印制发票的需要；

（三）有健全的财务制度和严格的质量监督、安全管理、保密制度。

税务机关应当按照政府采购有关规定确定印制发票的企业。

第 9 条　印制发票应当使用国务院税务主管部门确定的全国统一的发票防伪专用品。禁止非法制造发票防伪专用品。

第 10 条　发票应当套印全国统一发票监制章。全国统一发票监制章的式样和发票版面印刷的要求，由国务院税务主管部门规定。发票监制章由省、自治区、直辖市税务机关制作。禁止伪造发票监制章。

发票实行不定期换版制度。

第 11 条　印制发票的企业按照税务机关的统一规定，建立发票印制管理制度和保管措施。

发票监制章和发票防伪专用品的使用和管理实行专人负责制度。

第 12 条　印制发票的企业必须按照税务机关确定的式样和数量印制发票。

第 13 条　发票应当使用中文印制。民族自治地方的发票，可以加印当地一种通用的民族文字。有实际需要的，也可以同时使用中外两种文字印制。

第 14 条　各省、自治区、直辖市内的单位和个人使用的发票，除增值税专用发票外，应当在本省、自治区、直辖市内印制；确有必要到外省、自治区、直辖市印制的，应当由省、自治区、直辖市税务机关商印制地省、自治区、直辖市税务机关同意后确定印制发票的企业。

禁止在境外印制发票。

● 部门规章及文件

2.《发票管理办法实施细则》（2024 年 1 月 15 日　国家税务总局令第 56 号）

第二章　发票的印制

第 9 条　税务机关根据政府采购合同和发票防伪用品管理要求对印制发票企业实施监督管理。

第 10 条　全国统一的纸质发票防伪措施由国家税务总局确定，省税务局可以根据需要增加本地区的纸质发票防伪措施，并向国家税务总局备案。

纸质发票防伪专用品应当按照规定专库保管，不得丢失。次品、废品应当在税务机关监督下集中销毁。

第 11 条　全国统一发票监制章是税务机关管理发票的法定标志，其形状、规格、内容、印色由国家税务总局规定。

第 12 条　全国范围内发票换版由国家税务总局确定；省、自治区、直辖市范围内发票换版由省税务局确定。

发票换版时，应当进行公告。

第 13 条　监制发票的税务机关根据需要下达发票印制通知书，印制企业必须按照要求印制。

发票印制通知书应当载明印制发票企业名称、用票单位名称、发票名称、发票代码、种类、联次、规格、印色、印制数量、起止号码、交货时间、地点等内容。

第 14 条　印制发票企业印制完毕的成品应当按照规定验收后专库保管,不得丢失。废品应当及时销毁。

第二十三条　税控装置

国家根据税收征收管理的需要,积极推广使用税控装置。纳税人应当按照规定安装、使用税控装置,不得损毁或者擅自改动税控装置。

第二十四条　账簿、记账凭证、完税凭证及其他资料的保管

从事生产、经营的纳税人、扣缴义务人必须按照国务院财政、税务主管部门规定的保管期限保管账簿、记账凭证、完税凭证及其他有关资料。

账簿、记账凭证、完税凭证及其他有关资料不得伪造、变造或者擅自损毁。

第三节　纳　税　申　报

第二十五条　纳税申报

纳税人必须依照法律、行政法规规定或者税务机关依照法律、行政法规的规定确定的申报期限、申报内容如实办理纳税申报,报送纳税申报表、财务会计报表以及税务机关根据实际需要要求纳税人报送的其他纳税资料。

扣缴义务人必须依照法律、行政法规规定或者税务机关依照法律、行政法规的规定确定的申报期限、申报内容如实报送代扣代缴、代收代缴税款报告表以及税务机关根据实际需要要求扣缴义务人报送的其他有关资料。

● 行政法规及文件

1.《税收征收管理法实施细则》（2016年2月6日 国务院令第666号）

第四章 纳税申报

第30条 税务机关应当建立、健全纳税人自行申报纳税制度。纳税人、扣缴义务人可以采取邮寄、数据电文方式办理纳税申报或者报送代扣代缴、代收代缴税款报告表。

数据电文方式，是指税务机关确定的电话语音、电子数据交换和网络传输等电子方式。

第31条 纳税人采取邮寄方式办理纳税申报的，应当使用统一的纳税申报专用信封，并以邮政部门收据作为申报凭据。邮寄申报以寄出的邮戳日期为实际申报日期。

纳税人采取电子方式办理纳税申报的，应当按照税务机关规定的期限和要求保存有关资料，并定期书面报送主管税务机关。

第32条 纳税人在纳税期内没有应纳税款的，也应当按照规定办理纳税申报。

纳税人享受减税、免税待遇的，在减税、免税期间应当按照规定办理纳税申报。

第33条 纳税人、扣缴义务人的纳税申报或者代扣代缴、代收代缴税款报告表的主要内容包括：税种、税目，应纳税项目或者应代扣代缴、代收代缴税款项目，计税依据，扣除项目及标准，适用税率或者单位税额，应退税项目及税额、应减免税项目及税额，应纳税额或者应代扣代缴、代收代缴税额，税款所属期限、延期缴纳税款、欠税、滞纳金等。

第34条 纳税人办理纳税申报时，应当如实填写纳税申报表，并根据不同的情况相应报送下列有关证件、资料：

（一）财务会计报表及其说明材料；

（二）与纳税有关的合同、协议书及凭证；

（三）税控装置的电子报税资料；
（四）外出经营活动税收管理证明和异地完税凭证；
（五）境内或者境外公证机构出具的有关证明文件；
（六）税务机关规定应当报送的其他有关证件、资料。

第35条 扣缴义务人办理代扣代缴、代收代缴税款报告时，应当如实填写代扣代缴、代收代缴税款报告表，并报送代扣代缴、代收代缴税款的合法凭证以及税务机关规定的其他有关证件、资料。

第36条 实行定期定额缴纳税款的纳税人，可以实行简易申报、简并征期等申报纳税方式。

第37条 纳税人、扣缴义务人按照规定的期限办理纳税申报或者报送代扣代缴、代收代缴税款报告表确有困难，需要延期的，应当在规定的期限内向税务机关提出书面延期申请，经税务机关核准，在核准的期限内办理。

纳税人、扣缴义务人因不可抗力，不能按期办理纳税申报或者报送代扣代缴、代收代缴税款报告表的，可以延期办理；但是，应当在不可抗力情形消除后立即向税务机关报告。税务机关应当查明事实，予以核准。

● 部门规章及文件

2.《国家税务总局关于贯彻〈中华人民共和国税收征收管理法〉及其实施细则若干具体问题的通知》（2003年4月23日 国税发〔2003〕47号）（部分失效）

四、关于纳税申报的管理问题

经税务机关批准，纳税人、扣缴义务人采取数据电文方式办理纳税申报的，其申报日期以税务机关计算机网络系统收到该数据电文的时间为准。采取数据电文方式办理纳税申报的纳税人、扣缴义务人，其与数据电文相对应的纸质申报资料的报送期限由主管税务机关确定。

十三、简易申报、简并征期问题

实施细则第三十六条规定:"实行定期定额缴纳税款的纳税人,可以实行简易申报、简并征期等申报纳税方式",这里所称"简易申报"是指实行定期定额缴纳税款的纳税人在法律、行政法规规定的期限或者在税务机关依照法律、行政法规的规定确定的期限内缴纳税款的,税务机关可以视同申报;"简并征期"是指实行定期定额缴纳税款的纳税人,经税务机关批准,可以采取将纳税期限合并为按季、半年、年的方式缴纳税款,具体期限由省级税务机关根据具体情况确定。

十四、关于税款核定征收条款的适用对象问题

征管法第三十五条、实施细则第四十七条关于核定应纳税款的规定,适用于单位纳税人和个人纳税人。对个人纳税人的核定征收办法,国家税务总局将另行制定。

第二十六条　申报方式

纳税人、扣缴义务人可以直接到税务机关办理纳税申报或者报送代扣代缴、代收代缴税款报告表,也可以按照规定采取邮寄、数据电文或者其他方式办理上述申报、报送事项。

第二十七条　延期申报

纳税人、扣缴义务人不能按期办理纳税申报或者报送代扣代缴、代收代缴税款报告表的,经税务机关核准,可以延期申报。

经核准延期办理前款规定的申报、报送事项的,应当在纳税期内按照上期实际缴纳的税额或者税务机关核定的税额预缴税款,并在核准的延期内办理税款结算。

第三章 税款征收

第二十八条 税务机关依法征收税款

税务机关依照法律、行政法规的规定征收税款，不得违反法律、行政法规的规定开征、停征、多征、少征、提前征收、延缓征收或者摊派税款。

农业税[①]应纳税额按照法律、行政法规的规定核定。

● 行政法规及文件

《税收征收管理法实施细则》（2016年2月6日 国务院令第666号）
第五章 税款征收

第38条 税务机关应当加强对税款征收的管理，建立、健全责任制度。

税务机关根据保证国家税款及时足额入库、方便纳税人、降低税收成本的原则，确定税款征收的方式。

税务机关应当加强对纳税人出口退税的管理，具体管理办法由国家税务总局会同国务院有关部门制定。

第39条 税务机关应当将各种税收的税款、滞纳金、罚款，按照国家规定的预算科目和预算级次及时缴入国库，税务机关不得占压、挪用、截留，不得缴入国库以外或者国家规定的税款账户以外的任何账户。

已缴入国库的税款、滞纳金、罚款，任何单位和个人不得擅自变更预算科目和预算级次。

第40条 税务机关应当根据方便、快捷、安全的原则，积

---

① 2005年12月29日，中华人民共和国第十届全国人民代表大会常务委员会第十九次会议通过《全国人民代表大会常务委员会关于废止〈中华人民共和国农业税条例〉的决定》。

极推广使用支票、银行卡、电子结算方式缴纳税款。

第41条 纳税人有下列情形之一的，属于税收征管法第三十一条所称特殊困难：

（一）因不可抗力，导致纳税人发生较大损失，正常生产经营活动受到较大影响的；

（二）当期货币资金在扣除应付职工工资、社会保险费后，不足以缴纳税款的。

计划单列市国家税务局、地方税务局可以参照税收征管法第三十一条第二款的批准权限，审批纳税人延期缴纳税款。

第42条 纳税人需要延期缴纳税款的，应当在缴纳税款期限届满前提出申请，并报送下列材料：申请延期缴纳税款报告，当期货币资金余额情况及所有银行存款账户的对账单，资产负债表，应付职工工资和社会保险费等税务机关要求提供的支出预算。

税务机关应当自收到申请延期缴纳税款报告之日起20日内作出批准或者不予批准的决定；不予批准的，从缴纳税款期限届满之日起加收滞纳金。

第43条 享受减税、免税优惠的纳税人，减税、免税期满，应当自期满次日起恢复纳税；减税、免税条件发生变化的，应当在纳税申报时向税务机关报告；不再符合减税、免税条件的，应当依法履行纳税义务；未依法纳税的，税务机关应当予以追缴。

第44条 税务机关根据有利于税收控管和方便纳税的原则，可以按照国家有关规定委托有关单位和人员代征零星分散和异地缴纳的税收，并发给委托代征证书。受托单位和人员按照代征证书的要求，以税务机关的名义依法征收税款，纳税人不得拒绝；纳税人拒绝的，受托代征单位和人员应当及时报告税务机关。

第45条 税收征管法第三十四条所称完税凭证，是指各种完税证、缴款书、印花税票、扣（收）税凭证以及其他完税证明。

未经税务机关指定，任何单位、个人不得印制完税凭证。完税凭证不得转借、倒卖、变造或者伪造。

完税凭证的式样及管理办法由国家税务总局制定。

第46条 税务机关收到税款后,应当向纳税人开具完税凭证。纳税人通过银行缴纳税款的,税务机关可以委托银行开具完税凭证。

第47条 纳税人有税收征管法第三十五条或者第三十七条所列情形之一的,税务机关有权采用下列任何一种方法核定其应纳税额：

（一）参照当地同类行业或者类似行业中经营规模和收入水平相近的纳税人的税负水平核定；

（二）按照营业收入或者成本加合理的费用和利润的方法核定；

（三）按照耗用的原材料、燃料、动力等推算或者测算核定；

（四）按照其他合理方法核定。

采用前款所列一种方法不足以正确核定应纳税额时,可以同时采用两种以上的方法核定。

纳税人对税务机关采取本条规定的方法核定的应纳税额有异议的,应当提供相关证据,经税务机关认定后,调整应纳税额。

第48条 税务机关负责纳税人纳税信誉等级评定工作。纳税人纳税信誉等级的评定办法由国家税务总局制定。

第49条 承包人或者承租人有独立的生产经营权,在财务上独立核算,并定期向发包人或者出租人上缴承包费或者租金的,承包人或者承租人应当就其生产、经营收入和所得纳税,并接受税务管理;但是,法律、行政法规另有规定的除外。

发包人或者出租人应当自发包或者出租之日起30日内将承包人或者承租人的有关情况向主管税务机关报告。发包人或者出租人不报告的,发包人或者出租人与承包人或者承租人承担纳税连带责任。

第 50 条　纳税人有解散、撤销、破产情形的，在清算前应当向其主管税务机关报告；未结清税款的，由其主管税务机关参加清算。

第 51 条　税收征管法第三十六条所称关联企业，是指有下列关系之一的公司、企业和其他经济组织：

（一）在资金、经营、购销等方面，存在直接或者间接的拥有或者控制关系；

（二）直接或者间接地同为第三者所拥有或者控制；

（三）在利益上具有相关联的其他关系。

纳税人有义务就其与关联企业之间的业务往来，向当地税务机关提供有关的价格、费用标准等资料。具体办法由国家税务总局制定。

第 52 条　税收征管法第三十六条所称独立企业之间的业务往来，是指没有关联关系的企业之间按照公平成交价格和营业常规所进行的业务往来。

第 53 条　纳税人可以向主管税务机关提出与其关联企业之间业务往来的定价原则和计算方法，主管税务机关审核、批准后，与纳税人预先约定有关定价事项，监督纳税人执行。

第 54 条　纳税人与其关联企业之间的业务往来有下列情形之一的，税务机关可以调整其应纳税额：

（一）购销业务未按照独立企业之间的业务往来作价；

（二）融通资金所支付或者收取的利息超过或者低于没有关联关系的企业之间所能同意的数额，或者利率超过或者低于同类业务的正常利率；

（三）提供劳务，未按照独立企业之间业务往来收取或者支付劳务费用；

（四）转让财产、提供财产使用权等业务往来，未按照独立企业之间业务往来作价或者收取、支付费用；

（五）未按照独立企业之间业务往来作价的其他情形。

第55条 纳税人有本细则第五十四条所列情形之一的，税务机关可以按照下列方法调整计税收入额或者所得额：

（一）按照独立企业之间进行的相同或者类似业务活动的价格；

（二）按照再销售给无关联关系的第三者的价格所应取得的收入和利润水平；

（三）按照成本加合理的费用和利润；

（四）按照其他合理的方法。

第56条 纳税人与其关联企业未按照独立企业之间的业务往来支付价款、费用的，税务机关自该业务往来发生的纳税年度起3年内进行调整；有特殊情况的，可以自该业务往来发生的纳税年度起10年内进行调整。

第57条 税收征管法第三十七条所称未按照规定办理税务登记从事生产、经营的纳税人，包括到外县（市）从事生产、经营而未向营业地税务机关报验登记的纳税人。

第58条 税务机关依照税收征管法第三十七条的规定，扣押纳税人商品、货物的，纳税人应当自扣押之日起15日内缴纳税款。

对扣押的鲜活、易腐烂变质或者易失效的商品、货物，税务机关根据被扣押物品的保质期，可以缩短前款规定的扣押期限。

第59条 税收征管法第三十八条、第四十条所称其他财产，包括纳税人的房地产、现金、有价证券等不动产和动产。

机动车辆、金银饰品、古玩字画、豪华住宅或者一处以外的住房不属于税收征管法第三十八条、第四十条、第四十二条所称个人及其所扶养家属维持生活必需的住房和用品。

税务机关对单价5000元以下的其他生活用品，不采取税收保全措施和强制执行措施。

第60条 税收征管法第三十八条、第四十条、第四十二条所称个人所扶养家属，是指与纳税人共同居住生活的配偶、直系亲属以及无生活来源并由纳税人扶养的其他亲属。

第61条　税收征管法第三十八条、第八十八条所称担保，包括经税务机关认可的纳税保证人为纳税人提供的纳税保证，以及纳税人或者第三人以其未设置或者未全部设置担保物权的财产提供的担保。

纳税保证人，是指在中国境内具有纳税担保能力的自然人、法人或者其他经济组织。

法律、行政法规规定的没有担保资格的单位和个人，不得作为纳税担保人。

第62条　纳税担保人同意为纳税人提供纳税担保的，应当填写纳税担保书，写明担保对象、担保范围、担保期限和担保责任以及其他有关事项。担保书须经纳税人、纳税担保人签字盖章并经税务机关同意，方为有效。

纳税人或者第三人以其财产提供纳税担保的，应当填写财产清单，并写明财产价值以及其他有关事项。纳税担保财产清单须经纳税人、第三人签字盖章并经税务机关确认，方为有效。

第63条　税务机关执行扣押、查封商品、货物或者其他财产时，应当由两名以上税务人员执行，并通知被执行人。被执行人是自然人的，应当通知被执行人本人或者其成年家属到场；被执行人是法人或者其他组织的，应当通知其法定代表人或者主要负责人到场；拒不到场的，不影响执行。

第64条　税务机关执行税收征管法第三十七条、第三十八条、第四十条的规定，扣押、查封价值相当于应纳税款的商品、货物或者其他财产时，参照同类商品的市场价、出厂价或者评估价估算。

税务机关按照前款方法确定应扣押、查封的商品、货物或者其他财产的价值时，还应当包括滞纳金和拍卖、变卖所发生的费用。

第 65 条　对价值超过应纳税额且不可分割的商品、货物或者其他财产，税务机关在纳税人、扣缴义务人或者纳税担保人无其他可供强制执行的财产的情况下，可以整体扣押、查封、拍卖。

第 66 条　税务机关执行税收征管法第三十七条、第三十八条、第四十条的规定，实施扣押、查封时，对有产权证件的动产或者不动产，税务机关可以责令当事人将产权证件交税务机关保管，同时可以向有关机关发出协助执行通知书，有关机关在扣押、查封期间不再办理该动产或者不动产的过户手续。

第 67 条　对查封的商品、货物或者其他财产，税务机关可以指令被执行人负责保管，保管责任由被执行人承担。

继续使用被查封的财产不会减少其价值的，税务机关可以允许被执行人继续使用；因被执行人保管或者使用的过错造成的损失，由被执行人承担。

第 68 条　纳税人在税务机关采取税收保全措施后，按照税务机关规定的期限缴纳税款的，税务机关应当自收到税款或者银行转回的完税凭证之日起 1 日内解除税收保全。

第 69 条　税务机关将扣押、查封的商品、货物或者其他财产变价抵缴税款时，应当交由依法成立的拍卖机构拍卖；无法委托拍卖或者不适于拍卖的，可以交由当地商业企业代为销售，也可以责令纳税人限期处理；无法委托商业企业销售，纳税人也无法处理的，可以由税务机关变价处理，具体办法由国家税务总局规定。国家禁止自由买卖的商品，应当交由有关单位按照国家规定的价格收购。

拍卖或者变卖所得抵缴税款、滞纳金、罚款以及拍卖、变卖等费用后，剩余部分应当在 3 日内退还被执行人。

第 70 条　税收征管法第三十九条、第四十三条所称损失，是指因税务机关的责任，使纳税人、扣缴义务人或者纳税担保人的合法利益遭受的直接损失。

第71条　税收征管法所称其他金融机构,是指信托投资公司、信用合作社、邮政储蓄机构以及经中国人民银行、中国证券监督管理委员会等批准设立的其他金融机构。

第72条　税收征管法所称存款,包括独资企业投资人、合伙企业合伙人、个体工商户的储蓄存款以及股东资金账户中的资金等。

第73条　从事生产、经营的纳税人、扣缴义务人未按照规定的期限缴纳或者解缴税款的,纳税担保人未按照规定的期限缴纳所担保的税款的,由税务机关发出限期缴纳税款通知书,责令缴纳或者解缴税款的最长期限不得超过15日。

第74条　欠缴税款的纳税人或者其法定代表人在出境前未按照规定结清应纳税款、滞纳金或者提供纳税担保的,税务机关可以通知出入境管理机关阻止其出境。阻止出境的具体办法,由国家税务总局会同公安部制定。

第75条　税收征管法第三十二条规定的加收滞纳金的起止时间,为法律、行政法规规定或者税务机关依照法律、行政法规的规定确定的税款缴纳期限届满次日起至纳税人、扣缴义务人实际缴纳或者解缴税款之日止。

第76条　县级以上各级税务机关应当将纳税人的欠税情况,在办税场所或者广播、电视、报纸、期刊、网络等新闻媒体上定期公告。

对纳税人欠缴税款的情况实行定期公告的办法,由国家税务总局制定。

第77条　税收征管法第四十九条所称欠缴税款数额较大,是指欠缴税款5万元以上。

第78条　税务机关发现纳税人多缴税款的,应当自发现之日起10日内办理退还手续;纳税人发现多缴税款,要求退还的,税务机关应当自接到纳税人退还申请之日起30日内查实并办理退还手续。

税收征管法第五十一条规定的加算银行同期存款利息的多缴税款退税，不包括依法预缴税款形成的结算退税、出口退税和各种减免退税。

退税利息按照税务机关办理退税手续当天中国人民银行规定的活期存款利率计算。

第79条　当纳税人既有应退税款又有欠缴税款的，税务机关可以将应退税款和利息先抵扣欠缴税款；抵扣后有余额的，退还纳税人。

第80条　税收征管法第五十二条所称税务机关的责任，是指税务机关适用税收法律、行政法规不当或者执法行为违法。

第81条　税收征管法第五十二条所称纳税人、扣缴义务人计算错误等失误，是指非主观故意的计算公式运用错误以及明显的笔误。

第82条　税收征管法第五十二条所称特殊情况，是指纳税人或者扣缴义务人因计算错误等失误，未缴或者少缴、未扣或者少扣、未收或者少收税款，累计数额在10万元以上的。

第83条　税收征管法第五十二条规定的补缴和追征税款、滞纳金的期限，自纳税人、扣缴义务人应缴未缴或者少缴税款之日起计算。

第84条　审计机关、财政机关依法进行审计、检查时，对税务机关的税收违法行为作出的决定，税务机关应当执行；发现被审计、检查单位有税收违法行为的，向被审计、检查单位下达决定、意见书，责成被审计、检查单位向税务机关缴纳应当缴纳的税款、滞纳金。税务机关应当根据有关机关的决定、意见书，依照税收法律、行政法规的规定，将应收的税款、滞纳金按照国家规定的税收征收管理范围和税款入库预算级次缴入国库。

税务机关应当自收到审计机关、财政机关的决定、意见书之日起30日内将执行情况书面回复审计机关、财政机关。

有关机关不得将其履行职责过程中发现的税款、滞纳金自行征收入库或者以其他款项的名义自行处理、占压。

第二十九条　非法定机关不得进行税款征收活动

除税务机关、税务人员以及经税务机关依照法律、行政法规委托的单位和人员外，任何单位和个人不得进行税款征收活动。

第三十条　扣缴义务人依法履行代扣、代收税款的义务

扣缴义务人依照法律、行政法规的规定履行代扣、代收税款的义务。对法律、行政法规没有规定负有代扣、代收税款义务的单位和个人，税务机关不得要求其履行代扣、代收税款义务。

扣缴义务人依法履行代扣、代收税款义务时，纳税人不得拒绝。纳税人拒绝的，扣缴义务人应当及时报告税务机关处理。

税务机关按照规定付给扣缴义务人代扣、代收手续费。

第三十一条　税收征收期限

纳税人、扣缴义务人按照法律、行政法规规定或者税务机关依照法律、行政法规的规定确定的期限，缴纳或者解缴税款。

纳税人因有特殊困难，不能按期缴纳税款的，经省、自治区、直辖市国家税务局、地方税务局批准，可以延期缴纳税款，但是最长不得超过3个月。

第三十二条　滞纳金

纳税人未按照规定期限缴纳税款的，扣缴义务人未按照规定期限解缴税款的，税务机关除责令限期缴纳外，从滞纳税款之日起，按日加收滞纳税款5‰的滞纳金。

第三十三条　依法书面申请减税、免税

纳税人依照法律、行政法规的规定办理减税、免税。

地方各级人民政府、各级人民政府主管部门、单位和个人违反法律、行政法规规定，擅自作出的减税、免税决定无效，税务机关不得执行，并向上级税务机关报告。

● 部门规章及文件

1. 《国家税务总局关于贯彻〈中华人民共和国税收征收管理法〉及其实施细则若干具体问题的通知》（2003年4月23日　国税发〔2003〕47号）（部分失效）

八、关于减免税管理问题

除法律、行政法规规定不需要经税务机关审批的减免税外，纳税人享受减税、免税的应当向主管税务机关提出书面申请，并按照主管税务机关的要求附送有关资料，经税务机关审核，按照减免税的审批程序经由法律、行政法规授权的机关批准后，方可享受减税、免税。

2. 《国家税务总局关于发布〈减免税政策代码目录〉的公告》（2015年10月29日　国家税务总局公告2015年第73号）

为全面落实减免税政策，规范减免税事项办理，提高税务机关减免税管理工作效能，国家税务总局制定了《减免税政策代码目录》，现予以发布，并将有关问题公告如下：

一、《减免税政策代码目录》对税收法律法规规定、国务院

制定或经国务院批准，由财政部、国家税务总局等中央部门发布的减免税政策及条款，按收入种类和政策优惠的领域类别，分别赋予减免性质代码及减免项目名称。税务机关及纳税人办理减免税申报、备案、核准、减免退税等业务事项时，根据各项工作的管理要求，检索相应的减免性质代码及减免项目名称，填报有关表证单书。

地方依照法律法规制定发布的适用于本地区的减免税政策，由各地税务机关制定代码并发布。

二、《减免税政策代码目录》将根据减免税政策的新增、废止等情况，每月定期更新，并通过国家税务总局网站"纳税服务"下的"申报纳税"栏目发布。各地税务机关应当通过办税服务大厅、税务网站、12366热线、短信、微信等多种渠道和方式进行转载、发布与宣传推送。

特此公告。

附件（略）

3.《财政部、海关总署、税务总局关于不再执行20种商品停止减免税规定的公告》（2020年8月5日 财政部、海关总署、税务总局公告2020年第36号）

经国务院同意，自公告之日起，不再执行《国务院批转关税税则委员会、财政部、国家税务总局关于第二步清理关税和进口环节税减免规定意见的通知》（国发〔1994〕64号）中关于20种商品"无论任何贸易方式、任何地区、企业、单位和个人进口，一律停止减免税"的规定。

20种商品包括电视机、摄像机、录像机、放像机、音响设备、空调器、电冰箱和电冰柜、洗衣机、照相机、复印机、程控电话交换机、微型计算机及外设、电话机、无线寻呼系统、传真机、电子计算器、打字机及文字处理机、家具、灯具、餐料（指调味品、肉禽蛋菜、水产品、水果、饮料、酒、乳制品）。

自公告之日起，现行相关政策规定与本公告内容不符的，以本公告为准。

第三十四条　开具完税凭证

税务机关征收税款时，必须给纳税人开具完税凭证。扣缴义务人代扣、代收税款时，纳税人要求扣缴义务人开具代扣、代收税款凭证的，扣缴义务人应当开具。

第三十五条　税务机关有权核定其应纳税额

纳税人有下列情形之一的，税务机关有权核定其应纳税额：

（一）依照法律、行政法规的规定可以不设置账簿的；

（二）依照法律、行政法规的规定应当设置账簿但未设置的；

（三）擅自销毁账簿或者拒不提供纳税资料的；

（四）虽设置账簿，但账目混乱或者成本资料、收入凭证、费用凭证残缺不全，难以查账的；

（五）发生纳税义务，未按照规定的期限办理纳税申报，经税务机关责令限期申报，逾期仍不申报的；

（六）纳税人申报的计税依据明显偏低，又无正当理由的。

税务机关核定应纳税额的具体程序和方法由国务院税务主管部门规定。

● 部门规章及文件

《国家税务总局关于贯彻〈中华人民共和国税收征收管理法〉及其实施细则若干具体问题的通知》（2003年4月23日　国税发〔2003〕47号）（部分失效）

十四、关于税款核定征收条款的适用对象问题

征管法第三十五条、实施细则第四十七条关于核定应纳税款

的规定，适用于单位纳税人和个人纳税人。对个人纳税人的核定征收办法，国家税务总局将另行制定。

第三十六条　分支机构与关联企业的业务往来的应纳税额

企业或者外国企业在中国境内设立的从事生产、经营的机构、场所与其关联企业之间的业务往来，应当按照独立企业之间的业务往来收取或者支付价款、费用；不按照独立企业之间的业务往来收取或者支付价款、费用，而减少其应纳税的收入或者所得额的，税务机关有权进行合理调整。

第三十七条　未依法办理税务登记的纳税人的应纳税额

对未按照规定办理税务登记的从事生产、经营的纳税人以及临时从事经营的纳税人，由税务机关核定其应纳税额，责令缴纳；不缴纳的，税务机关可以扣押其价值相当于应纳税款的商品、货物。扣押后缴纳应纳税款的，税务机关必须立即解除扣押，并归还所扣押的商品、货物；扣押后仍不缴纳应纳税款的，经县以上税务局（分局）局长批准，依法拍卖或者变卖所扣押的商品、货物，以拍卖或者变卖所得抵缴税款。

第三十八条　税收保全措施

税务机关有根据认为从事生产、经营的纳税人有逃避纳税义务行为的，可以在规定的纳税期之前，责令限期缴纳应纳税款；在限期内发现纳税人有明显的转移、隐匿其应纳税的商品、货物以及其他财产或者应纳税的收入的迹象的，税务机关可以责成纳税人提供纳税担保。如果纳税人不能提供纳税担保，经县以上税务局（分局）局长批准，税务机关可以采取下列税收保全措施：

（一）书面通知纳税人开户银行或者其他金融机构冻结纳税人的金额相当于应纳税款的存款；

（二）扣押、查封纳税人的价值相当于应纳税款的商品、货物或者其他财产。

纳税人在前款规定的限期内缴纳税款的，税务机关必须立即解除税收保全措施；限期期满仍未缴纳税款的，经县以上税务局（分局）局长批准，税务机关可以书面通知纳税人开户银行或者其他金融机构从其冻结的存款中扣缴税款，或者依法拍卖或者变卖所扣押、查封的商品、货物或者其他财产，以拍卖或者变卖所得抵缴税款。

个人及其所扶养家属维持生活必需的住房和用品，不在税收保全措施的范围之内。

第三十九条　未及时解除税收保全措施的赔偿责任

纳税人在限期内已缴纳税款，税务机关未立即解除税收保全措施，使纳税人的合法利益遭受损失的，税务机关应当承担赔偿责任。

第四十条　强制执行措施

从事生产、经营的纳税人、扣缴义务人未按照规定的期限缴纳或者解缴税款，纳税担保人未按照规定的期限缴纳所担保的税款，由税务机关责令限期缴纳，逾期仍未缴纳的，经县以上税务局（分局）局长批准，税务机关可以采取下列强制执行措施：

（一）书面通知其开户银行或者其他金融机构从其存款中扣缴税款；

(二)扣押、查封、依法拍卖或者变卖其价值相当于应纳税款的商品、货物或者其他财产,以拍卖或者变卖所得抵缴税款。

　　税务机关采取强制执行措施时,对前款所列纳税人、扣缴义务人、纳税担保人未缴纳的滞纳金同时强制执行。

　　个人及其所扶养家属维持生活必需的住房和用品,不在强制执行措施的范围之内。

● 部门规章及文件

1.《国家税务总局关于贯彻〈中华人民共和国税收征收管理法〉及其实施细则若干具体问题的通知》(2003年4月23日　国税发〔2003〕47号)(部分失效)

　　五、关于滞纳金的计算期限问题

　　对纳税人未按照法律、行政法规规定的期限或者未按照税务机关依照法律、行政法规的规定确定的期限向税务机关缴纳的税款,滞纳金的计算从纳税人应缴纳税款的期限届满之次日起至实际缴纳税款之日止。

　　六、关于滞纳金的强制执行问题

　　根据征管法第四十条规定"税务机关在采取强制执行措施时,对纳税人未缴纳的滞纳金同时强制执行"的立法精神,对纳税人已缴纳税款,但拒不缴纳滞纳金的,税务机关可以单独对纳税人应缴未缴的滞纳金采取强制执行措施。

2.《国家税务总局关于应退税款抵扣欠缴税款有关问题的公告》(2013年9月16日　国家税务总局公告2013年第54号)

　　近期地方反映,对于《中华人民共和国税收征收管理法实施细则》第79条关于应退税款抵扣欠缴税款(以下简称以退抵欠)的规定是否属于强制执行措施有不同理解。为了全面准确贯彻强制执行措施和以退抵欠的规定，根据《中华人民共和国税收征收管理法》（以下简称税收征管法）及其实施细则的有关规定，现将应退税款抵扣欠缴税款有关问题公告如下：

税收征管法第 40 条规定，税收强制执行措施是指对经税务机关责令限期缴纳税款逾期仍不缴纳的情形，税务机关采取书面通知其开户银行或者其他金融机构从其存款中扣缴税款；扣押、查封、依法拍卖或者变卖其价值相当于应纳税款的商品、货物或者其他财产，以拍卖或者变卖所得抵缴税款的行为。

第四十一条　税收保全和强制执行主体

本法第三十七条、第三十八条、第四十条规定的采取税收保全措施、强制执行措施的权力，不得由法定的税务机关以外的单位和个人行使。

第四十二条　依法采取税收保全和强制执行措施

税务机关采取税收保全措施和强制执行措施必须依照法定权限和法定程序，不得查封、扣押纳税人个人及其所扶养家属维持生活必需的住房和用品。

第四十三条　违法采取保全、强制执行措施的责任

税务机关滥用职权违法采取税收保全措施、强制执行措施，或者采取税收保全措施、强制执行措施不当，使纳税人、扣缴义务人或者纳税担保人的合法权益遭受损失的，应当依法承担赔偿责任。

第四十四条 阻止欠缴纳税主体的出境

欠缴税款的纳税人或者他的法定代表人需要出境的，应当在出境前向税务机关结清应纳税款、滞纳金或者提供担保。未结清税款、滞纳金，又不提供担保的，税务机关可以通知出境管理机关阻止其出境。

● 部门规章及文件

《纳税担保试行办法》（2005年5月24日 国家税务总局令第11号）

第2条 本办法所称纳税担保，是指经税务机关同意或确认，纳税人或其他自然人、法人、经济组织以保证、抵押、质押的方式，为纳税人应当缴纳的税款及滞纳金提供担保的行为。

纳税担保人包括以保证方式为纳税人提供纳税担保的纳税保证人和其他以未设置或者未全部设置担保物权的财产为纳税人提供纳税担保的第三人。

第3条 纳税人有下列情况之一的，适用纳税担保：

（一）税务机关有根据认为从事生产、经营的纳税人有逃避纳税义务行为，在规定的纳税期之前经责令其限期缴纳应纳税款，在限期内发现纳税人有明显的转移、隐匿其应纳税的商品、货物以及其他财产或者应纳税收入的迹象，责成纳税人提供纳税担保的；

（二）欠缴税款、滞纳金的纳税人或者其法定代表人需要出境的；

（三）纳税人同税务机关在纳税上发生争议而未缴清税款，需要申请行政复议的；

（四）税收法律、行政法规规定可以提供纳税担保的其他情形。

第二章 纳 税 保 证

第7条 纳税保证，是指纳税保证人向税务机关保证，当纳税人未按照税收法律、行政法规规定或者税务机关确定的期限缴清税款、滞纳金时，由纳税保证人按照约定履行缴纳税款及滞纳金的行为。税务机关认可的，保证成立；税务机关不认可的，保证不成立。

本办法所称纳税保证为连带责任保证，纳税人和纳税保证人对所担保的税款及滞纳金承担连带责任。当纳税人在税收法律、行政法规或税务机关确定的期限届满未缴清税款及滞纳金的，税务机关即可要求纳税保证人在其担保范围内承担保证责任，缴纳担保的税款及滞纳金。

第8条 纳税保证人，是指在中国境内具有纳税担保能力的自然人、法人或者其他经济组织。法人或其他经济组织财务报表资产净值超过需要担保的税额及滞纳金2倍以上的，自然人、法人或其他经济组织所拥有或者依法可以处分的未设置担保的财产的价值超过需要担保的税额及滞纳金的，为具有纳税担保能力。

第9条 国家机关，学校、幼儿园、医院等事业单位、社会团体不得作为纳税保证人。

企业法人的职能部门不得为纳税保证人。企业法人的分支机构有法人书面授权的，可以在授权范围内提供纳税担保。

有以下情形之一的，不得作为纳税保证人：

（一）有偷税、抗税、骗税、逃避追缴欠税行为被税务机关、司法机关追究过法律责任未满2年的；

（二）因有税收违法行为正在被税务机关立案处理或涉嫌刑事犯罪被司法机关立案侦查的；

（三）纳税信誉等级被评为C级以下的；

（四）在主管税务机关所在地的市（地、州）没有住所的自然人或税务登记不在本市（地、州）的企业；

（五）无民事行为能力或限制民事行为能力的自然人；

（六）与纳税人存在担保关联关系的；

（七）有欠税行为的。

第 10 条 纳税保证人同意为纳税人提供纳税担保的，应当填写纳税担保书。纳税担保书应当包括以下内容：

（一）纳税人应缴纳的税款及滞纳金数额、所属期间、税种、税目名称；

（二）纳税人应当履行缴纳税款及滞纳金的期限；

（三）保证担保范围及担保责任；

（四）保证期间和履行保证责任的期限；

（五）保证人的存款账号或者开户银行及其账号；

（六）税务机关认为需要说明的其他事项。

第 11 条 纳税担保书须经纳税人、纳税保证人签字盖章并经税务机关签字盖章同意方为有效。

纳税担保从税务机关在纳税担保书签字盖章之日起生效。

第 12 条 保证期间为纳税人应缴纳税款期限届满之日起 60 日，即税务机关自纳税人应缴纳税款的期限届满之日起 60 日内有权要求纳税保证人承担保证责任，缴纳税款、滞纳金。

履行保证责任的期限为 15 日，即纳税保证人应当自收到税务机关的纳税通知书之日起 15 日内履行保证责任，缴纳税款及滞纳金。

纳税保证期间内税务机关未通知纳税保证人缴纳税款及滞纳金以承担担保责任的，纳税保证人免除担保责任。

第 13 条 纳税人在规定的期限届满未缴清税款及滞纳金，税务机关在保证期限内书面通知纳税保证人的，纳税保证人应按照纳税担保书约定的范围，自收到纳税通知书之日起 15 日内缴纳税款及滞纳金，履行担保责任。

纳税保证人未按照规定的履行保证责任的期限缴纳税款及滞纳金的，由税务机关发出责令限期缴纳通知书，责令纳税保证人在限期 15 日内缴纳；逾期仍未缴纳的，经县以上税务局

（分局）局长批准，对纳税保证人采取强制执行措施，通知其开户银行或其他金融机构从其存款中扣缴所担保的纳税人应缴纳的税款、滞纳金，或扣押、查封、拍卖、变卖其价值相当于所担保的纳税人应缴纳的税款、滞纳金的商品、货物或者其他财产，以拍卖、变卖所得抵缴担保的税款、滞纳金。

第三章 纳税抵押

第 14 条 纳税抵押，是指纳税人或纳税担保人不转移对本办法第十五条所列财产的占有，将该财产作为税款及滞纳金的担保。纳税人逾期未缴清税款及滞纳金的，税务机关有权依法处置该财产以抵缴税款及滞纳金。

前款规定的纳税人或者纳税担保人为抵押人，税务机关为抵押权人，提供担保的财产为抵押物。

第 15 条 下列财产可以抵押：

（一）抵押人所有的房屋和其他地上定着物；

（二）抵押人所有的机器、交通运输工具和其他财产；

（三）抵押人依法有权处分的国有的房屋和其他地上定着物；

（四）抵押人依法有权处分的国有的机器、交通运输工具和其他财产；

（五）经设区的市、自治州以上税务机关确认的其他可以抵押的合法财产。

第 16 条 以依法取得的国有土地上的房屋抵押的，该房屋占用范围内的国有土地使用权同时抵押。

以乡（镇）、村企业的厂房等建筑物抵押的，其占用范围内的土地使用权同时抵押。

第 17 条 下列财产不得抵押：

（一）土地所有权；

（二）土地使用权，但本办法第十六条规定的除外；

（三）学校、幼儿园、医院等以公益为目的的事业单位、社会团体、民办非企业单位的教育设施、医疗卫生设施和其他社会公益设施；

（四）所有权、使用权不明或者有争议的财产；

（五）依法被查封、扣押、监管的财产；

（六）依法定程序确认为违法、违章的建筑物；

（七）法律、行政法规规定禁止流通的财产或者不可转让的财产。

（八）经设区的市、自治州以上税务机关确认的其他不予抵押的财产。

第18条　学校、幼儿园、医院等以公益为目的事业单位、社会团体，可以其教育设施、医疗卫生设施和其他社会公益设施以外的财产为其应缴纳的税款及滞纳金提供抵押。

第19条　纳税人提供抵押担保的，应当填写纳税担保书和纳税担保财产清单。纳税担保书应当包括以下内容：

（一）担保的纳税人应缴纳的税款及滞纳金数额、所属期间、税种名称、税目；

（二）纳税人履行应缴纳税款及滞纳金的期限；

（三）抵押物的名称、数量、质量、状况、所在地、所有权权属或者使用权权属；

（四）抵押担保的范围及担保责任；

（五）税务机关认为需要说明的其他事项。

纳税担保财产清单应当写明财产价值以及相关事项。纳税担保书和纳税担保财产清单须经纳税人签字盖章并经税务机关确认。

第20条　纳税抵押财产应当办理抵押物登记。纳税抵押自抵押物登记之日起生效。纳税人应向税务机关提供由以下部门出具的抵押登记的证明及其复印件（以下简称证明材料）：

（一）以城市房地产或者乡（镇）、村企业的厂房等建筑物抵押的，提供县级以上地方人民政府规定部门出具的证明材料；

（二）以船舶、车辆抵押的，提供运输工具的登记部门出具的证明材料；

（三）以企业的设备和其他动产抵押的，提供财产所在地的工商行政管理部门出具的证明材料或者纳税人所在地的公证部门出具的证明材料。

第21条　抵押期间，经税务机关同意，纳税人可以转让已办理登记的抵押物，并告知受让人转让物已经抵押的情况。

纳税人转让抵押物所得的价款，应当向税务机关提前缴纳所担保的税款、滞纳金。超过部分，归纳税人所有，不足部分由纳税人缴纳或提供相应的担保。

第22条　在抵押物灭失、毁损或者被征用的情况下，税务机关应该就该抵押物的保险金、赔偿金或者补偿金要求优先受偿，抵缴税款、滞纳金。

抵押物灭失、毁损或者被征用的情况下，抵押权所担保的纳税义务履行期未满的，税务机关可以要求将保险金、赔偿金或补偿金等作为担保财产。

第23条　纳税人在规定的期限内未缴清税款、滞纳金的，税务机关应当依法拍卖、变卖抵押物，变价抵缴税款、滞纳金。

第24条　纳税担保人以其财产为纳税人提供纳税抵押担保的，按照纳税人提供抵押担保的规定执行；纳税担保书和纳税担保财产清单须经纳税人、纳税担保人签字盖章并经税务机关确认。

纳税人在规定的期限届满未缴清税款、滞纳金的，税务机关应当在期限届满之日起15日内书面通知纳税担保人自收到纳税通知书之日起15日内缴纳担保的税款、滞纳金。

纳税担保人未按照前款规定的期限缴纳所担保的税款、滞纳金的，由税务机关责令限期在15日内缴纳；逾期仍未缴纳的，经县以上税务局（分局）局长批准，税务机关依法拍卖、变卖抵押物，抵缴税款、滞纳金。

第四章 纳税质押

第25条 纳税质押，是指经税务机关同意，纳税人或纳税担保人将其动产或权利凭证移交税务机关占有，将该动产或权利凭证作为税款及滞纳金的担保。纳税人逾期未缴清税款及滞纳金的，税务机关有权依法处置该动产或权利凭证以抵缴税款及滞纳金。纳税质押分为动产质押和权利质押。

动产质押包括现金以及其他除不动产以外的财产提供的质押。

汇票、支票、本票、债券、存款单等权利凭证可以质押。

对于实际价值波动很大的动产或权利凭证，经设区的市、自治州以上税务机关确认，税务机关可以不接受其作为纳税质押。

第26条 纳税人提供质押担保的，应当填写纳税担保书和纳税担保财产清单并签字盖章。纳税担保书应当包括以下内容：

（一）担保的税款及滞纳金数额、所属期间、税种名称、税目；

（二）纳税人履行应缴纳税款、滞纳金的期限；

（三）质物的名称、数量、质量、价值、状况、移交前所在地、所有权权属或者使用权权属；

（四）质押担保的范围及担保责任；

（五）纳税担保财产价值；

（六）税务机关认为需要说明的其他事项。

纳税担保财产清单应当写明财产价值及相关事项。

纳税质押自纳税担保书和纳税担保财产清单经税务机关确认和质物移交之日起生效。

第27条 以汇票、支票、本票、公司债券出质的，税务机关应当与纳税人背书清单记载"质押"字样。以存款单出质的，应由签发的金融机构核押。

第28条 以载明兑现或者提货日期的汇票、支票、本票、债券、存款单出质的，汇票、支票、本票、债券、存款单兑现日期先于纳税义务履行期或者担保期的，税务机关与纳税人约定将兑现的价款用于缴纳或者抵缴所担保的税款及滞纳金。

第29条 纳税人在规定的期限内缴清税款及滞纳金的，税务机关应当自纳税人缴清税款及滞纳金之日起3个工作日内返还质物，解除质押关系。

纳税人在规定的期限内未缴清税款、滞纳金的，税务机关应当依法拍卖、变卖质物，抵缴税款、滞纳金。

第30条 纳税担保人以其动产或财产权利为纳税人提供纳税质押担保的，按照纳税人提供质押担保的规定执行；纳税担保书和纳税担保财产清单须经纳税人、纳税担保人签字盖章并经税务机关确认。

纳税人在规定的期限内缴清税款、滞纳金的，税务机关应当在3个工作日内将质物返还给纳税担保人，解除质押关系。

纳税人在规定的期限内未缴清税款、滞纳金的，税务机关应当在期限届满之日起15日内书面通知纳税担保人自收到纳税通知书之日起15日内缴纳担保的税款、滞纳金。

纳税担保人未按照前款规定的期限缴纳所担保的税款、滞纳金，由税务机关责令限期在15日内缴纳；缴清税款、滞纳金的，税务机关自纳税担保人缴清税款及滞纳金之日起3个工作日内返还质物、解除质押关系；逾期仍未缴纳的，经县以上税务局（分局）局长批准，税务机关依法拍卖、变卖质物，抵缴税款、滞纳金。

第五章 法律责任

第31条 纳税人、纳税担保人采取欺骗、隐瞒等手段提供担保的，由税务机关处以1000元以下的罚款；属于经营行为的，处以 10000 元以下的罚款。

非法为纳税人、纳税担保人实施虚假纳税担保提供方便的，由税务机关处以 1000 元以下的罚款。

第 32 条　纳税人采取欺骗、隐瞒等手段提供担保，造成应缴税款损失的，由税务机关按照《税收征管法》第六十八条规定处以未缴、少缴税款 50% 以上 5 倍以下的罚款。

第 33 条　税务机关负有妥善保管质物的义务。因保管不善致使质物灭失或者毁损，或未经纳税人同意擅自使用、出租、处分质物而给纳税人造成损失的，税务机关应当对直接损失承担赔偿责任。

纳税义务期限届满或担保期间，纳税人或者纳税担保人请求税务机关及时行使权利，而税务机关怠于行使权利致使质物价格下跌造成损失的，税务机关应当对直接损失承担赔偿责任。

第 34 条　税务机关工作人员有下列情形之一的，根据情节轻重给予行政处分：

（一）违反本办法规定，对符合担保条件的纳税担保，不予同意或故意刁难的；

（二）违反本办法规定，对不符合担保条件的纳税担保，予以批准，致使国家税款及滞纳金遭受损失的；

（三）私分、挪用、占用、擅自处分担保财物的；

（四）其他违法情形。

第四十五条　税收优先于无担保债权

税务机关征收税款，税收优先于无担保债权，法律另有规定的除外；纳税人欠缴的税款发生在纳税人以其财产设定抵押、质押或者纳税人的财产被留置之前的，税收应当先于抵押权、质权、留置权执行。

纳税人欠缴税款，同时又被行政机关决定处以罚款、没收违法所得的，税收优先于罚款、没收违法所得。

税务机关应当对纳税人欠缴税款的情况定期予以公告。

● 部门规章及文件

《国家税务总局关于贯彻〈中华人民共和国税收征收管理法〉及其实施细则若干具体问题的通知》（2003年4月23日　国税发〔2003〕47号）（部分失效）

七、关于税款优先的时间确定问题

征管法第四十五条规定"纳税人欠缴的税款发生在纳税人以其财产设定抵押、质押或者纳税人的财产被留置之前的，税收应当先于抵押权、质权、留置权执行"，欠缴的税款是纳税人发生纳税义务，但未按照法律、行政法规规定的期限或者未按照税务机关依照法律、行政法规的规定确定的期限向税务机关申报缴纳的税款或者少缴的税款，纳税人应缴纳税款的期限届满之次日即是纳税人欠缴税款的发生时间。

第四十六条　**纳税人设定抵押、质押的欠税情形说明**

纳税人有欠税情形而以其财产设定抵押、质押的，应当向抵押权人、质权人说明其欠税情况。抵押权人、质权人可以请求税务机关提供有关的欠税情况。

第四十七条　**开付收据和开付清单**

税务机关扣押商品、货物或者其他财产时，必须开付收据；查封商品、货物或者其他财产时，必须开付清单。

第四十八条　纳税人合并、分立情形向税务机关报告义务

纳税人有合并、分立情形的，应当向税务机关报告，并依法缴清税款。纳税人合并时未缴清税款的，应当由合并后的纳税人继续履行未履行的纳税义务；纳税人分立时未缴清税款的，分立后的纳税人对未履行的纳税义务应当承担连带责任。

第四十九条　欠税额较大的纳税人处分财产前的报告义务

欠缴税款数额较大的纳税人在处分其不动产或者大额资产之前，应当向税务机关报告。

第五十条　税务机关行使代位权、撤销权

欠缴税款的纳税人因怠于行使到期债权，或者放弃到期债权，或者无偿转让财产，或者以明显不合理的低价转让财产而受让人知道该情形，对国家税收造成损害的，税务机关可以依照合同法第七十三条、第七十四条的规定行使代位权、撤销权。

税务机关依照前款规定行使代位权、撤销权的，不免除欠缴税款的纳税人尚未履行的纳税义务和应承担的法律责任。

第五十一条　超过应纳税额缴纳的税款的退还

纳税人超过应纳税额缴纳的税款，税务机关发现后应当立即退还；纳税人自结算缴纳税款之日起 3 年内发现的，可以向税务机关要求退还多缴的税款并加算银行同期存款利息，税务机关及时查实后应当立即退还；涉及从国库中退库的，依照法律、行政法规有关国库管理的规定退还。

● 案例指引
房屋开发公司诉某市税务局行政复议案[①]
裁判要点：退税是将纳税人已经缴入国库的税款，依法定程序办理退库手续，退还给纳税人的制度。税款退还的前提是纳税人已经缴纳了应纳税款，而税款一经缴入国库，即成为国家所有的预算资金，一般不再退还给纳税人。税款退还是一项十分严肃的工作，必须严格按照规定的退税范围、审批权限、程序和手续办理。根据有关国库管理的规定，一般是先由纳税人提出书面申请，并填写退税申请书，申述差错的原因和多缴税款的数额，同时提出原纳税凭证的号码、税款金额、缴库日期，报经原征收税务机关审核无误后，填制收入退还书，经上级税务机关审核批准，交纳税人持向代理金库的银行办理转账手续，将退税转入纳税人开户银行存款内。

第五十二条　补缴税款

因税务机关的责任，致使纳税人、扣缴义务人未缴或者少缴税款的，税务机关在3年内可以要求纳税人、扣缴义务人补缴税款，但是不得加收滞纳金。

因纳税人、扣缴义务人计算错误等失误，未缴或者少缴税款的，税务机关在3年内可以追征税款、滞纳金；有特殊情况的，追征期可以延长到5年。

对偷税、抗税、骗税的，税务机关追征其未缴或者少缴的税款、滞纳金或者所骗取的税款，不受前款规定期限的限制。

第五十三条　税款缴入国库

国家税务局和地方税务局应当按照国家规定的税收征收管理范围和税款入库预算级次，将征收的税款缴入国库。

---

① 辽宁省高级人民法院（2020）辽行申544号行政裁定书。

对审计机关、财政机关依法查出的税收违法行为，税务机关应当根据有关机关的决定、意见书，依法将应收的税款、滞纳金按照税款入库预算级次缴入国库，并将结果及时回复有关机关。

第四章 税务检查

第五十四条　税务检查范围

税务机关有权进行下列税务检查：

（一）检查纳税人的账簿、记账凭证、报表和有关资料，检查扣缴义务人代扣代缴、代收代缴税款账簿、记账凭证和有关资料；

（二）到纳税人的生产、经营场所和货物存放地检查纳税人应纳税的商品、货物或者其他财产，检查扣缴义务人与代扣代缴、代收代缴税款有关的经营情况；

（三）责成纳税人、扣缴义务人提供与纳税或者代扣代缴、代收代缴税款有关的文件、证明材料和有关资料；

（四）询问纳税人、扣缴义务人与纳税或者代扣代缴、代收代缴税款有关的问题和情况；

（五）到车站、码头、机场、邮政企业及其分支机构检查纳税人托运、邮寄应纳税商品、货物或者其他财产的有关单据、凭证和有关资料；

（六）经县以上税务局（分局）局长批准，凭全国统一格式的检查存款账户许可证明，查询从事生产、经营的纳税人、扣缴义务人在银行或者其他金融机构的存款账户。税务机关在调查税收违法案件时，经设区的市、自治州以上税务局（分局）局长批准，可以查询案件涉嫌人员的储蓄存款。税务机关查询所获得的资料，不得用于税收以外的用途。

● 行政法规及文件

1.《税收征收管理法实施细则》（2016年2月6日　国务院令第666号）

第85条　税务机关应当建立科学的检查制度，统筹安排检查工作，严格控制对纳税人、扣缴义务人的检查次数。

税务机关应当制定合理的税务稽查工作规程，负责选案、检查、审理、执行的人员的职责应当明确，并相互分离、相互制约，规范选案程序和检查行为。

税务检查工作的具体办法，由国家税务总局制定。

第86条　税务机关行使税收征管法第五十四条第（一）项职权时，可以在纳税人、扣缴义务人的业务场所进行；必要时，经县以上税务局（分局）局长批准，可以将纳税人、扣缴义务人以前会计年度的账簿、记账凭证、报表和其他有关资料调回税务机关检查，但是税务机关必须向纳税人、扣缴义务人开付清单，并在3个月内完整退还；有特殊情况的，经设区的市、自治州以上税务局局长批准，税务机关可以将纳税人、扣缴义务人当年的账簿、记账凭证、报表和其他有关资料调回检查，但是税务机关必须在30日内退还。

第87条　税务机关行使税收征管法第五十四条第（六）项职权时，应当指定专人负责，凭全国统一格式的检查存款账户许可证明进行，并有责任为被检查人保守秘密。

检查存款账户许可证明，由国家税务总局制定。

税务机关查询的内容，包括纳税人存款账户余额和资金往来情况。

第95条　税务机关依照税收征管法第五十四条第（五）项的

规定,到车站、码头、机场、邮政企业及其分支机构检查纳税人有关情况时,有关单位拒绝的,由税务机关责令改正,可以处1万元以下的罚款;情节严重的,处1万元以上5万元以下的罚款。

● 部门规章及文件

2.《国家税务总局关于贯彻〈中华人民共和国税收征收管理法〉及其实施细则若干具体问题的通知》(2003年4月23日 国税发〔2003〕47号)(部分失效)

十一、关于账簿凭证的检查问题

征管法第五十四条第六款规定:"税务机关在调查税收违法案件时,经设区的市、自治州以上税务局(分局)局长批准,可以查询案件涉嫌人员的储蓄存款";实施细则第八十六条规定:"有特殊情况的,经设区的市、自治州以上税务局局长批准,税务机关可以将纳税人、扣缴义务人当年的账簿、记账凭证、报表和其他有关资料调回检查"。这里所称的"经设区的市、自治州以上税务局局长"包括地(市)一级(含直辖市下设区)的税务局局长。这里所称的"特殊情况"是指纳税人有下列情形之一:(一)涉及增值税专用发票检查的;(二)纳税人涉嫌税收违法行为情节严重的;(三)纳税人及其他当事人可能毁灭、藏匿、转移帐簿等证据资料的;(四)税务机关认为其他需要调回检查的情况。

第五十五条 依法采取税收保全措施或者强制执行措施

税务机关对从事生产、经营的纳税人以前纳税期的纳税情况依法进行税务检查时,发现纳税人有逃避纳税义务行为,并有明显的转移、隐匿其应纳税的商品、货物以及其他财产或者应纳税的收入的迹象的,可以按照本法规定的批准权限采取税收保全措施或者强制执行措施。

● 行政法规及文件

《税收征收管理法实施细则》（2016年2月6日　国务院令第666号）

第88条　依照税收征管法第五十五条规定，税务机关采取税收保全措施的期限一般不得超过6个月；重大案件需要延长的，应当报国家税务总局批准。

第五十六条　依法接受税务检查

纳税人、扣缴义务人必须接受税务机关依法进行的税务检查，如实反映情况，提供有关资料，不得拒绝、隐瞒。

● 行政法规及文件

《税收征收管理法实施细则》（2016年2月6日　国务院令第666号）

第89条　税务机关和税务人员应当依照税收征管法及本细则的规定行使税务检查职权。

税务人员进行税务检查时，应当出示税务检查证和税务检查通知书；无税务检查证和税务检查通知书的，纳税人、扣缴义务人及其他当事人有权拒绝检查。税务机关对集贸市场及集中经营业户进行检查时，可以使用统一的税务检查通知书。

税务检查证和税务检查通知书的式样、使用和管理的具体办法，由国家税务总局制定。

第五十七条　税务机关的调查权

税务机关依法进行税务检查时，有权向有关单位和个人调查纳税人、扣缴义务人和其他当事人与纳税或者代扣代缴、代收代缴税款有关的情况，有关单位和个人有义务向税务机关如实提供有关资料及证明材料。

第五十八条 税务机关记录、录音、录像、照相和复制权

税务机关调查税务违法案件时，对与案件有关的情况和资料，可以记录、录音、录像、照相和复制。

第五十九条 税务机关进行税务检查应出示税务检查证和税务检查通知书

税务机关派出的人员进行税务检查时，应当出示税务检查证和税务检查通知书，并有责任为被检查人保守秘密；未出示税务检查证和税务检查通知书的，被检查人有权拒绝检查。

● 部门规章及文件

《税务检查证管理办法》（2018年8月7日 国家税务总局公告2018年第44号）

第一章 总 则

第1条 为加强税务检查证管理，规范税务执法行为，保护纳税人、扣缴义务人及其他当事人合法权益，根据《中华人民共和国税收征收管理法》等相关规定，制定本办法。

第2条 税务检查证是具有法定执法权限的税务人员，对纳税人、扣缴义务人及其他当事人进行检查时，证明其执法身份、职责权限和执法范围的专用证件。

税务检查证的名称为《中华人民共和国税务检查证》。

第3条 国家税务总局负责制定、发布税务检查证式样和技术标准。

第4条 国家税务总局负责适用全国范围税务检查证的审批、制作、发放、监督管理工作。

国家税务总局各省、自治区、直辖市、计划单列市税务局（以下简称省税务局）负责适用本辖区税务检查证的审批、制作、

发放、监督管理工作。

国家税务总局和省税务局应当严格控制税务检查证的发放。

第5条 税务检查证分为稽查部门专用税务检查证和征收管理部门专用税务检查证。

稽查部门专用税务检查证，适用于稽查人员开展稽查工作，由稽查部门归口管理。

征收管理部门专用税务检查证，适用于征收、管理人员开展日常检查工作，由征收管理部门归口管理。

第6条 税务检查证实行信息化管理。

省税务局应当在税收征管信息系统中的税务检查证管理模块内及时完善、更新持证人员相关信息，提供税务检查证互联网验证服务。

第二章 证件式样

第7条 税务检查证由专用皮夹和内卡组成。

第8条 税务检查证的皮夹式样如下：

（一）稽查部门专用税务检查证皮夹为竖式黑色皮质，征收管理部门专用税务检查证皮夹为竖式咖啡色皮质；

（二）皮夹外部正面镂刻税徽图案、"中华人民共和国税务检查证"字样，背面镂刻"CHINA TAXATION"字样；

（三）皮夹内部上端镶嵌税徽一枚和"中国税务"四字，下端放置内卡。

第9条 税务检查证内卡应当载明下列事项：持证人的姓名、照片、工作单位、证号、二维码、检查范围、检查职责、税务检查证专用印章、有效期限。

内卡需内置芯片，存储持证人员上述信息。

第10条 税务检查证的皮夹和内卡文字均使用中文。民族自治区可以同时使用当地通用的一种民族文字。

第三章　证件申领和核发

第 11 条　税务人员因岗位职责需要办理税务检查证时,由其所在单位税务检查证主管部门核实基础信息后,填报税务检查证申请。

首次申领税务检查证的,应当取得税务执法资格。

第 12 条　国家税务总局及省税务局税务检查证主管部门负责审批办证申请。

第 13 条　审批通过后,国家税务总局及省税务局税务检查证主管部门印制《中华人民共和国税务检查证》,由申请人员所在单位税务检查证主管部门负责具体发放工作。

第 14 条　税务人员到所在单位管辖区域以外临时执行检查公务的,由国家税务总局或者执行公务所在地省税务局税务检查证主管部门核发相应有效期限的临时税务检查证。

临时税务检查证有效期限不得超过一年,临时公务执行完毕后应当及时缴销。

第四章　证件使用

第 15 条　税务人员进行检查时,应当出示税务检查证和税务检查通知书,可以以文字或音像形式记录出示情况。

第 16 条　税务人员出示税务检查证时,可以告知被检查人或其他当事人通过扫描二维码查验持证人身份。

第 17 条　税务人员应当严格依法行使税务检查职权,并为被检查人或其他当事人保守秘密。

第 18 条　税务检查证只限于持证人本人使用,不得转借、转让或涂改。

第 19 条　持证人应当妥善保管税务检查证,防止遗失、损毁。

税务检查证遗失的,持证人应当作出书面情况说明,并在税务检查证所注明的管辖区域内公开发行的报纸或者政府网站、税务机关网站发布公告后,再申请补发。

税务检查证严重损毁、无法使用的，持证人可以申请换发，并在办理换发手续时交回原证件。

第五章　监督管理

第 20 条　税务检查证实行定期审验制度，每两年审验一次。临时税务检查证不在审验范围。

第 21 条　国家税务总局及省税务局税务检查证主管部门统一组织审验工作，持证人所在单位税务检查证主管部门负责具体实施，并及时报送审验情况。

第 22 条　通过比对内卡芯片信息与税务检查证管理模块中所载持证人信息进行审验，一致的为审验通过。

第 23 条　税务检查证审验不通过的，持证人所在单位税务检查证主管部门应当及时变更、清理相关信息。

第 24 条　持证人因调动、辞退、辞职、退休或者岗位调整等原因不再从事税务检查工作的，由持证人所在单位税务检查证主管部门在工作变动前收缴其税务检查证。

持证人因涉嫌违法违纪被立案审查、尚未作出结论的，应当暂时收缴其税务检查证。

第 25 条　收回的税务检查证应当由发放证件机关定期销毁。

第六章　附　　则

第 26 条　本办法自 2019 年 1 月 1 日起施行。《国家税务总局关于印发〈税务检查证管理暂行办法〉的通知》（国税发〔2005〕154 号，国家税务总局公告 2018 年第 31 号修改）同时废止。

第五章　法 律 责 任

第六十条　纳税人的行政处罚

纳税人有下列行为之一的，由税务机关责令限期改正，可以处 2000 元以下的罚款；情节严重的，处 2000 元以上 1 万元以下的罚款：

（一）未按照规定的期限申报办理税务登记、变更或者注销登记的；

（二）未按照规定设置、保管账簿或者保管记账凭证和有关资料的；

（三）未按照规定将财务、会计制度或者财务、会计处理办法和会计核算软件报送税务机关备查的；

（四）未按照规定将其全部银行账号向税务机关报告的；

（五）未按照规定安装、使用税控装置，或者损毁或者擅自改动税控装置的。

纳税人不办理税务登记的，由税务机关责令限期改正；逾期不改正的，经税务机关提请，由工商行政管理机关吊销其营业执照。

纳税人未按照规定使用税务登记证件，或者转借、涂改、损毁、买卖、伪造税务登记证件的，处 2000 元以上 1 万元以下的罚款；情节严重的，处 1 万元以上 5 万元以下的罚款。

● **行政法规及文件**

《**税收征收管理法实施细则**》（2016 年 2 月 6 日　国务院令第 666 号）

第八章　文书送达

第 101 条　税务机关送达税务文书，应当直接送交受送达人。

受送达人是公民的，应当由本人直接签收；本人不在的，交其同住成年家属签收。

受送达人是法人或者其他组织的，应当由法人的法定代表人、其他组织的主要负责人或者该法人、组织的财务负责人、负责收件的人签收。受送达人有代理人的，可以送交其代理人签收。

第 102 条　送达税务文书应当有送达回证，并由受送达人或者本细则规定的其他签收人在送达回证上记明收到日期，签名或者盖章，即为送达。

第103条 受送达人或者本细则规定的其他签收人拒绝签收税务文书的，送达人应当在送达回证上记明拒收理由和日期，并由送达人和见证人签名或者盖章，将税务文书留在受送达人处，即视为送达。

第104条 直接送达税务文书有困难的，可以委托其他有关机关或者其他单位代为送达，或者邮寄送达。

第105条 直接或者委托送达税务文书的，以签收人或者见证人在送达回证上的签收或者注明的收件日期为送达日期；邮寄送达的，以挂号函件回执上注明的收件日期为送达日期，并视为已送达。

第106条 有下列情形之一的，税务机关可以公告送达税务文书，自公告之日起满30日，即视为送达：

（一）同一送达事项的受送达人众多；

（二）采用本章规定的其他送达方式无法送达。

第107条 税务文书的格式由国家税务总局制定。本细则所称税务文书，包括：

（一）税务事项通知书；

（二）责令限期改正通知书；

（三）税收保全措施决定书；

（四）税收强制执行决定书；

（五）税务检查通知书；

（六）税务处理决定书；

（七）税务行政处罚决定书；

（八）行政复议决定书；

（九）其他税务文书。

第六十一条　扣缴义务人的行政处罚

扣缴义务人未按照规定设置、保管代扣代缴、代收代缴税款账簿或者保管代扣代缴、代收代缴税款记账凭证及有关资料的，由税务机关责令限期改正，可以处2000元以下的罚款；情节严重的，处2000元以上5000元以下的罚款。

第六十二条　未按规定纳税申报和报送纳税资料的处罚

纳税人未按照规定的期限办理纳税申报和报送纳税资料的，或者扣缴义务人未按照规定的期限向税务机关报送代扣代缴、代收代缴税款报告表和有关资料的，由税务机关责令限期改正，可以处2000元以下的罚款；情节严重的，可以处2000元以上1万元以下的罚款。

第六十三条　纳税主体虚假作账的责任承担

纳税人伪造、变造、隐匿、擅自销毁账簿、记账凭证，或者在账簿上多列支出或者不列、少列收入，或者经税务机关通知申报而拒不申报或者进行虚假的纳税申报，不缴或者少缴应纳税款的，是偷税。对纳税人偷税的，由税务机关追缴其不缴或者少缴的税款、滞纳金，并处不缴或者少缴的税款50%以上5倍以下的罚款；构成犯罪的，依法追究刑事责任。

扣缴义务人采取前款所列手段，不缴或者少缴已扣、已收税款，由税务机关追缴其不缴或者少缴的税款、滞纳金，并处不缴或者少缴的税款50%以上5倍以下的罚款；构成犯罪的，依法追究刑事责任。

● 法　律

1.《刑法》(2023 年 12 月 29 日)

第 201 条　纳税人采取欺骗、隐瞒手段进行虚假纳税申报或者不申报，逃避缴纳税款数额较大并且占应纳税额百分之十以上的，处三年以下有期徒刑或者拘役，并处罚金；数额巨大并且占应纳税额百分之三十以上的，处三年以上七年以下有期徒刑，并处罚金。

扣缴义务人采取前款所列手段，不缴或者少缴已扣、已收税款，数额较大的，依照前款的规定处罚。

对多次实施前两款行为，未经处理的，按照累计数额计算。

有第一款行为，经税务机关依法下达追缴通知后，补缴应纳税款，缴纳滞纳金，已受行政处罚的，不予追究刑事责任；但是，五年内因逃避缴纳税款受过刑事处罚或者被税务机关给予二次以上行政处罚的除外。

● 部门规章及文件

2.《重大税收违法失信主体信息公布管理办法》(2021 年 12 月 31 日　国家税务总局令第 54 号)

第一章　总　则

第 1 条　为了贯彻落实中共中央办公厅、国务院办公厅印发的《关于进一步深化税收征管改革的意见》，维护正常税收征收管理秩序，惩戒重大税收违法失信行为，保障税务行政相对人合法权益，促进依法诚信纳税，推进社会信用体系建设，根据《中华人民共和国税收征收管理法》《优化营商环境条例》等相关法律法规，制定本办法。

第 2 条　税务机关依照本办法的规定，确定重大税收违法失信主体，向社会公布失信信息，并将信息通报相关部门实施监管和联合惩戒。

第 3 条 重大税收违法失信主体信息公布管理应当遵循依法行政、公平公正、统一规范、审慎适当的原则。

第 4 条 各级税务机关应当依法保护税务行政相对人合法权益,对重大税收违法失信主体信息公布管理工作中知悉的国家秘密、商业秘密或者个人隐私、个人信息,应当依法予以保密。

第 5 条 税务机关工作人员在重大税收违法失信主体信息公布管理工作中,滥用职权、玩忽职守、徇私舞弊的,依照有关规定严肃处理;涉嫌犯罪的,依法移送司法机关。

第二章 失信主体的确定

第 6 条 本办法所称"重大税收违法失信主体"(以下简称失信主体)是指有下列情形之一的纳税人、扣缴义务人或者其他涉税当事人(以下简称当事人):

(一)伪造、变造、隐匿、擅自销毁账簿、记账凭证,或者在账簿上多列支出或者不列、少列收入,或者经税务机关通知申报而拒不申报或者进行虚假的纳税申报,不缴或者少缴应纳税款 100 万元以上,且任一年度不缴或者少缴应纳税款占当年各税种应纳税总额 10% 以上的,或者采取前述手段,不缴或者少缴已扣、已收税款,数额在 100 万元以上的;

(二)欠缴应纳税款,采取转移或者隐匿财产的手段,妨碍税务机关追缴欠缴的税款,欠缴税款金额 100 万元以上的;

(三)骗取国家出口退税款的;

(四)以暴力、威胁方法拒不缴纳税款的;

(五)虚开增值税专用发票或者虚开用于骗取出口退税、抵扣税款的其他发票的;

(六)虚开增值税普通发票 100 份以上或者金额 400 万元以上的;

(七)私自印制、伪造、变造发票,非法制造发票防伪专用品,伪造发票监制章的;

（八）具有偷税、逃避追缴欠税、骗取出口退税、抗税、虚开发票等行为，在稽查案件执行完毕前，不履行税收义务并脱离税务机关监管，经税务机关检查确认走逃（失联）的；

（九）为纳税人、扣缴义务人非法提供银行账户、发票、证明或者其他方便，导致未缴、少缴税款100万元以上或者骗取国家出口退税款的；

（十）税务代理人违反税收法律、行政法规造成纳税人未缴或者少缴税款100万元以上的；

（十一）其他性质恶劣、情节严重、社会危害性较大的税收违法行为。

第7条　税务机关对当事人依法作出《税务行政处罚决定书》，当事人在法定期限内未申请行政复议、未提起行政诉讼，或者申请行政复议，行政复议机关作出行政复议决定后，在法定期限内未提起行政诉讼，或者人民法院对税务行政处罚决定或行政复议决定作出生效判决、裁定后，有本办法第六条规定情形之一的，税务机关确定其为失信主体。

对移送公安机关的当事人，税务机关在移送时已依法作出《税务处理决定书》，未作出《税务行政处罚决定书》的，当事人在法定期限内未申请行政复议、未提起行政诉讼，或者申请行政复议，行政复议机关作出行政复议决定后，在法定期限内未提起行政诉讼，或者人民法院对税务处理决定或行政复议决定作出生效判决、裁定后，有本办法第六条规定情形之一的，税务机关确定其为失信主体。

第8条　税务机关应当在作出确定失信主体决定前向当事人送达告知文书，告知其依法享有陈述、申辩的权利。告知文书应当包括以下内容：

（一）当事人姓名或者名称、有效身份证件号码或者统一社会信用代码、地址。没有统一社会信用代码的，以税务机关赋予的纳税人识别号代替；

（二）拟确定为失信主体的事由、依据；

（三）拟向社会公布的失信信息；

（四）拟通知相关部门采取失信惩戒措施提示；

（五）当事人依法享有的相关权利；

（六）其他相关事项。

对纳入纳税信用评价范围的当事人，还应当告知其拟适用D级纳税人管理措施。

第9条 当事人在税务机关告知后5日内，可以书面或者口头提出陈述、申辩意见。当事人口头提出陈述、申辩意见的，税务机关应当制作陈述申辩笔录，并由当事人签章。

税务机关应当充分听取当事人陈述、申辩意见，对当事人提出的事实、理由和证据进行复核。当事人提出的事实、理由或者证据成立的，应当采纳。

第10条 经设区的市、自治州以上税务局局长或者其授权的税务局领导批准，税务机关在本办法第七条规定的申请行政复议或提起行政诉讼期限届满，或者行政复议决定、人民法院判决或裁定生效后，于30日内制作失信主体确定文书，并依法送达当事人。失信主体确定文书应当包括以下内容：

（一）当事人姓名或者名称、有效身份证件号码或者统一社会信用代码、地址。没有统一社会信用代码的，以税务机关赋予的纳税人识别号代替；

（二）确定为失信主体的事由、依据；

（三）向社会公布的失信信息提示；

（四）相关部门采取失信惩戒措施提示；

（五）当事人依法享有的相关权利；

（六）其他相关事项。

对纳入纳税信用评价范围的当事人，还应当包括适用D级纳税人管理措施提示。

本条第一款规定的时限不包括因其他方式无法送达，公告送达告知文书和确定文书的时间。

第三章 信息公布

第 11 条 税务机关应当在失信主体确定文书送达后的次月15 日内，向社会公布下列信息：

（一）失信主体基本情况；

（二）失信主体的主要税收违法事实；

（三）税务处理、税务行政处罚决定及法律依据；

（四）确定失信主体的税务机关；

（五）法律、行政法规规定应当公布的其他信息。

对依法确定为国家秘密的信息，法律、行政法规禁止公开的信息，以及公开后可能危及国家安全、公共安全、经济安全、社会稳定的信息，税务机关不予公开。

第 12 条 税务机关按照本办法第十一条第一款第一项规定向社会公布失信主体基本情况。失信主体为法人或者其他组织的，公布其名称、统一社会信用代码（纳税人识别号）、注册地址以及违法行为发生时的法定代表人、负责人或者经人民法院生效裁判确定的实际责任人的姓名、性别及身份证件号码（隐去出生年、月、日号码段）；失信主体为自然人的，公布其姓名、性别、身份证件号码（隐去出生年、月、日号码段）。

经人民法院生效裁判确定的实际责任人，与违法行为发生时的法定代表人或者负责人不一致的，除有证据证明法定代表人或者负责人有涉案行为外，税务机关只向社会公布实际责任人信息。

第 13 条 税务机关应当通过国家税务总局各省、自治区、直辖市、计划单列市税务局网站向社会公布失信主体信息，根据本地区实际情况，也可以通过税务机关公告栏、报纸、广播、电视、网络媒体等途径以及新闻发布会等形式向社会公布。

国家税务总局归集各地税务机关确定的失信主体信息,并提供至"信用中国"网站进行公开。

第14条 属于本办法第六条第一项、第二项规定情形的失信主体,在失信信息公布前按照《税务处理决定书》《税务行政处罚决定书》缴清税款、滞纳金和罚款的,经税务机关确认,不向社会公布其相关信息。

属于本办法第六条第八项规定情形的失信主体,具有偷税、逃避追缴欠税行为的,按照前款规定处理。

第15条 税务机关对按本办法规定确定的失信主体,纳入纳税信用评价范围的,按照纳税信用管理规定,将其纳税信用级别判为D级,适用相应的D级纳税人管理措施。

第16条 对按本办法第十一条第一款规定向社会公布信息的失信主体,税务机关将失信信息提供给相关部门,由相关部门依法依规采取失信惩戒措施。

第17条 失信主体信息自公布之日起满3年的,税务机关在5日内停止信息公布。

第四章 提前停止公布

第18条 失信信息公布期间,符合下列条件之一的,失信主体或者其破产管理人可以向作出确定失信主体决定的税务机关申请提前停止公布失信信息:

(一)按照《税务处理决定书》《税务行政处罚决定书》缴清(退)税款、滞纳金、罚款,且失信主体失信信息公布满六个月的;

(二)失信主体破产,人民法院出具批准重整计划或认可和解协议的裁定书,税务机关依法受偿的;

(三)在发生重大自然灾害、公共卫生、社会安全等突发事件期间,因参与应急抢险救灾、疫情防控、重大项目建设或者履行社会责任作出突出贡献的。

第19条　按本办法第十八条第一项规定申请提前停止公布的，申请人应当提交停止公布失信信息申请表、诚信纳税承诺书。

按本办法第十八条第二项规定申请提前停止公布的，申请人应当提交停止公布失信信息申请表，人民法院出具的批准重整计划或认可和解协议的裁定书。

按本办法第十八条第三项规定申请提前停止公布的，申请人应当提交停止公布失信信息申请表、诚信纳税承诺书以及省、自治区、直辖市、计划单列市人民政府出具的有关材料。

第20条　税务机关应当自收到申请之日起2日内作出是否受理的决定。申请材料齐全、符合法定形式的，应当予以受理，并告知申请人。不予受理的，应当告知申请人，并说明理由。

第21条　受理申请后，税务机关应当及时审核。符合本办法第十八条第一项规定条件的，经设区的市、自治州以上税务局局长或者其授权的税务局领导批准，准予提前停止公布；符合本办法第十八条第二项、第三项规定条件的，经省、自治区、直辖市、计划单列市税务局局长或者其授权的税务局领导批准，准予提前停止公布。

税务机关应当自受理之日起15日内作出是否予以提前停止公布的决定，并告知申请人。对不予提前停止公布的，应当说明理由。

第22条　失信主体有下列情形之一的，不予提前停止公布：

（一）被确定为失信主体后，因发生偷税、逃避追缴欠税、骗取出口退税、抗税、虚开发票等税收违法行为受到税务处理或者行政处罚的；

（二）五年内被确定为失信主体两次以上的。

申请人按本办法第十八条第二项规定申请提前停止公布的，

不受前款规定限制。

第 23 条　税务机关作出准予提前停止公布决定的，应当在 5 日内停止信息公布。

第 24 条　税务机关可以组织申请提前停止公布的失信主体法定代表人、财务负责人等参加信用培训，开展依法诚信纳税教育。信用培训不得收取任何费用。

第五章　附　则

第 25 条　本办法规定的期间以日计算的，是指工作日，不含法定休假日；期间以年、月计算的，到期月的对应日为期间的最后一日；没有对应日的，月末日为期间的最后一日。期间开始的当日不计算在期间内。

本办法所称"以上、日内"，包含本数（级）。

第 26 条　国家税务总局各省、自治区、直辖市、计划单列市税务局可以依照本办法制定具体实施办法。

第 27 条　本办法自 2022 年 2 月 1 日起施行。《国家税务总局关于发布〈重大税收违法失信案件信息公布办法〉的公告》（2018 年第 54 号）同时废止。

● 司法解释及文件

3.《最高人民法院、最高人民检察院关于办理危害税收征管刑事案件适用法律若干问题的解释》（2024 年 3 月 15 日　法释〔2024〕4 号）

第 1 条　纳税人进行虚假纳税申报，具有下列情形之一的，应当认定为刑法第二百零一条第一款规定的"欺骗、隐瞒手段"：

（一）伪造、变造、转移、隐匿、擅自销毁账簿、记账凭证或者其他涉税资料的；

（二）以签订"阴阳合同"等形式隐匿或者以他人名义分解收入、财产的；

（三）虚列支出、虚抵进项税额或者虚报专项附加扣除的；

（四）提供虚假材料，骗取税收优惠的；

（五）编造虚假计税依据的；

（六）为不缴、少缴税款而采取的其他欺骗、隐瞒手段。

具有下列情形之一的，应当认定为刑法第二百零一条第一款规定的"不申报"：

（一）依法在登记机关办理设立登记的纳税人，发生应税行为而不申报纳税的；

（二）依法不需要在登记机关办理设立登记或者未依法办理设立登记的纳税人，发生应税行为，经税务机关依法通知其申报而不申报纳税的；

（三）其他明知应当依法申报纳税而不申报纳税的。

扣缴义务人采取第一、二款所列手段，不缴或者少缴已扣、已收税款，数额较大的，依照刑法第二百零一条第一款的规定定罪处罚。扣缴义务人承诺为纳税人代付税款，在其向纳税人支付税后所得时，应当认定扣缴义务人"已扣、已收税款"。

第2条 纳税人逃避缴纳税款十万元以上、五十万元以上的，应当分别认定为刑法第二百零一条第一款规定的"数额较大"、"数额巨大"。

扣缴义务人不缴或者少缴已扣、已收税款"数额较大"、"数额巨大"的认定标准，依照前款规定。

第3条 纳税人有刑法第二百零一条第一款规定的逃避缴纳税款行为，在公安机关立案前，经税务机关依法下达追缴通知后，在规定的期限或者批准延缓、分期缴纳的期限内足额补缴应纳税款，缴纳滞纳金，并全部履行税务机关作出的行政处罚决定的，不予追究刑事责任。但是，五年内因逃避缴纳税款受过刑事处罚或者被税务机关给予二次以上行政处罚的除外。

纳税人有逃避缴纳税款行为，税务机关没有依法下达追缴通知的，依法不予追究刑事责任。

第4条 刑法第二百零一条第一款规定的"逃避缴纳税款数额"，是指在确定的纳税期间，不缴或者少缴税务机关负责征收的各税种税款的总额。

刑法第二百零一条第一款规定的"应纳税额"，是指应税行为发生年度内依照税收法律、行政法规规定应当缴纳的税额，不包括海关代征的增值税、关税等及纳税人依法预缴的税额。

刑法第二百零一条第一款规定的"逃避缴纳税款数额占应纳税额的百分比"，是指行为人在一个纳税年度中的各税种逃税总额与该纳税年度应纳税总额的比例；不按纳税年度确定纳税期的，按照最后一次逃税行为发生之日前一年中各税种逃税总额与该年应纳税总额的比例确定。纳税义务存续期间不足一个纳税年度的，按照各税种逃税总额与实际发生纳税义务期间应纳税总额的比例确定。

逃税行为跨越若干个纳税年度，只要其中一个纳税年度的逃税数额及百分比达到刑法第二百零一条第一款规定的标准，即构成逃税罪。各纳税年度的逃税数额应当累计计算，逃税额占应纳税额百分比应当按照各逃税年度百分比的最高值确定。

刑法第二百零一条第三款规定的"未经处理"，包括未经行政处理和刑事处理。

● 案例指引

浙江省嵊州市人民检察院督促规范成品油领域税收监管秩序行政公益诉讼案[①]

裁判要点：对于违规销售、使用"非标油"（指除正规成品油以外所有非法油品的总称，包括来源不明确、渠道不合规、质量不达标或偷逃税款的非法油品）等偷逃税款造成国有财产流失的情形，

[①] 参见最高人民检察院检例第183号。

检察机关可以通过"解析个案、梳理要素、构建模型、类案监督、诉源治理"的法律监督路径，构建大数据法律监督模型，以法律监督助力依法行政，凝聚国有财产保护执法、司法合力。

督促整治偷逃税款违法行为是国有财产保护领域公益诉讼办案的一个重要方面。国有财产保护领域监督范围点多面广，检察机关应注重运用系统思维，找准监督切入口。税收作为国家财政收入的重要组成部分，影响着社会主义市场经济的各个方面，办好涉税案件意义重大。针对"非标油"领域偷逃税款行为隐蔽、行政监管难度大、产业链条长等问题，检察机关应当坚持问题导向，做深做实溯源治理，从规范"非标油"消费端票据行为到严惩销售端偷逃税款违法行为，以法律监督助力行政机关依法行政，保护国有财产安全。

第六十四条　编造虚假计税依据，不依法纳税申报的责任

纳税人、扣缴义务人编造虚假计税依据的，由税务机关责令限期改正，并处5万元以下的罚款。

纳税人不进行纳税申报，不缴或者少缴应纳税款的，由税务机关追缴其不缴或者少缴的税款、滞纳金，并处不缴或者少缴的税款50%以上5倍以下的罚款。

第六十五条　转移或者隐匿财产逃避纳税的责任承担

纳税人欠缴应纳税款，采取转移或者隐匿财产的手段，妨碍税务机关追缴欠缴的税款的，由税务机关追缴欠缴的税款、滞纳金，并处欠缴税款50%以上5倍以下的罚款；构成犯罪的，依法追究刑事责任。

● 法　律

1. 《刑法》（2023年12月29日）

第203条　纳税人欠缴应纳税款，采取转移或者隐匿财产的

手段，致使税务机关无法追缴欠缴的税款，数额在一万元以上不满十万元的，处三年以下有期徒刑或者拘役，并处或者单处欠缴税款一倍以上五倍以下罚金；数额在十万元以上的，处三年以上七年以下有期徒刑，并处欠缴税款一倍以上五倍以下罚金。

● 司法解释及文件

2.《最高人民法院、最高人民检察院关于办理危害税收征管刑事案件适用法律若干问题的解释》（2024年3月15日　法释〔2024〕4号）

第6条　纳税人欠缴应纳税款，为逃避税务机关追缴，具有下列情形之一的，应当认定为刑法第二百零三条规定的"采取转移或者隐匿财产的手段"：

（一）放弃到期债权的；

（二）无偿转让财产的；

（三）以明显不合理的价格进行交易的；

（四）隐匿财产的；

（五）不履行税收义务并脱离税务机关监管的；

（六）以其他手段转移或者隐匿财产的。

第六十六条　骗取国家出口退税款的责任承担

以假报出口或者其他欺骗手段，骗取国家出口退税款的，由税务机关追缴其骗取的退税款，并处骗取税款1倍以上5倍以下的罚款；构成犯罪的，依法追究刑事责任。

对骗取国家出口退税款的，税务机关可以在规定期间内停止为其办理出口退税。

● 法　律

1.《刑法》（2023年12月29日）

第204条　以假报出口或者其他欺骗手段，骗取国家出口退税款，数额较大的，处五年以下有期徒刑或者拘役，并处骗取税款一倍以上五倍以下罚金；数额巨大或者有其他严重情节的，处五年以上十年以下有期徒刑，并处骗取税款一倍以上五倍以下罚金；数额特别巨大或者有其他特别严重情节的，处十年以上有期徒刑或者无期徒刑，并处骗取税款一倍以上五倍以下罚金或者没收财产。

纳税人缴纳税款后，采取前款规定的欺骗方法，骗取所缴纳的税款的，依照本法第二百零一条的规定定罪处罚；骗取税款超过所缴纳的税款部分，依照前款的规定处罚。

● 司法解释及文件

2.《最高人民法院、最高人民检察院关于办理危害税收征管刑事案件适用法律若干问题的解释》（2024年3月15日　法释〔2024〕4号）

第7条　具有下列情形之一的，应当认定为刑法第二百零四条第一款规定的"假报出口或者其他欺骗手段"：

（一）使用虚开、非法购买或者以其他非法手段取得的增值税专用发票或者其他可以用于出口退税的发票申报出口退税的；

（二）将未负税或者免税的出口业务申报为已税的出口业务的；

（三）冒用他人出口业务申报出口退税的；

（四）虽有出口，但虚构应退税出口业务的品名、数量、单价等要素，以虚增出口退税额申报出口退税的；

（五）伪造、签订虚假的销售合同，或者以伪造、变造等非法手段取得出口报关单、运输单据等出口业务相关单据、凭证，虚构出口事实申报出口退税的；

（六）在货物出口后，又转入境内或者将境外同种货物转入境内循环进出口并申报出口退税的；

（七）虚报出口产品的功能、用途等，将不享受退税政策的产品申报为退税产品的；

（八）以其他欺骗手段骗取出口退税款的。

第8条 骗取国家出口退税款数额十万元以上、五十万元以上、五百万元以上的，应当分别认定为刑法第二百零四条第一款规定的"数额较大"、"数额巨大"、"数额特别巨大"。

具有下列情形之一的，应当认定为刑法第二百零四条第一款规定的"其他严重情节"：

（一）两年内实施虚假申报出口退税行为三次以上，且骗取国家税款三十万元以上的；

（二）五年内因骗取国家出口退税受过刑事处罚或者二次以上行政处罚，又实施骗取国家出口退税行为，数额在三十万元以上的；

（三）致使国家税款被骗取三十万元以上并且在提起公诉前无法追回的；

（四）其他情节严重的情形。

具有下列情形之一的，应当认定为刑法第二百零四条第一款规定的"其他特别严重情节"：

（一）两年内实施虚假申报出口退税行为五次以上，或者以骗取出口退税为主要业务，且骗取国家税款三百万元以上的；

（二）五年内因骗取国家出口退税受过刑事处罚或者二次以上行政处罚，又实施骗取国家出口退税行为，数额在三百万元以上的；

（三）致使国家税款被骗取三百万元以上并且在提起公诉前无法追回的；

（四）其他情节特别严重的情形。

第六十七条　抗税的责任承担

以暴力、威胁方法拒不缴纳税款的,是抗税,除由税务机关追缴其拒缴的税款、滞纳金外,依法追究刑事责任。情节轻微,未构成犯罪的,由税务机关追缴其拒缴的税款、滞纳金,并处拒缴税款 1 倍以上 5 倍以下的罚款。

● 法　律

1. 《刑法》(2023 年 12 月 29 日)

第 202 条　以暴力、威胁方法拒不缴纳税款的,处三年以下有期徒刑或者拘役,并处拒缴税款一倍以上五倍以下罚金;情节严重的,处三年以上七年以下有期徒刑,并处拒缴税款一倍以上五倍以下罚金。

● 司法解释及文件

2. 《最高人民法院、最高人民检察院关于办理危害税收征管刑事案件适用法律若干问题的解释》　(2024 年 3 月 15 日　法释〔2024〕4 号)

第 5 条　以暴力、威胁方法拒不缴纳税款,具有下列情形之一的,应当认定为刑法第二百零二条规定的"情节严重":

(一) 聚众抗税的首要分子;

(二) 故意伤害致人轻伤的;

(三) 其他情节严重的情形。

实施抗税行为致人重伤、死亡,符合刑法第二百三十四条或者第二百三十二条规定的,以故意伤害罪或者故意杀人罪定罪处罚。

第六十八条　欠缴少缴税款的责任承担

纳税人、扣缴义务人在规定期限内不缴或者少缴应纳或者应解缴的税款,经税务机关责令限期缴纳,逾期仍未缴纳的，税务机关除依照本法第四十条的规定采取强制执行措施追缴其不缴或者少缴的税款外，可以处不缴或者少缴的税款50%以上5倍以下的罚款。

第六十九条　扣缴义务人的责任承担

扣缴义务人应扣未扣、应收而不收税款的，由税务机关向纳税人追缴税款，对扣缴义务人处应扣未扣、应收未收税款50%以上3倍以下的罚款。

第七十条　逃避、拒绝税务机关检查的责任承担

纳税人、扣缴义务人逃避、拒绝或者以其他方式阻挠税务机关检查的，由税务机关责令改正，可以处1万元以下的罚款；情节严重的，处1万元以上5万元以下的罚款。

第七十一条　非法印制发票的责任承担

违反本法第二十二条规定，非法印制发票的，由税务机关销毁非法印制的发票，没收违法所得和作案工具，并处1万元以上5万元以下的罚款；构成犯罪的，依法追究刑事责任。

● 法　律

1.《刑法》（2023年12月29日）

第206条　伪造或者出售伪造的增值税专用发票的，处三年以下有期徒刑、拘役或者管制，并处二万元以上二十万元以下罚金；数量较大或者有其他严重情节的，处三年以上十年以下有期徒刑，并处五万元以上五十万元以下罚金；数量巨大或者有其他特别严重情节的，处十年以上有期徒刑或者无期徒刑，并处五万元以上五十万元以下罚金或者没收财产。

单位犯本条规定之罪的，对单位判处罚金，并对其直接负责的主管人员和其他直接责任人员，处三年以下有期徒刑、拘役或者管制；数量较大或者有其他严重情节的，处三年以上十年以下有期徒刑；数量巨大或者有其他特别严重情节的，处十年以上有期徒刑或者无期徒刑。

第207条 非法出售增值税专用发票的，处三年以下有期徒刑、拘役或者管制，并处二万元以上二十万元以下罚金；数量较大的，处三年以上十年以下有期徒刑，并处五万元以上五十万元以下罚金；数量巨大的，处十年以上有期徒刑或者无期徒刑，并处五万元以上五十万元以下罚金或者没收财产。

第208条 非法购买增值税专用发票或者购买伪造的增值税专用发票的，处五年以下有期徒刑或者拘役，并处或者单处二万元以上二十万元以下罚金。

非法购买增值税专用发票或者购买伪造的增值税专用发票又虚开或者出售的，分别依照本法第二百零五条、第二百零六条、第二百零七条的规定定罪处罚。

第209条 伪造、擅自制造或者出售伪造、擅自制造的可以用于骗取出口退税、抵扣税款的其他发票的，处三年以下有期徒刑、拘役或者管制，并处二万元以上二十万元以下罚金；数量巨大的，处三年以上七年以下有期徒刑，并处五万元以上五十万元以下罚金；数量特别巨大的，处七年以上有期徒刑，并处五万元以上五十万元以下罚金或者没收财产。

伪造、擅自制造或者出售伪造、擅自制造的前款规定以外的其他发票的，处二年以下有期徒刑、拘役或者管制，并处或者单处一万元以上五万元以下罚金；情节严重的，处二年以上七年以下有期徒刑，并处五万元以上五十万元以下罚金。

非法出售可以用于骗取出口退税、抵扣税款的其他发票的，依照第一款的规定处罚。

非法出售第三款规定以外的其他发票的,依照第二款的规定处罚。

● 司法解释及文件
2.《最高人民法院、最高人民检察院关于办理危害税收征管刑事案件适用法律若干问题的解释》（2024 年 3 月 15 日　法释〔2024〕4 号）

第 14 条　伪造或者出售伪造的增值税专用发票,具有下列情形之一的,应当依照刑法第二百零六条的规定定罪处罚：

（一）票面税额十万元以上的；

（二）伪造或者出售伪造的增值税专用发票十份以上且票面税额六万元以上的；

（三）违法所得一万元以上的。

伪造或者出售伪造的增值税专用发票票面税额五十万元以上的,或者五十份以上且票面税额三十万元以上的,应当认定为刑法第二百零六条第一款规定的"数量较大"。

五年内因伪造或者出售伪造的增值税专用发票受过刑事处罚或者二次以上行政处罚,又实施伪造或者出售伪造的增值税专用发票行为,票面税额达到本条第二款规定的标准60%以上的,或者违法所得五万元以上的,应当认定为刑法第二百零六条第一款规定的"其他严重情节"。

伪造或者出售伪造的增值税专用发票票面税额五百万元以上的,或者五百份以上且票面税额三百万元以上的,应当认定为刑法第二百零六条第一款规定的"数量巨大"。

五年内因伪造或者出售伪造的增值税专用发票受过刑事处罚或者二次以上行政处罚,又实施伪造或者出售伪造的增值税专用发票行为,票面税额达到本条第四款规定的标准60%以上的,或者违法所得五十万元以上的,应当认定为刑法第二百零六条第一款规定的"其他特别严重情节"。

伪造并出售同一增值税专用发票的,以伪造、出售伪造的增值税专用发票罪论处,数量不重复计算。

变造增值税专用发票的,按照伪造增值税专用发票论处。

第 15 条 非法出售增值税专用发票的,依照本解释第十四条的定罪量刑标准定罪处罚。

第 16 条 非法购买增值税专用发票或者购买伪造的增值税专用发票票面税额二十万元以上的,或者二十份以上且票面税额十万元以上的,应当依照刑法第二百零八条第一款的规定定罪处罚。

非法购买真、伪两种增值税专用发票的,数额累计计算,不实行数罪并罚。

购买伪造的增值税专用发票又出售的,以出售伪造的增值税专用发票罪定罪处罚;非法购买增值税专用发票用于骗取抵扣税款或者骗取出口退税款,同时构成非法购买增值税专用发票罪与虚开增值税专用发票罪、骗取出口退税罪的,依照处罚较重的规定定罪处罚。

第 17 条 伪造、擅自制造或者出售伪造、擅自制造的用于骗取出口退税、抵扣税款的其他发票,具有下列情形之一的,应当依照刑法第二百零九条第一款的规定定罪处罚:

(一) 票面可以退税、抵扣税额十万元以上的;

(二) 伪造、擅自制造或者出售伪造、擅自制造的发票十份以上且票面可以退税、抵扣税额六万元以上的;

(三) 违法所得一万元以上的。

伪造、擅自制造或者出售伪造、擅自制造的可以用于骗取出口退税、抵扣税款的其他发票票面可以退税、抵扣税额五十万元以上的,或者五十份以上且票面可以退税、抵扣税额三十万元以上的,应当认定为刑法第二百零九条第一款规定的"数量巨大";

伪造、擅自制造或者出售伪造、擅自制造的可以用于骗取出口退税、抵扣税款的其他发票票面可以退税、抵扣税额五百万元以上的，或者五百份以上且票面可以退税、抵扣税额三百万元以上的，应当认定为刑法第二百零九条第一款规定的"数量特别巨大"。

伪造、擅自制造或者出售伪造、擅自制造刑法第二百零九条第二款规定的发票，具有下列情形之一的，应当依照该款的规定定罪处罚：

（一）票面金额五十万元以上的；

（二）伪造、擅自制造或者出售伪造、擅自制造发票一百份以上且票面金额三十万元以上的；

（三）违法所得一万元以上的。

伪造、擅自制造或者出售伪造、擅自制造刑法第二百零九条第二款规定的发票，具有下列情形之一的，应当认定为"情节严重"：

（一）票面金额二百五十万元以上的；

（二）伪造、擅自制造或者出售伪造、擅自制造发票五百份以上且票面金额一百五十万元以上的；

（三）违法所得五万元以上的。

非法出售用于骗取出口退税、抵扣税款的其他发票的，定罪量刑标准依照本条第一、二款的规定执行。

非法出售增值税专用发票、用于骗取出口退税、抵扣税款的其他发票以外的发票的，定罪量刑标准依照本条第三、四款的规定执行。

第七十二条　收缴发票或者停止向其发售发票

从事生产、经营的纳税人、扣缴义务人有本法规定的税收违法行为，拒不接受税务机关处理的，税务机关可以收缴其发票或者停止向其发售发票。

第七十三条　金融机构妨碍税收工作的责任承担

纳税人、扣缴义务人的开户银行或者其他金融机构拒绝接受税务机关依法检查纳税人、扣缴义务人存款账户,或者拒绝执行税务机关作出的冻结存款或者扣缴税款的决定,或者在接到税务机关的书面通知后帮助纳税人、扣缴义务人转移存款,造成税款流失的,由税务机关处 10 万元以上 50 万元以下的罚款,对直接负责的主管人员和其他直接责任人员处 1000 元以上 1 万元以下的罚款。

第七十四条　二千元以下罚款可由税务所决定

本法规定的行政处罚,罚款额在 2000 元以下的,可以由税务所决定。

第七十五条　涉税罚没收入依法上缴国库

税务机关和司法机关的涉税罚没收入,应当按照税款入库预算级次上缴国库。

第七十六条　非法改变税收征管范围的责任承担

税务机关违反规定擅自改变税收征收管理范围和税款入库预算级次的,责令限期改正,对直接负责的主管人员和其他直接责任人员依法给予降级或者撤职的行政处分。

第七十七条　纳税主体逃避税款的刑事责任

纳税人、扣缴义务人有本法第六十三条、第六十五条、第六十六条、第六十七条、第七十一条规定的行为涉嫌犯罪的,税务机关应当依法移交司法机关追究刑事责任。

税务人员徇私舞弊，对依法应当移交司法机关追究刑事责任的不移交，情节严重的，依法追究刑事责任。

● 法　律

《刑法》（2023年12月29日　中华人民共和国主席令第18号）

第397条　国家机关工作人员滥用职权或者玩忽职守，致使公共财产、国家和人民利益遭受重大损失的，处三年以下有期徒刑或者拘役；情节特别严重的，处三年以上七年以下有期徒刑。本法另有规定的，依照规定。

国家机关工作人员徇私舞弊，犯前款罪的，处五年以下有期徒刑或者拘役；情节特别严重的，处五年以上十年以下有期徒刑。本法另有规定的，依照规定。

第402条　行政执法人员徇私舞弊，对依法应当移交司法机关追究刑事责任的不移交，情节严重的，处三年以下有期徒刑或者拘役；造成严重后果的，处三年以上七年以下有期徒刑。

第七十八条　未经委托非法征收税款的责任承担

未经税务机关依法委托征收税款的，责令退还收取的财物，依法给予行政处分或者行政处罚；致使他人合法权益受到损失的，依法承担赔偿责任；构成犯罪的，依法追究刑事责任。

第七十九条　查封、扣押纳税人生活必需品的责任承担

税务机关、税务人员查封、扣押纳税人个人及其所扶养家属维持生活必需的住房和用品的，责令退还，依法给予行政处分；构成犯罪的，依法追究刑事责任。

第八十条　税务人员与纳税主体勾结逃税的责任

税务人员与纳税人、扣缴义务人勾结，唆使或者协助纳税人、扣缴义务人有本法第六十三条、第六十五条、第六十六条规定的行为，构成犯罪的，依法追究刑事责任；尚不构成犯罪的，依法给予行政处分。

第八十一条　税务人员受贿的责任承担

税务人员利用职务上的便利，收受或者索取纳税人、扣缴义务人财物或者谋取其他不正当利益，构成犯罪的，依法追究刑事责任；尚不构成犯罪的，依法给予行政处分。

● 法　律

《**刑法**》（2023 年 12 月 29 日）

第 385 条　国家工作人员利用职务上的便利，索取他人财物的，或者非法收受他人财物，为他人谋取利益的，是受贿罪。

国家工作人员在经济往来中，违反国家规定，收受各种名义的回扣、手续费，归个人所有的，以受贿论处。

第 386 条　对犯受贿罪的，根据受贿所得数额及情节，依照本法第三百八十三条的规定处罚。索贿的从重处罚。

第 387 条　国家机关、国有公司、企业、事业单位、人民团体，索取、非法收受他人财物，为他人谋取利益，情节严重的，对单位判处罚金，并对其直接负责的主管人员和其他直接责任人员，处三年以下有期徒刑或者拘役；情节特别严重的，处三年以上十年以下有期徒刑。

前款所列单位，在经济往来中，在帐外暗中收受各种名义的回扣、手续费，以受贿论，依照前款的规定处罚。

第 388 条　国家工作人员利用本人职权或者地位形成的便利条件，通过其他国家工作人员职务上的行为，为请托人谋取不正当利益，索取请托人财物或者收受请托人财物的，以受贿论处。

第385条之一 国家工作人员的近亲属或者其他与该国家工作人员关系密切的人，通过该国家工作人员职务上的行为，或者利用该国家工作人员职权或者地位形成的便利条件，通过其他国家工作人员职务上的行为，为请托人谋取不正当利益，索取请托人财物或者收受请托人财物，数额较大或者有其他较重情节的，处三年以下有期徒刑或者拘役，并处罚金；数额巨大或者有其他严重情节的，处三年以上七年以下有期徒刑，并处罚金；数额特别巨大或者有其他特别严重情节的，处七年以上有期徒刑，并处罚金或者没收财产。

离职的国家工作人员或者其近亲属以及其他与其关系密切的人，利用该离职的国家工作人员原职权或者地位形成的便利条件实施前款行为的，依照前款的规定定罪处罚。

第八十二条　税务人员违法行为的责任承担

税务人员徇私舞弊或者玩忽职守，不征或者少征应征税款，致使国家税收遭受重大损失，构成犯罪的，依法追究刑事责任；尚不构成犯罪的，依法给予行政处分。

税务人员滥用职权，故意刁难纳税人、扣缴义务人的，调离税收工作岗位，并依法给予行政处分。

税务人员对控告、检举税收违法违纪行为的纳税人、扣缴义务人以及其他检举人进行打击报复的，依法给予行政处分；构成犯罪的，依法追究刑事责任。

税务人员违反法律、行政法规的规定，故意高估或者低估农业税计税产量，致使多征或者少征税款，侵犯农民合法权益或者损害国家利益，构成犯罪的，依法追究刑事责任；尚不构成犯罪的，依法给予行政处分。

● 法　律

《刑法》（2023年12月29日　中华人民共和国主席令第18号）

第254条　国家机关工作人员滥用职权、假公济私，对控告人、申诉人、批评人、举报人实行报复陷害的，处二年以下有期徒刑或者拘役；情节严重的，处二年以上七年以下有期徒刑。

第397条　国家机关工作人员滥用职权或者玩忽职守，致使公共财产、国家和人民利益遭受重大损失的，处三年以下有期徒刑或者拘役；情节特别严重的，处三年以上七年以下有期徒刑。本法另有规定的，依照规定。

国家机关工作人员徇私舞弊，犯前款罪的，处五年以下有期徒刑或者拘役；情节特别严重的，处五年以上十年以下有期徒刑。本法另有规定的，依照规定。

第404条　税务机关的工作人员徇私舞弊，不征或者少征应征税款，致使国家税收遭受重大损失的，处五年以下有期徒刑或者拘役；造成特别重大损失的，处五年以上有期徒刑。

第八十三条　违法征收或摊派税款的行政责任

违反法律、行政法规的规定提前征收、延缓征收或者摊派税款的，由其上级机关或者行政监察机关责令改正，对直接负责的主管人员和其他直接责任人员依法给予行政处分。

第八十四条　违法作出税收决定的责任承担

违反法律、行政法规的规定，擅自作出税收的开征、停征或者减税、免税、退税、补税以及其他同税收法律、行政法规相抵触的决定的，除依照本法规定撤销其擅自作出的决定外，补征应征未征税款，退还不应征收而征收的税款，并由上级机关追究直接负责的主管人员和其他直接责任人员的行政责任；构成犯罪的，依法追究刑事责任。

第八十五条　违反回避规定的处罚

税务人员在征收税款或者查处税收违法案件时,未按照本法规定进行回避的,对直接负责的主管人员和其他直接责任人员,依法给予行政处分。

第八十六条　执行时效

违反税收法律、行政法规应当给予行政处罚的行为,在5年内未被发现的,不再给予行政处罚。

第八十七条　工作人员违反保密义务的处罚

未按照本法规定为纳税人、扣缴义务人、检举人保密的,对直接负责的主管人员和其他直接责任人员,由所在单位或者有关单位依法给予行政处分。

第八十八条　救济方式

纳税人、扣缴义务人、纳税担保人同税务机关在纳税上发生争议时,必须先依照税务机关的纳税决定缴纳或者解缴税款及滞纳金或者提供相应的担保,然后可以依法申请行政复议;对行政复议决定不服的,可以依法向人民法院起诉。

当事人对税务机关的处罚决定、强制执行措施或者税收保全措施不服的,可以依法申请行政复议,也可以依法向人民法院起诉。

当事人对税务机关的处罚决定逾期不申请行政复议也不向人民法院起诉、又不履行的,作出处罚决定的税务机关可以采取本法第四十条规定的强制执行措施,或者申请人民法院强制执行。

第六章 附 则

第八十九条 纳税人、扣缴义务人的委托权

> 纳税人、扣缴义务人可以委托税务代理人代为办理税务事宜。

● 行政法规及文件

《税收征收管理法实施细则》（2016年2月6日 国务院令第666号）
第九章 附 则

第108条 税收征管法及本细则所称"以上"、"以下"、"日内"、"届满"均含本数。

第109条 税收征管法及本细则所规定期限的最后一日是法定休假日，以休假日期满的次日为期限的最后一日；在期限内有连续3日以上法定休假日的，按休假日天数顺延。

第110条 税收征管法第三十条第三款规定的代扣、代收手续费，纳入预算管理，由税务机关依照法律、行政法规的规定付给扣缴义务人。

第111条 纳税人、扣缴义务人委托税务代理人代为办理税务事宜的办法，由国家税务总局规定。

第112条 耕地占用税、契税、农业税、牧业税的征收管理，按照国务院的有关规定执行。

第113条 本细则自2002年10月15日起施行。1993年8月4日国务院发布的《中华人民共和国税收征收管理法实施细则》同时废止。

第九十条 适用除外规定

> 耕地占用税、契税、农业税、牧业税征收管理的具体办法，由国务院另行制定。

关税及海关代征税收的征收管理，依照法律、行政法规的有关规定执行。

第九十一条　条约、协定优先原则

中华人民共和国同外国缔结的有关税收的条约、协定同本法有不同规定的，依照条约、协定的规定办理。

第九十二条　追溯力

本法施行前颁布的税收法律与本法有不同规定的，适用本法规定。

第九十三条　国务院依法制定实施细则

国务院根据本法制定实施细则。

第九十四条　施行日期

本法自2001年5月1日起施行。

● 部门规章及文件

《国家税务总局关于贯彻实施〈中华人民共和国税收征收管理法〉有关问题的通知》（2001年5月18日　国税发〔2001〕54号）

根据新《征管法》的规定，从2001年5月1日起，税收征收管理按照新《征管法》的规定执行，即在2001年5月1日以后发生的税收征纳行为以及相关权利、义务和法律责任统一按照新《征管法》的规定执行。新《征管法》实施前颁发布的税收法律与新《征管法》有不同规定的适用新《征管法》的规定。

现将适用新《征管法》与原《征管法》的一些问题明确

如下：

一、税收违法行为应当按倍数进行税收行政处罚的（新《征管法》第六十三条、第六十五条、第六十六条、第六十七条、第六十八条），其违法行为完全发生在2001年4月30日之前的，适用5倍以下罚款的规定；其违法行为既有发生在2001年4月30日之前的，也有发生在2001年5月1日之后的，分别计算其违法税款数额，分别按照5倍以下和50%以上或者1倍以上、5倍以下罚款的规定执行。

税收违法行为按照新《征管法》第六十四条第二款、第六十九条规定应予行政处罚的行为延续到2001年5月1日以后的，只对其发生在2001年5月1日以后的不缴或少缴的税款或者应扣未扣、应收未收税款的行为处以罚款。

二、纳税人、扣缴义务人和其他当事人有违反税收管理等方面的税收违法行为（新《征管法》第六十条、第六十一条、第六十二条、第六十四条第一款、第七十一条、第七十二条）延续到2001年5月1日以后的，按照新《征管法》的规定处理。

三、应当给予行政处罚的税收违法行为发生在1996年9月30日以前的，按原《征管法》的规定执行；发生在2001年4月30日以前的，按《行政处罚法》的规定执行；发生在2001年5月1日以后的，按新《征管法》的规定执行（新《征管法》第八十六条）。

四、滞纳金分两段计征（新《征管法》第三十二条），2001年4月30日前按照2‰计算，从2001年5月1日起按照5‱计算。累计后征收。

五、关于计退利息（新《征管法》第五十一条），对纳税人多缴的税款退还时，自2001年5月1日起按照人民银行规定的同期活期存款的利率计退利息。新《征管法》第五十一条对纳税人超过应纳税额缴纳税款的退还，不包括预缴税款的退还、出口退税和政策性税收优惠的先征后退等情形。

六、税款、滞纳金、税收罚款的征收入库及其与其他款项的先后顺序（新《征管法》第二十九条、第四十五条、第五十三条），按照新《征管法》的规定执行。

七、新《征管法》第三十八条、第四十条、第五十条、第五十九条等条款所涉及的税务文书，总局将于近日下发统一格式。在国家税务总局未发文重新明确之前，各地可以暂时制订同类税务文书。

新《征管法》中关于税务管理等方面规定的具体操作，可以在《征管法实施细则》和总局具体办法公布后陆续落实。

对贯彻实施新《征管法》的过程中遇到的问题，各地应及时上报总局。

二、货物和劳务税

中华人民共和国增值税暂行条例

（1993年12月13日中华人民共和国国务院令第134号公布 2008年11月5日国务院第34次常务会议修订通过 根据2016年2月6日《国务院关于修改部分行政法规的决定》第一次修订 根据2017年11月19日《国务院关于废止〈中华人民共和国营业税暂行条例〉和修改〈中华人民共和国增值税暂行条例〉的决定》第二次修订）

第一条 纳税义务人和征税范围

在中华人民共和国境内销售货物或者加工、修理修配劳务（以下简称劳务），销售服务、无形资产、不动产以及进口货物的单位和个人，为增值税的纳税人，应当依照本条例缴纳增值税。

● 部门规章及文件

《增值税暂行条例实施细则》（2011年10月28日 财政部令第65号）

第2条 条例第一条所称货物，是指有形动产，包括电力、热力、气体在内。

条例第一条所称加工，是指受托加工货物，即委托方提供原料及主要材料，受托方按照委托方的要求，制造货物并收取加工费的业务。

条例第一条所称修理修配，是指受托对损伤和丧失功能的货物进行修复，使其恢复原状和功能的业务。

第3条 条例第一条所称销售货物，是指有偿转让货物的所有权。

条例第一条所称提供加工、修理修配劳务（以下称应税劳务），是指有偿提供加工、修理修配劳务。单位或者个体工商户聘用的员工为本单位或者雇主提供加工、修理修配劳务，不包括在内。

本细则所称有偿，是指从购买方取得货币、货物或者其他经济利益。

第4条 单位或者个体工商户的下列行为，视同销售货物：

（一）将货物交付其他单位或者个人代销；

（二）销售代销货物；

（三）设有两个以上机构并实行统一核算的纳税人，将货物从一个机构移送其他机构用于销售，但相关机构设在同一县（市）的除外；

（四）将自产或者委托加工的货物用于非增值税应税项目；

（五）将自产、委托加工的货物用于集体福利或者个人消费；

（六）将自产、委托加工或者购进的货物作为投资，提供给其他单位或者个体工商户；

（七）将自产、委托加工或者购进的货物分配给股东或者投资者；

（八）将自产、委托加工或者购进的货物无偿赠送其他单位或者个人。

第5条 一项销售行为如果既涉及货物又涉及非增值税应税劳务，为混合销售行为。除本细则第六条的规定外，从事货物的生产、批发或者零售的企业、企业性单位和个体工商户的混合销售行为，视为销售货物，应当缴纳增值税；其他单位和个人的混合销售行为，视为销售非增值税应税劳务，不缴纳增值税。

本条第一款所称非增值税应税劳务，是指属于应缴营业税的交通运输业、建筑业、金融保险业、邮电通信业、文化体育业、娱乐业、服务业税目征收范围的劳务。

本条第一款所称从事货物的生产、批发或者零售的企业、企业性单位和个体工商户，包括以从事货物的生产、批发或者零售为主，并兼营非增值税应税劳务的单位和个体工商户在内。

第6条 纳税人的下列混合销售行为，应当分别核算货物的销售额和非增值税应税劳务的营业额，并根据其销售货物的销售额计算缴纳增值税，非增值税应税劳务的营业额不缴纳增值税；未分别核算的，由主管税务机关核定其货物的销售额：

（一）销售自产货物并同时提供建筑业劳务的行为；

（二）财政部、国家税务总局规定的其他情形。

第7条 纳税人兼营非增值税应税项目的，应分别核算货物或者应税劳务的销售额和非增值税应税项目的营业额；未分别核算的，由主管税务机关核定货物或者应税劳务的销售额。

第8条 条例第一条所称在中华人民共和国境内（以下简称境内）销售货物或者提供加工、修理修配劳务，是指：

（一）销售货物的起运地或者所在地在境内；

（二）提供的应税劳务发生在境内。

第9条 条例第一条所称单位，是指企业、行政单位、事业单位、军事单位、社会团体及其他单位。

条例第一条所称个人，是指个体工商户和其他个人。

第10条 单位租赁或者承包给其他单位或者个人经营的，以承租人或者承包人为纳税人。

第二条 税率

增值税税率：

（一）纳税人销售货物、劳务、有形动产租赁服务或者进口货物，除本条第二项、第四项、第五项另有规定外，税率为17%。

（二）纳税人销售交通运输、邮政、基础电信、建筑、不动产租赁服务，销售不动产，转让土地使用权，销售或者进口下列货物，税率为11%：

1. 粮食等农产品、食用植物油、食用盐；
2. 自来水、暖气、冷气、热水、煤气、石油液化气、天然气、二甲醚、沼气、居民用煤炭制品；
3. 图书、报纸、杂志、音像制品、电子出版物；
4. 饲料、化肥、农药、农机、农膜；
5. 国务院规定的其他货物。

（三）纳税人销售服务、无形资产，除本条第一项、第二项、第五项另有规定外，税率为6%。

（四）纳税人出口货物，税率为零；但是，国务院另有规定的除外。

（五）境内单位和个人跨境销售国务院规定范围内的服务、无形资产，税率为零。

税率的调整，由国务院决定。

● 部门规章及文件

1. 《国家税务总局关于深化增值税改革有关事项的公告》（2019年3月21日 国家税务总局公告2019年第14号）（部分失效）

现将深化增值税改革有关事项公告如下：

一、增值税一般纳税人（以下称纳税人）在增值税税率调整前已按原 16%、10% 适用税率开具的增值税发票，发生销售折让、中止或者退回等情形需要开具红字发票的，按照原适用税率开具红字发票；开票有误需要重新开具的，先按照原适用税率开具红字发票后，再重新开具正确的蓝字发票。

二、纳税人在增值税税率调整前未开具增值税发票的增值税应税销售行为，需要补开增值税发票的，应当按照原适用税率补开。

三、增值税发票税控开票软件税率栏次默认显示调整后税率，纳税人发生本公告第一条、第二条所列情形的，可以手工选择原适用税率开具增值税发票。

四、税务总局在增值税发票税控开票软件中更新了《商品和服务税收分类编码表》，纳税人应当按照更新后的《商品和服务税收分类编码表》开具增值税发票。

五、纳税人应当及时完成增值税发票税控开票软件升级和自身业务系统调整。

六、已抵扣进项税额的不动产，发生非正常损失，或者改变用途，专用于简易计税方法计税项目、免征增值税项目、集体福利或者个人消费的，按照下列公式计算不得抵扣的进项税额，并从当期进项税额中扣减：

不得抵扣的进项税额＝已抵扣进项税额×不动产净值率

不动产净值率＝（不动产净值÷不动产原值）×100%

七、按照规定不得抵扣进项税额的不动产，发生用途改变，用于允许抵扣进项税额项目的，按照下列公式在改变用途的次月计算可抵扣进项税额。

可抵扣进项税额＝增值税扣税凭证注明或计算的进项税额×不动产净值率

九、本公告自 2019 年 4 月 1 日起施行。《不动产进项税额分期抵扣暂行办法》（国家税务总局公告 2016 年第 15 号发布）同时废止。

2.《财政部、税务总局关于调整增值税税率的通知》(2018年4月4日 财税〔2018〕32号)

各省、自治区、直辖市、计划单列市财政厅(局)、国家税务局、地方税务局,新疆生产建设兵团财政局:

为完善增值税制度,现将调整增值税税率有关政策通知如下:

一、纳税人发生增值税应税销售行为或者进口货物,原适用17%和11%税率的,税率分别调整为16%、10%。

二、纳税人购进农产品,原适用11%扣除率的,扣除率调整为10%。

三、纳税人购进用于生产销售或委托加工16%税率货物的农产品,按照12%的扣除率计算进项税额。

四、原适用17%税率且出口退税率为17%的出口货物,出口退税率调整至16%。原适用11%税率且出口退税率为11%的出口货物、跨境应税行为,出口退税率调整至10%。

五、外贸企业2018年7月31日前出口的第四条所涉货物、销售的第四条所涉跨境应税行为,购进时已按调整前税率征收增值税的,执行调整前的出口退税率;购进时已按调整后税率征收增值税的,执行调整后的出口退税率。生产企业2018年7月31日前出口的第四条所涉货物、销售的第四条所涉跨境应税行为,执行调整前的出口退税率。

调整出口货物退税率的执行时间及出口货物的时间,以出口货物报关单上注明的出口日期为准,调整跨境应税行为退税率的执行时间及销售跨境应税行为的时间,以出口发票的开具日期为准。

六、本通知自2018年5月1日起执行。此前有关规定与本通知规定的增值税税率、扣除率、出口退税率不一致的,以本通知为准。

七、各地要高度重视增值税税率调整工作，做好实施前的各项准备以及实施过程中的监测分析、宣传解释等工作，确保增值税税率调整工作平稳、有序推进。如遇问题，请及时上报财政部和税务总局。

3.《财政部、税务总局关于简并增值税税率有关政策的通知》

（2017年4月28日　财税〔2017〕37号）

各省、自治区、直辖市、计划单列市财政厅（局）、国家税务局、地方税务局，新疆生产建设兵团财务局：

自2017年7月1日起，简并增值税税率结构，取消13%的增值税税率。现将有关政策通知如下：

一、纳税人销售或者进口下列货物，税率为11%：

农产品（含粮食）、自来水、暖气、石油液化气、天然气、食用植物油、冷气、热水、煤气、居民用煤炭制品、食用盐、农机、饲料、农药、农膜、化肥、沼气、二甲醚、图书、报纸、杂志、音像制品、电子出版物。

上述货物的具体范围见本通知附件1。

二、纳税人购进农产品，按下列规定抵扣进项税额：

（一）除本条第（二）项规定外，纳税人购进农产品，取得一般纳税人开具的增值税专用发票或海关进口增值税专用缴款书的，以增值税专用发票或海关进口增值税专用缴款书上注明的增值税额为进项税额；从按照简易计税方法依照3%征收率计算缴纳增值税的小规模纳税人取得增值税专用发票的，以增值税专用发票上注明的金额和11%的扣除率计算进项税额；取得（开具）农产品销售发票或收购发票的，以农产品销售发票或收购发票上注明的农产品买价和11%的扣除率计算进项税额。

（二）营业税改征增值税试点期间，纳税人购进用于生产销售或委托受托加工17%税率货物的农产品维持原扣除力度不变。

（三）继续推进农产品增值税进项税额核定扣除试点，纳税人购进农产品进项税额已实行核定扣除的,仍按照《财政部、国家税务总局关于在部分行业试行农产品增值税进项税额核定扣除办法的通知》(财税〔2012〕38号)、《财政部、国家税务总局关于扩大农产品增值税进项税额核定扣除试点行业范围的通知》(财税〔2013〕57号)执行。其中,《农产品增值税进项税额核定扣除试点实施办法》(财税〔2012〕38号印发)第四条第(二)项规定的扣除率调整为11%;第(三)项规定的扣除率调整为按本条第(一)项、第(二)项规定执行。

(四)纳税人从批发、零售环节购进适用免征增值税政策的蔬菜、部分鲜活肉蛋而取得的普通发票,不得作为计算抵扣进项税额的凭证。

(五)纳税人购进农产品既用于生产销售或委托受托加工17%税率货物又用于生产销售其他货物服务的,应当分别核算用于生产销售或委托受托加工17%税率货物和其他货物服务的农产品进项税额。未分别核算的,统一以增值税专用发票或海关进口增值税专用缴款书上注明的增值税额为进项税额,或以农产品收购发票或销售发票上注明的农产品买价和11%的扣除率计算进项税额。

(六)《中华人民共和国增值税暂行条例》第八条第二款第(三)项和本通知所称销售发票,是指农业生产者销售自产农产品适用免征增值税政策而开具的普通发票。

三、本通知附件2所列货物的出口退税率调整为11%。出口货物适用的出口退税率,以出口货物报关单上注明的出口日期界定。

外贸企业2017年8月31日前出口本通知附件2所列货物,购进时已按13%税率征收增值税的,执行13%出口退税率;购进时已按11%税率征收增值税的,执行11%出口退税率。生产企业2017年8月31日前出口本通知附件2所列货物,执行13%出口退税率。出口货物的时间，按照出口货物报关单上注明的出口日期执行。

四、本通知自 2017 年 7 月 1 日起执行。此前有关规定与本通知规定的增值税税率、扣除率、相关货物具体范围不一致的，以本通知为准。《财政部、国家税务总局关于免征部分鲜活肉蛋产品流通环节增值税政策的通知》（财税〔2012〕75 号）第三条同时废止。

五、各地要高度重视简并增值税税率工作，切实加强组织领导，周密安排，明确责任。做好实施前的各项准备以及实施过程中的监测分析、宣传解释等工作，确保简并增值税税率平稳、有序推进。遇到问题请及时向财政部和税务总局反映。

附件：1. 适用 11% 增值税税率货物范围注释（略）
2. 出口退税率调整产品清单（略）

● 案例指引

宗某某、节能技术公司联营合同案[①]

裁判要点：关于税费的扣除，双方对应当按照 17% 还是 6% 的税率扣除增值税存在争议。本案原审判决依据"杭州市西湖区人民法院、杭州中院的一、二审判决中均确认应缴纳 17% 的增值税"认定计算宗某某的收益提取基数时应扣除 17% 的增值税，但经查杭州法院上述判决，其中仅在查明事实部分涉及 17% 税率的问题，表述为"被告（生物化工公司）另提交其 2013 年 11 月、12 月及 2014 年 2 月的电费票据复印件 219 张……以上票据除发票号 0380××××的票据外，均显示单价税率 17%"，而电费票据系供电企业开具给用电企业的收费凭证，涉及供电企业应当承担的增值税税率，与本案节能技术公司向生物化工公司提供技改服务应当缴纳的增值税不是同一法律关系，原审据此认定在计算本案双方分成款时应扣除 17% 的增值

---

① 参见山东省高级人民法院（2021）鲁民再 289 号民事判决书。

税不当。《中华人民共和国增值税暂行条例》第二条规定："增值税税率：（一）纳税人销售货物、劳务、有形动产租赁服务或者进口货物，除本条第二项、第四项、第五项另有规定外，税率为17%……（三）纳税人销售服务、无形资产，除本条第一项、第二项、第五项另有规定外，税率为6%……"本案所涉宗某某代表节能技术公司与生物化工公司签订的技改合同系就专项节能提供技改服务，属于销售服务类，根据上述法律规定，税率应为6%。

第三条 增值税兼营的规定

纳税人兼营不同税率的项目，应当分别核算不同税率项目的销售额；未分别核算销售额的，从高适用税率。

第四条 应纳税额的计算

除本条例第十一条规定外，纳税人销售货物、劳务、服务、无形资产、不动产（以下统称应税销售行为），应纳税额为当期销项税额抵扣当期进项税额后的余额。应纳税额计算公式：

应纳税额＝当期销项税额－当期进项税额

当期销项税额小于当期进项税额不足抵扣时，其不足部分可以结转下期继续抵扣。

第五条 销项税额的计算

纳税人发生应税销售行为，按照销售额和本条例第二条规定的税率计算收取的增值税额，为销项税额。销项税额计算公式：

销项税额＝销售额×税率

● 部门规章及文件

《增值税暂行条例实施细则》（2011年10月28日　财政部令第65号）

第11条　小规模纳税人以外的纳税人（以下称一般纳税人）因销售货物退回或者折让而退还给购买方的增值税额，应从发生销售货物退回或者折让当期的销项税额中扣减；因购进货物退出或者折让而收回的增值税额，应从发生购进货物退出或者折让当期的进项税额中扣减。

一般纳税人销售货物或者应税劳务，开具增值税专用发票后，发生销售货物退回或者折让、开票有误等情形，应按国家税务总局的规定开具红字增值税专用发票。未按规定开具红字增值税专用发票的，增值税额不得从销项税额中扣减。

第六条　销售额

销售额为纳税人发生应税销售行为收取的全部价款和价外费用，但是不包括收取的销项税额。

销售额以人民币计算。纳税人以人民币以外的货币结算销售额的，应当折合成人民币计算。

● 部门规章及文件

1.《增值税暂行条例实施细则》（2011年10月28日　财政部令第65号）

第12条　条例第六条第一款所称价外费用，包括价外向购买方收取的手续费、补贴、基金、集资费、返还利润、奖励费、违约金、滞纳金、延期付款利息、赔偿金、代收款项、代垫款项、包装费、包装物租金、储备费、优质费、运输装卸费以及其他各种性质的价外收费。但下列项目不包括在内：

（一）受托加工应征消费税的消费品所代收代缴的消费税；

（二）同时符合以下条件的代垫运输费用：

1. 承运部门的运输费用发票开具给购买方的；

2. 纳税人将该项发票转交给购买方的。

（三）同时符合以下条件代为收取的政府性基金或者行政事业性收费：

1. 由国务院或者财政部批准设立的政府性基金，由国务院或者省级人民政府及其财政、价格主管部门批准设立的行政事业性收费；

2. 收取时开具省级以上财政部门印制的财政票据；

3. 所收款项全额上缴财政。

（四）销售货物的同时代办保险等而向购买方收取的保险费，以及向购买方收取的代购买方缴纳的车辆购置税、车辆牌照费。

第13条　混合销售行为依照本细则第五条规定应当缴纳增值税的，其销售额为货物的销售额与非增值税应税劳务营业额的合计。

第14条　一般纳税人销售货物或者应税劳务，采用销售额和销项税额合并定价方法的，按下列公式计算销售额：

销售额=含税销售额÷（1+税率）

第15条　纳税人按人民币以外的货币结算销售额的，其销售额的人民币折合率可以选择销售额发生的当天或者当月1日的人民币汇率中间价。纳税人应在事先确定采用何种折合率，确定后1年内不得变更。

2.《国家税务总局关于明确二手车经销等若干增值税征管问题的公告》（2020年4月23日　国家税务总局公告2020年第9号）

现将二手车经销等增值税征管问题公告如下：

一、自2020年5月1日至2023年12月31日，从事二手车经销业务的纳税人销售其收购的二手车，按以下规定执行：

（一）纳税人减按0.5%征收率征收增值税，并按下列公式计算销售额：

销售额=含税销售额/（1+0.5%）

本公告发布后出台新的增值税征收率变动政策，比照上述公式原理计算销售额。

（二）纳税人应当开具二手车销售统一发票。购买方索取增值税专用发票的，应当再开具征收率为0.5%的增值税专用发票。

（三）一般纳税人在办理增值税纳税申报时，减按0.5%征收率征收增值税的销售额，应当填写在《增值税纳税申报表附列资料（一）》（本期销售情况明细）"二、简易计税方法计税"中"3%征收率的货物及加工修理修配劳务"相应栏次；对应减征的增值税应纳税额，按销售额的2.5%计算填写在《增值税纳税申报表（一般纳税人适用）》"应纳税额减征额"及《增值税减免税申报明细表》减税项目相应栏次。

小规模纳税人在办理增值税纳税申报时，减按0.5%征收率征收增值税的销售额，应当填写在《增值税纳税申报表（小规模纳税人适用）》"应征增值税不含税销售额（3%征收率）"相应栏次；对应减征的增值税应纳税额，按销售额的2.5%计算填写在《增值税纳税申报表（小规模纳税人适用）》"本期应纳税额减征额"及《增值税减免税申报明细表》减税项目相应栏次。

二、纳税人受托对垃圾、污泥、污水、废气等废弃物进行专业化处理，即运用填埋、焚烧、净化、制肥等方式，对废弃物进行减量化、资源化和无害化处理处置，按照以下规定适用增值税税率：

（一）采取填埋、焚烧等方式进行专业化处理后未产生货物的，受托方属于提供《销售服务、无形资产、不动产注释》（财税〔2016〕36号文件印发）"现代服务"中的"专业技术服务"，其收取的处理费用适用6%的增值税税率。

（二）专业化处理后产生货物，且货物归属委托方的，受托方属于提供"加工劳务",其收取的处理费用适用13%的增值税税率。

(三)专业化处理后产生货物,且货物归属受托方的,受托方属于提供"专业技术服务",其收取的处理费用适用6%的增值税税率。受托方将产生的货物用于销售时,适用货物的增值税税率。

三、拍卖行受托拍卖文物艺术品,委托方按规定享受免征增值税政策的,拍卖行可以自己名义就代为收取的货物价款向购买方开具增值税普通发票,对应的货物价款不计入拍卖行的增值税应税收入。

拍卖行应将以下纸质或电子证明材料留存备查:拍卖物品的图片信息、委托拍卖合同、拍卖成交确认书、买卖双方身份证明、价款代收转付凭证、扣缴委托方个人所得税相关资料。

文物艺术品,包括书画、陶瓷器、玉石器、金属器、漆器、竹木牙雕、佛教用具、古典家具、紫砂茗具、文房清供、古籍碑帖、邮品钱币、珠宝等收藏品。

四、单位将其持有的限售股在解禁流通后对外转让,按照《国家税务总局关于营改增试点若干征管问题的公告》(2016年第53号)第五条规定确定的买入价,低于该单位取得限售股的实际成本价的,以实际成本价为买入价计算缴纳增值税。

五、一般纳税人可以在增值税免税、减税项目执行期限内,按照纳税申报期选择实际享受该项增值税免税、减税政策的起始时间。

一般纳税人在享受增值税免税、减税政策后,按照《营业税改征增值税试点实施办法》(财税〔2016〕36号文件印发)第四十八条的有关规定,要求放弃免税、减税权的,应当以书面形式提交纳税人放弃免(减)税权声明,报主管税务机关备案。一般纳税人自提交备案资料的次月起,按照规定计算缴纳增值税。

六、一般纳税人符合以下条件的，在 2020 年 12 月 31 日前，可选择转登记为小规模纳税人：转登记日前连续 12 个月（以 1 个月为 1 个纳税期）或者连续 4 个季度（以 1 个季度为 1 个纳税期）累计销售额未超过 500 万元。

一般纳税人转登记为小规模纳税人的其他事宜，按照《国家税务总局关于统一小规模纳税人标准等若干增值税问题的公告》（2018 年第 18 号）、《国家税务总局关于统一小规模纳税人标准有关出口退（免）税问题的公告》（2018 年第 20 号）的相关规定执行。

七、一般纳税人在办理增值税纳税申报时，《增值税减免税申报明细表》"二、免税项目"第 4 栏"免税销售额对应的进项税额"和第 5 栏"免税额"不需填写。

八、本公告第一条至第五条自 2020 年 5 月 1 日起施行；第六条、第七条自发布之日起施行。此前已发生未处理的事项，按照本公告执行，已处理的事项不再调整。

特此公告。

3.《财政部、税务总局关于继续实施银行业金融机构、金融资产管理公司不良债权以物抵债有关税收政策的公告》（2023 年 8 月 21 日　财政部、税务总局公告 2023 年第 35 号）

一、银行业金融机构、金融资产管理公司中的增值税一般纳税人处置抵债不动产，可选择以取得的全部价款和价外费用扣除取得该抵债不动产时的作价为销售额，适用 9% 税率计算缴纳增值税。

按照上述规定从全部价款和价外费用中扣除抵债不动产的作价，应当取得人民法院、仲裁机构生效的法律文书。

选择上述办法计算销售额的银行业金融机构、金融资产管理公司，接收抵债不动产取得增值税专用发票的，其进项税额不得从销项税额中抵扣；处置抵债不动产时，抵债不动产作价的部分不得向购买方开具增值税专用发票。

根据《财政部、税务总局关于银行业金融机构、金融资产管理公司不良债权以物抵债有关税收政策的公告》(财政部、税务总局公告2022年第31号)有关规定计算增值税销售额的,按照上述规定执行。

五、本公告所称抵债不动产、抵债资产,是指经人民法院判决裁定或仲裁机构仲裁的抵债不动产、抵债资产。其中,金融资产管理公司的抵债不动产、抵债资产,限于其承接银行业金融机构不良债权涉及的抵债不动产、抵债资产。

六、本公告所称银行业金融机构,是指在中华人民共和国境内设立的商业银行、农村合作银行、农村信用社、村镇银行、农村资金互助社以及政策性银行;所称金融资产管理公司,是指持有国务院银行业监督管理机构及其派出机构颁发的《金融许可证》的资产管理公司。

七、本公告执行期限为2023年8月1日至2027年12月31日。本公告发布之前已征收入库的按照上述规定应予减免的税款,可抵减纳税人以后月份应缴纳的税款或办理税款退库。已向处置不动产的购买方全额开具增值税专用发票的,将上述增值税专用发票追回后方可适用本公告第一条的规定。

特此公告。

第七条 主管税务机关核定销售额的情形

纳税人发生应税销售行为的价格明显偏低并无正当理由的,由主管税务机关核定其销售额。

● 部门规章及文件

《增值税暂行条例实施细则》(2011年10月28日 财政部令第65号)

第16条 纳税人有条例第七条所称价格明显偏低并无正当

理由或者有本细则第四条所列视同销售货物行为而无销售额者，按下列顺序确定销售额：

（一）按纳税人最近时期同类货物的平均销售价格确定；

（二）按其他纳税人最近时期同类货物的平均销售价格确定；

（三）按组成计税价格确定。组成计税价格的公式为：

组成计税价格＝成本×（1+成本利润率）

属于应征消费税的货物，其组成计税价格中应加计消费税额。

公式中的成本是指：销售自产货物的为实际生产成本，销售外购货物的为实际采购成本。公式中的成本利润率由国家税务总局确定。

第八条 进项税额的计算

纳税人购进货物、劳务、服务、无形资产、不动产支付或者负担的增值税额，为进项税额。

下列进项税额准予从销项税额中抵扣：

（一）从销售方取得的增值税专用发票上注明的增值税额。

（二）从海关取得的海关进口增值税专用缴款书上注明的增值税额。

（三）购进农产品，除取得增值税专用发票或者海关进口增值税专用缴款书外，按照农产品收购发票或者销售发票上注明的农产品买价和11%的扣除率计算的进项税额，国务院另有规定的除外。进项税额计算公式：

进项税额＝买价×扣除率

（四）自境外单位或者个人购进劳务、服务、无形资产或者境内的不动产，从税务机关或者扣缴义务人取得的代扣代缴税款的完税凭证上注明的增值税额。

准予抵扣的项目和扣除率的调整，由国务院决定。

● 部门规章及文件

1. **《增值税暂行条例实施细则》**（2011年10月28日　财政部令第65号）

　　第17条　条例第八条第二款第（三）项所称买价，包括纳税人购进农产品在农产品收购发票或者销售发票上注明的价款和按规定缴纳的烟叶税。

　　第18条　条例第八条第二款第（四）项所称运输费用金额，是指运输费用结算单据上注明的运输费用（包括铁路临管线及铁路专线运输费用）、建设基金，不包括装卸费、保险费等其他杂费。

　　第20条　混合销售行为依照本细则第五条规定应当缴纳增值税的，该混合销售行为所涉及的非增值税应税劳务所用购进货物的进项税额，符合条例第八条规定的，准予从销项税额中抵扣。

● 请示答复

2. **《国家税务总局关于输水管道有关增值税问题的批复》**（2013年11月25日　税总函〔2013〕642号）

新疆维吾尔自治区国家税务局：

　　你局《关于输水管道有关增值税问题的请示》（新国税发〔2013〕142号）收悉。经研究，现批复如下：

　　新疆伊犁喀什河尼勒克一级水电站跨尼勒克沟输水管道虽运用"倒吸虹"原理输送水源，但该输水管道仍属于《固定资产分类与代码》（GB/T14885-1994）中的"输水管道（代码099101）"，根据《中华人民共和国增值税暂行条例》、《中华人民共和国增值税暂行条例实施细则》和《财政部国家税务总局关于固定资产进项税额抵扣问题的通知》（财税〔2009〕113号）的有关规定，其增值税进项税额可在销项税额中抵扣。

第九条　进项税额不得从销项税额中抵扣的情形

纳税人购进货物、劳务、服务、无形资产、不动产，取得的增值税扣税凭证不符合法律、行政法规或者国务院税务主管部门有关规定的，其进项税额不得从销项税额中抵扣。

● 部门规章及文件

《增值税暂行条例实施细则》（2011年10月28日　财政部令第65号）

第19条　条例第九条所称增值税扣税凭证，是指增值税专用发票、海关进口增值税专用缴款书、农产品收购发票和农产品销售发票以及运输费用结算单据。

第十条　不得抵扣的项目

下列项目的进项税额不得从销项税额中抵扣：

（一）用于简易计税方法计税项目、免征增值税项目、集体福利或者个人消费的购进货物、劳务、服务、无形资产和不动产；

（二）非正常损失的购进货物，以及相关的劳务和交通运输服务；

（三）非正常损失的在产品、产成品所耗用的购进货物（不包括固定资产）、劳务和交通运输服务；

（四）国务院规定的其他项目。

● 部门规章及文件

《增值税暂行条例实施细则》（2011年10月28日　财政部令第65号）

第21条　条例第十条第（一）项所称购进货物，不包括既用于增值税应税项目（不含免征增值税项目）也用于非增值税应税项目、免征增值税（以下简称免税）项目、集体福利或者个人消费的固定资产。

前款所称固定资产，是指使用期限超过12个月的机器、机械、运输工具以及其他与生产经营有关的设备、工具、器具等。

第22条　条例第十条第（一）项所称个人消费包括纳税人的交际应酬消费。

第23条　条例第十条第（一）项和本细则所称非增值税应税项目，是指提供非增值税应税劳务、转让无形资产、销售不动产和不动产在建工程。

前款所称不动产是指不能移动或者移动后会引起性质、形状改变的财产，包括建筑物、构筑物和其他土地附着物。

纳税人新建、改建、扩建、修缮、装饰不动产，均属于不动产在建工程。

第24条　条例第十条第（二）项所称非正常损失，是指因管理不善造成被盗、丢失、霉烂变质的损失。

第25条　纳税人自用的应征消费税的摩托车、汽车、游艇，其进项税额不得从销项税额中抵扣。

第26条　一般纳税人兼营免税项目或者非增值税应税劳务而无法划分不得抵扣的进项税额的，按下列公式计算不得抵扣的进项税额：

不得抵扣的进项税额=当月无法划分的全部进项税额×当月免税项目销售额、非增值税应税劳务营业额合计÷当月全部销售额、营业额合计

第27条　已抵扣进项税额的购进货物或者应税劳务，发生条例第十条规定的情形的（免税项目、非增值税应税劳务除外），应当将该项购进货物或者应税劳务的进项税额从当期的进项税额中扣减；无法确定该项进项税额的，按当期实际成本计算应扣减的进项税额。

第十一条　小规模纳税人的应纳税额

小规模纳税人发生应税销售行为，实行按照销售额和征收率计算应纳税额的简易办法，并不得抵扣进项税额。应纳税额计算公式：

应纳税额＝销售额×征收率

小规模纳税人的标准由国务院财政、税务主管部门规定。

● 部门规章及文件

《增值税暂行条例实施细则》（2011年10月28日　财政部令第65号）

第28条　条例第十一条所称小规模纳税人的标准为：

（一）从事货物生产或者提供应税劳务的纳税人，以及以从事货物生产或者提供应税劳务为主，并兼营货物批发或者零售的纳税人，年应征增值税销售额（以下简称应税销售额）在50万元以下（含本数，下同）的；

（二）除本条第一款第（一）项规定以外的纳税人，年应税销售额在80万元以下的。

本条第一款所称以从事货物生产或者提供应税劳务为主，是指纳税人的年货物生产或者提供应税劳务的销售额占年应税销售额的比重在50%以上。

第29条　年应税销售额超过小规模纳税人标准的其他个人按小规模纳税人纳税；非企业性单位、不经常发生应税行为的企业可选择按小规模纳税人纳税。

第30条　小规模纳税人的销售额不包括其应纳税额。

小规模纳税人销售货物或者应税劳务采用销售额和应纳税额合并定价方法的，按下列公式计算销售额：

销售额＝含税销售额÷（1+征收率）

第31条　小规模纳税人因销售货物退回或者折让退还给购

买方的销售额，应从发生销售货物退回或者折让当期的销售额中扣减。

第十二条 小规模纳税人的适用税率

小规模纳税人增值税征收率为3%，国务院另有规定的除外。

● 部门规章及文件

1.《国家税务总局关于增值税小规模纳税人减免增值税等政策有关征管事项的公告》（2023年1月9日　国家税务总局公告2023年第1号）

按照《财政部、税务总局关于明确增值税小规模纳税人减免增值税等政策的公告》（2023年第1号，以下简称1号公告）的规定，现将有关征管事项公告如下：

一、增值税小规模纳税人（以下简称小规模纳税人）发生增值税应税销售行为，合计月销售额未超过10万元（以1个季度为1个纳税期的，季度销售额未超过30万元，下同）的，免征增值税。

小规模纳税人发生增值税应税销售行为，合计月销售额超过10万元，但扣除本期发生的销售不动产的销售额后未超过10万元的，其销售货物、劳务、服务、无形资产取得的销售额免征增值税。

二、适用增值税差额征税政策的小规模纳税人，以差额后的销售额确定是否可以享受1号公告第一条规定的免征增值税政策。

《增值税及附加税费申报表（小规模纳税人适用）》中的"免税销售额"相关栏次，填写差额后的销售额。

三、《中华人民共和国增值税暂行条例实施细则》第九条所称的其他个人，采取一次性收取租金形式出租不动产取得的租金收入，可在对应的租赁期内平均分摊，分摊后的月租金收入未超过10万元的，免征增值税。

四、小规模纳税人取得应税销售收入，适用1号公告第一条规定的免征增值税政策的，纳税人可就该笔销售收入选择放弃免税并开具增值税专用发票。

五、小规模纳税人取得应税销售收入，适用1号公告第二条规定的减按1%征收率征收增值税政策的，应按照1%征收率开具增值税发票。纳税人可就该笔销售收入选择放弃减税并开具增值税专用发票。

六、小规模纳税人取得应税销售收入，纳税义务发生时间在2022年12月31日前并已开具增值税发票，如发生销售折让、中止或者退回等情形需要开具红字发票，应开具对应征收率红字发票或免税红字发票；开票有误需要重新开具的，应开具对应征收率红字发票或免税红字发票，再重新开具正确的蓝字发票。

七、小规模纳税人发生增值税应税销售行为，合计月销售额未超过10万元的，免征增值税的销售额等项目应填写在《增值税及附加税费申报表（小规模纳税人适用）》"小微企业免税销售额"或者"未达起征点销售额"相关栏次；减按1%征收率征收增值税的销售额应填写在《增值税及附加税费申报表（小规模纳税人适用）》"应征增值税不含税销售额（3%征收率）"相应栏次，对应减征的增值税应纳税额按销售额的2%计算填写在《增值税及附加税费申报表（小规模纳税人适用）》"本期应纳税额减征额"及《增值税减免税申报明细表》减税项目相应栏次。

八、按固定期限纳税的小规模纳税人可以选择以1个月或1个季度为纳税期限，一经选择，一个会计年度内不得变更。

九、按照现行规定应当预缴增值税税款的小规模纳税人，凡在预缴地实现的月销售额未超过10万元的，当期无需预缴税款。在预缴地实现的月销售额超过10万元的，适用3%预征率的预缴增值税项目，减按1%预征率预缴增值税。

十、小规模纳税人中的单位和个体工商户销售不动产，应按其纳税期、本公告第九条以及其他现行政策规定确定是否预缴增值税；其他个人销售不动产，继续按照现行规定征免增值税。

十一、符合《财政部、税务总局 海关总署关于深化增值税改革有关政策的公告》（2019年第39号）、1号公告规定的生产性服务业纳税人，应在年度首次确认适用5%加计抵减政策时，通过电子税务局或办税服务厅提交《适用5%加计抵减政策的声明》（见附件1）；符合《财政部、税务总局关于明确生活性服务业增值税加计抵减政策的公告》（2019年第87号）、1号公告规定的生活性服务业纳税人，应在年度首次确认适用10%加计抵减政策时，通过电子税务局或办税服务厅提交《适用10%加计抵减政策的声明》（见附件2）。

十二、纳税人适用加计抵减政策的其他征管事项，按照《国家税务总局关于国内旅客运输服务进项税抵扣等增值税征管问题的公告》（2019年第31号）第二条等有关规定执行。

十三、纳税人按照1号公告第四条规定申请办理抵减或退还已缴纳税款，如果已经向购买方开具了增值税专用发票，应先将增值税专用发票追回。

十四、本公告自2023年1月1日起施行。《国家税务总局关于深化增值税改革有关事项的公告》（2019年第14号）第八条及附件《适用加计抵减政策的声明》、《国家税务总局关于增值税发票管理等有关事项的公告》（2019年第33号）第一条及附件《适用15%加计抵减政策的声明》、《国家税务总局关于支持个体工商户复工复业等税收征收管理事项的公告》（2020年第5号）第一条至第五条、《国家税务总局关于小规模纳税人免征增值税征管问题的公告》（2021年第5号）、《国家税务总局关于小规模纳税人免征增值税等征收管理事项的公告》（2022年第6号）第一、二、三条同时废止。

特此公告。

附件：1. 适用 5% 加计抵减政策的声明（略）
2. 适用 10% 加计抵减政策的声明（略）

2.《财政部、税务总局关于明确增值税小规模纳税人减免增值税等政策的公告》（2023 年 1 月 9 日　财政部、税务总局公告 2023 年第 1 号）

现将增值税小规模纳税人减免增值税等政策公告如下：

一、自 2023 年 1 月 1 日至 2023 年 12 月 31 日，对月销售额 10 万元以下（含本数）的增值税小规模纳税人，免征增值税。

二、自 2023 年 1 月 1 日至 2023 年 12 月 31 日，增值税小规模纳税人适用 3% 征收率的应税销售收入，减按 1% 征收率征收增值税；适用 3% 预征率的预缴增值税项目，减按 1% 预征率预缴增值税。

三、自 2023 年 1 月 1 日至 2023 年 12 月 31 日，增值税加计抵减政策按照以下规定执行：

（一）允许生产性服务业纳税人按照当期可抵扣进项税额加计 5% 抵减应纳税额。生产性服务业纳税人，是指提供邮政服务、电信服务、现代服务、生活服务取得的销售额占全部销售额的比重超过 50% 的纳税人。

（二）允许生活性服务业纳税人按照当期可抵扣进项税额加计 10% 抵减应纳税额。生活性服务业纳税人，是指提供生活服务取得的销售额占全部销售额的比重超过 50% 的纳税人。

（三）纳税人适用加计抵减政策的其他有关事项，按照《财政部 税务总局 海关总署关于深化增值税改革有关政策的公告》（财政部、税务总局、海关总署公告 2019 年第 39 号）、《财政部、税务总局关于明确生活性服务业增值税加计抵减政策的公告》（财政部、税务总局公告 2019 年第 87 号）等有关规定执行。

四、按照本公告规定，应予减免的增值税，在本公告下发前已征收的，可抵减纳税人以后纳税期应缴纳税款或予以退还。

特此公告。

3.《财政部、税务总局关于增值税小规模纳税人减免增值税政策的公告》（2023年8月1日　财政部、税务总局公告2023年第19号）

为进一步支持小微企业和个体工商户发展，现将延续小规模纳税人增值税减免政策公告如下：

一、对月销售额10万元以下（含本数）的增值税小规模纳税人，免征增值税。

二、增值税小规模纳税人适用3%征收率的应税销售收入，减按1%征收率征收增值税；适用3%预征率的预缴增值税项目，减按1%预征率预缴增值税。

三、本公告执行至2027年12月31日。

特此公告。

第十三条　小规模纳税人以外的纳税人的认定

小规模纳税人以外的纳税人应当向主管税务机关办理登记。具体登记办法由国务院税务主管部门制定。

小规模纳税人会计核算健全，能够提供准确税务资料的，可以向主管税务机关办理登记，不作为小规模纳税人，依照本条例有关规定计算应纳税额。

● 部门规章及文件

1.《增值税暂行条例实施细则》（2011年10月28日　财政部令第65号）

第11条　小规模纳税人以外的纳税人（以下称一般纳税人）因销售货物退回或者折让而退还给购买方的增值税额，应从发生销售货物退回或者折让当期的销项税额中扣减；因购进货物退出或者折让而收回的增值税额，应从发生购进货物退出或者折让当期的进项税额中扣减。

一般纳税人销售货物或者应税劳务，开具增值税专用发票后，发生销售货物退回或者折让、开票有误等情形，应按国家税务总局的规定开具红字增值税专用发票。未按规定开具红字增值税专用发票的，增值税额不得从销项税额中扣减。

第32条 条例第十三条和本细则所称会计核算健全，是指能够按照国家统一的会计制度规定设置账簿，根据合法、有效凭证核算。

第33条 除国家税务总局另有规定外，纳税人一经认定为一般纳税人后，不得转为小规模纳税人。

2.《增值税一般纳税人纳税申报办法》（2018年6月15日 国家税务总局公告2018年第31号）

一、凡增值税一般纳税人（以下简称纳税人）均按本办法进行纳税申报。

二、纳税人进行纳税申报必须实行电子信息采集。使用防伪税控系统开具增值税专用发票的纳税人必须在抄报税成功后，方可进行纳税申报。

三、纳税申报资料

（一）必报资料

1.《增值税纳税申报表（适用于增值税一般纳税人）》及其《增值税纳税申报表附列资料（表一）、（表二）、（表三）、（表四）》；

2. 使用防伪税控系统的纳税人，必须报送记录当期纳税信息的IC卡（明细数据备份在软盘上的纳税人，还须报送备份数据软盘）、《增值税专用发票存根联明细表》及《增值税专用发票抵扣联明细表》；

3.《资产负债表》和《损益表》；

4.《成品油购销存情况明细表》(发生成品油零售业务的纳税人填报);

5. 主管税务机关规定的其他必报资料。

纳税申报实行电子信息采集的纳税人,除向主管税务机关报送上述必报资料的电子数据外,还需报送纸介的《增值税纳税申报表(适用于一般纳税人)》(主表及附表)。

(二)备查资料

1. 已开具的增值税专用发票和普通发票存根联;

2. 符合抵扣条件并且在本期申报抵扣的增值税专用发票抵扣联;

3. 海关进口货物完税凭证、运输发票、购进农产品普通发票及购进废旧物资普通发票的复印件;

4. 收购凭证的存根联或报查联;

5. 代扣代缴税款凭证存根联;

6. 主管税务机关规定的其他备查资料。

备查资料是否需要在当期报送,由各省税务局确定。

四、增值税纳税申报资料的管理

(一)增值税纳税申报必报资料

纳税人在纳税申报期内,应及时将全部必报资料的电子数据报送主管税务机关,并在主管税务机关按照税法规定确定的期限内(具体时间由各省税务局确定),将本办法第三条、第一款要求报送的纸介的必报资料(具体份数由省税务局确定)报送主管税务机关,税务机关签收后,一份退还纳税人,其余留存。

(二)增值税纳税申报备查资料

纳税人在月度终了后,应将备查资料认真整理并装订成册。

1. 属于整本开具的手工版增值税专用发票及普通发票的存根联,按原顺序装订;开具的电脑版增值税专用发票,包括防伪税控系统开具的增值税专用发票的存根联,应按开票顺序号码每25

份装订一册，不足 25 份的按实际开具份数装订。

2. 对属于扣税凭证的单证，根据取得的时间顺序，按单证种类每 25 份装订一册，不足 25 份的按实际份数装订。

3. 装订时，必须使用税务机关统一规定的《征税/扣税单证汇总簿封面》（以下简称《封面》），并按规定填写封面内容，由办税人员和财务人员审核签章。启用《封面》后，纳税人可不再填写原增值税专用发票的封面内容。

4. 纳税人当月未使用完的手工版增值税专用发票，暂不加装《封面》，两个月仍未使用完的，应在主管税务机关对其剩余部分剪角作废的当月加装《封面》。

纳税人开具的普通发票及收购凭证在其整本使用完毕的当月，加装《封面》。

5. 《封面》的内容包括纳税人单位名称、本册单证份数、金额、税额、本月此种单证总册数及本册单证编号、税款所属时间等，具体格式由各省税务局制定。

五、《增值税纳税申报表（适用于增值税一般纳税人）》（主表及附表）由纳税人向主管税务机关购领。

六、申报期限

纳税人应按月进行纳税申报，申报期为次月 1 日起至 10 日止，遇最后一日为法定节假日的，顺延 1 日；在每月 1 日至 10 日内有连续 3 日以上法定休假日的，按休假日天数顺延。

七、罚则

（一）纳税人未按规定期限办理纳税申报和报送纳税资料的，按照《中华人民共和国税收征收管理法》第六十二条的有关规定处罚。

（二）纳税人经税务机关通知申报而拒不申报或者进行虚假的纳税申报，不缴或者少缴应纳税款的，按偷税处理，并按《中华人民共和国税收征收管理法》第六十三条的有关规定处罚。

（三）纳税人不进行纳税申报，不缴或者少缴应纳税款的，按《中华人民共和国税收征收管理法》第六十四条的有关规定处罚。

3.《增值税一般纳税人登记管理办法》（2017年12月29日　国家税务总局令第43号）

第1条　为了做好增值税一般纳税人（以下简称"一般纳税人"）登记管理，根据《中华人民共和国增值税暂行条例》及其实施细则有关规定，制定本办法。

第2条　增值税纳税人（以下简称"纳税人"），年应税销售额超过财政部、国家税务总局规定的小规模纳税人标准（以下简称"规定标准"）的，除本办法第四条规定外，应当向主管税务机关办理一般纳税人登记。

本办法所称年应税销售额，是指纳税人在连续不超过12个月或四个季度的经营期内累计应征增值税销售额，包括纳税申报销售额、稽查查补销售额、纳税评估调整销售额。

销售服务、无形资产或者不动产（以下简称"应税行为"）有扣除项目的纳税人，其应税行为年应税销售额按未扣除之前的销售额计算。纳税人偶然发生的销售无形资产、转让不动产的销售额，不计入应税行为年应税销售额。

第3条　年应税销售额未超过规定标准的纳税人，会计核算健全，能够提供准确税务资料的，可以向主管税务机关办理一般纳税人登记。

本办法所称会计核算健全，是指能够按照国家统一的会计制度规定设置账簿，根据合法、有效凭证进行核算。

第4条　下列纳税人不办理一般纳税人登记：

（一）按照政策规定，选择按照小规模纳税人纳税的；

（二）年应税销售额超过规定标准的其他个人。

第5条　纳税人应当向其机构所在地主管税务机关办理一般

纳税人登记手续。

第6条 纳税人办理一般纳税人登记的程序如下：

（一）纳税人向主管税务机关填报《增值税一般纳税人登记表》（附件1），如实填写固定生产经营场所等信息，并提供税务登记证件；

（二）纳税人填报内容与税务登记信息一致的，主管税务机关当场登记；

（三）纳税人填报内容与税务登记信息不一致，或者不符合填列要求的，税务机关应当场告知纳税人需要补正的内容。

第7条 年应税销售额超过规定标准的纳税人符合本办法第四条第一项规定的，应当向主管税务机关提交书面说明（附件2）。

第8条 纳税人在年应税销售额超过规定标准的月份（或季度）的所属申报期结束后15日内按照本办法第六条或者第七条的规定办理相关手续；未按规定时限办理的，主管税务机关应当在规定时限结束后5日内制作《税务事项通知书》，告知纳税人应当在5日内向主管税务机关办理相关手续；逾期仍不办理的，次月起按销售额依照增值税税率计算应纳税额，不得抵扣进项税额，直至纳税人办理相关手续为止。

第9条 纳税人自一般纳税人生效之日起，按照增值税一般计税方法计算应纳税额，并可以按照规定领用增值税专用发票，财政部、国家税务总局另有规定的除外。

本办法所称的生效之日，是指纳税人办理登记的当月1日或者次月1日，由纳税人在办理登记手续时自行选择。

第10条 纳税人登记为一般纳税人后，不得转为小规模纳税人，国家税务总局另有规定的除外。

第11条 主管税务机关应当加强对税收风险的管理。对税收遵从度低的一般纳税人，主管税务机关可以实行纳税辅导期管理，具体办法由国家税务总局另行制定。

第12条　本办法自2018年2月1日起施行，《增值税一般纳税人资格认定管理办法》（国家税务总局令第22号公布）同时废止。

第十四条　组成计税价格和应纳税额的计算

纳税人进口货物，按照组成计税价格和本条例第二条规定的税率计算应纳税额。组成计税价格和应纳税额计算公式：

组成计税价格＝关税完税价格＋关税＋消费税

应纳税额＝组成计税价格×税率

● 部门规章及文件

《增值税暂行条例实施细则》（2011年10月28日　财政部令第65号）

第34条　有下列情形之一者，应按销售额依照增值税税率计算应纳税额，不得抵扣进项税额，也不得使用增值税专用发票：

（一）一般纳税人会计核算不健全，或者不能够提供准确税务资料的；

（二）除本细则第二十九条规定外，纳税人销售额超过小规模纳税人标准，未申请办理一般纳税人认定手续的。

第十五条　免征增值税的项目

下列项目免征增值税：

（一）农业生产者销售的自产农产品；

（二）避孕药品和用具；

（三）古旧图书；

（四）直接用于科学研究、科学试验和教学的进口仪器、设备；

（五）外国政府、国际组织无偿援助的进口物资和设备；

（六）由残疾人的组织直接进口供残疾人专用的物品；

（七）销售的自己使用过的物品。

除前款规定外，增值税的免税、减税项目由国务院规定。任何地区、部门均不得规定免税、减税项目。

● **部门规章及文件**

1. 《增值税暂行条例实施细则》（2011 年 10 月 28 日 财政部令第 65 号）

第 35 条 条例第十五条规定的部分免税项目的范围，限定如下：

（一）第一款第（一）项所称农业，是指种植业、养殖业、林业、牧业、水产业。

农业生产者，包括从事农业生产的单位和个人。

农产品，是指初级农产品，具体范围由财政部、国家税务总局确定。

（二）第一款第（三）项所称古旧图书，是指向社会收购的古书和旧书。

（三）第一款第（七）项所称自己使用过的物品，是指其他个人自己使用过的物品。

第 36 条 纳税人销售货物或者应税劳务适用免税规定的，可以放弃免税，依照条例的规定缴纳增值税。放弃免税后，36 个月内不得再申请免税。

2. 《财政部、税务总局关于出口货物保险增值税政策的公告》（2021 年 12 月 22 日 财政部、税务总局公告 2021 年第 37 号）

现将出口货物保险有关增值税政策公告如下：

一、自 2022 年 1 月 1 日至 2025 年 12 月 31 日，对境内单位和个人发生的下列跨境应税行为免征增值税：

（一）以出口货物为保险标的的产品责任保险；
（二）以出口货物为保险标的的产品质量保证保险。

二、境内单位和个人发生上述跨境应税行为的增值税征收管理，按照现行跨境应税行为增值税免税管理办法的规定执行。

三、此前已发生未处理的事项，按本公告规定执行；已缴纳的相关税款，不再退还。

特此公告。

3. **《财政部、税务总局关于金融机构小微企业贷款利息收入免征增值税政策的公告》**（2023年8月1日　财政部、税务总局公告2023年第16号）

现将支持小微企业、个体工商户融资有关税收政策公告如下：

一、对金融机构向小型企业、微型企业和个体工商户发放小额贷款取得的利息收入，免征增值税。金融机构可以选择以下两种方法之一适用免税：

（一）对金融机构向小型企业、微型企业和个体工商户发放的，利率水平不高于全国银行间同业拆借中心公布的贷款市场报价利率（LPR）150%（含本数）的单笔小额贷款取得的利息收入，免征增值税；高于全国银行间同业拆借中心公布的贷款市场报价利率（LPR）150%的单笔小额贷款取得的利息收入，按照现行政策规定缴纳增值税。

（二）对金融机构向小型企业、微型企业和个体工商户发放单笔小额贷款取得的利息收入中，不高于该笔贷款按照全国银行间同业拆借中心公布的贷款市场报价利率（LPR）150%（含本数）计算的利息收入部分，免征增值税；超过部分按照现行政策规定缴纳增值税。

金融机构可按会计年度在以上两种方法之间选定其一作为该年的免税适用方法，一经选定，该会计年度内不得变更。

二、本条公告所称金融机构,是指经中国人民银行、金融监管总局批准成立的已实现监管部门上一年度提出的小微企业贷款增长目标的机构,以及经中国人民银行、金融监管总局、中国证监会批准成立的开发银行及政策性银行、外资银行和非银行业金融机构。金融机构实现小微企业贷款增长目标情况,以金融监管总局及其派出机构考核结果为准。

三、本公告所称小型企业、微型企业,是指符合《中小企业划型标准规定》(工信部联企业〔2011〕300号)的小型企业和微型企业。其中,资产总额和从业人员指标均以贷款发放时的实际状态确定;营业收入指标以贷款发放前12个自然月的累计数确定,不满12个自然月的,按照以下公式计算:

营业收入(年)= 企业实际存续期间营业收入/企业实际存续月数×12

四、本公告所称小额贷款,是指单户授信小于1000万元(含本数)的小型企业、微型企业或个体工商户贷款;没有授信额度的,是指单户贷款合同金额且贷款余额在1000万元(含本数)以下的贷款。

五、金融机构应将相关免税证明材料留存备查,单独核算符合免税条件的小额贷款利息收入,按现行规定向主管税务机构办理纳税申报;未单独核算的,不得免征增值税。

金融机构应依法依规享受增值税优惠政策,一经发现存在虚报或造假骗取本项税收优惠情形的,停止享受本公告有关增值税优惠政策。

金融机构应持续跟踪贷款投向,确保贷款资金真正流向小型企业、微型企业和个体工商户,贷款的实际使用主体与申请主体一致。

六、金融机构向小型企业、微型企业及个体工商户发放单户授信小于100万元(含本数),或者没有授信额度,单户贷款合同金额且贷款余额在 100 万元（含本数）以下的贷款取得的利息收入，可按照《财政部、税务总局关于支持小微企业融资有关税收政策的公告》（财政部、税务总局公告 2023 年第 13 号）的规定免征增值税。

七、本公告执行至 2027 年 12 月 31 日。

特此公告。

4.《财政部、税务总局关于延续供热企业增值税、房产税、城镇土地使用税优惠政策的通知》（2019 年 4 月 3 日　财税〔2019〕38 号）

一、自 2019 年 1 月 1 日至 2020 年供暖期结束，对供热企业向居民个人（以下称居民）供热取得的采暖费收入免征增值税。

向居民供热取得的采暖费收入，包括供热企业直接向居民收取的、通过其他单位向居民收取的和由单位代居民缴纳的采暖费。

免征增值税的采暖费收入，应当按照《中华人民共和国增值税暂行条例》第十六条的规定单独核算。通过热力产品经营企业向居民供热的热力产品生产企业，应当根据热力产品经营企业实际从居民取得的采暖费收入占该经营企业采暖费总收入的比例，计算免征的增值税。

本条所称供暖期，是指当年下半年供暖开始至次年上半年供暖结束的期间。

三、本通知所称供热企业，是指热力产品生产企业和热力产品经营企业。热力产品生产企业包括专业供热企业、兼营供热企业和自供热单位。

四、本通知所称"三北"地区，是指北京市、天津市、河北省、山西省、内蒙古自治区、辽宁省、大连市、吉林省、黑龙江省、山东省、青岛市、河南省、陕西省、甘肃省、青海省、宁夏回族自治区和新疆维吾尔自治区。

第十六条　免税、减税的情形

纳税人兼营免税、减税项目的，应当分别核算免税、减税项目的销售额；未分别核算销售额的，不得免税、减税。

第十七条　增值税起征点

纳税人销售额未达到国务院财政、税务主管部门规定的增值税起征点的，免征增值税；达到起征点的，依照本条例规定全额计算缴纳增值税。

● 部门规章及文件

《增值税暂行条例实施细则》（2011年10月28日　财政部令第65号）

第37条　增值税起征点的适用范围限于个人。

增值税起征点的幅度规定如下：

（一）销售货物的，为月销售额5000-20000元；

（二）销售应税劳务的，为月销售额5000-20000元；

（三）按次纳税的，为每次（日）销售额300-500元。

前款所称销售额，是指本细则第三十条第一款所称小规模纳税人的销售额。

省、自治区、直辖市财政厅（局）和国家税务局应在规定的幅度内，根据实际情况确定本地区适用的起征点，并报财政部、国家税务总局备案。

第十八条　扣缴义务人

中华人民共和国境外的单位或者个人在境内销售劳务，在境内未设有经营机构的，以其境内代理人为扣缴义务人；在境内没有代理人的，以购买方为扣缴义务人。

第十九条　纳税义务的发生时间

> 增值税纳税义务发生时间：
> （一）发生应税销售行为，为收讫销售款项或者取得索取销售款项凭据的当天；先开具发票的，为开具发票的当天。
> （二）进口货物，为报关进口的当天。
> 增值税扣缴义务发生时间为纳税人增值税纳税义务发生的当天。

● 部门规章及文件

《增值税暂行条例实施细则》（2011年10月28日　财政部令第65号）

第38条　条例第十九条第一款第（一）项规定的收讫销售款项或者取得索取销售款项凭据的当天，按销售结算方式的不同，具体为：

（一）采取直接收款方式销售货物，不论货物是否发出，均为收到销售款或者取得索取销售款凭据的当天；

（二）采取托收承付和委托银行收款方式销售货物，为发出货物并办妥托收手续的当天；

（三）采取赊销和分期收款方式销售货物，为书面合同约定的收款日期的当天，无书面合同的或者书面合同没有约定收款日期的，为货物发出的当天；

（四）采取预收货款方式销售货物，为货物发出的当天，但生产销售生产工期超过12个月的大型机械设备、船舶、飞机等货物，为收到预收款或者书面合同约定的收款日期的当天；

（五）委托其他纳税人代销货物，为收到代销单位的代销清单或者收到全部或者部分货款的当天。未收到代销清单及货款的，为发出代销货物满180天的当天；

（六）销售应税劳务，为提供劳务同时收讫销售款或者取得索取销售款的凭证的当天；

（七）纳税人发生本细则第四条第（三）项至第（八）项所列视同销售货物行为，为货物移送的当天。

第二十条　征税机关

增值税由税务机关征收，进口货物的增值税由海关代征。个人携带或者邮寄进境自用物品的增值税，连同关税一并计征。具体办法由国务院关税税则委员会会同有关部门制定。

第二十一条　不得开具增值税专用发票的情形

纳税人发生应税销售行为，应当向索取增值税专用发票的购买方开具增值税专用发票，并在增值税专用发票上分别注明销售额和销项税额。

属于下列情形之一的，不得开具增值税专用发票：

（一）应税销售行为的购买方为消费者个人的；

（二）发生应税销售行为适用免税规定的。

● 法　律

1.《刑法》（2023年12月29日　中华人民共和国主席令第18号）

第205条　虚开增值税专用发票或者虚开用于骗取出口退税、抵扣税款的其他发票的，处三年以下有期徒刑或者拘役，并处二万元以上二十万元以下罚金；虚开的税款数额较大或者有其他严重情节的，处三年以上十年以下有期徒刑，并处五万元以上五十万元以下罚金；虚开的税款数额巨大或者有其他特别严重情节的，处十年以上有期徒刑或者无期徒刑，并处五万元以上五十万元以下罚金或者没收财产。

单位犯本条规定之罪的，对单位判处罚金，并对其直接负责的主管人员和其他直接责任人员，处三年以下有期徒刑或者拘役；虚开的税款数额较大或者有其他严重情节的，处三年以上十年以下有期徒刑；虚开的税款数额巨大或者有其他特别严重情节的，处十年以上有期徒刑或者无期徒刑。

虚开增值税专用发票或者虚开用于骗取出口退税、抵扣税款的其他发票，是指有为他人虚开、为自己虚开、让他人为自己虚开、介绍他人虚开行为之一的。

2.《全国人民代表大会常务委员会关于惩治虚开、伪造和非法出售增值税专用发票犯罪的决定》（1995年10月30日　中华人民共和国主席令第57号）

一、虚开增值税专用发票的，处三年以下有期徒刑或者拘役，并处二万元以上二十万元以下罚金；虚开的税款数额较大或者有其他严重情节的，处三年以上十年以下有期徒刑，并处五万元以上五十万元以下罚金；虚开的税款数额巨大或者有其他特别严重情节的，处十年以上有期徒刑或者无期徒刑，并处没收财产。

有前款行为骗取国家税款，数额特别巨大、情节特别严重、给国家利益造成特别重大损失的，处无期徒刑或者死刑，并处没收财产。

虚开增值税专用发票的犯罪集团的首要分子，分别依照前两款的规定从重处罚。

虚开增值税专用发票是指有为他人虚开、为自己虚开、让他人为自己虚开、介绍他人虚开增值税专用发票行为之一的。

二、伪造或者出售伪造的增值税专用发票的，处三年以下有期徒刑或者拘役，并处二万元以上二十万元以下罚金；数量较大或者有其他严重情节的，处三年以上十年以下有期徒刑，并处五万元以上五十万元以下罚金；数量巨大或者有其他特别严重情节的，处十年以上有期徒刑或者无期徒刑，并处没收财产。

伪造并出售伪造的增值税专用发票，数量特别巨大、情节特别严重、严重破坏经济秩序的，处无期徒刑或者死刑，并处没收财产。

伪造、出售伪造的增值税专用发票的犯罪集团的首要分子，分别依照前两款的规定从重处罚。

三、非法出售增值税专用发票的，处三年以下有期徒刑或者拘役，并处二万元以上二十万元以下罚金；数量较大的，处三年以上十年以下有期徒刑，并处五万元以上五十万元以下罚金；数量巨大的，处十年以上有期徒刑或者无期徒刑，并处没收财产。

四、非法购买增值税专用发票或者购买伪造的增值税专用发票的，处五年以下有期徒刑、拘役，并处或者单处二万元以上二十万元以下罚金。

非法购买增值税专用发票或者购买伪造的增值税专用发票又虚开或者出售的，分别依照第一条、第二条、第三条的规定处罚。

五、虚开用于骗取出口退税、抵扣税款的其他发票的，依照本决定第一条的规定处罚。

虚开用于骗取出口退税、抵扣税款的其他发票是指有为他人虚开、为自己虚开、让他人为自己虚开、介绍他人虚开用于骗取出口退税、抵扣税款的其他发票行为之一的。

六、伪造、擅自制造或者出售伪造、擅自制造的可以用于骗取出口退税、抵扣税款的其他发票的，处三年以下有期徒刑或者拘役，并处二万元以上二十万元以下罚金；数量巨大的，处三年以上七年以下有期徒刑，并处五万元以上五十万元以下罚金；数量特别巨大的，处七年以上有期徒刑，并处没收财产。

伪造、擅自制造或者出售伪造、擅自制造的前款规定以外的其他发票的，比照刑法第一百二十四条的规定处罚。

非法出售可以用于骗取出口退税、抵扣税款的其他发票的，依照第一款的规定处罚。

非法出售前款规定以外的其他发票的，比照刑法第一百二十四条的规定处罚。

七、盗窃增值税专用发票或者其他发票的，依照刑法关于盗窃罪的规定处罚。

使用欺骗手段骗取增值税专用发票或者其他发票的，依照刑法关于诈骗罪的规定处罚。

八、税务机关或者其他国家机关的工作人员有下列情形之一的，依照本决定的有关规定从重处罚：

（一）与犯罪分子相勾结，实施本决定规定的犯罪的；

（二）明知是虚开的发票，予以退税或者抵扣税款的；

（三）明知犯罪分子实施本决定规定的犯罪，而提供其他帮助的。

九、税务机关的工作人员违反法律、行政法规的规定，在发售发票、抵扣税款、出口退税工作中玩忽职守，致使国家利益遭受重大损失的，处五年以下有期徒刑或者拘役；致使国家利益遭受特别重大损失的，处五年以上有期徒刑。

十、单位犯本决定第一条、第二条、第三条、第四条、第五条、第六条、第七条第二款规定之罪的，对单位判处罚金，并对直接负责的主管人员和其他直接责任人员依照各该条的规定追究刑事责任。

十一、有本决定第二条、第三条、第四条第一款、第六条规定的行为，情节显著轻微，尚不构成犯罪的，由公安机关处十五日以下拘留、五千元以下罚款。

十二、对追缴犯本决定规定之罪的犯罪分子的非法抵扣和骗取的税款，由税务机关上交国库，其他的违法所得和供犯罪使用的财物一律没收。

供本决定规定的犯罪所使用的发票和伪造的发票一律没收。

十三、本决定自公布之日起施行。

● 部门规章及文件

3.《**增值税专用发票使用规定**》（2018 年 6 月 15 日 国家税务总局公告 2018 年第 31 号）（部分失效）

第 1 条 为加强增值税征收管理，规范增值税专用发票（以下简称专用发票）使用行为，根据《中华人民共和国增值税暂行条例》及其实施细则和《中华人民共和国税收征收管理法》及其实施细则，制定本规定。

第 2 条 专用发票，是增值税一般纳税人（以下简称一般纳税人）销售货物或者提供应税劳务开具的发票，是购买方支付增值税额并可按照增值税有关规定据以抵扣增值税进项税额的凭证。

第 3 条 一般纳税人应通过增值税防伪税控系统（以下简称防伪税控系统）使用专用发票。使用，包括领购、开具、缴销、认证纸质专用发票及其相应的数据电文。

本规定所称防伪税控系统，是指经国务院同意推行的，使用专用设备和通用设备、运用数字密码和电子存储技术管理专用发票的计算机管理系统。

本规定所称专用设备，是指金税卡、IC 卡、读卡器和其他设备。

本规定所称通用设备，是指计算机、打印机、扫描器具和其他设备。

第 4 条 专用发票由基本联次或者基本联次附加其他联次构成，基本联次为三联：发票联、抵扣联和记账联。发票联，作为购买方核算采购成本和增值税进项税额的记账凭证；抵扣联，作为购买方报送主管税务机关认证和留存备查的凭证；记账联，作为销售方核算销售收入和增值税销项税额的记账凭证。其他联次用途，由一般纳税人自行确定。

第 6 条 本规定所称初始发行，是指主管税务机关将一般纳税人的下列信息载入空白金税卡和 IC 卡的行为。

（一）企业名称；

（二）税务登记代码；

（三）开票限额；

（四）购票限量；

（五）购票人员姓名、密码；

（六）开票机数量；

（七）国家税务总局规定的其他信息。

一般纳税人发生上列第一、三、四、五、六、七项信息变化，应向主管税务机关申请变更发行；发生第二项信息变化，应向主管税务机关申请注销发行。

第 7 条　一般纳税人凭《发票领购簿》、IC 卡和经办人身份证明领购专用发票。

第 8 条　一般纳税人有下列情形之一的，不得领购开具专用发票：

（一）会计核算不健全，不能向税务机关准确提供增值税销项税额、进项税额、应纳税额数据及其他有关增值税税务资料的。

上列其他有关增值税税务资料的内容，由省、自治区、直辖市和计划单列市税务局确定。

（二）有《税收征管法》规定的税收违法行为，拒不接受税务机关处理的。

（三）有下列行为之一，经税务机关责令限期改正而仍未改正的：

1. 虚开增值税专用发票；

2. 私自印制专用发票；

3. 向税务机关以外的单位和个人买取专用发票；

4. 借用他人专用发票；

5. 未按本规定第十一条开具专用发票；

6. 未按规定保管专用发票和专用设备；

7. 未按规定申请办理防伪税控系统变更发行；

8. 未按规定接受税务机关检查。

有上列情形的，如已领购专用发票，主管税务机关应暂扣其结存的专用发票和IC卡。

第9条 有下列情形之一的，为本规定第八条所称未按规定保管专用发票和专用设备：

（一）未设专人保管专用发票和专用设备；

（二）未按税务机关要求存放专用发票和专用设备；

（三）未将认证相符的专用发票抵扣联、《认证结果通知书》和《认证结果清单》装订成册；

（四）未经税务机关查验，擅自销毁专用发票基本联次。

第10条 一般纳税人销售货物或者提供应税劳务，应向购买方开具专用发票。

商业企业一般纳税人零售的烟、酒、食品、服装、鞋帽（不包括劳保专用部分）、化妆品等消费品不得开具专用发票。

增值税小规模纳税人（以下简称小规模纳税人）需要开具专用发票的，可向主管税务机关申请代开。

销售免税货物不得开具专用发票，法律、法规及国家税务总局另有规定的除外。

第11条 专用发票应按下列要求开具：

（一）项目齐全，与实际交易相符；

（二）字迹清楚，不得压线、错格；

（三）发票联和抵扣联加盖财务专用章或者发票专用章；

（四）按照增值税纳税义务的发生时间开具。对不符合上列要求的专用发票，购买方有权拒收。

第12条 一般纳税人销售货物或者提供应税劳务可汇总开具专用发票。汇总开具专用发票的，同时使用防伪税控系统开具《销售货物或者提供应税劳务清单》，并加盖财务专用章或者发票专用章。

第13条 一般纳税人在开具专用发票当月，发生销货退回、开票有误等情形，收到退回的发票联、抵扣联符合作废条件的，按作废处理；开具时发现有误的，可即时作废。

作废专用发票须在防伪税控系统中将相应的数据电文按"作废"处理，在纸质专用发票（含未打印的专用发票）各联次上注明"作废"字样，全联次留存。

第20条 同时具有下列情形的，为本规定所称作废条件：

（一）收到退回的发票联、抵扣联时间未超过销售方开票当月；

（二）销售方未抄税并且未记账；

（三）购买方未认证或者认证结果为"纳税人识别号认证不符"、"专用发票代码、号码认证不符"。

本规定所称抄税，是报税前用IC卡或者IC卡和软盘抄取开票数据电文。

第21条 一般纳税人开具专用发票应在增值税纳税申报期内向主管税务机关报税，在申报所属月份内可分次向主管税务机关报税。

本规定所称报税，是纳税人持IC卡或者IC卡和软盘向税务机关报送开票数据电文。

第22条 因IC卡、软盘质量等问题无法报税的，应更换IC卡、软盘。

因硬盘损坏、更换金税卡等原因不能正常报税的，应提供已开具未向税务机关报税的专用发票记账联原件或者复印件，由主管税务机关补采开票数据。

第23条 一般纳税人注销税务登记或者转为小规模纳税人，应将专用设备和结存未用的纸质专用发票送交主管税务机关。

主管税务机关应缴销其专用发票，并按有关安全管理的要求处理专用设备。

第24条 本规定第二十三条所称专用发票的缴销，是指主管税务机关在纸质专用发票监制章处按"V"字剪角作废，同时作废相应的专用发票数据电文。

被缴销的纸质专用发票应退还纳税人。

第25条 用于抵扣增值税进项税额的专用发票应经税务机关认证相符（国家税务总局另有规定的除外）。认证相符的专用发票应作为购买方的记账凭证，不得退还销售方。

本规定所称认证，是税务机关通过防伪税控系统对专用发票所列数据的识别、确认。

本规定所称认证相符，是指纳税人识别号无误，专用发票所列密文解译后与明文一致。

第26条 经认证，有下列情形之一的，不得作为增值税进项税额的抵扣凭证，税务机关退还原件，购买方可要求销售方重新开具专用发票。

（一）无法认证。

本规定所称无法认证，是指专用发票所列密文或者明文不能辨认，无法产生认证结果。

（二）纳税人识别号认证不符。

本规定所称纳税人识别号认证不符，是指专用发票所列购买方纳税人识别号有误。

（三）专用发票代码、号码认证不符。

本规定所称专用发票代码、号码认证不符，是指专用发票所列密文解译后与明文的代码或者号码不一致。

第27条 经认证，有下列情形之一的，暂不得作为增值税进项税额的抵扣凭证，税务机关扣留原件，查明原因，分别情况进行处理。

（一）重复认证。

本规定所称重复认证，是指已经认证相符的同一张专用发票再次认证。

（二）密文有误。

本规定所称密文有误，是指专用发票所列密文无法解译。

（三）认证不符。

本规定所称认证不符，是指纳税人识别号有误，或者专用发票所列密文解译后与明文不一致。

本项所称认证不符不含第二十六条第二项、第三项所列情形。

（四）列为失控专用发票。

本规定所称列为失控专用发票，是指认证时的专用发票已被登记为失控专用发票。

第29条 专用发票抵扣联无法认证的，可使用专用发票发票联到主管税务机关认证。专用发票发票联复印件留存备查。

第30条 本规定自2007年1月1日施行，《国家税务总局关于印发〈增值税专用发票使用规定〉的通知》（国税发〔1993〕150号）、《国家税务总局关于增值税专用发票使用问题的补充通知》（国税发〔1994〕056号）、《国家税务总局关于由税务所为小规模企业代开增值税专用发票的通知》（国税发〔1994〕058号）、《国家税务总局关于印发〈关于商业零售企业开具增值税专用发票的通告〉的通知》（国税发〔1994〕081号）、《国家税务总局关于修改〈国家税务总局关于严格控制增值税专用发票使用范围的通知〉的通知》（国税发〔2000〕075号）、《国家税务总局关于加强防伪税控开票系统最高开票限额管理的通知》（国税发明电〔2001〕57号）、《国家税务总局关于增值税一般纳税人丢失防伪税控系统开具的增值税专用发票有关税务处理问题的通知》（国税发〔2002〕010号）、《国家税务总局关于进一步加强防伪税控开票系统最高开票限额管理的通知》（国税发明电〔2002〕33号）

同时废止。以前有关政策规定与本规定不一致的,以本规定为准。

4.《国家税务总局关于增值税发票管理等有关事项的公告》(2019年10月9日　国家税务总局公告2019年第33号)(部分失效)

现将增值税发票管理等有关事项公告如下:

二、增值税一般纳税人取得海关进口增值税专用缴款书(以下简称"海关缴款书")后如需申报抵扣或出口退税,按以下方式处理:

(一)增值税一般纳税人取得仅注明一个缴款单位信息的海关缴款书,应当登录本省(区、市)增值税发票选择确认平台(以下简称"选择确认平台")查询、选择用于申报抵扣或出口退税的海关缴款书信息。通过选择确认平台查询到的海关缴款书信息与实际情况不一致或未查询到对应信息的,应当上传海关缴款书信息,经系统稽核比对相符后,纳税人登录选择确认平台查询、选择用于申报抵扣或出口退税的海关缴款书信息。

(二)增值税一般纳税人取得注明两个缴款单位信息的海关缴款书,应当上传海关缴款书信息,经系统稽核比对相符后,纳税人登录选择确认平台查询、选择用于申报抵扣或出口退税的海关缴款书信息。

三、稽核比对结果为不符、缺联、重号、滞留的异常海关缴款书按以下方式处理:

(一)对于稽核比对结果为不符、缺联的海关缴款书,纳税人应当持海关缴款书原件向主管税务机关申请数据修改或核对。属于纳税人数据采集错误的,数据修改后再次进行稽核比对;不属于数据采集错误的,纳税人可向主管税务机关申请数据核对,主管税务机关会同海关进行核查。经核查,海关缴款书票面信息与纳税人实际进口货物业务一致的,纳税人登录选择确认平台查询、选择用于申报抵扣或出口退税的海关缴款书信息。

(二)对于稽核比对结果为重号的海关缴款书,纳税人可向主管税务机关申请核查。经核查，海关缴款书票面信息与纳税人实际进口货物业务一致的，纳税人登录选择确认平台查询、选择用于申报抵扣或出口退税的海关缴款书信息。

（三）对于稽核比对结果为滞留的海关缴款书，可继续参与稽核比对，纳税人不需申请数据核对。

五、增值税小规模纳税人（其他个人除外）发生增值税应税行为，需要开具增值税专用发票的，可以自愿使用增值税发票管理系统自行开具。选择自行开具增值税专用发票的小规模纳税人，税务机关不再为其代开增值税专用发票。

增值税小规模纳税人应当就开具增值税专用发票的销售额计算增值税应纳税额，并在规定的纳税申报期内向主管税务机关申报缴纳。在填写增值税纳税申报表时，应当将当期开具增值税专用发票的销售额，按照3%和5%的征收率，分别填写在《增值税纳税申报表》（小规模纳税人适用）第2栏和第5栏"税务机关代开的增值税专用发票不含税销售额"的"本期数"相应栏次中。

六、本公告第一条自2019年10月1日起施行，本公告第二条至第五条自2020年2月1日起施行。《国家税务总局 海关总署关于实行海关进口增值税专用缴款书"先比对后抵扣"管理办法有关问题的公告》（国家税务总局 海关总署公告2013年第31号）第二条和第六条、《国家税务总局关于扩大小规模纳税人自行开具增值税专用发票试点范围等事项的公告》（国家税务总局公告2019年第8号）第一条自2020年2月1日起废止。

特此公告。

● **司法解释及文件**

5.《最高人民法院关于虚开增值税专用发票定罪量刑标准有关问题的通知》（2018年8月22日　法〔2018〕226号）
各省、自治区、直辖市高级人民法院，解放军军事法院，新疆维吾尔自治区高级人民法院生产建设兵团分院：

为正确适用刑法第二百零五条关于虚开增值税专用发票罪的有关规定，确保罪责刑相适应，现就有关问题通知如下：

一、自本通知下发之日起，人民法院在审判工作中不再参照执行《最高人民法院关于适用〈全国人民代表大会常务委员会关于惩治虚开、伪造和非法出售增值税专用发票犯罪的决定〉的若干问题的解释》（法发〔1996〕30号）第一条规定的虚开增值税专用发票罪的定罪量刑标准。

二、在新的司法解释颁行前，对虚开增值税专用发票刑事案件定罪量刑的数额标准，可以参照《最高人民法院关于审理骗取出口退税刑事案件具体应用法律若干问题的解释》（法释〔2002〕30号）第三条的规定执行，即虚开的税款数额在五万元以上的，以虚开增值税专用发票罪处三年以下有期徒刑或者拘役，并处二万元以上二十万元以下罚金；虚开的税款数额在五十万元以上的，认定为刑法第二百零五条规定的"数额较大"；虚开的税款数额在二百五十万元以上的，认定为刑法第二百零五条规定的"数额巨大"。

以上通知，请遵照执行。执行中发现的新情况、新问题，请及时报告我院。

● 案例指引

1. 夏某虚开增值税专用发票案[①]

裁判要点：有实际生产经营活动，并非专门的开票公司，但其为降低成本从他人处以不含票价格购进货物，即在进货过程中未向国家交纳增值税款，仅以支付开票费方式从与其无真实交易的第三

---

① 夏某虚开增值税专用发票案，载人民法院案例库，https://rmfyalk.court.gov.cn/dist/view/content.html?id=q3fifqp2fZdCSOxRrRZZy9O%252B3G9XT%252FaCIYlY2JR0Y2w%253D&lib=ck&qw=%E7%A8%8E，2024年4月30日访问。

方获取进项发票，用于抵扣其实际销售货物所交纳的销项税。只有在真实交易环节交纳了增值税，才有向国家税务机关申请抵扣税款的权利，虽有实际经营，但在让他人开票环节并没有对应的真实交易，也没有交纳进项增值税，却让他人为自己虚开发票用于抵扣销项税，具有骗取国家税款的目的，造成国家税款损失，属于刑法第二百零五条规定的"虚开"。

2. 李某江、陈某、孙某荣等虚开增值税专用发票案①

裁判要点：李某江、陈某、孙某荣为他人虚开增值税专用发票，虚开的税款数额巨大，其行为均已构成虚开增值税专用发票罪。关于辩护人提出本案应定性为逃税罪的意见，法院认为，刑法规定和司法解释均未明确要求构成虚开增值税专用发票罪要以偷逃增值税为前提，本案中，李某江、陈某、孙某荣在没有实际生产经营的情况下，大肆虚开增值税专用发票，给国家税款造成巨大损失，应以虚开增值税专用发票罪定罪处罚。

第二十二条　纳税地点、纳税申报

增值税纳税地点：

（一）固定业户应当向其机构所在地的主管税务机关申报纳税。总机构和分支机构不在同一县（市）的，应当分别向各自所在地的主管税务机关申报纳税；经国务院财政、税务主管部门或者其授权的财政、税务机关批准，可以由总机构汇总向总机构所在地的主管税务机关申报纳税。

（二）固定业户到外县（市）销售货物或者劳务，应当向其机构所在地的主管税务机关报告外出经营事项，并向其机构所在地的主管税务机关申报纳税；未报告的，应当向销

---

① 参见浙江省湖州市中级人民法院（2021）浙05刑终24号刑事裁定书。

售地或者劳务发生地的主管税务机关申报纳税；未向销售地或者劳务发生地的主管税务机关申报纳税的，由其机构所在地的主管税务机关补征税款。

（三）非固定业户销售货物或者劳务，应当向销售地或者劳务发生地的主管税务机关申报纳税；未向销售地或者劳务发生地的主管税务机关申报纳税的，由其机构所在地或者居住地的主管税务机关补征税款。

（四）进口货物，应当向报关地海关申报纳税。

扣缴义务人应当向其机构所在地或者居住地的主管税务机关申报缴纳其扣缴的税款。

第二十三条　纳税期限

增值税的纳税期限分别为1日、3日、5日、10日、15日、1个月或者1个季度。纳税人的具体纳税期限，由主管税务机关根据纳税人应纳税额的大小分别核定；不能按照固定期限纳税的，可以按次纳税。

纳税人以1个月或者1个季度为1个纳税期的，自期满之日起15日内申报纳税；以1日、3日、5日、10日或者15日为1个纳税期的，自期满之日起5日内预缴税款，于次月1日起15日内申报纳税并结清上月应纳税款。

扣缴义务人解缴税款的期限，依照前两款规定执行。

● 部门规章及文件

《增值税暂行条例实施细则》（2011年10月28日　财政部令第65号）

第39条　条例第二十三条以1个季度为纳税期限的规定仅适用于小规模纳税人。小规模纳税人的具体纳税期限，由主管税务机关根据其应纳税额的大小分别核定。

第二十四条　进口货物的纳税规定

纳税人进口货物，应当自海关填发海关进口增值税专用缴款书之日起 15 日内缴纳税款。

第二十五条　出口货物的退（免）税规定

纳税人出口货物适用退（免）税规定的，应当向海关办理出口手续，凭出口报关单等有关凭证，在规定的出口退（免）税申报期内按月向主管税务机关申报办理该项出口货物的退（免）税；境内单位和个人跨境销售服务和无形资产适用退（免）税规定的，应当按期向主管税务机关申报办理退（免）税。具体办法由国务院财政、税务主管部门制定。

出口货物办理退税后发生退货或者退关的，纳税人应当依法补缴已退的税款。

● 部门规章及文件

《财政部、税务总局关于出口货物保险增值税政策的公告》（2021年12月22日　财政部、税务总局公告 2021 年第 37 号）

现将出口货物保险有关增值税政策公告如下：

一、自 2022 年 1 月 1 日至 2025 年 12 月 31 日，对境内单位和个人发生的下列跨境应税行为免征增值税：

（一）以出口货物为保险标的的产品责任保险；

（二）以出口货物为保险标的的产品质量保证保险。

二、境内单位和个人发生上述跨境应税行为的增值税征收管理，按照现行跨境应税行为增值税免税管理办法的规定执行。

三、此前已发生未处理的事项，按本公告规定执行；已缴纳的相关税款，不再退还。

特此公告。

第二十六条　征收管理

增值税的征收管理,依照《中华人民共和国税收征收管理法》及本条例有关规定执行。

第二十七条　缴纳增值税

纳税人缴纳增值税的有关事项,国务院或者国务院财政、税务主管部门经国务院同意另有规定的,依照其规定。

第二十八条　生效日期

本条例自 2009 年 1 月 1 日起施行。

中华人民共和国消费税暂行条例

(1993年12月13日中华人民共和国国务院令第135号公布 2008年11月5日国务院第34次常务会议修订通过 2008年11月10日中华人民共和国国务院令第539号公布 自2009年1月1日起施行)

第一条 纳税义务人和征税范围

在中华人民共和国境内生产、委托加工和进口本条例规定的消费品的单位和个人,以及国务院确定的销售本条例规定的消费品的其他单位和个人,为消费税的纳税人,应当依照本条例缴纳消费税。

● 部门规章及文件

《消费税暂行条例实施细则》(2008年12月15日 财政部、国家税务总局令第51号)

第2条 条例第一条所称单位,是指企业、行政单位、事业单位、军事单位、社会团体及其他单位。

条例第一条所称个人,是指个体工商户及其他个人。

条例第一条所称在中华人民共和国境内,是指生产、委托加工和进口属于应当缴纳消费税的消费品的起运地或者所在地在境内。

● 案例指引

能源公司诉某区税务稽查局行政处罚案[①]

裁判要点:根据《消费税暂行条例》第一条规定,从事境内商业贸易的其他单位和个人需承担消费税纳税主体义务的,必须同时符合两个条件:第一,销售了《消费税暂行条例》规定的消费品;第二,必须由国务院确定。有列明上诉人销售成品油需缴纳消费税

---

① 南昌铁路运输中级法院(2020)赣71行终189号行政判决书。

的法律依据。

> **第二条** 税目、税率
>
> 消费税的税目、税率，依照本条例所附的《消费税税目税率表》执行。
>
> 消费税税目、税率的调整，由国务院决定。

● 部门规章及文件

1. 《消费税暂行条例实施细则》（2008 年 12 月 15 日 财政部、国家税务总局令第 51 号）

第 3 条 条例所附《消费税税目税率表》中所列应税消费品的具体征税范围，由财政部、国家税务总局确定。

2. 《财政部、海关总署、税务总局关于对电子烟征收消费税的公告》（2022 年 10 月 2 日 财政部、海关总署、税务总局公告 2022 年第 33 号）

一、关于税目和征税对象

将电子烟纳入消费税征收范围，在烟税目下增设电子烟子目。

电子烟是指用于产生气溶胶供人抽吸等的电子传输系统，包括烟弹、烟具以及烟弹与烟具组合销售的电子烟产品。烟弹是指含有雾化物的电子烟组件。烟具是指将雾化物雾化为可吸入气溶胶的电子装置。

电子烟进出口税则号列及商品名称见附件。

三、关于适用税率

电子烟实行从价定率的办法计算纳税。生产（进口）环节的税率为 36%，批发环节的税率为 11%。

3. 《国家税务总局关于电子烟消费税征收管理有关事项的公告》（2022 年 10 月 25 日 国家税务总局公告 2022 年第 22 号）

一、税务总局在税控开票软件中更新了《商品和服务税收分类编码表》，纳税人销售电子烟应当选择"电子烟"类编码开具发票。

四、根据《中华人民共和国消费税暂行条例实施细则》第十七条的规定和我国电子烟行业生产经营的实际情况，电子烟全国平均成本利润率暂定为10%。

4. 《财政部、税务总局关于部分成品油消费税政策执行口径的公告》（2023年6月30日　财政部、税务总局公告2023年第11号）

为促进成品油行业规范健康发展，根据《财政部、国家税务总局关于提高成品油消费税税率的通知》（财税〔2008〕167号），现将符合《成品油消费税征收范围注释》规定的部分成品油消费税政策执行口径公告如下：

一、对烷基化油（异辛烷）按照汽油征收消费税。

二、对石油醚、粗白油、轻质白油、部分工业白油（5号、7号、10号、15号、22号、32号、46号）按照溶剂油征收消费税。

三、对混合芳烃、重芳烃、混合碳八、稳定轻烃、轻油、轻质煤焦油按照石脑油征收消费税。

四、对航天煤油参照航空煤油暂缓征收消费税。

五、本公告自发布之日起执行。本公告所列油品，在公告发布前已经发生的事项，不再进行税收调整。

5. 《财政部、海关总署、税务总局关于对部分成品油征收进口环节消费税的公告》（2021年5月12日　财政部、海关总署、税务总局公告2021年第19号）

为维护公平税收秩序，根据国内成品油消费税政策相关规定，现将有关问题公告如下：

一、对归入税则号列27075000，且200摄氏度以下时蒸馏出的芳烃以体积计小于95%的进口产品，视同石脑油按1.52元/升的单位税额征收进口环节消费税。

二、对归入税则号列27079990、27101299的进口产品，视同石脑油按 1.52 元/升的单位税额征收进口环节消费税。

三、对归入税则号列 27150000，且 440 摄氏度以下时蒸馏出的矿物油以体积计大于 5%的进口产品，视同燃料油按 1.2 元/升的单位税额征收进口环节消费税。

四、本公告所称视同仅涉及消费税的征、退（免）税政策。

五、本公告自 2021 年 6 月 12 日起执行。

特此公告。

第三条　消费税兼营的规定

纳税人兼营不同税率的应当缴纳消费税的消费品（以下简称应税消费品），应当分别核算不同税率应税消费品的销售额、销售数量；未分别核算销售额、销售数量，或者将不同税率的应税消费品组成成套消费品销售的，从高适用税率。

● 部门规章及文件

《消费税暂行条例实施细则》（2008 年 12 月 15 日　财政部、国家税务总局令第 51 号）

第4条　条例第三条所称纳税人兼营不同税率的应当缴纳消费税的消费品，是指纳税人生产销售两种税率以上的应税消费品。

第四条　消费税的纳税时间

纳税人生产的应税消费品，于纳税人销售时纳税。纳税人自产自用的应税消费品，用于连续生产应税消费品的，不纳税；用于其他方面的，于移送使用时纳税。

委托加工的应税消费品，除受托方为个人外，由受托方在向委托方交货时代收代缴税款。委托加工的应税消费品，委托方用于连续生产应税消费品的，所纳税款准予按规定抵扣。

进口的应税消费品，于报关进口时纳税。

● 部门规章及文件

1.《消费税暂行条例实施细则》（2008年12月15日　财政部、国家税务总局令第51号）

　　第5条　条例第四条第一款所称销售，是指有偿转让应税消费品的所有权。

　　前款所称有偿，是指从购买方取得货币、货物或者其他经济利益。

　　第6条　条例第四条第一款所称用于连续生产应税消费品，是指纳税人将自产自用的应税消费品作为直接材料生产最终应税消费品，自产自用应税消费品构成最终应税消费品的实体。

　　条例第四条第一款所称用于其他方面，是指纳税人将自产自用应税消费品用于生产非应税消费品、在建工程、管理部门、非生产机构、提供劳务、馈赠、赞助、集资、广告、样品、职工福利、奖励等方面。

　　第7条　条例第四条第二款所称委托加工的应税消费品，是指由委托方提供原料和主要材料，受托方只收取加工费和代垫部分辅助材料加工的应税消费品。对于由受托方提供原材料生产的应税消费品，或者受托方先将原材料卖给委托方，然后再接受加工的应税消费品，以及由受托方以委托方名义购进原材料生产的应税消费品，不论在财务上是否作销售处理，都不得作为委托加工应税消费品，而应当按照销售自制应税消费品缴纳消费税。

　　委托加工的应税消费品直接出售的，不再缴纳消费税。

　　委托个人加工的应税消费品，由委托方收回后缴纳消费税。

　　第8条　消费税纳税义务发生时间，根据条例第四条的规定，分列如下：

　　（一）纳税人销售应税消费品的，按不同的销售结算方式分别为：

　　1.采取赊销和分期收款结算方式的，为书面合同约定的收款日期的当天，书面合同没有约定收款日期或者无书面合同的，为发出应

税消费品的当天;

2. 采取预收货款结算方式的,为发出应税消费品的当天;

3. 采取托收承付和委托银行收款方式的,为发出应税消费品并办妥托收手续的当天;

4. 采取其他结算方式的,为收讫销售款或者取得索取销售款凭据的当天。

(二)纳税人自产自用应税消费品的,为移送使用的当天。

(三)纳税人委托加工应税消费品的,为纳税人提货的当天。

(四)纳税人进口应税消费品的,为报关进口的当天。

2.《财政部、国家税务总局关于〈中华人民共和国消费税暂行条例实施细则〉有关条款解释的通知》(2012年7月13日　财法〔2012〕8号)

各省、自治区、直辖市、计划单列市财政厅(局)、国家税务局,新疆生产建设兵团财务局:

《中华人民共和国消费税暂行条例实施细则》(财政部令第51号)第七条第二款规定,"委托加工的应税消费品直接出售的,不再缴纳消费税"。现将这一规定的含义解释如下:

委托方将收回的应税消费品,以不高于受托方的计税价格出售的,为直接出售,不再缴纳消费税;委托方以高于受托方的计税价格出售的,不属于直接出售,需按照规定申报缴纳消费税,在计税时准予扣除受托方已代收代缴的消费税。

本规定自2012年9月1日起施行。

第五条　应纳税额的计算

消费税实行从价定率、从量定额,或者从价定率和从量定额复合计税(以下简称复合计税)的办法计算应纳税额。

应纳税额计算公式:

实行从价定率办法计算的应纳税额=销售额×比例税率

实行从量定额办法计算的应纳税额=销售数量×定额税率

实行复合计税办法计算的应纳税额=销售额×比例税率+销售数量×定额税率

纳税人销售的应税消费品,以人民币计算销售额。纳税人以人民币以外的货币结算销售额的,应当折合成人民币计算。

● 部门规章及文件

1.《消费税暂行条例实施细则》(2008年12月15日　财政部、国家税务总局令第51号)

第9条　条例第五条第一款所称销售数量,是指应税消费品的数量。具体为:

(一)销售应税消费品的,为应税消费品的销售数量;

(二)自产自用应税消费品的,为应税消费品的移送使用数量;

(三)委托加工应税消费品的,为纳税人收回的应税消费品数量;

(四)进口应税消费品的,为海关核定的应税消费品进口征税数量。

第10条　实行从量定额办法计算应纳税额的应税消费品,计量单位的换算标准如下:

(一)黄酒　1吨=962升

(二)啤酒　1吨=988升

(三)汽油　1吨=1388升

(四)柴油　1吨=1176升

(五)航空煤油　1吨=1246升

(六)石脑油　1吨=1385升

(七)溶剂油　1吨=1282升

(八)润滑油　1吨=1126升

(九)燃料油　1吨=1015升

2.《国家税务总局关于卷烟消费税计税价格核定管理有关问题的公告》(2017年8月29日 国家税务总局公告2017年第32号)

为进一步规范卷烟消费税计税价格（以下简称"计税价格"）核定管理工作，现将有关问题公告如下：

一、对于未按照《卷烟消费税计税价格信息采集和核定管理办法》（国家税务总局令第26号公布，以下简称《办法》）规定报送信息资料的新牌号、新规格卷烟，卷烟生产企业消费税纳税人（以下简称"纳税人"）按照税务总局核定的计税价格计算缴纳消费税满1年后，可向主管税务机关提出调整计税价格的申请。主管税务机关应于收到申请后15日内，将申请调整计税价格文件逐级上报至税务总局。税务总局收到文件后30日内，根据当期已采集的该牌号规格卷烟批发环节连续6个月的销售价格，调整并发布计税价格。

二、对于因卷烟批发企业申报《卷烟批发企业月份销售明细清单》中销售价格信息错误，造成纳税人对税务总局核定的计税价格有异议的，纳税人可自计税价格执行之日起向主管税务机关提出调整计税价格的申请。主管税务机关收到申请后，应核实纳税人该牌号规格卷烟的生产经营情况，计算该牌号规格卷烟自正式投产以来的加权平均销售价格，对确需调整计税价格的，应于收到申请后25日内，将申请调整计税价格文件逐级上报至税务总局。税务总局收到文件后，重新采集该牌号规格卷烟批发环节销售价格，采集期为已核定计税价格执行之日起连续6个月，采集期满后调整并发布计税价格。

三、对于纳税人套用其他牌号、规格卷烟计税价格，造成少缴消费税税款的，主管税务机关按照《办法》第十八条规定，调整纳税人应纳税收入时，应按照采集的该牌号、规格卷烟市场零售价格适用最低档批发毛利率确定计税价格，追缴纳税人少缴消费税税款。

四、本公告自 2017 年 10 月 1 日起施行。

特此公告。

3. **《国家税务总局关于高档化妆品消费税征收管理事项的公告》**（2016 年 10 月 19 日　国家税务总局公告 2016 年第 66 号）（部分失效）

根据《财政部、国家税务总局关于调整化妆品消费税政策的通知》（财税〔2016〕103 号），现将高档化妆品消费税征收管理事项公告如下：

二、自 2016 年 10 月 1 日起，高档化妆品消费税纳税人（以下简称"纳税人"）以外购、进口和委托加工收回的高档化妆品为原料继续生产高档化妆品，准予从高档化妆品消费税应纳税额中扣除外购、进口和委托加工收回的高档化妆品已纳消费税税款。

三、纳税人外购、进口和委托加工收回已税化妆品用于生产高档化妆品的，其取得 2016 年 10 月 1 日前开具的抵扣凭证，应于 2016 年 11 月 30 日前按原化妆品消费税税率计提待抵扣消费税，逾期不得计提。

四、纳税人应按《国家税务总局关于印发〈调整和完善消费税政策征收管理规定〉的通知》（国税发〔2006〕49 号）规定，设立高档化妆品消费税抵扣税款台账。

五、本公告自发布之日起施行。《国家税务总局关于调整消费税纳税申报表有关问题的公告》（国家税务总局公告 2014 年第 72 号）附件 2 同时废止。

特此公告。

第六条　销售额

销售额为纳税人销售应税消费品向购买方收取的全部价款和价外费用。

● 部门规章及文件

《消费税暂行条例实施细则》（2008年12月15日　财政部、国家税务总局令第51号）

第12条　条例第六条所称销售额，不包括应向购货方收取的增值税税款。如果纳税人应税消费品的销售额中未扣除增值税税款或者因不得开具增值税专用发票而发生价款和增值税税款合并收取的，在计算消费税时，应当换算为不含增值税税款的销售额。其换算公式为：

应税消费品的销售额＝含增值税的销售额÷（1+增值税税率或者征收率）

第13条　应税消费品连同包装物销售的，无论包装物是否单独计价以及在会计上如何核算，均应并入应税消费品的销售额中缴纳消费税。如果包装物不作价随同产品销售，而是收取押金，此项押金则不应并入应税消费品的销售额中征税。但对因逾期未收回的包装物不再退还的或者已收取的时间超过12个月的押金，应并入应税消费品的销售额，按照应税消费品的适用税率缴纳消费税。

对既作价随同应税消费品销售，又另外收取押金的包装物的押金，凡纳税人在规定的期限内没有退还的，均应并入应税消费品的销售额，按照应税消费品的适用税率缴纳消费税。

第14条　条例第六条所称价外费用，是指价外向购买方收取的手续费、补贴、基金、集资费、返还利润、奖励费、违约金、滞纳金、延期付款利息、赔偿金、代收款项、代垫款项、包装费、包装物租金、储备费、优质费、运输装卸费以及其他各种性质的价外收费。但下列项目不包括在内：

（一）同时符合以下条件的代垫运输费用：

1. 承运部门的运输费用发票开具给购买方的；

2. 纳税人将该项发票转交给购买方的。

（二）同时符合以下条件代为收取的政府性基金或者行政事业性收费：

1. 由国务院或者财政部批准设立的政府性基金，由国务院或者省级人民政府及其财政、价格主管部门批准设立的行政事业性收费；

2. 收取时开具省级以上财政部门印制的财政票据；

3. 所收款项全额上缴财政。

第七条　纳税人自产自用的应税消费品的纳税计算

纳税人自产自用的应税消费品，按照纳税人生产的同类消费品的销售价格计算纳税；没有同类消费品销售价格的，按照组成计税价格计算纳税。

实行从价定率办法计算纳税的组成计税价格计算公式：

组成计税价格＝（成本＋利润）÷（1－比例税率）

实行复合计税办法计算纳税的组成计税价格计算公式：

组成计税价格＝（成本＋利润＋自产自用数量×定额税率）÷（1－比例税率）

● 部门规章及文件

《消费税暂行条例实施细则》（2008年12月15日　财政部、国家税务总局令第51号）

第15条　条例第七条第一款所称纳税人自产自用的应税消费品，是指依照条例第四条第一款规定于移送使用时纳税的应税消费品。

条例第七条第一款、第八条第一款所称同类消费品的销售价格，是指纳税人或者代收代缴义务人当月销售的同类消费品的销售价格，如果当月同类消费品各期销售价格高低不同，应按销售数量加权平均计算。但销售的应税消费品有下列情况之一的，不得列入

加权平均计算:

(一) 销售价格明显偏低并无正当理由的;

(二) 无销售价格的。

如果当月无销售或者当月未完结,应按照同类消费品上月或者最近月份的销售价格计算纳税。

第16条 条例第七条所称成本,是指应税消费品的产品生产成本。

第17条 条例第七条所称利润,是指根据应税消费品的全国平均成本利润率计算的利润。应税消费品全国平均成本利润率由国家税务总局确定。

第八条 委托加工的应税消费品的纳税计算

委托加工的应税消费品,按照受托方的同类消费品的销售价格计算纳税;没有同类消费品销售价格的,按照组成计税价格计算纳税。

实行从价定率办法计算纳税的组成计税价格计算公式:

组成计税价格=(材料成本+加工费)÷(1-比例税率)

实行复合计税办法计算纳税的组成计税价格计算公式:

组成计税价格=(材料成本+加工费+委托加工数量×定额税率)÷(1-比例税率)

● 部门规章及文件

《消费税暂行条例实施细则》(2008年12月15日 财政部、国家税务总局令第51号)

第18条 条例第八条所称材料成本,是指委托方所提供加工材料的实际成本。

委托加工应税消费品的纳税人,必须在委托加工合同上如实注明(或者以其他方式提供)材料成本,凡未提供材料成本的,受托方主管税务机关有权核定其材料成本。

第19条　条例第八条所称加工费,是指受托方加工应税消费品向委托方所收取的全部费用(包括代垫辅助材料的实际成本)。

第九条　进口应税消费品的纳税计算

进口的应税消费品,按照组成计税价格计算纳税。

实行从价定率办法计算纳税的组成计税价格计算公式:

组成计税价格=(关税完税价格+关税)÷(1-消费税比例税率)

实行复合计税办法计算纳税的组成计税价格计算公式:

组成计税价格=(关税完税价格+关税+进口数量×消费税定额税率)÷(1-消费税比例税率)

● 部门规章及文件

1.《消费税暂行条例实施细则》(2008年12月15日　财政部、国家税务总局令第51号)

第20条　条例第九条所称关税完税价格,是指海关核定的关税计税价格。

2.《国有公益性收藏单位进口藏品免税规定》(2024年4月30日　财政部、海关总署、税务总局、文化和旅游部、国家文物局公告2024年第4号)

第2条　国有公益性收藏单位以从事永久收藏、展示和研究等公益性活动为目的,通过接受境外捐赠、归还、追索和购买等方式进口的藏品,以及外交部、国家文物局进口的藏品,免征进口关税、进口环节增值税和消费税。

第3条　本规定所称的藏品,是指具有收藏价值的各种材质的器皿和器具、钱币、砖瓦、石刻、印章封泥、拓本(片)、碑帖、法帖、艺术品、工艺美术品、典图、文献、古籍善本、照片、邮品、邮驿用品、徽章、家具、服装、服饰、织绣品、皮毛、民族文物、古生物化石标本和其他物品。

第十条 纳税的核定

纳税人应税消费品的计税价格明显偏低并无正当理由的，由主管税务机关核定其计税价格。

● 部门规章及文件

《消费税暂行条例实施细则》（2008年12月15日 财政部、国家税务总局令第51号）

第21条 条例第十条所称应税消费品的计税价格的核定权限规定如下：

（一）卷烟、白酒和小汽车的计税价格由国家税务总局核定，送财政部备案；

（二）其他应税消费品的计税价格由省、自治区和直辖市国家税务局核定；

（三）进口的应税消费品的计税价格由海关核定。

第十一条 免税

对纳税人出口应税消费品，免征消费税；国务院另有规定的除外。出口应税消费品的免税办法，由国务院财政、税务主管部门规定。

● 部门规章及文件

《消费税暂行条例实施细则》（2008年12月15日 财政部、国家税务总局令第51号）

第22条 出口的应税消费品办理退税后，发生退关，或者国外退货进口时予以免税的，报关出口者必须及时向其机构所在地或者居住地主管税务机关申报补缴已退的消费税税款。

纳税人直接出口的应税消费品办理免税后，发生退关或者国外退货，进口时已予以免税的，经机构所在地或者居住地主管税务机关批准，可暂不办理补税，待其转为国内销售时，再申报补缴消费税。

第十二条　征税机关

消费税由税务机关征收，进口的应税消费品的消费税由海关代征。

个人携带或者邮寄进境的应税消费品的消费税，连同关税一并计征。具体办法由国务院关税税则委员会会同有关部门制定。

第十三条　纳税申报

纳税人销售的应税消费品，以及自产自用的应税消费品，除国务院财政、税务主管部门另有规定外，应当向纳税人机构所在地或者居住地的主管税务机关申报纳税。

委托加工的应税消费品，除受托方为个人外，由受托方向机构所在地或者居住地的主管税务机关解缴消费税税款。

进口的应税消费品，应当向报关地海关申报纳税。

● 部门规章及文件

《消费税暂行条例实施细则》（2008年12月15日　财政部、国家税务总局令第51号）

第23条　纳税人销售的应税消费品，如因质量等原因由购买者退回时，经机构所在地或者居住地主管税务机关审核批准后，可退还已缴纳的消费税税款。

第24条　纳税人到外县（市）销售或者委托外县（市）代

销自产应税消费品的，于应税消费品销售后，向机构所在地或者居住地主管税务机关申报纳税。

纳税人的总机构与分支机构不在同一县（市）的，应当分别向各自机构所在地的主管税务机关申报纳税；经财政部、国家税务总局或者其授权的财政、税务机关批准，可以由总机构汇总向总机构所在地的主管税务机关申报纳税。

委托个人加工的应税消费品，由委托方向其机构所在地或者居住地主管税务机关申报纳税。

进口的应税消费品，由进口人或者其代理人向报关地海关申报纳税。

第十四条　纳税期限

消费税的纳税期限分别为 1 日、3 日、5 日、10 日、15 日、1 个月或者 1 个季度。纳税人的具体纳税期限，由主管税务机关根据纳税人应纳税额的大小分别核定；不能按照固定期限纳税的，可以按次纳税。

纳税人以 1 个月或者 1 个季度为 1 个纳税期的，自期满之日起 15 日内申报纳税；以 1 日、3 日、5 日、10 日或者 15 日为 1 个纳税期的，自期满之日起 5 日内预缴税款，于次月 1 日起 15 日内申报纳税并结清上月应纳税款。

第十五条　进口应税消费品的税款征缴

纳税人进口应税消费品，应当自海关填发海关进口消费税专用缴款书之日起 15 日内缴纳税款。

第十六条　征收管理

消费税的征收管理，依照《中华人民共和国税收征收管理法》及本条例有关规定执行。

第十七条 施行日期

本条例自 2009 年 1 月 1 日起施行。

附：

消费税税目税率表

税　　目	税　　率
一、烟	
1. 卷烟	
（1）甲类卷烟	45%加 0.003 元/支
（2）乙类卷烟	30%加 0.003 元/支
2. 雪茄烟	25%
3. 烟丝	30%
二、酒及酒精	
1. 白酒	20%加 0.5 元/500 克（或者 500 毫升）
2. 黄酒	240 元/吨
3. 啤酒	
（1）甲类啤酒	250 元/吨
（2）乙类啤酒	220 元/吨
4. 其他酒	10%
5. 酒精	5%
三、化妆品	30%
四、贵重首饰及珠宝玉石	
1. 金银首饰、铂金首饰和钻石及钻石饰品	5%
2. 其他贵重首饰和珠宝玉石	10%
五、鞭炮、焰火	15%
六、成品油	
1. 汽油	
（1）含铅汽油	0.28 元/升
（2）无铅汽油	0.20 元/升
2. 柴油	0.10 元/升
3. 航空煤油	0.10 元/升
4. 石脑油	0.20 元/升
5. 溶剂油	0.20 元/升
6. 润滑油	0.20 元/升
7. 燃料油	0.10 元/升

续表

税　　目	税　率
七、汽车轮胎	3%
八、摩托车 　1. 气缸容量（排气量，下同）在 250 毫升（含 250 毫升）以下的 　2. 气缸容量在 250 毫升以上的	 3% 10%
九、小汽车 　1. 乘用车 　　（1）气缸容量（排气量，下同）在 1.0 升（含 1.0 升）以下的 　　（2）气缸容量在 1.0 升以上至 1.5 升（含 1.5 升）的 　　（3）气缸容量在 1.5 升以上至 2.0 升（含 2.0 升）的 　　（4）气缸容量在 2.0 升以上至 2.5 升（含 2.5 升）的 　　（5）气缸容量在 2.5 升以上至 3.0 升（含 3.0 升）的 　　（6）气缸容量在 3.0 升以上至 4.0 升（含 4.0 升）的 　　（7）气缸容量在 4.0 升以上的 　2. 中轻型商用客车	 1% 3% 5% 9% 12% 25% 40% 5%
十、高尔夫球及球具	10%
十一、高档手表	20%
十二、游艇	10%
十三、木制一次性筷子	5%
十四、实木地板	5%

中华人民共和国车辆购置税法

（2018年12月29日第十三届全国人民代表大会常务委员会第七次会议通过　2018年12月29日中华人民共和国主席令第19号公布　自2019年7月1日起施行）

第一条　纳税义务人

在中华人民共和国境内购置汽车、有轨电车、汽车挂车、排气量超过一百五十毫升的摩托车（以下统称应税车辆）的单位和个人，为车辆购置税的纳税人，应当依照本法规定缴纳车辆购置税。

第二条　购置的含义

本法所称购置，是指以购买、进口、自产、受赠、获奖或者其他方式取得并自用应税车辆的行为。

第三条　一次性征收制度

车辆购置税实行一次性征收。购置已征车辆购置税的车辆，不再征收车辆购置税。

第四条　税率

车辆购置税的税率为百分之十。

第五条　应纳税额的计算

车辆购置税的应纳税额按照应税车辆的计税价格乘以税率计算。

第六条 计税价格

应税车辆的计税价格,按照下列规定确定:

(一)纳税人购买自用应税车辆的计税价格,为纳税人实际支付给销售者的全部价款,不包括增值税税款;

(二)纳税人进口自用应税车辆的计税价格,为关税完税价格加上关税和消费税;

(三)纳税人自产自用应税车辆的计税价格,按照纳税人生产的同类应税车辆的销售价格确定,不包括增值税税款;

(四)纳税人以受赠、获奖或者其他方式取得自用应税车辆的计税价格,按照购置应税车辆时相关凭证载明的价格确定,不包括增值税税款。

● 部门规章及文件

《财政部、税务总局、工业和信息化部关于延续和优化新能源汽车车辆购置税减免政策的公告》(2023年6月19日 财政部、税务总局、工业和信息化部公告2023年第10号)

二、销售方销售"换电模式"新能源汽车时,不含动力电池的新能源汽车与动力电池分别核算销售额并分别开具发票的,依据购车人购置不含动力电池的新能源汽车取得的机动车销售统一发票载明的不含税价作为车辆购置税计税价格。

"换电模式"新能源汽车应当满足换电相关技术标准和要求,且新能源汽车生产企业能够自行或委托第三方为用户提供换电服务。

第七条 最低计税价格

纳税人申报的应税车辆计税价格明显偏低,又无正当理由的,由税务机关依照《中华人民共和国税收征收管理法》的规定核定其应纳税额。

第八条　以外汇结算时应折合成人民币计算

纳税人以外汇结算应税车辆价款的，按照申报纳税之日的人民币汇率中间价折合成人民币计算缴纳税款。

第九条　免税、减税范围

下列车辆免征车辆购置税：

（一）依照法律规定应当予以免税的外国驻华使馆、领事馆和国际组织驻华机构及其有关人员自用的车辆；

（二）中国人民解放军和中国人民武装警察部队列入装备订货计划的车辆；

（三）悬挂应急救援专用号牌的国家综合性消防救援车辆；

（四）设有固定装置的非运输专用作业车辆；

（五）城市公交企业购置的公共汽电车辆。

根据国民经济和社会发展的需要，国务院可以规定减征或者其他免征车辆购置税的情形，报全国人民代表大会常务委员会备案。

● 部门规章及文件

1.《财政部、税务总局、工业和信息化部关于延续新能源汽车免征车辆购置税政策的公告》（2022年9月18日　财政部、税务总局、工业和信息化部公告2022年第27号）

为支持新能源汽车产业发展，促进汽车消费，现就延续新能源汽车免征车辆购置税政策有关事项公告如下：

一、对购置日期在2023年1月1日至2023年12月31日期间内的新能源汽车，免征车辆购置税。

二、免征车辆购置税的新能源汽车，通过工业和信息化部、税务总局发布《免征车辆购置税的新能源汽车车型目录》（以下简称《目录》）实施管理。自《目录》发布之日起购置的，列入《目录》的纯电动汽车、插电式混合动力（含增程式）汽车、燃料电池汽车，属于符合免税条件的新能源汽车。

三、购置日期按照机动车销售统一发票或海关关税专用缴款书等有效凭证的开具日期确定。

四、2022年12月31日前已列入《目录》的新能源汽车可按照本公告继续适用免征车辆购置税政策。新能源汽车免征车辆购置税的其他事项，按照《财政部、税务总局、工业和信息化部关于新能源汽车免征车辆购置税有关政策的公告》（财政部、税务总局、工业和信息化部公告2020年第21号）、《工业和信息化部、财政部、税务总局关于调整免征车辆购置税新能源汽车产品技术要求的公告》（工业和信息化部、财政部、税务总局公告2021年第13号）等文件有关规定执行。

特此公告。

2.《工业和信息化部、财政部、税务总局关于调整免征车辆购置税新能源汽车产品技术要求的公告》（2021年4月13日 中华人民共和国工业和信息化部、财政部、税务总局公告2021年第13号）

为适应新能源汽车技术标准变化，做好新能源汽车免征车辆购置税政策执行工作，现就免征车辆购置税新能源汽车产品技术要求有关事项公告如下：

一、自2021年10月1日起，《插电式混合动力电动乘用车 技术条件》（GB/T 32694-2021）、《轻型混合动力电动汽车能量消耗量试验方法》（GB/T 19753-2021）、《电动汽车能量消耗量和续驶里程试验方法 第1部分：轻型汽车》（GB/T 18386.1-2021）等标准（以下简称新版标准）正式实施。《关于免征新能源汽车车辆购置税的公告》（财政部、税务总局、工业和信息化部 科技部公告2017年第172号，以下简称第172号公告）有关技术要求作如下调整：

（1）插电式（含增程式）混合动力乘用车纯电动续驶里程应满足有条件的等效全电里程不低于43公里。

（2）插电式（含增程式）混合动力乘用车电量保持模式试验的燃料消耗量（不含电能转化的燃料消耗量）与《乘用车燃料消耗量限值》（GB 19578-2021）中车型对应的燃料消耗量限值相比应当小于70%；电量消耗模式试验的电能消耗量应小于电能消耗量目标值的135%。按整备质量（m，kg）的不同，百公里电能消耗量目标值（Y）应满足以下要求：

m≤1000 时，Y = 0.0112×m+0.4；1000kg<m≤1600 时，Y = 0.0078×m+3.8；m>1600 时，Y = 0.0048×m+8.60。

二、免征车辆购置税新能源汽车产品的其他技术要求继续适用第172号规定。

三、本公告发布之日起至2021年10月1日前，按新版标准进行测试且满足第一条和第二条技术要求的插电式（含增程式）混合动力乘用车，可以纳入《免征车辆购置税的新能源汽车车型目录》。

3.《财政部、税务总局、工业和信息化部关于延续和优化新能源汽车车辆购置税减免政策的公告》（2023年6月19日　财政部、税务总局、工业和信息化部公告2023年第10号）

为支持新能源汽车产业发展，促进汽车消费，现就延续和优化新能源汽车车辆购置税减免政策有关事项公告如下：

一、对购置日期在2024年1月1日至2025年12月31日期间的新能源汽车免征车辆购置税，其中，每辆新能源乘用车免税额不超过3万元；对购置日期在2026年1月1日至2027年12月31日期间的新能源汽车减半征收车辆购置税，其中，每辆新能源乘用车减税额不超过1.5万元。

购置日期按照机动车销售统一发票或海关关税专用缴款书等有效凭证的开具日期确定。

享受车辆购置税减免政策的新能源汽车，是指符合新能源汽车产品技术要求的纯电动汽车、插电式混合动力（含增程式）汽车、燃料电池汽车。新能源汽车产品技术要求由工业和信息化部会同财政部、税务总局根据新能源汽车技术进步、标准体系发展和车型变化情况制定。

新能源乘用车，是指在设计、制造和技术特性上主要用于载运乘客及其随身行李和（或）临时物品，包括驾驶员座位在内最多不超过9个座位的新能源汽车。

三、为加强和规范管理，工业和信息化部、税务总局通过发布《减免车辆购置税的新能源汽车车型目录》（以下简称《目录》）对享受减免车辆购置税的新能源汽车车型实施管理。《目录》发布后，购置列入《目录》的新能源汽车可按规定享受车辆购置税减免政策。

对已列入《目录》的新能源汽车，新能源汽车生产企业或进口新能源汽车经销商（以下简称汽车企业）在上传《机动车整车出厂合格证》或进口机动车《车辆电子信息单》（以下简称车辆电子信息）时，在"是否符合减免车辆购置税条件"字段标注"是"（即减免税标识）；对已列入《目录》的"换电模式"新能源汽车，还应在"是否为'换电模式'新能源汽车"字段标注"是"（即换电模式标识）。工业和信息化部对汽车企业上传的车辆电子信息中的减免税标识和换电模式标识进行校验，并将通过校验的信息传送至税务总局。税务机关依据工业和信息化部校验后的减免税标识、换电模式标识和机动车销售统一发票（或有效凭证），办理车辆购置税减免税手续。

第十条 征税机关

车辆购置税由税务机关负责征收。

第十一条 纳税申报的地点

纳税人购置应税车辆，应当向车辆登记地的主管税务机关申报缴纳车辆购置税；购置不需要办理车辆登记的应税车辆的，应当向纳税人所在地的主管税务机关申报缴纳车辆购置税。

第十二条 纳税申报的时间

车辆购置税的纳税义务发生时间为纳税人购置应税车辆的当日。纳税人应当自纳税义务发生之日起六十日内申报缴纳车辆购置税。

第十三条 车辆登记注册

纳税人应当在向公安机关交通管理部门办理车辆注册登记前，缴纳车辆购置税。

公安机关交通管理部门办理车辆注册登记，应当根据税务机关提供的应税车辆完税或者免税电子信息对纳税人申请登记的车辆信息进行核对，核对无误后依法办理车辆注册登记。

● 部门规章及文件

《财政部、税务总局、工业和信息化部关于延续和优化新能源汽车车辆购置税减免政策的公告》（2023年6月19日　财政部、税务总局、工业和信息化部公告2023年第10号）

四、汽车企业应当保证车辆电子信息与车辆产品相一致，销售方应当如实开具发票，对因提供虚假信息或资料造成车辆购置税税款流失的，依照《中华人民共和国税收征收管理法》及其实施细则予以处理。

第十四条 免税、减税的例外情形

免税、减税车辆因转让、改变用途等原因不再属于免税、减税范围的，纳税人应当在办理车辆转移登记或者变更登记前缴纳车辆购置税。计税价格以免税、减税车辆初次办理纳税申报时确定的计税价格为基准，每满一年扣减百分之十。

第十五条　申请退税情形

纳税人将已征车辆购置税的车辆退回车辆生产企业或者销售企业的，可以向主管税务机关申请退还车辆购置税。退税额以已缴税款为基准，自缴纳税款之日至申请退税之日，每满一年扣减百分之十。

第十六条　信息共享机制

税务机关和公安、商务、海关、工业和信息化等部门应当建立应税车辆信息共享和工作配合机制，及时交换应税车辆和纳税信息资料。

第十七条　征收管理

车辆购置税的征收管理，依照本法和《中华人民共和国税收征收管理法》的规定执行。

第十八条　法律责任

纳税人、税务机关及其工作人员违反本法规定的，依照《中华人民共和国税收征收管理法》和有关法律法规的规定追究法律责任。

第十九条　施行日期

本法自2019年7月1日起施行。2000年10月22日国务院公布的《中华人民共和国车辆购置税暂行条例》同时废止。

中华人民共和国关税法

(2024年4月26日第十四届全国人民代表大会常务委员会第九次会议通过 2024年4月26日中华人民共和国主席令第23号公布 自2024年12月1日起施行)

目　　录

第一章　总　　则
第二章　税目和税率
第三章　应纳税额
第四章　税收优惠和特殊情形关税征收
第五章　征收管理
第六章　法律责任
第七章　附　　则

第一章　总　　则

第一条 立法目的

为了规范关税的征收和缴纳，维护进出口秩序，促进对外贸易，推进高水平对外开放，推动高质量发展，维护国家主权和利益，保护纳税人合法权益，根据宪法，制定本法。

第二条 适用范围

中华人民共和国准许进出口的货物、进境物品，由海关依照本法和有关法律、行政法规的规定征收关税。

● 法　律

《海关法》（2021年4月29日　中华人民共和国主席令第81号）

第53条　准许进出口的货物、进出境物品，由海关依法征收关税。

第三条　纳税人、扣缴义务人

进口货物的收货人、出口货物的发货人、进境物品的携带人或者收件人，是关税的纳税人。

从事跨境电子商务零售进口的电子商务平台经营者、物流企业和报关企业，以及法律、行政法规规定负有代扣代缴、代收代缴关税税款义务的单位和个人，是关税的扣缴义务人。

● 法　律

《海关法》（2021年4月29日　中华人民共和国主席令第81号）

第54条　进口货物的收货人、出口货物的发货人、进出境物品的所有人，是关税的纳税义务人。

第四条　税目、税率

进出口货物的关税税目、税率以及税目、税率的适用规则等，依照本法所附《中华人民共和国进出口税则》（以下简称《税则》）执行。

第五条　个人自用进境物品的征税

个人合理自用的进境物品，按照简易征收办法征收关税。超过个人合理自用数量的进境物品，按照进口货物征收关税。

个人合理自用的进境物品，在规定数额以内的免征关税。

进境物品关税简易征收办法和免征关税数额由国务院规定，报全国人民代表大会常务委员会备案。

第六条　坚持中国共产党的领导

关税工作坚持中国共产党的领导，贯彻落实党和国家路线方针政策、决策部署，为国民经济和社会发展服务。

第七条　关税税则委员会

国务院设立关税税则委员会，履行下列职责：

（一）审议关税工作重大规划，拟定关税改革发展方案，并组织实施；

（二）审议重大关税政策和对外关税谈判方案；

（三）提出《税则》调整建议；

（四）定期编纂、发布《税则》；

（五）解释《税则》的税目、税率；

（六）决定征收反倾销税、反补贴税、保障措施关税，实施国务院决定的其他关税措施；

（七）法律、行政法规和国务院规定的其他职责。

国务院关税税则委员会的组成和工作规则由国务院规定。

第八条　保密义务

海关及其工作人员对在履行职责中知悉的纳税人、扣缴义务人的商业秘密、个人隐私、个人信息，应当依法予以保密，不得泄露或者非法向他人提供。

第二章 税目和税率

第九条　税目组成及适用规则

关税税目由税则号列和目录条文等组成。

关税税目适用规则包括归类规则等。进出口货物的商品归类，应当按照《税则》规定的目录条文和归类总规则、类注、章注、子目注释、本国子目注释，以及其他归类注释确定，并归入相应的税则号列。

根据实际需要，国务院关税税则委员会可以提出调整关税税目及其适用规则的建议，报国务院批准后发布执行。

第十条　税率的种类

进口关税设置最惠国税率、协定税率、特惠税率、普通税率。

出口关税设置出口税率。

对实行关税配额管理的进出口货物，设置关税配额税率。

对进出口货物在一定期限内可以实行暂定税率。

第十一条　原产地规则

关税税率的适用应当符合相应的原产地规则。

完全在一个国家或者地区获得的货物，以该国家或者地区为原产地；两个以上国家或者地区参与生产的货物，以最后完成实质性改变的国家或者地区为原产地。国务院根据中华人民共和国缔结或者共同参加的国际条约、协定对原产地的确定另有规定的，依照其规定。

进口货物原产地的具体确定，依照本法和国务院及其有关部门的规定执行。

第十二条 税率的适用（一）

原产于共同适用最惠国待遇条款的世界贸易组织成员的进口货物，原产于与中华人民共和国缔结或者共同参加含有相互给予最惠国待遇条款的国际条约、协定的国家或者地区的进口货物，以及原产于中华人民共和国境内的进口货物，适用最惠国税率。

原产于与中华人民共和国缔结或者共同参加含有关税优惠条款的国际条约、协定的国家或者地区且符合国际条约、协定有关规定的进口货物，适用协定税率。

原产于中华人民共和国给予特殊关税优惠安排的国家或者地区且符合国家原产地管理规定的进口货物，适用特惠税率。

原产于本条第一款至第三款规定以外的国家或者地区的进口货物，以及原产地不明的进口货物，适用普通税率。

第十三条 税率的适用（二）

适用最惠国税率的进口货物有暂定税率的，适用暂定税率。

适用协定税率的进口货物有暂定税率的，从低适用税率；其最惠国税率低于协定税率且无暂定税率的，适用最惠国税率。

适用特惠税率的进口货物有暂定税率的，从低适用税率。
适用普通税率的进口货物，不适用暂定税率。
适用出口税率的出口货物有暂定税率的，适用暂定税率。

第十四条　实行关税配额管理的进口货物的税率的适用

实行关税配额管理的进出口货物，关税配额内的适用关税配额税率，有暂定税率的适用暂定税率；关税配额外的，其税率的适用按照本法第十二条、第十三条的规定执行。

第十五条　税率的调整

关税税率的调整，按照下列规定执行：

（一）需要调整中华人民共和国在加入世界贸易组织议定书中承诺的最惠国税率、关税配额税率和出口税率的，由国务院关税税则委员会提出建议，经国务院审核后报全国人民代表大会常务委员会决定。

（二）根据实际情况，在中华人民共和国加入世界贸易组织议定书中承诺的范围内调整最惠国税率、关税配额税率和出口税率，调整特惠税率适用的国别或者地区、货物范围和税率，或者调整普通税率的，由国务院决定，报全国人民代表大会常务委员会备案。

（三）特殊情况下最惠国税率的适用，由国务院决定，报全国人民代表大会常务委员会备案。

协定税率在完成有关国际条约、协定的核准或者批准程序后，由国务院关税税则委员会组织实施。

实行暂定税率的货物范围、税率和期限由国务院关税税则委员会决定。

与关税税目调整相关的税率的技术性转换，由国务院关税税则委员会提出建议，报国务院批准后执行。

关税税率依照前四款规定调整的，由国务院关税税则委员会发布。

第十六条 采取反倾销、反补贴、保障措施的进口货物的税率的适用

> 依法对进口货物征收反倾销税、反补贴税、保障措施关税的，其税率的适用按照有关反倾销、反补贴和保障措施的法律、行政法规的规定执行。

● 行政法规及文件

1.《反倾销条例》（2004 年 3 月 31 日　国务院令第 401 号）

第 3 条第 1 款　倾销，是指在正常贸易过程中进口产品以低于其正常价值的出口价格进入中华人民共和国市场。

第三节　反倾销税

第 37 条　终裁决定确定倾销成立，并由此对国内产业造成损害的，可以征收反倾销税。征收反倾销税应当符合公共利益。

第 38 条　征收反倾销税，由商务部提出建议，国务院关税税则委员会根据商务部的建议作出决定，由商务部予以公告。海关自公告规定实施之日起执行。

第 39 条　反倾销税适用于终裁决定公告之日后进口的产品，但属于本条例第三十六条、第四十三条、第四十四条规定的情形除外。

第 40 条　反倾销税的纳税人为倾销进口产品的进口经营者。

第 41 条　反倾销税应当根据不同出口经营者的倾销幅度，分别确定。对未包括在审查范围内的出口经营者的倾销进口产品，需要征收反倾销税的，应当按照合理的方式确定对其适用的反倾销税。

第 42 条　反倾销税税额不超过终裁决定确定的倾销幅度。

第 43 条　终裁决定确定存在实质损害，并在此前已经采取临时反倾销措施的，反倾销税可以对已经实施临时反倾销措施的期间追溯征收。

终裁决定确定存在实质损害威胁，在先前不采取临时反倾销

措施将会导致后来作出实质损害裁定的情况下已经采取临时反倾销措施的，反倾销税可以对已经实施临时反倾销措施的期间追溯征收。

终裁决定确定的反倾销税，高于已付或者应付的临时反倾销税或者为担保目的而估计的金额的，差额部分不予收取；低于已付或者应付的临时反倾销税或者为担保目的而估计的金额的，差额部分应当根据具体情况予以退还或者重新计算税额。

第44条 下列两种情形并存的，可以对实施临时反倾销措施之日前90天内进口的产品追溯征收反倾销税，但立案调查前进口的产品除外：

（一）倾销进口产品有对国内产业造成损害的倾销历史，或者该产品的进口经营者知道或者应当知道出口经营者实施倾销并且倾销对国内产业将造成损害的；

（二）倾销进口产品在短期内大量进口，并且可能会严重破坏即将实施的反倾销税的补救效果的。

商务部发起调查后，有充分证据证明前款所列两种情形并存的，可以对有关进口产品采取进口登记等必要措施，以便追溯征收反倾销税。

第45条 终裁决定确定不征收反倾销税的，或者终裁决定未确定追溯征收反倾销税的，已征收的临时反倾销税、已收取的保证金应当予以退还，保函或者其他形式的担保应当予以解除。

第46条 倾销进口产品的进口经营者有证据证明已经缴纳的反倾销税税额超过倾销幅度的，可以向商务部提出退税申请；商务部经审查、核实并提出建议，国务院关税税则委员会根据商务部的建议可以作出退税决定，由海关执行。

第47条 进口产品被征收反倾销税后，在调查期内未向中华人民共和国出口该产品的新出口经营者，能证明其与被征收反倾销税的出口经营者无关联的，可以向商务部申请单独确定其倾销幅度。商务部应当迅速进行审查并作出终裁决定。在审查期间，可以采取本条例第二十八条第一款第（二）项规定的措施，但不得对该产品征收反倾销税。

第五章 反倾销税和价格承诺的期限与复审

第48条 反倾销税的征收期限和价格承诺的履行期限不超过5年；但是，经复审确定终止征收反倾销税有可能导致倾销和损害的继续或者再度发生的，反倾销税的征收期限可以适当延长。

第49条 反倾销税生效后，商务部可以在有正当理由的情况下，决定对继续征收反倾销税的必要性进行复审；也可以在经过一段合理时间，应利害关系方的请求并对利害关系方提供的相应证据进行审查后，决定对继续征收反倾销税的必要性进行复审。

价格承诺生效后，商务部可以在有正当理由的情况下，决定对继续履行价格承诺的必要性进行复审；也可以在经过一段合理时间，应利害关系方的请求并对利害关系方提供的相应证据进行审查后，决定对继续履行价格承诺的必要性进行复审。

第50条 根据复审结果，由商务部依照本条例的规定提出保留、修改或者取消反倾销税的建议，国务院关税税则委员会根据商务部的建议作出决定，由商务部予以公告；或者由商务部依照本条例的规定，作出保留、修改或者取消价格承诺的决定并予以公告。

第51条 复审程序参照本条例关于反倾销调查的有关规定执行。

复审期限自决定复审开始之日起，不超过12个月。

第52条 在复审期间，复审程序不妨碍反倾销措施的实施。

2. 《反补贴条例》（2004年3月31日 国务院令第402号）

第3条 补贴，是指出口国（地区）政府或者其任何公共机构提供的并为接受者带来利益的财政资助以及任何形式的收入或者价格支持。

出口国（地区）政府或者其任何公共机构，以下统称出口国（地区）政府。

本条第一款所称财政资助，包括：

（一）出口国（地区）政府以拨款、贷款、资本注入等形式直接提供资金，或者以贷款担保等形式潜在地直接转让资金或者债务；

（二）出口国（地区）政府放弃或者不收缴应收收入；

（三）出口国（地区）政府提供除一般基础设施以外的货物、服务，或者由出口国（地区）政府购买货物；

（四）出口国（地区）政府通过向筹资机构付款，或者委托、指令私营机构履行上述职能。

第三节　反补贴税

第 38 条　在为完成磋商的努力没有取得效果的情况下，终裁决定确定补贴成立，并由此对国内产业造成损害的，可以征收反补贴税。征收反补贴税应当符合公共利益。

第 39 条　征收反补贴税，由商务部提出建议，国务院关税税则委员会根据商务部的建议作出决定，由商务部予以公告。海关自公告规定实施之日起执行。

第 40 条　反补贴税适用于终裁决定公告之日后进口的产品，但属于本条例第三十七条、第四十四条、第四十五条规定的情形除外。

第 41 条　反补贴税的纳税人为补贴进口产品的进口经营者。

第 42 条　反补贴税应当根据不同出口经营者的补贴金额，分别确定。对实际上未被调查的出口经营者的补贴进口产品，需要征收反补贴税的，应当迅速审查，按照合理的方式确定对其适用的反补贴税。

第43条　反补贴税税额不得超过终裁决定确定的补贴金额。

第44条　终裁决定确定存在实质损害，并在此前已经采取临时反补贴措施的，反补贴税可以对已经实施临时反补贴措施的期间追溯征收。

终裁决定确定存在实质损害威胁，在先前不采取临时反补贴措施将会导致后来作出实质损害裁定的情况下已经采取临时反补贴措施的，反补贴税可以对已经实施临时反补贴措施的期间追溯征收。

终裁决定确定的反补贴税，高于保证金或者保函所担保的金额的，差额部分不予收取；低于保证金或者保函所担保的金额的，差额部分应当予以退还。

第45条　下列三种情形并存的，必要时可以对实施临时反补贴措施之日前90天内进口的产品追溯征收反补贴税：

（一）补贴进口产品在较短的时间内大量增加；

（二）此种增加对国内产业造成难以补救的损害；

（三）此种产品得益于补贴。

第46条　终裁决定确定不征收反补贴税的，或者终裁决定未确定追溯征收反补贴税的，对实施临时反补贴措施期间已收取的保证金应当予以退还，保函应当予以解除。

第五章　反补贴税和承诺的期限与复审

第47条　反补贴税的征收期限和承诺的履行期限不超过5年；但是，经复审确定终止征收反补贴税有可能导致补贴和损害的继续或者再度发生的，反补贴税的征收期限可以适当延长。

第48条　反补贴税生效后，商务部可以在有正当理由的情况下，决定对继续征收反补贴税的必要性进行复审；也可以在经过一段合理时间，应利害关系方的请求并对利害关系方提供的相应证据进行审查后，决定对继续征收反补贴税的必要性进行复审。

承诺生效后，商务部可以在有正当理由的情况下，决定对继续履行承诺的必要性进行复审；也可以在经过一段合理时间，应利害关系方的请求并对利害关系方提供的相应证据进行审查后，决定对继续履行承诺的必要性进行复审。

第 49 条　根据复审结果，由商务部依照本条例的规定提出保留、修改或者取消反补贴税的建议，国务院关税税则委员会根据商务部的建议作出决定，由商务部予以公告；或者由商务部依照本条例的规定，作出保留、修改或者取消承诺的决定并予以公告。

第 50 条　复审程序参照本条例关于反补贴调查的有关规定执行。

复审期限自决定复审开始之日起，不超过 12 个月。

第 51 条　在复审期间，复审程序不妨碍反补贴措施的实施。

3. 《保障措施条例》（2004 年 3 月 31 日　国务院令第 403 号）

第 16 条　有明确证据表明进口产品数量增加，在不采取临时保障措施将对国内产业造成难以补救的损害的紧急情况下，可以作出初裁决定，并采取临时保障措施。

临时保障措施采取提高关税的形式。

第 17 条　采取临时保障措施，由商务部提出建议，国务院关税税则委员会根据商务部的建议作出决定，由商务部予以公告。海关自公告规定实施之日起执行。

在采取临时保障措施前，商务部应当将有关情况通知保障措施委员会。

第 18 条　临时保障措施的实施期限，自临时保障措施决定公告规定实施之日起，不超过 200 天。

第 19 条　终裁决定确定进口产品数量增加，并由此对国内产业造成损害的，可以采取保障措施。实施保障措施应当符合公共利益。

保障措施可以采取提高关税、数量限制等形式。

第20条 保障措施采取提高关税形式的，由商务部提出建议，国务院关税税则委员会根据商务部的建议作出决定，由商务部予以公告；采取数量限制形式的，由商务部作出决定并予以公告。海关自公告规定实施之日起执行。

商务部应当将采取保障措施的决定及有关情况及时通知保障措施委员会。

第25条 终裁决定确定不采取保障措施的，已征收的临时关税应当予以退还。

第29条 保障措施属于提高关税的，商务部应当根据复审结果，依照本条例的规定，提出保留、取消或者加快放宽提高关税措施的建议，国务院关税税则委员会根据商务部的建议作出决定，由商务部予以公告；保障措施属于数量限制或者其他形式的，商务部应当根据复审结果，依照本条例的规定，作出保留、取消或者加快放宽数量限制措施的决定并予以公告。

第十七条　对等原则

任何国家或者地区不履行与中华人民共和国缔结或者共同参加的国际条约、协定中的最惠国待遇条款或者关税优惠条款，国务院关税税则委员会可以提出按照对等原则采取相应措施的建议，报国务院批准后执行。

第十八条　报复性关税税率

任何国家或者地区违反与中华人民共和国缔结或者共同参加的国际条约、协定，对中华人民共和国在贸易方面采取禁止、限制、加征关税或者其他影响正常贸易的措施的，对原产于该国家或者地区的进口货物可以采取征收报复性关税等措施。

征收报复性关税的货物范围、适用国别或者地区、税率、期限和征收办法，由国务院关税税则委员会提出建议，报国务院批准后执行。

第十九条　较高税率的适用

涉及本法第十六条、第十七条、第十八条规定措施的进口货物，纳税人未提供证明材料，或者提供了证明材料但经海关审核仍无法排除该货物原产于被采取规定措施的国家或者地区的，对该货物适用下列两项税率中较高者：

（一）因采取规定措施对相关货物所实施的最高税率与按照本法第十二条、第十三条、第十四条规定适用的税率相加后的税率；

（二）普通税率。

第二十条　进出口货物、进境物品的税率的适用

进出口货物、进境物品，应当适用纳税人、扣缴义务人完成申报之日实施的税率。

进口货物到达前，经海关核准先行申报的，应当适用装载该货物的运输工具申报进境之日实施的税率。

第二十一条　适用纳税人、扣缴义务人办理纳税手续之日实施的税率的情形

有下列情形之一的，应当适用纳税人、扣缴义务人办理纳税手续之日实施的税率：

（一）保税货物不复运出境，转为内销；

（二）减免税货物经批准转让、移作他用或者进行其他处置；

（三）暂时进境货物不复运出境或者暂时出境货物不复运进境；

（四）租赁进口货物留购或者分期缴纳税款。

第二十二条　补征或者退还关税税款的税率的适用

补征或者退还关税税款，应当按照本法第二十条或者第二十一条的规定确定适用的税率。

因纳税人、扣缴义务人违反规定需要追征税款的，应当适用违反规定行为发生之日实施的税率；行为发生之日不能确定的，适用海关发现该行为之日实施的税率。

第三章　应 纳 税 额

第二十三条　关税的计征方式

关税实行从价计征、从量计征、复合计征的方式征收。

实行从价计征的，应纳税额按照计税价格乘以比例税率计算。

实行从量计征的，应纳税额按照货物数量乘以定额税率计算。

实行复合计征的，应纳税额按照计税价格乘以比例税率与货物数量乘以定额税率之和计算。

第二十四条　进口货物的计税价格、成交价格

进口货物的计税价格以成交价格以及该货物运抵中华人民共和国境内输入地点起卸前的运输及其相关费用、保险费为基础确定。

进口货物的成交价格,是指卖方向中华人民共和国境内销售该货物时买方为进口该货物向卖方实付、应付的,并按照本法第二十五条、第二十六条规定调整后的价款总额,包括直接支付的价款和间接支付的价款。

进口货物的成交价格应当符合下列条件:

(一) 对买方处置或者使用该货物不予限制,但法律、行政法规规定的限制、对货物转售地域的限制和对货物价格无实质性影响的限制除外;

(二) 该货物的成交价格没有因搭售或者其他因素的影响而无法确定;

(三) 卖方不得从买方直接或者间接获得因该货物进口后转售、处置或者使用而产生的任何收益,或者虽有收益但能够按照本法第二十五条、第二十六条的规定进行调整;

(四) 买卖双方没有特殊关系,或者虽有特殊关系但未对成交价格产生影响。

● 法 律

1.《海关法》(2021 年 4 月 29 日 中华人民共和国主席令第 81 号)

第 55 条 进出口货物的完税价格,由海关以该货物的成交价格为基础审查确定。成交价格不能确定时,完税价格由海关依法估定。

进口货物的完税价格包括货物的货价、货物运抵中华人民共和国境内输入地点起卸前的运输及其相关费用、保险费;出口货物的完税价格包括货物的货价、货物运至中华人民共和国境内输出地点装载前的运输及其相关费用、保险费,但是其中包含的出口关税税额,应当予以扣除。

进出境物品的完税价格,由海关依法确定。

● **部门规章及文件**

2.《海关审定进出口货物完税价格办法》(2013年12月25日海关总署令第213号)

第二章 进口货物的完税价格

第一节 进口货物完税价格确定方法

第5条 进口货物的完税价格,由海关以该货物的成交价格为基础审查确定,并且应当包括货物运抵中华人民共和国境内输入地点起卸前的运输及其相关费用、保险费。

第6条 进口货物的成交价格不符合本章第二节规定的,或者成交价格不能确定的,海关经了解有关情况,并且与纳税义务人进行价格磋商后,依次以下列方法审查确定该货物的完税价格:

(一)相同货物成交价格估价方法;

(二)类似货物成交价格估价方法;

(三)倒扣价格估价方法;

(四)计算价格估价方法;

(五)合理方法。

纳税义务人向海关提供有关资料后,可以提出申请,颠倒前款第三项和第四项的适用次序。

第二节 成交价格估价方法

第7条 进口货物的成交价格,是指卖方向中华人民共和国境内销售该货物时买方为进口该货物向卖方实付、应付的,并且按照本章第三节的规定调整后的价款总额,包括直接支付的价款和间接支付的价款。

第8条 进口货物的成交价格应当符合下列条件:

(一)对买方处置或者使用进口货物不予限制,但是法律、行政法规规定实施的限制、对货物销售地域的限制和对货物价格无实质性影响的限制除外;

（二）进口货物的价格不得受到使该货物成交价格无法确定的条件或者因素的影响；

（三）卖方不得直接或者间接获得因买方销售、处置或者使用进口货物而产生的任何收益，或者虽然有收益但是能够按照本办法第十一条第一款第四项的规定做出调整；

（四）买卖双方之间没有特殊关系，或者虽然有特殊关系但是按照本办法第十七条、第十八条的规定未对成交价格产生影响。

第9条　有下列情形之一的，应当视为对买方处置或者使用进口货物进行了限制：

（一）进口货物只能用于展示或者免费赠送的；

（二）进口货物只能销售给指定第三方的；

（三）进口货物加工为成品后只能销售给卖方或者指定第三方的；

（四）其他经海关审查，认定买方对进口货物的处置或者使用受到限制的。

第10条　有下列情形之一的，应当视为进口货物的价格受到了使该货物成交价格无法确定的条件或者因素的影响：

（一）进口货物的价格是以买方向卖方购买一定数量的其他货物为条件而确定的；

（二）进口货物的价格是以买方向卖方销售其他货物为条件而确定的；

（三）其他经海关审查，认定货物的价格受到使该货物成交价格无法确定的条件或者因素影响的。

第二十五条　进口货物计入计税价格的费用

进口货物的下列费用应当计入计税价格：

（一）由买方负担的购货佣金以外的佣金和经纪费；

（二）由买方负担的与该货物视为一体的容器的费用；

（三）由买方负担的包装材料费用和包装劳务费用；

（四）与该货物的生产和向中华人民共和国境内销售有关的，由买方以免费或者以低于成本的方式提供并可以按适当比例分摊的料件、工具、模具、消耗材料及类似货物的价款，以及在中华人民共和国境外开发、设计等相关服务的费用；

（五）作为该货物向中华人民共和国境内销售的条件，买方必须支付的、与该货物有关的特许权使用费；

（六）卖方直接或者间接从买方获得的该货物进口后转售、处置或者使用的收益。

● 部门规章及文件

《海关审定进出口货物完税价格办法》（2013年12月25日 海关总署令第213号）

第11条 以成交价格为基础审查确定进口货物的完税价格时，未包括在该货物实付、应付价格中的下列费用或者价值应当计入完税价格：

（一）由买方负担的下列费用：

1. 除购货佣金以外的佣金和经纪费；

2. 与该货物视为一体的容器费用；

3. 包装材料费用和包装劳务费用。

（二）与进口货物的生产和向中华人民共和国境内销售有关的，由买方以免费或者以低于成本的方式提供，并且可以按适当比例分摊的下列货物或者服务的价值：

1. 进口货物包含的材料、部件、零件和类似货物；

2. 在生产进口货物过程中使用的工具、模具和类似货物；

3. 在生产进口货物过程中消耗的材料；

4. 在境外进行的为生产进口货物所需的工程设计、技术研发、工艺及制图等相关服务。

（三）买方需向卖方或者有关方直接或者间接支付的特许权使用费，但是符合下列情形之一的除外：

1. 特许权使用费与该货物无关；

2. 特许权使用费的支付不构成该货物向中华人民共和国境内销售的条件。

（四）卖方直接或者间接从买方对该货物进口后销售、处置或者使用所得中获得的收益。

纳税义务人应当向海关提供本条所述费用或者价值的客观量化数据资料。纳税义务人不能提供的，海关与纳税义务人进行价格磋商后，按照本办法第六条列明的方法审查确定完税价格。

第12条 在根据本办法第十一条第一款第二项确定应当计入进口货物完税价格的货物价值时，应当按照下列方法计算有关费用：

（一）由买方从与其无特殊关系的第三方购买的，应当计入的价值为购入价格；

（二）由买方自行生产或者从有特殊关系的第三方获得的，应当计入的价值为生产成本；

（三）由买方租赁获得的，应当计入的价值为买方承担的租赁成本；

（四）生产进口货物过程中使用的工具、模具和类似货物的价值，应当包括其工程设计、技术研发、工艺及制图等费用。

如果货物在被提供给卖方前已经被买方使用过，应当计入的价值为根据国内公认的会计原则对其进行折旧后的价值。

第13条 符合下列条件之一的特许权使用费，应当视为与进口货物有关：

（一）特许权使用费是用于支付专利权或者专有技术使用权，且进口货物属于下列情形之一的：

1. 含有专利或者专有技术的；

2. 用专利方法或者专有技术生产的；

3. 为实施专利或者专有技术而专门设计或者制造的。

（二）特许权使用费是用于支付商标权，且进口货物属于下列情形之一的：

1. 附有商标的；

2. 进口后附上商标直接可以销售的；

3. 进口时已含有商标权，经过轻度加工后附上商标即可以销售的。

（三）特许权使用费是用于支付著作权，且进口货物属于下列情形之一的：

1. 含有软件、文字、乐曲、图片、图像或者其他类似内容的进口货物，包括磁带、磁盘、光盘或者其他类似载体的形式；

2. 含有其他享有著作权内容的进口货物。

（四）特许权使用费是用于支付分销权、销售权或者其他类似权利，且进口货物属于下列情形之一的：

1. 进口后可以直接销售的；

2. 经过轻度加工即可以销售的。

第14条　买方不支付特许权使用费则不能购得进口货物，或者买方不支付特许权使用费则该货物不能以合同议定的条件成交的，应当视为特许权使用费的支付构成进口货物向中华人民共和国境内销售的条件。

第二十六条　进口货物不计入计税价格的费用

进口时在货物的价款中列明的下列费用、税收，不计入该货物的计税价格：

（一）厂房、机械、设备等货物进口后进行建设、安装、装配、维修和技术服务的费用，但保修费用除外；

（二）进口货物运抵中华人民共和国境内输入地点起卸后的运输及其相关费用、保险费；

（三）进口关税及国内税收。

● **部门规章及文件**

《海关审定进出口货物完税价格办法》（2013年12月25日 海关总署令第213号）

第15条 进口货物的价款中单独列明的下列税收、费用，不计入该货物的完税价格：

（一）厂房、机械或者设备等货物进口后发生的建设、安装、装配、维修或者技术援助费用，但是保修费用除外；

（二）进口货物运抵中华人民共和国境内输入地点起卸后发生的运输及其相关费用、保险费；

（三）进口关税、进口环节海关代征税及其他国内税；

（四）为在境内复制进口货物而支付的费用；

（五）境内外技术培训及境外考察费用。

同时符合下列条件的利息费用不计入完税价格：

（一）利息费用是买方为购买进口货物而融资所产生的；

（二）有书面的融资协议的；

（三）利息费用单独列明的；

（四）纳税义务人可以证明有关利率不高于在融资当时当地此类交易通常应当具有的利率水平，且没有融资安排的相同或者类似进口货物的价格与进口货物的实付、应付价格非常接近的。

第二十七条 进口货物估定计税价格

进口货物的成交价格不符合本法第二十四条第三款规定条件，或者成交价格不能确定的，海关经了解有关情况，并与纳税人进行价格磋商后，依次以下列价格估定该货物的计税价格：

（一）与该货物同时或者大约同时向中华人民共和国境内销售的相同货物的成交价格；

（二）与该货物同时或者大约同时向中华人民共和国境内销售的类似货物的成交价格；

（三）与该货物进口的同时或者大约同时，将该进口货物、相同或者类似进口货物在中华人民共和国境内第一级销售环节销售给无特殊关系买方最大销售总量的单位价格，但应当扣除本法第二十八条规定的项目；

（四）按照下列各项总和计算的价格：生产该货物所使用的料件成本和加工费用，向中华人民共和国境内销售同等级或者同种类货物通常的利润和一般费用，该货物运抵中华人民共和国境内输入地点起卸前的运输及其相关费用、保险费；

（五）以合理方法估定的价格。

纳税人可以向海关提供有关资料，申请调整前款第三项和第四项的适用次序。

● 部门规章及文件

《海关审定进出口货物完税价格办法》（2013年12月25日 海关总署令第213号）

第6条 进口货物的成交价格不符合本章第二节规定的，或者成交价格不能确定的，海关经了解有关情况，并且与纳税义务人进行价格磋商后，依次以下列方法审查确定该货物的完税价格：

（一）相同货物成交价格估价方法；

（二）类似货物成交价格估价方法；

（三）倒扣价格估价方法；

（四）计算价格估价方法；

（五）合理方法。

纳税义务人向海关提供有关资料后，可以提出申请，颠倒前款第三项和第四项的适用次序。

第四节 特殊关系

第 16 条 有下列情形之一的，应当认为买卖双方存在特殊关系：

（一）买卖双方为同一家族成员的；

（二）买卖双方互为商业上的高级职员或者董事的；

（三）一方直接或者间接地受另一方控制的；

（四）买卖双方都直接或者间接地受第三方控制的；

（五）买卖双方共同直接或者间接地控制第三方的；

（六）一方直接或者间接地拥有、控制或者持有对方5%以上（含5%）公开发行的有表决权的股票或者股份的；

（七）一方是另一方的雇员、高级职员或者董事的；

（八）买卖双方是同一合伙的成员的。

买卖双方在经营上相互有联系，一方是另一方的独家代理、独家经销或者独家受让人，如果符合前款的规定，也应当视为存在特殊关系。

第 17 条 买卖双方之间存在特殊关系，但是纳税义务人能证明其成交价格与同时或者大约同时发生的下列任何一款价格相近的，应当视为特殊关系未对进口货物的成交价格产生影响：

（一）向境内无特殊关系的买方出售的相同或者类似进口货物的成交价格；

（二）按照本办法第二十三条的规定所确定的相同或者类似进口货物的完税价格；

（三）按照本办法第二十五条的规定所确定的相同或者类似进口货物的完税价格。

海关在使用上述价格进行比较时，应当考虑商业水平和进口数量的不同，以及买卖双方有无特殊关系造成的费用差异。

第18条 海关经对与货物销售有关的情况进行审查，认为符合一般商业惯例的，可以确定特殊关系未对进口货物的成交价格产生影响。

第二十八条 进口货物估定计税价格应当扣除的项目

按照本法第二十七条第一款第三项规定估定计税价格，应当扣除下列项目：

（一）同等级或者同种类货物在中华人民共和国境内第一级销售环节销售时通常的利润和一般费用以及通常支付的佣金；

（二）进口货物运抵中华人民共和国境内输入地点起卸后的运输及其相关费用、保险费；

（三）进口关税及国内税收。

● **部门规章及文件**

《海关审定进出口货物完税价格办法》（2013年12月25日 海关总署令第213号）

第24条 按照倒扣价格估价方法审查确定进口货物完税价格的，下列各项应当扣除：

（一）同等级或者同种类货物在境内第一销售环节销售时，通常的利润和一般费用（包括直接费用和间接费用）以及通常支付的佣金；

（二）货物运抵境内输入地点起卸后的运输及其相关费用、保险费；

（三）进口关税、进口环节海关代征税及其他国内税。

如果该货物、相同或者类似货物没有按照进口时的状态在境内销售，应纳税义务人要求，可以在符合本办法第二十三条规定的其他条件的情形下，使用经进一步加工后的货物的销售价格审查确定完税价格，但是应当同时扣除加工增值额。

前款所述的加工增值额应当依据与加工成本有关的客观量化数据资料、该行业公认的标准、计算方法及其他的行业惯例计算。

按照本条的规定确定扣除的项目时，应当使用与国内公认的会计原则相一致的原则和方法。

第二十九条　出口货物计税价格、成交价格

出口货物的计税价格以该货物的成交价格以及该货物运至中华人民共和国境内输出地点装载前的运输及其相关费用、保险费为基础确定。

出口货物的成交价格，是指该货物出口时卖方为出口该货物应当向买方直接收取和间接收取的价款总额。

出口关税不计入计税价格。

● 法　律

1. 《海关法》（2021 年 4 月 29 日　中华人民共和国主席令第 81 号）

第 55 条　进出口货物的完税价格，由海关以该货物的成交价格为基础审查确定。成交价格不能确定时，完税价格由海关依法估定。

进口货物的完税价格包括货物的货价、货物运抵中华人民共和国境内输入地点起卸前的运输及其相关费用、保险费；出口货物的完税价格包括货物的货价、货物运至中华人民共和国境内输出地点装载前的运输及其相关费用、保险费，但是其中包含的出口关税税额，应当予以扣除。

进出境物品的完税价格，由海关依法确定。

● 部门规章及文件

2.《海关审定进出口货物完税价格办法》（2013年12月25日海关总署令第213号）

第38条　出口货物的完税价格由海关以该货物的成交价格为基础审查确定，并且应当包括货物运至中华人民共和国境内输出地点装载前的运输及其相关费用、保险费。

第39条　出口货物的成交价格，是指该货物出口销售时，卖方为出口该货物应当向买方直接收取和间接收取的价款总额。

第40条　下列税收、费用不计入出口货物的完税价格：

（一）出口关税；

（二）在货物价款中单独列明的货物运至中华人民共和国境内输出地点装载后的运输及其相关费用、保险费。

第三十条　出口货物估定计税价格

出口货物的成交价格不能确定的，海关经了解有关情况，并与纳税人进行价格磋商后，依次以下列价格估定该货物的计税价格：

（一）与该货物同时或者大约同时向同一国家或者地区出口的相同货物的成交价格；

（二）与该货物同时或者大约同时向同一国家或者地区出口的类似货物的成交价格；

（三）按照下列各项总和计算的价格：中华人民共和国境内生产相同或者类似货物的料件成本、加工费用，通常的利润和一般费用，境内发生的运输及其相关费用、保险费；

（四）以合理方法估定的价格。

● 部门规章及文件

《海关审定进出口货物完税价格办法》(2013 年 12 月 25 日 海关总署令第 213 号)

第 41 条 出口货物的成交价格不能确定的,海关经了解有关情况,并且与纳税义务人进行价格磋商后,依次以下列价格审查确定该货物的完税价格:

(一)同时或者大约同时向同一国家或者地区出口的相同货物的成交价格;

(二)同时或者大约同时向同一国家或者地区出口的类似货物的成交价格;

(三)根据境内生产相同或者类似货物的成本、利润和一般费用(包括直接费用和间接费用)、境内发生的运输及其相关费用、保险费计算所得的价格;

(四)按照合理方法估定的价格。

第三十一条 海关有权确定计税价格、商品归类和原产地

海关可以依申请或者依职权,对进出口货物、进境物品的计税价格、商品归类和原产地依法进行确定。

必要时,海关可以组织化验、检验,并将海关认定的化验、检验结果作为确定计税价格、商品归类和原产地的依据。

第四章 税收优惠和特殊情形关税征收

第三十二条 免征关税的情形

下列进出口货物、进境物品,免征关税:

(一)国务院规定的免征额度内的一票货物;

(二)无商业价值的广告品和货样;

（三）进出境运输工具装载的途中必需的燃料、物料和饮食用品；

（四）在海关放行前损毁或者灭失的货物、进境物品；

（五）外国政府、国际组织无偿赠送的物资；

（六）中华人民共和国缔结或者共同参加的国际条约、协定规定免征关税的货物、进境物品；

（七）依照有关法律规定免征关税的其他货物、进境物品。

● 法　律

《海关法》（2021年4月29日　中华人民共和国主席令第81号）

第56条　下列进出口货物、进出境物品，减征或者免征关税：

（一）无商业价值的广告品和货样；

（二）外国政府、国际组织无偿赠送的物资；

（三）在海关放行前遭受损坏或者损失的货物；

（四）规定数额以内的物品；

（五）法律规定减征、免征关税的其他货物、物品；

（六）中华人民共和国缔结或者参加的国际条约规定减征、免征关税的货物、物品。

第57条　特定地区、特定企业或者有特定用途的进出口货物，可以减征或者免征关税。特定减税或者免税的范围和办法由国务院规定。

依照前款规定减征或者免征关税进口的货物，只能用于特定地区、特定企业或者特定用途，未经海关核准并补缴关税，不得移作他用。

第58条　本法第五十六条、第五十七条第一款规定范围以外的临时减征或者免征关税，由国务院决定。

第三十三条　减征关税的情形

下列进出口货物、进境物品，减征关税：

（一）在海关放行前遭受损坏的货物、进境物品；

（二）中华人民共和国缔结或者共同参加的国际条约、协定规定减征关税的货物、进境物品；

（三）依照有关法律规定减征关税的其他货物、进境物品。

前款第一项减征关税，应当根据海关认定的受损程度办理。

● 法　律

《海关法》（2021 年 4 月 29 日　中华人民共和国主席令第 81 号）第 56 条、第 57 条、第 58 条（参见本法第 32 条下法律）

第三十四条　关税专项优惠政策

根据维护国家利益、促进对外交往、经济社会发展、科技创新需要或者由于突发事件等原因，国务院可以制定关税专项优惠政策，报全国人民代表大会常务委员会备案。

第三十五条　补缴税款

减免税货物应当依法办理手续。需由海关监管使用的减免税货物应当接受海关监管，在监管年限内转让、移作他用或者进行其他处置，按照国家有关规定需要补税的，应当补缴关税。

对需由海关监管使用的减免税进境物品，参照前款规定执行。

● 部门规章及文件

1. 《海关进出口货物减免税管理办法》（2020年12月21日 海关总署令第245号）

第一章 总 则

第1条 为了规范海关进出口货物减免税管理工作，保障行政相对人合法权益，优化营商环境，根据《中华人民共和国海关法》（以下简称《海关法》）、《中华人民共和国进出口关税条例》及有关法律和行政法规的规定，制定本办法。

第2条 进出口货物减征或者免征关税、进口环节税（以下简称减免税）事务，除法律、行政法规另有规定外，海关依照本办法实施管理。

第3条 进出口货物减免税申请人（以下简称减免税申请人）应当向其主管海关申请办理减免税审核确认、减免税货物税款担保、减免税货物后续管理等相关业务。

减免税申请人向主管海关申请办理减免税相关业务，应当按照规定提交齐全、有效、填报规范的申请材料，并对材料的真实性、准确性、完整性和规范性承担相应的法律责任。

第二章 减免税审核确认

第4条 减免税申请人按照有关进出口税收优惠政策的规定申请减免税进出口相关货物，应当在货物申报进出口前，取得相关政策规定的享受进出口税收优惠政策资格的证明材料，并凭以下材料向主管海关申请办理减免税审核确认手续：

（一）《进出口货物征免税申请表》；

（二）事业单位法人证书或者国家机关设立文件、社会团体法人登记证书、民办非企业单位法人登记证书、基金会法人登记证书等证明材料；

（三）进出口合同、发票以及相关货物的产品情况资料。

第5条 主管海关应当自受理减免税审核确认申请之日起10

个工作日内,对减免税申请人主体资格、投资项目和进出口货物相关情况是否符合有关进出口税收优惠政策规定等情况进行审核,并出具进出口货物征税、减税或者免税的确认意见,制发《中华人民共和国海关进出口货物征免税确认通知书》(以下简称《征免税确认通知书》)。

有下列情形之一,主管海关不能在本条第一款规定期限内出具确认意见的,应当向减免税申请人说明理由:

(一)有关进出口税收优惠政策规定不明确或者涉及其他部门管理职责,需要与相关部门进一步协商、核实有关情况的;

(二)需要对货物进行化验、鉴定等,以确定其是否符合有关进出口税收优惠政策规定的。

有本条第二款规定情形的,主管海关应当自情形消除之日起10个工作日内,出具进出口货物征税、减税或者免税的确认意见,并制发《征免税确认通知书》。

第6条 减免税申请人需要变更或者撤销已出具的《征免税确认通知书》的,应当在《征免税确认通知书》有效期内向主管海关提出申请,并随附相关材料。

经审核符合规定的,主管海关应当予以变更或者撤销。予以变更的,主管海关应当重新制发《征免税确认通知书》。

第7条 《征免税确认通知书》有效期限不超过6个月,减免税申请人应当在有效期内向申报地海关办理有关进出口货物申报手续;不能在有效期内办理,需要延期的,应当在有效期内向主管海关申请办理延期手续。《征免税确认通知书》可以延期一次,延长期限不得超过6个月。

《征免税确认通知书》有效期限届满仍未使用的,其效力终止。减免税申请人需要减免税进出口该《征免税确认通知书》所列货物的,应当重新向主管海关申请办理减免税审核确认手续。

第8条 除有关进出口税收优惠政策或者其实施措施另有规

定外，进出口货物征税放行后，减免税申请人申请补办减免税审核确认手续的，海关不予受理。

第三章 减免税货物税款担保

第9条 有下列情形之一的，减免税申请人可以向海关申请办理有关货物凭税款担保先予放行手续：

（一）有关进出口税收优惠政策或者其实施措施明确规定的；

（二）主管海关已经受理减免税审核确认申请，尚未办理完毕的；

（三）有关进出口税收优惠政策已经国务院批准，具体实施措施尚未明确，主管海关能够确认减免税申请人属于享受该政策范围的；

（四）其他经海关总署核准的情形。

第10条 减免税申请人需要办理有关货物凭税款担保先予放行手续的，应当在货物申报进出口前向主管海关提出申请，并随附相关材料。

主管海关应当自受理申请之日起5个工作日内出具是否准予办理担保的意见。符合本办法第九条规定情形的，主管海关应当制发《中华人民共和国海关准予办理减免税货物税款担保通知书》（以下简称《准予办理担保通知书》），并通知申报地海关；不符合有关规定情形的，制发《中华人民共和国海关不准予办理减免税货物税款担保通知书》。

第11条 申报地海关凭主管海关制发的《准予办理担保通知书》，以及减免税申请人提供的海关依法认可的财产、权利，按照规定办理减免税货物的税款担保手续。

第12条 《准予办理担保通知书》确定的减免税货物税款担保期限不超过6个月，主管海关可以延期1次，延长期限不得超过6个月。特殊情况仍需要延期的，应当经直属海关审核同意。

减免税货物税款担保期限届满，本办法第九条规定的有关情形仍然延续的，主管海关可以根据有关情形可能延续的时间等情况，相应延长税款担保期限，并向减免税申请人告知有关情况，同时通知申报地海关为减免税申请人办理税款担保延期手续。

第13条　减免税申请人在减免税货物税款担保期限届满前取得《征免税确认通知书》，并已向海关办理征税、减税或者免税相关手续的，申报地海关应当解除税款担保。

第四章　减免税货物的管理

第14条　除海关总署另有规定外，进口减免税货物的监管年限为：

（一）船舶、飞机：8年；

（二）机动车辆：6年；

（三）其他货物：3年。

监管年限自货物进口放行之日起计算。

除海关总署另有规定外，在海关监管年限内，减免税申请人应当按照海关规定保管、使用进口减免税货物，并依法接受海关监管。

第15条　在海关监管年限内，减免税申请人应当于每年6月30日（含当日）以前向主管海关提交《减免税货物使用状况报告书》，报告减免税货物使用状况。超过规定期限未提交的，海关按照有关规定将其列入信用信息异常名录。

减免税申请人未按照前款规定报告其减免税货物使用状况，向海关申请办理减免税审核确认、减免税货物税款担保、减免税货物后续管理等相关业务的，海关不予受理。减免税申请人补报后，海关可以受理。

第16条　在海关监管年限内，减免税货物应当在主管海关审核同意的地点使用。除有关进口税收优惠政策实施措施另有规定外，减免税货物需要变更使用地点的，减免税申请人应当向主管海关提出申请,并说明理由;经主管海关审核同意的,可以变更使用地点。

减免税货物需要移出主管海关管辖地使用的,减免税申请人应当向主管海关申请办理异地监管手续,并随附相关材料。经主管海关审核同意并通知转入地海关后,减免税申请人可以将减免税货物运至转入地海关管辖地,并接受转入地海关监管。

减免税货物在异地使用结束后,减免税申请人应当及时向转入地海关申请办结异地监管手续。经转入地海关审核同意并通知主管海关后,减免税申请人应当将减免税货物运回主管海关管辖地。

第17条 在海关监管年限内,减免税申请人发生分立、合并、股东变更、改制等主体变更情形的,权利义务承受人应当自变更登记之日起30日内,向原减免税申请人的主管海关报告主体变更情况以及有关减免税货物的情况。

经原减免税申请人主管海关审核,需要补征税款的,权利义务承受人应当向原减免税申请人主管海关办理补税手续;可以继续享受减免税待遇的,权利义务承受人应当按照规定申请办理减免税货物结转等相关手续。

第18条 在海关监管年限内,因破产、撤销、解散、改制或者其他情形导致减免税申请人终止,有权利义务承受人的,参照本办法第十七条的规定办理有关手续;没有权利义务承受人的,原减免税申请人或者其他依法应当承担关税及进口环节税缴纳义务的当事人,应当自资产清算之日起30日内,向原减免税申请人主管海关申请办理减免税货物的补缴税款手续。进口时免予提交许可证件的减免税货物,按照国家有关规定需要补办许可证件的,减免税申请人在办理补缴税款手续时还应当补交有关许可证件。有关减免税货物自办结上述手续之日起,解除海关监管。

第 19 条　在海关监管年限内，减免税申请人要求将减免税货物退运出境或者出口的，应当经主管海关审核同意，并办理相关手续。

减免税货物自退运出境或者出口之日起，解除海关监管，海关不再对退运出境或者出口的减免税货物补征相关税款。

第 20 条　减免税货物海关监管年限届满的，自动解除监管。

对海关监管年限内的减免税货物，减免税申请人要求提前解除监管的，应当向主管海关提出申请，并办理补缴税款手续。进口时免予提交许可证件的减免税货物，按照国家有关规定需要补办许可证件的，减免税申请人在办理补缴税款手续时还应当补交有关许可证件。有关减免税货物自办结上述手续之日起，解除海关监管。

减免税申请人可以自减免税货物解除监管之日起 1 年内，向主管海关申领《中华人民共和国海关进口减免税货物解除监管证明》。

第 21 条　在海关监管年限内及其后 3 年内，海关依照《海关法》《中华人民共和国海关稽查条例》等有关规定，对有关企业、单位进口和使用减免税货物情况实施稽查。

第五章　减免税货物的抵押、转让、移作他用

第 22 条　在减免税货物的海关监管年限内，经主管海关审核同意，并办理有关手续，减免税申请人可以将减免税货物抵押、转让、移作他用或者进行其他处置。

第 23 条　在海关监管年限内，进口时免予提交许可证件的减免税货物，减免税申请人向主管海关申请办理抵押、转让、移作他用或者其他处置手续时，按照国家有关规定需要补办许可证件的，应当补办相关手续。

第 24 条　在海关监管年限内，减免税申请人要求以减免税货物向银行或者非银行金融机构办理贷款抵押的，应当向主管海

关提出申请，随附相关材料，并以海关依法认可的财产、权利提供税款担保。

主管海关应当对减免税申请人提交的申请材料是否齐全、有效，填报是否规范等进行审核，必要时可以实地了解减免税申请人经营状况、减免税货物使用状况等相关情况。经审核符合规定的，主管海关应当制发《中华人民共和国海关准予办理减免税货物贷款抵押通知书》；不符合规定的，应当制发《中华人民共和国海关不准予办理减免税货物贷款抵押通知书》。

减免税申请人不得以减免税货物向银行或者非银行金融机构以外的自然人、法人或者非法人组织办理贷款抵押。

第25条 主管海关同意以减免税货物办理贷款抵押的，减免税申请人应当自签订抵押合同、贷款合同之日起30日内，将抵押合同、贷款合同提交主管海关备案。

抵押合同、贷款合同的签订日期不是同一日的，按照后签订的日期计算前款规定的备案时限。

第26条 减免税货物贷款抵押需要延期的，减免税申请人应当在贷款抵押期限届满前，向主管海关申请办理贷款抵押的延期手续。

经审核符合规定的，主管海关应当制发《中华人民共和国海关准予办理减免税货物贷款抵押延期通知书》；不符合规定的，应当制发《中华人民共和国海关不准予办理减免税货物贷款抵押延期通知书》。

第27条 在海关监管年限内，减免税申请人需要将减免税货物转让给进口同一货物享受同等减免税优惠待遇的其他单位的，应当按照下列规定办理减免税货物结转手续：

（一）减免税货物的转出申请人向转出地主管海关提出申请，并随附相关材料。转出地主管海关审核同意后，通知转入地主管海关。

（二）减免税货物的转入申请人向转入地主管海关申请办理减免税审核确认手续。转入地主管海关审核同意后，制发《征免税确认通知书》。

（三）结转减免税货物的监管年限应当连续计算，转入地主管海关在剩余监管年限内对结转减免税货物继续实施后续监管。

转入地海关和转出地海关为同一海关的，参照本条第一款规定办理。

第28条 在海关监管年限内，减免税申请人需要将减免税货物转让给不享受进口税收优惠政策或者进口同一货物不享受同等减免税优惠待遇的其他单位的，应当事先向主管海关申请办理减免税货物补缴税款手续。进口时免予提交许可证件的减免税货物，按照国家有关规定需要补办许可证件的，减免税申请人在办理补缴税款手续时还应当补交有关许可证件。有关减免税货物自办结上述手续之日起，解除海关监管。

第29条 减免税货物因转让、提前解除监管以及减免税申请人发生主体变更、依法终止情形或者其他原因需要补征税款的，补税的完税价格以货物原进口时的完税价格为基础，按照减免税货物已进口时间与监管年限的比例进行折旧，其计算公式如下：

补税的完税价格＝减免税货物原进口时的完税价格 $\times \left[1 - \dfrac{减免税货物已进口时间}{监管年限 \times 12} \right]$

减免税货物已进口时间自货物放行之日起按月计算。不足1个月但超过15日的，按1个月计算；不超过15日的，不予计算。

第30条 按照本办法第二十九条规定计算减免税货物补税的完税价格的，应当按以下情形确定货物已进口时间的截止日期：

（一）转让减免税货物的，应当以主管海关接受减免税申请

人申请办理补税手续之日作为截止之日;

（二）减免税申请人未经海关批准,擅自转让减免税货物的,应当以货物实际转让之日作为截止之日;实际转让之日不能确定的,应当以海关发现之日作为截止之日;

（三）在海关监管年限内,减免税申请人发生主体变更情形的,应当以变更登记之日作为截止之日;

（四）在海关监管年限内,减免税申请人发生破产、撤销、解散或者其他依法终止经营情形的,应当以人民法院宣告减免税申请人破产之日或者减免税申请人被依法认定终止生产经营活动之日作为截止之日;

（五）减免税货物提前解除监管的,应当以主管海关接受减免税申请人申请办理补缴税款手续之日作为截止之日。

第31条 在海关监管年限内,减免税申请人需要将减免税货物移作他用的,应当事先向主管海关提出申请。经主管海关审核同意,减免税申请人可以按照海关批准的使用单位、用途、地区将减免税货物移作他用。

本条第一款所称移作他用包括以下情形:

（一）将减免税货物交给减免税申请人以外的其他单位使用;

（二）未按照原定用途使用减免税货物;

（三）未按照原定地区使用减免税货物。

除海关总署另有规定外,按照本条第一款规定将减免税货物移作他用的,减免税申请人应当事先按照移作他用的时间补缴相应税款;移作他用时间不能确定的,应当提供税款担保,税款担保金额不得超过减免税货物剩余监管年限可能需要补缴的最高税款总额。

第32条 减免税申请人将减免税货物移作他用,需要补缴税款的,补税的完税价格以货物原进口时的完税价格为基础,按照需要补缴税款的时间与监管年限的比例进行折旧,其计算公式如下：

补税的完税价格＝减免税货物原进口时的完税价格 $\times\left[\dfrac{需要补缴税款的时间}{监管年限\times 365}\right]$

上述计算公式中需要补缴税款的时间为减免税货物移作他用的实际时间，按日计算，每日实际使用不满 8 小时或者超过 8 小时的均按 1 日计算。

第 33 条　海关在办理减免税货物贷款抵押、结转、移作他用、异地监管、主体变更、退运出境或者出口、提前解除监管等后续管理业务时，应当自受理减免税申请人的申请之日起 10 个工作日内作出是否同意的决定。

因特殊情形不能在前款规定期限内作出决定的，海关应当向申请人说明理由，并自特殊情形消除之日起 10 个工作日内作出是否同意的决定。

第六章　附　则

第 34 条　在海关监管年限内，减免税申请人发生分立、合并、股东变更、改制等主体变更情形的，或者因破产、撤销、解散、改制或者其他情形导致其终止的，当事人未按照有关规定，向原减免税申请人的主管海关报告主体变更或者终止情形以及有关减免税货物的情况的，海关予以警告，责令其改正，可以处 1 万元以下罚款。

第 35 条　本办法下列用语的含义：

进出口货物减免税申请人，是指根据有关进出口税收优惠政策和相关法律、行政法规的规定，可以享受进出口税收优惠，并依照本办法向海关申请办理减免税相关业务的具有独立法人资格的企事业单位、社会团体、民办非企业单位、基金会、国家机关；具体实施投资项目，获得投资项目单位授权并经按照本条规定确定为主管海关的投资项目所在地海关同意，可以向其申请办理减免税相关业务的投资项目单位所属非法人分支机构；经海关总署确认的其他组织。

减免税申请人的主管海关，减免税申请人为企业法人的，主管海关是指其办理企业法人登记注册地的海关；减免税申请人为事业单位、社会团体、民办非企业单位、基金会、国家机关等非企业法人组织的，主管海关是指其住所地海关；减免税申请人为投资项目单位所属非法人分支机构的，主管海关是指其办理营业登记地的海关。下列特殊情况除外：

（一）投资项目所在地海关与减免税申请人办理企业法人登记注册地海关或者办理营业登记地海关不是同一海关的，投资项目所在地海关为主管海关；投资项目所在地涉及多个海关的，有关海关的共同上级海关或者共同上级海关指定的海关为主管海关；

（二）有关进出口税收优惠政策实施措施明确规定的情形；

（三）海关总署批准的其他情形。

第36条 本办法所列文书格式由海关总署另行制定并公告。

第37条 本办法由海关总署负责解释。

第38条 本办法自2021年3月1日起施行。2008年12月29日海关总署公布的《中华人民共和国海关进出口货物减免税管理办法》（海关总署令第179号）同时废止。

2.《海关进出口货物征税管理办法》（2018年5月29日 海关总署令第240号）

第70条 纳税义务人进出口减免税货物，应当在货物进出口前，按照规定凭有关文件向海关办理减免税审核确认手续。下列减免税进出口货物无需办理减免税审核确认手续：

（一）关税、进口环节增值税或者消费税税额在人民币50元以下的一票货物；

（二）无商业价值的广告品和货样；

（三）在海关放行前遭受损坏或者损失的货物；

（四）进出境运输工具装载的途中必需的燃料、物料和饮食用品；

（五）其他无需办理减免税审核确认手续的减征或者免征税款的货物。

第 71 条　对于本办法第七十条第（三）项所列货物，纳税义务人应当在申报时或者自海关放行货物之日起 15 日内书面向海关说明情况，提供相关证明材料。海关认为需要时，可以要求纳税义务人提供具有资质的商品检验机构出具的货物受损程度的检验证明书。海关根据实际受损程度予以减征或者免征税款。

第 72 条　除另有规定外，纳税义务人应当向其主管海关申请办理减免税审核确认手续。海关按照有关规定予以审核，并且签发《征免税证明》。

第 73 条　特定地区、特定企业或者有特定用途的特定减免税进口货物，应当接受海关监管。

特定减免税进口货物的监管年限为：

（一）船舶、飞机：8 年；

（二）机动车辆：6 年；

（三）其他货物：3 年。

监管年限自货物进口放行之日起计算。

第 74 条　在特定减免税进口货物的监管年限内，纳税义务人应当自减免税货物放行之日起每年一次向主管海关报告减免税货物的状况；除经海关批准转让给其他享受同等税收优惠待遇的项目单位外，纳税义务人在补缴税款并且办理解除监管手续后，方可转让或者进行其他处置。

特定减免税进口货物监管年限届满时，自动解除海关监管。纳税义务人需要解除监管证明的，可以自监管年限届满之日起 1 年内，凭有关单证向海关申请领取解除监管证明。海关应当自接到纳税义务人的申请之日起 20 日内核实情况，并且填发解除监管证明。

第三十六条　保税货物的关税征收

保税货物复运出境的，免征关税；不复运出境转为内销的，按照规定征收关税。加工贸易保税进口料件或者其制成品内销的，除按照规定征收关税外，还应当征收缓税利息。

第三十七条　暂时进出境货物的关税征收

暂时进境或者暂时出境的下列货物、物品，可以依法暂不缴纳关税，但该货物、物品应当自进境或者出境之日起六个月内复运出境或者复运进境；需要延长复运出境或者复运进境期限的，应当根据海关总署的规定向海关办理延期手续：

（一）在展览会、交易会、会议以及类似活动中展示或者使用的货物、物品；

（二）文化、体育交流活动中使用的表演、比赛用品；

（三）进行新闻报道或者摄制电影、电视节目使用的仪器、设备及用品；

（四）开展科研、教学、医疗卫生活动使用的仪器、设备及用品；

（五）在本款第一项至第四项所列活动中使用的交通工具及特种车辆；

（六）货样；

（七）供安装、调试、检测设备时使用的仪器、工具；

（八）盛装货物的包装材料；

（九）其他用于非商业目的的货物、物品。

前款所列货物、物品在规定期限内未复运出境或者未复运进境的，应当依法缴纳关税。

● 法　律

1. 《海关法》（2021 年 4 月 29 日　中华人民共和国主席令第 81 号）

第 59 条　暂时进口或者暂时出口的货物，以及特准进口的保税货物，在货物收发货人向海关缴纳相当于税款的保证金或者提供担保后，准予暂时免纳关税。

● 部门规章及文件

2. 《海关进出口货物征税管理办法》（2018 年 5 月 29 日　海关总署令第 240 号）

第三章　特殊进出口货物税款的征收
第三节　暂时进出境货物

第 40 条　暂时进境或者暂时出境的货物，海关按照有关规定实施管理。

第 41 条　《关税条例》第四十二条第一款所列的暂时进出境货物，在海关规定期限内，可以暂不缴纳税款。

前款所述暂时进出境货物在规定期限届满后不再复运出境或者复运进境的，纳税义务人应当在规定期限届满前向海关申报办理进出口及纳税手续。海关按照有关规定征收税款。

第 42 条　《关税条例》第四十二条第一款所列范围以外的其他暂时进出境货物，海关按照审定进出口货物完税价格的有关规定和海关接受该货物申报进出境之日适用的计征汇率、税率，审核确定其完税价格、按月征收税款，或者在规定期限内货物复运出境或者复运进境时征收税款。

计征税款的期限为 60 个月。不足一个月但超过 15 天的，按一个月计征；不超过 15 天的，免予计征。计征税款的期限自货物放行之日起计算。

按月征收税款的计算公式为：

每月关税税额＝关税总额×（1/60）

每月进口环节代征税税额=进口环节代征税总额×（1/60）

本条第一款所述暂时进出境货物在规定期限届满后不再复运出境或者复运进境的，纳税义务人应当在规定期限届满前向海关申报办理进出口及纳税手续，缴纳剩余税款。

第43条 暂时进出境货物未在规定期限内复运出境或者复运进境，且纳税义务人未在规定期限届满前向海关申报办理进出口及纳税手续的，海关除按照规定征收应缴纳的税款外，还应当自规定期限届满之日起至纳税义务人申报纳税之日止按日加收应缴纳税款万分之五的滞纳金。

第44条 本办法第四十一条至第四十三条中所称"规定期限"均包括暂时进出境货物延长复运出境或者复运进境的期限。

第三十八条　其他暂时进境的货物的关税征收

本法第三十七条规定以外的其他暂时进境的货物、物品，应当根据该货物、物品的计税价格和其在境内滞留时间与折旧时间的比例计算缴纳进口关税；该货物、物品在规定期限届满后未复运出境的，应当补足依法应缴纳的关税。

本法第三十七条规定以外的其他暂时出境货物，在规定期限届满后未复运进境的，应当依法缴纳关税。

第三十九条　复运进出境不征收进口关税的情形

因品质、规格原因或者不可抗力，出口货物自出口之日起一年内原状复运进境的，不征收进口关税。因品质、规格原因或者不可抗力，进口货物自进口之日起一年内原状复运出境的，不征收出口关税。

特殊情形下，经海关批准，可以适当延长前款规定的期限，具体办法由海关总署规定。

第四十条　重新征收关税

因残损、短少、品质不良或者规格不符原因，进出口货物的发货人、承运人或者保险公司免费补偿或者更换的相同货物，进出口时不征收关税。被免费更换的原进口货物不退运出境或者原出口货物不退运进境的，海关应当对原进出口货物重新按照规定征收关税。

纳税人应当在原进出口合同约定的请求赔偿期限内且不超过原进出口放行之日起三年内，向海关申报办理免费补偿或者更换货物的进出口手续。

第五章　征收管理

第四十一条　关税征收管理模式

关税征收管理可以实施货物放行与税额确定相分离的模式。

关税征收管理应当适应对外贸易新业态新模式发展需要，提升信息化、智能化、标准化、便利化水平。

第四十二条　申报纳税

进出口货物的纳税人、扣缴义务人可以按照规定选择海关办理申报纳税。

纳税人、扣缴义务人应当按照规定的期限和要求如实向海关申报税额，并提供相关资料。必要时，海关可以要求纳税人、扣缴义务人补充申报。

第四十三条　缴纳税款

> 进出口货物的纳税人、扣缴义务人应当自完成申报之日起十五日内缴纳税款；符合海关规定条件并提供担保的，可以于次月第五个工作日结束前汇总缴纳税款。因不可抗力或者国家税收政策调整，不能按期缴纳的，经向海关申请并提供担保，可以延期缴纳，但最长不得超过六个月。
>
> 纳税人、扣缴义务人未在前款规定的纳税期限内缴纳税款的，自规定的期限届满之日起，按日加收滞纳税款万分之五的滞纳金。
>
> 税款尚未缴纳，纳税人、扣缴义务人依照有关法律、行政法规的规定申请提供担保要求放行货物的，海关应当依法办理担保手续。

● **部门规章及文件**

《海关进出口货物征税管理办法》（2018 年 5 月 29 日　海关总署令第 240 号）

第 20 条　纳税义务人应当自海关填发税款缴款书之日起 15 日内向指定银行缴纳税款。逾期缴纳税款的，由海关自缴款期限届满之日起至缴清税款之日止，按日加收滞纳税款万分之五的滞纳金。纳税义务人应当自海关填发滞纳金缴款书之日起 15 日内向指定银行缴纳滞纳金。滞纳金缴款书的格式与税款缴款书相同。

缴款期限届满日遇星期六、星期日等休息日或者法定节假日的，应当顺延至休息日或者法定节假日之后的第一个工作日。国务院临时调整休息日与工作日的，海关应当按照调整后的情况计算缴款期限。

| 第四十四条 | 提供担保 |

进出口货物的纳税人在规定的纳税期限内有转移、藏匿其应税货物以及其他财产的明显迹象，或者存在其他可能导致无法缴纳税款风险的，海关可以责令其提供担保；纳税人不提供担保的，经直属海关关长或者其授权的隶属海关关长批准，海关可以实施下列强制措施：

（一）书面通知银行业金融机构冻结纳税人金额相当于应纳税款的存款、汇款；

（二）查封、扣押纳税人价值相当于应纳税款的货物或者其他财产。

纳税人在规定的纳税期限内缴纳税款的，海关应当立即解除强制措施。

● 法　律

1.《海关法》（2021 年 4 月 29 日　中华人民共和国主席令第 81 号）

第 61 条　进出口货物的纳税义务人在规定的纳税期限内有明显的转移、藏匿其应税货物以及其他财产迹象的，海关可以责令纳税义务人提供担保；纳税义务人不能提供纳税担保的，经直属海关关长或者其授权的隶属海关关长批准，海关可以采取下列税收保全措施：

（一）书面通知纳税义务人开户银行或者其他金融机构暂停支付纳税义务人相当于应纳税款的存款；

（二）扣留纳税义务人价值相当于应纳税款的货物或者其他财产。

纳税义务人在规定的纳税期限内缴纳税款的，海关必须立即解除税收保全措施；期限届满仍未缴纳税款的，经直属海关关长或者其授权的隶属海关关长批准，海关可以书面通知纳税义务人开户银行或者其他金融机构从其暂停支付的存款中扣缴税款，或者依法变卖所扣留的货物或者其他财产，以变卖所得抵缴税款。

采取税收保全措施不当，或者纳税义务人在规定期限内已缴纳税款，海关未立即解除税收保全措施，致使纳税义务人的合法权益受到损失的，海关应当依法承担赔偿责任。

● 部门规章及文件

2.《海关税收保全和强制措施暂行办法》（2009年8月19日 海关总署第184号令）

第1条 为了规范海关实施税收保全和强制措施，保障国家税收，维护纳税义务人的合法权益，根据《中华人民共和国海关法》、《中华人民共和国进出口关税条例》，制定本办法。

第2条 海关实施税收保全和强制措施，适用本办法。

第3条 进出口货物的纳税义务人在规定的纳税期限内有明显的转移、藏匿其应税货物以及其他财产迹象的，海关应当制发《中华人民共和国海关责令提供担保通知书》，要求纳税义务人在海关规定的期限内提供海关认可的担保。

纳税义务人不能在海关规定的期限内按照海关要求提供担保的，经直属海关关长或者其授权的隶属海关关长批准，海关应当采取税收保全措施。

第4条 依照本办法第三条规定采取税收保全措施的，海关应当书面通知纳税义务人开户银行或者其他金融机构（以下统称金融机构）暂停支付纳税义务人相当于应纳税款的存款。

因无法查明纳税义务人账户、存款数额等情形不能实施暂停支付措施的，应当扣留纳税义务人价值相当于应纳税款的货物或者其他财产。

纳税义务人的货物或者其他财产本身不可分割，又没有其他财产可以扣留的，被扣留货物或者其他财产的价值可以高于应纳税款。

第 5 条　海关通知金融机构暂停支付纳税义务人存款的，应当向金融机构制发《中华人民共和国海关暂停支付通知书》，列明暂停支付的款项和期限。

海关确认金融机构已暂停支付相应款项的，应当向纳税义务人制发《中华人民共和国海关暂停支付告知书》。

第 6 条　纳税义务人在规定的纳税期限内缴纳税款的，海关应当向金融机构制发《中华人民共和国海关暂停支付解除通知书》，解除对纳税义务人相应存款实施的暂停支付措施。

本条第一款规定情形下，海关还应当向纳税义务人制发《中华人民共和国海关暂停支付解除告知书》。

第 7 条　纳税义务人自海关填发税款缴款书之日起 15 内未缴纳税款的，经直属海关关长或者其授权的隶属海关关长批准，海关应当向金融机构制发《中华人民共和国海关扣缴税款通知书》，通知其从暂停支付的款项中扣缴相应税款。

海关确认金融机构已扣缴税款的，应当向纳税义务人制发《中华人民共和国海关扣缴税款告知书》。

第 8 条　海关根据本办法第四条规定扣留纳税义务人价值相当于应纳税款的货物或者其他财产的，应当向纳税义务人制发《中华人民共和国海关扣留通知书》，并随附扣留清单。

扣留清单应当列明被扣留货物或者其他财产的品名、规格、数量、重量等，品名、规格、数量、重量等当场无法确定的，应当尽可能完整地描述其外在特征。扣留清单应当由纳税义务人或者其代理人、保管人确认，并签字或者盖章。

第 9 条　纳税义务人自海关填发税款缴款书之日起 15 日内缴纳税款的，海关应当解除扣留措施，并向纳税义务人制发《中华人民共和国海关解除扣留通知书》，随附发还清单，将有关货物、财产发还纳税义务人。

发还清单应当由纳税义务人或者其代理人确认，并签字或者盖章。

第 10 条　纳税义务人自海关填发税款缴款书之日起 15 内未缴纳税款的，海关应当向纳税义务人制发《中华人民共和国海关抵缴税款通知书》，依法变卖被扣留的货物或者其他财产，并以变卖所得抵缴税款。

本条第一款规定情形下，变卖所得不足以抵缴税款的，海关应当继续采取强制措施抵缴税款的差额部分；变卖所得抵缴税款及扣除相关费用后仍有余款的，应当发还纳税义务人。

第 11 条　进出口货物的纳税义务人、担保人自规定的纳税期限届满之日起超过 3 个月未缴纳税款的，经直属海关关长或者其授权的隶属海关关长批准，海关可以依次采取下列强制措施：

（一）书面通知金融机构从其存款中扣缴税款；

（二）将应税货物依法变卖，以变卖所得抵缴税款；

（三）扣留并依法变卖其价值相当于应纳税款的货物或者其他财产，以变卖所得抵缴税款。

第 12 条　有本办法第十一条规定情形，海关通知金融机构扣缴税款的，应当向金融机构制发《中华人民共和国海关扣缴税款通知书》，通知其从纳税义务人、担保人的存款中扣缴相应税款。

金融机构扣缴税款的，海关应当向纳税义务人、担保人制发《中华人民共和国海关扣缴税款告知书》。

第 13 条　有本办法第十一条规定情形的，滞纳金按照自规定的纳税期限届满之日起至扣缴税款之日计征，并同时扣缴。

第 14 条　有本办法第十一条规定情形，海关决定以应税货物、被扣留的价值相当于应纳税款的货物或者其他财产变卖并抵缴税款的，应当向纳税义务人、担保人制发《中华人民共和国海关抵缴税款告知书》。

本条第一款规定情形下，变卖所得不足以抵缴税款的，海关应当继续采取强制措施抵缴税款的差额部分;变卖所得抵缴税款及扣除相关费用后仍有余款的,应当发还纳税义务人、担保人。

第15条 依照本办法第八条、第十四条扣留货物或者其他财产的,海关应当妥善保管被扣留的货物或者其他财产,不得擅自使用或者损毁。

第16条 无法采取税收保全措施、强制措施,或者依照本办法规定采取税收保全措施、强制措施仍无法足额征收税款的,海关应当依法向人民法院申请强制执行,并按照法院要求提交相关材料。

第17条 依照本办法第八条、第十四条扣留货物或者其他财产的,实施扣留的海关工作人员不得少于2人,并且应当出示执法证件。

第18条 纳税义务人、担保人对海关采取税收保全措施、强制措施不服的,可以依法申请行政复议或者提起行政诉讼。

第19条 纳税义务人在规定的纳税期限内已缴纳税款,海关未解除税收保全措施,或者采取税收保全措施、强制措施不当,致使纳税义务人、担保人的合法权益受到损失的,海关应当承担赔偿责任。

第20条 送达本办法所列法律文书,应当由纳税义务人或者其代理人、担保人、保管人等签字或者盖章;纳税义务人或者其代理人、担保人、保管人等拒绝签字、盖章的,海关工作人员应当在有关法律文书上注明,并且由见证人签字或者盖章。

第21条 海关工作人员未依法采取税收保全措施、强制措施,损害国家利益或者纳税义务人、担保人合法权益,造成严重后果的,依法给予处分。构成犯罪的,依法追究刑事责任。

第22条 纳税义务人、担保人抗拒、阻碍海关依法采取税收保全措施、强制措施的,移交地方公安机关依法处理。构成犯罪的,依法追究刑事责任。

第 23 条　本办法所列法律文书由海关总署另行制定并公布。

第 24 条　本办法由海关总署负责解释。

第 25 条　本办法自 2009 年 9 月 1 日起施行。

3. 《海关进出口货物征税管理办法》（2018 年 5 月 29 日　海关总署令第 240 号）

第 26 条　纳税义务人、担保人自缴款期限届满之日起超过 3 个月仍未缴纳税款或者滞纳金的，海关可以按照《海关法》第六十条的规定采取强制措施。

纳税义务人在规定的缴纳税款期限内有明显的转移、藏匿其应税货物以及其他财产迹象的，海关可以责令纳税义务人向海关提供税款担保。纳税义务人不能提供税款担保的，海关可以按照《海关法》第六十一条的规定采取税收保全措施。

采取强制措施和税收保全措施的具体办法另行规定。

第四十五条　海关有权确认应纳税额

自纳税人、扣缴义务人缴纳税款或者货物放行之日起三年内，海关有权对纳税人、扣缴义务人的应纳税额进行确认。

海关确认的应纳税额与纳税人、扣缴义务人申报的税额不一致的，海关应当向纳税人、扣缴义务人出具税额确认书。纳税人、扣缴义务人应当按照税额确认书载明的应纳税额，在海关规定的期限内补缴税款或者办理退税手续。

经海关确认应纳税额后需要补缴税款但未在规定的期限内补缴的，自规定的期限届满之日起，按日加收滞纳税款万分之五的滞纳金。

第四十六条　对少征或者漏征税款的处理

因纳税人、扣缴义务人违反规定造成少征或者漏征税款的，海关可以自缴纳税款或者货物放行之日起三年内追征税款，并自缴纳税款或者货物放行之日起，按日加收少征或者漏征税款万分之五的滞纳金。

● **法　律**

1.《海关法》（2021年4月29日　中华人民共和国主席令第81号）

第62条　进出口货物、进出境物品放行后，海关发现少征或者漏征税款，应当自缴纳税款或者货物、物品放行之日起一年内，向纳税义务人补征。因纳税义务人违反规定而造成的少征或者漏征，海关在三年以内可以追征。

● **部门规章及文件**

2.《海关进出口货物征税管理办法》（2018年5月29日　海关总署令第240号）

第66条　进出口货物放行后，海关发现少征税款的，应当自缴纳税款之日起1年内，向纳税义务人补征税款；海关发现漏征税款的，应当自货物放行之日起1年内，向纳税义务人补征税款。

第67条　因纳税义务人违反规定造成少征税款的，海关应当自缴纳税款之日起3年内追征税款；因纳税义务人违反规定造成漏征税款的，海关应当自货物放行之日起3年内追征税款。海关除依法追征税款外，还应当自缴纳税款或者货物放行之日起至海关发现违规行为之日止按日加收少征或者漏征税款万分之五的滞纳金。

因纳税义务人违反规定造成海关监管货物少征或者漏征税款的，海关应当自纳税义务人应缴纳税款之日起3年内追征税款，并且自应缴纳税款之日起至海关发现违规行为之日止按日加收少征或者漏征税款万分之五的滞纳金。

前款所称"应缴纳税款之日"是指纳税义务人违反规定的行为发生之日；该行为发生之日不能确定的，应当以海关发现该行为之日作为应缴纳税款之日。

第 68 条 海关补征或者追征税款，应当制发《海关补征税款告知书》。纳税义务人应当自收到《海关补征税款告知书》之日起 15 日内到海关办理补缴税款的手续。

纳税义务人未在前款规定期限内办理补税手续的，海关应当在规定期限届满之日填发税款缴款书。

第 69 条 根据本办法第三十五条、第三十八条、第四十三条、第六十七条的有关规定，因纳税义务人违反规定需在征收税款的同时加收滞纳金的，如果纳税义务人未在规定的 15 天缴款期限内缴纳税款，海关依照本办法第二十条的规定另行加收自缴款期限届满之日起至缴清税款之日止滞纳税款的滞纳金。

第四十七条　对走私行为的处理

对走私行为，海关追征税款、滞纳金的，不受前条规定期限的限制，并有权核定应纳税额。

第四十八条　对海关监管货物少征或者漏征税款的处理

海关发现海关监管货物因纳税人、扣缴义务人违反规定造成少征或者漏征税款的，应当自纳税人、扣缴义务人应缴纳税款之日起三年内追征税款，并自应缴纳税款之日起按日加收少征或者漏征税款万分之五的滞纳金。

第四十九条　限制出境

海关可以对纳税人、扣缴义务人欠缴税款的情况予以公告。

纳税人未缴清税款、滞纳金且未向海关提供担保的，经直属海关关长或者其授权的隶属海关关长批准，海关可以按照规定通知移民管理机构对纳税人或者其法定代表人依法采取限制出境措施。

第五十条　强制执行措施

纳税人、扣缴义务人未按照规定的期限缴纳或者解缴税款的，由海关责令其限期缴纳；逾期仍未缴纳且无正当理由的，经直属海关关长或者其授权的隶属海关关长批准，海关可以实施下列强制执行措施：

（一）书面通知银行业金融机构划拨纳税人、扣缴义务人金额相当于应纳税款的存款、汇款；

（二）查封、扣押纳税人、扣缴义务人价值相当于应纳税款的货物或者其他财产，依法拍卖或者变卖所查封、扣押的货物或者其他财产，以拍卖或者变卖所得抵缴税款，剩余部分退还纳税人、扣缴义务人。

海关实施强制执行时，对未缴纳的滞纳金同时强制执行。

● 法　律

《海关法》（2021年4月29日　中华人民共和国主席令第81号）

第60条　进出口货物的纳税义务人，应当自海关填发税款缴款书之日起十五日内缴纳税款；逾期缴纳的，由海关征收滞纳金。纳税义务人、担保人超过三个月仍未缴纳的，经直属海关关长或者其授权的隶属海关关长批准，海关可以采取下列强制措施：

（一）书面通知其开户银行或者其他金融机构从其存款中扣缴税款；

（二）将应税货物依法变卖，以变卖所得抵缴税款；

（三）扣留并依法变卖其价值相当于应纳税款的货物或者其他财产，以变卖所得抵缴税款。

海关采取强制措施时，对前款所列纳税义务人、担保人未缴纳的滞纳金同时强制执行。

进出境物品的纳税义务人，应当在物品放行前缴纳税款。

第五十一条　多征税款的退还

海关发现多征税款的，应当及时通知纳税人办理退还手续。

纳税人发现多缴税款的，可以自缴纳税款之日起三年内，向海关书面申请退还多缴的税款。海关应当自受理申请之日起三十日内查实并通知纳税人办理退还手续，纳税人应当自收到通知之日起三个月内办理退还手续。

● 法　律

《海关法》（2021年4月29日　中华人民共和国主席令第81号）

　　第63条　海关多征的税款，海关发现后应当立即退还；纳税义务人自缴纳税款之日起一年内，可以要求海关退还。

第五十二条　纳税人申请退还关税的情形

有下列情形之一的，纳税人自缴纳税款之日起一年内，可以向海关申请退还关税：

（一）已征进口关税的货物，因品质、规格原因或者不可抗力，一年内原状复运出境；

（二）已征出口关税的货物，因品质、规格原因或者不可抗力，一年内原状复运进境，并已重新缴纳因出口而退还的国内环节有关税收；

（三）已征出口关税的货物，因故未装运出口，申报退关。

申请退还关税应当以书面形式提出，并提供原缴款凭证及相关资料。海关应当自受理申请之日起三十日内查实并通知纳税人办理退还手续。纳税人应当自收到通知之日起三个月内办理退还手续。

按照其他有关法律、行政法规规定应当退还关税的，海关应当依法予以退还。

第五十三条　加算银行同期活期存款利息

按照规定退还关税的，应当加算银行同期活期存款利息。

第五十四条　反规避措施

对规避本法第二章、第三章有关规定，不具有合理商业目的而减少应纳税额的行为，国家可以采取调整关税等反规避措施。

第五十五条　报关企业的责任

报关企业接受纳税人的委托，以纳税人的名义办理报关纳税手续，因报关企业违反规定造成海关少征、漏征税款的，报关企业对少征或者漏征的税款及其滞纳金与纳税人承担纳税的连带责任。

报关企业接受纳税人的委托，以报关企业的名义办理报关纳税手续的，报关企业与纳税人承担纳税的连带责任。

第五十六条　海关监管货物损毁或者灭失的纳税责任

除不可抗力外,在保管海关监管货物期间,海关监管货物损毁或者灭失的,对海关监管货物负有保管义务的单位或者个人应当承担相应的纳税责任。

第五十七条　纳税人合并、分立或资产重组

未履行纳税义务的纳税人有合并、分立情形的,在合并、分立前,应当向海关报告,依法缴清税款、滞纳金或者提供担保。纳税人合并时未缴清税款、滞纳金或者未提供担保的,由合并后的法人或者非法人组织继续履行未履行的纳税义务;纳税人分立时未缴清税款、滞纳金或者未提供担保的,分立后的法人或者非法人组织对未履行的纳税义务承担连带责任。

纳税人在减免税货物、保税货物监管期间,有合并、分立或者其他资产重组情形的,应当向海关报告;按照规定需要缴税的,应当依法缴清税款、滞纳金或者提供担保;按照规定可以继续享受减免税、保税的,应当向海关办理变更纳税人的手续。

纳税人未履行纳税义务或者在减免税货物、保税货物监管期间,有解散、破产或者其他依法终止经营情形的,应当在清算前向海关报告。海关应当依法清缴税款、滞纳金。

第五十八条　税款优于无担保债权和罚款

海关征收的税款优先于无担保债权,法律另有规定的除外。纳税人欠缴税款发生在纳税人以其财产设定抵押、质押之前的,税款应当先于抵押权、质权执行。

纳税人欠缴税款,同时被行政机关处以罚款、没收违法所得,其财产不足以同时支付的,应当先缴纳税款。

第五十九条 入库、退库

税款、滞纳金应当按照国家有关规定及时缴入国库。

退还税款、利息涉及从国库中退库的,按照法律、行政法规有关国库管理的规定执行。

第六十条 税款等以人民币计算

税款、滞纳金、利息等应当以人民币计算。

进出口货物、进境物品的价格以及有关费用以人民币以外的货币计算的,按照纳税人完成申报之日的计征汇率折合为人民币计算。

前款所称计征汇率,是指按照海关总署规定确定的日期当日的人民币汇率中间价。

第六十一条 海关有权查询涉及关税的信息

海关因关税征收的需要,可以依法向有关政府部门和机构查询纳税人的身份、账户、资金往来等涉及关税的信息,有关政府部门和机构应当在职责范围内予以协助和配合。海关获取的涉及关税的信息只能用于关税征收目的。

第六章 法 律 责 任

第六十二条 对纳税人不依法纳税的处理

有下列情形之一的,由海关给予警告;情节严重的,处三万元以下的罚款:

(一)未履行纳税义务的纳税人有合并、分立情形,在合并、分立前,未向海关报告;

（二）纳税人在减免税货物、保税货物监管期间，有合并、分立或者其他资产重组情形，未向海关报告；

（三）纳税人未履行纳税义务或者在减免税货物、保税货物监管期间，有解散、破产或者其他依法终止经营情形，未在清算前向海关报告。

第六十三条　对纳税人妨碍海关追征欠缴税款的处理

纳税人欠缴应纳税款，采取转移或者藏匿财产等手段，妨碍海关依法追征欠缴的税款的，除由海关追征欠缴的税款、滞纳金外，处欠缴税款百分之五十以上五倍以下的罚款。

第六十四条　对扣缴义务人不依法征税的处理

扣缴义务人应扣未扣、应收未收税款的，由海关向纳税人追征税款，对扣缴义务人处应扣未扣、应收未收税款百分之五十以上三倍以下的罚款。

第六十五条　对其他不依法纳税、征税行为的处理

对本法第六十二条、第六十三条、第六十四条规定以外其他违反本法规定的行为，由海关依照《中华人民共和国海关法》等法律、行政法规的规定处罚。

第六十六条　申请行政复议及提起行政诉讼

纳税人、扣缴义务人、担保人对海关确定纳税人、商品归类、货物原产地、纳税地点、计征方式、计税价格、适用税率或者汇率，决定减征或者免征税款，确认应纳税额、补缴税款、退还税款以及加收滞纳金等征税事项有异议的，应

当依法先向上一级海关申请行政复议；对行政复议决定不服的，可以依法向人民法院提起行政诉讼。

当事人对海关作出的前款规定以外的行政行为不服的，可以依法申请行政复议，也可以依法向人民法院提起行政诉讼。

● 法　律

《海关法》（2021年4月29日　中华人民共和国主席令第81号）

第64条　纳税义务人同海关发生纳税争议时，应当缴纳税款，并可以依法申请行政复议；对复议决定仍不服的，可以依法向人民法院提起诉讼。

第六十七条　对泄露个人信息的处理

违反本法规定，滥用职权、玩忽职守、徇私舞弊或者泄露、非法向他人提供在履行职责中知悉的商业秘密、个人隐私、个人信息的，依法给予处分。

第六十八条　刑事责任

违反本法规定，构成犯罪的，依法追究刑事责任。

第七章　附　　则

第六十九条　与海南自由贸易港法的衔接

《中华人民共和国海南自由贸易港法》对海南自由贸易港的关税事宜另有规定的，依照其规定。

第七十条　与船舶吨税法的衔接

进口环节海关代征税的征收管理，适用关税征收管理的规定。

船舶吨税的征收，《中华人民共和国船舶吨税法》未作规定的，适用关税征收管理的规定。

● 法　律

《海关法》（2021年4月29日　中华人民共和国主席令第81号）

第65条　进口环节海关代征税的征收管理，适用关税征收管理的规定。

第七十一条　免税商品零售业务

从事免税商品零售业务应当经过批准，具体办法由国务院规定。

第七十二条　施行日期

本法自2024年12月1日起施行。《中华人民共和国进出口关税条例》同时废止。

附：中华人民共和国进出口税则（注：《中华人民共和国进出口税则》由国务院关税税则委员会发布）

三、所得税

中华人民共和国企业所得税法

（2007年3月16日第十届全国人民代表大会第五次会议通过 根据2017年2月24日第十二届全国人民代表大会常务委员会第二十六次会议《关于修改〈中华人民共和国企业所得税法〉的决定》第一次修正 根据2018年12月29日第十三届全国人民代表大会常务委员会第七次会议《关于修改〈中华人民共和国电力法〉等四部法律的决定》第二次修正）

目 录

第一章 总 则
第二章 应纳税所得额
第三章 应纳税额
第四章 税收优惠
第五章 源泉扣缴
第六章 特别纳税调整
第七章 征收管理
第八章 附 则

第一章 总　　则

第一条　适用范围

在中华人民共和国境内，企业和其他取得收入的组织（以下统称企业）为企业所得税的纳税人，依照本法的规定缴纳企业所得税。

个人独资企业、合伙企业不适用本法。

● 行政法规及文件

《企业所得税法实施条例》（2019年4月23日　国务院令第714号）

第2条　企业所得税法第一条所称个人独资企业、合伙企业，是指依照中国法律、行政法规成立的个人独资企业、合伙企业。

第二条　企业分类及其含义

企业分为居民企业和非居民企业。

本法所称居民企业，是指依法在中国境内成立，或者依照外国（地区）法律成立但实际管理机构在中国境内的企业。

本法所称非居民企业，是指依照外国（地区）法律成立且实际管理机构不在中国境内，但在中国境内设立机构、场所的，或者在中国境内未设立机构、场所，但有来源于中国境内所得的企业。

● 行政法规及文件

《企业所得税法实施条例》（2019年4月23日　国务院令第714号）

第3条　企业所得税法第二条所称依法在中国境内成立的企业，包括依照中国法律、行政法规在中国境内成立的企业、事业单位、社会团体以及其他取得收入的组织。

企业所得税法第二条所称依照外国（地区）法律成立的企业，

包括依照外国（地区）法律成立的企业和其他取得收入的组织。

第4条　企业所得税法第二条所称实际管理机构，是指对企业的生产经营、人员、账务、财产等实施实质性全面管理和控制的机构。

第5条　企业所得税法第二条第三款所称机构、场所，是指在中国境内从事生产经营活动的机构、场所，包括：

（一）管理机构、营业机构、办事机构；

（二）工厂、农场、开采自然资源的场所；

（三）提供劳务的场所；

（四）从事建筑、安装、装配、修理、勘探等工程作业的场所；

（五）其他从事生产经营活动的机构、场所。

非居民企业委托营业代理人在中国境内从事生产经营活动的，包括委托单位或者个人经常代其签订合同，或者储存、交付货物等，该营业代理人视为非居民企业在中国境内设立的机构、场所。

第131条　在香港特别行政区、澳门特别行政区和台湾地区成立的企业，参照适用企业所得税法第二条第二款、第三款的有关规定。

第三条　缴纳企业所得税的所得范围

居民企业应当就其来源于中国境内、境外的所得缴纳企业所得税。

非居民企业在中国境内设立机构、场所的，应当就其所设机构、场所取得的来源于中国境内的所得，以及发生在中国境外但与其所设机构、场所有实际联系的所得，缴纳企业所得税。

非居民企业在中国境内未设立机构、场所的，或者虽设立机构、场所但取得的所得与其所设机构、场所没有实际联系的，应当就其来源于中国境内的所得缴纳企业所得税。

● 行政法规及文件

《企业所得税法实施条例》（2019年4月23日 国务院令第714号）

第6条 企业所得税法第三条所称所得，包括销售货物所得、提供劳务所得、转让财产所得、股息红利等权益性投资所得、利息所得、租金所得、特许权使用费所得、接受捐赠所得和其他所得。

第7条 企业所得税法第三条所称来源于中国境内、境外的所得，按照以下原则确定：

（一）销售货物所得，按照交易活动发生地确定；

（二）提供劳务所得，按照劳务发生地确定；

（三）转让财产所得，不动产转让所得按照不动产所在地确定，动产转让所得按照转让动产的企业或者机构、场所所在地确定，权益性投资资产转让所得按照被投资企业所在地确定；

（四）股息、红利等权益性投资所得，按照分配所得的企业所在地确定；

（五）利息所得、租金所得、特许权使用费所得，按照负担、支付所得的企业或者机构、场所所在地确定，或者按照负担、支付所得的个人的住所地确定；

（六）其他所得，由国务院财政、税务主管部门确定。

第8条 企业所得税法第三条所称实际联系，是指非居民企业在中国境内设立的机构、场所拥有据以取得所得的股权、债权，以及拥有、管理、控制据以取得所得的财产等。

第四条 企业所得税税率

企业所得税的税率为25%。

非居民企业取得本法第三条第三款规定的所得，适用税率为20%。

● 法　律

《企业所得税法》（2018 年 12 月 29 日　中华人民共和国主席令第 23 号）

第 28 条　符合条件的小型微利企业，减按 20% 的税率征收企业所得税。

国家需要重点扶持的高新技术企业，减按 15% 的税率征收企业所得税。

第 56 条　依照本法缴纳的企业所得税，以人民币计算。所得以人民币以外的货币计算的，应当折合成人民币计算并缴纳税款。

第二章　应纳税所得额

第五条　应税所得的计算

企业每一纳税年度的收入总额，减除不征税收入、免税收入、各项扣除以及允许弥补的以前年度亏损后的余额，为应纳税所得额。

● 行政法规及文件

《企业所得税法实施条例》（2019 年 4 月 23 日　国务院令第 714 号）

第 9 条　企业应纳税所得额的计算，以权责发生制为原则，属于当期的收入和费用，不论款项是否收付，均作为当期的收入和费用；不属于当期的收入和费用，即使款项已经在当期收付，均不作为当期的收入和费用。本条例和国务院财政、税务主管部门另有规定的除外。

第 10 条　企业所得税法第五条所称亏损，是指企业依照企业所得税法和本条例的规定将每一纳税年度的收入总额减除不征税收入、免税收入和各项扣除后小于零的数额。

第六条 企业收入总额

企业以货币形式和非货币形式从各种来源取得的收入，为收入总额。包括：

（一）销售货物收入；

（二）提供劳务收入；

（三）转让财产收入；

（四）股息、红利等权益性投资收益；

（五）利息收入；

（六）租金收入；

（七）特许权使用费收入；

（八）接受捐赠收入；

（九）其他收入。

● **行政法规及文件**

1.《企业所得税法实施条例》（2019年4月23日 国务院令第714号）

第12条 企业所得税法第六条所称企业取得收入的货币形式，包括现金、存款、应收账款、应收票据、准备持有至到期的债券投资以及债务的豁免等。

企业所得税法第六条所称企业取得收入的非货币形式，包括固定资产、生物资产、无形资产、股权投资、存货、不准备持有至到期的债券投资、劳务以及有关权益等。

第13条 企业所得税法第六条所称企业以非货币形式取得的收入，应当按照公允价值确定收入额。

前款所称公允价值，是指按照市场价格确定的价值。

第14条 企业所得税法第六条第（一）项所称销售货物收入，是指企业销售商品、产品、原材料、包装物、低值易耗品以及其他存货取得的收入。

第15条　企业所得税法第六条第（二）项所称提供劳务收入，是指企业从事建筑安装、修理修配、交通运输、仓储租赁、金融保险、邮电通信、咨询经纪、文化体育、科学研究、技术服务、教育培训、餐饮住宿、中介代理、卫生保健、社区服务、旅游、娱乐、加工以及其他劳务服务活动取得的收入。

第16条　企业所得税法第六条第（三）项所称转让财产收入，是指企业转让固定资产、生物资产、无形资产、股权、债权等财产取得的收入。

第17条　企业所得税法第六条第（四）项所称股息、红利等权益性投资收益，是指企业因权益性投资从被投资方取得的收入。

股息、红利等权益性投资收益，除国务院财政、税务主管部门另有规定外，按照被投资方作出利润分配决定的日期确认收入的实现。

第18条　企业所得税法第六条第（五）项所称利息收入，是指企业将资金提供他人使用但不构成权益性投资，或者因他人占用本企业资金取得的收入，包括存款利息、贷款利息、债券利息、欠款利息等收入。

利息收入，按照合同约定的债务人应付利息的日期确认收入的实现。

第19条　企业所得税法第六条第（六）项所称租金收入，是指企业提供固定资产、包装物或者其他有形资产的使用权取得的收入。

租金收入，按照合同约定的承租人应付租金的日期确认收入的实现。

第20条　企业所得税法第六条第（七）项所称特许权使用费收入，是指企业提供专利权、非专利技术、商标权、著作权以及其他特许权的使用权取得的收入。

特许权使用费收入，按照合同约定的特许权使用人应付特许权使用费的日期确认收入的实现。

第21条　企业所得税法第六条第（八）项所称接受捐赠收入，是指企业接受的来自其他企业、组织或者个人无偿给予的货币性资产、非货币性资产。

接受捐赠收入，按照实际收到捐赠资产的日期确认收入的实现。

第22条　企业所得税法第六条第（九）项所称其他收入，是指企业取得的除企业所得税法第六条第（一）项至第（八）项规定的收入外的其他收入，包括企业资产溢余收入、逾期未退包装物押金收入、确实无法偿付的应付款项、已作坏账损失处理后又收回的应收款项、债务重组收入、补贴收入、违约金收入、汇兑收益等。

第23条　企业的下列生产经营业务可以分期确认收入的实现：

（一）以分期收款方式销售货物的，按照合同约定的收款日期确认收入的实现；

（二）企业受托加工制造大型机械设备、船舶、飞机，以及从事建筑、安装、装配工程业务或者提供其他劳务等，持续时间超过12个月的，按照纳税年度内完工进度或者完成的工作量确认收入的实现。

第24条　采取产品分成方式取得收入的，按照企业分得产品的日期确认收入的实现，其收入额按照产品的公允价值确定。

第25条　企业发生非货币性资产交换，以及将货物、财产、劳务用于捐赠、偿债、赞助、集资、广告、样品、职工福利或者利润分配等用途的，应当视同销售货物、转让财产或者提供劳务，但国务院财政、税务主管部门另有规定的除外。

● 部门规章及文件

2.《国家税务总局关于企业所得税若干政策征管口径问题的公告》（2021年6月22日 国家税务总局公告2021年第17号）

二、关于可转换债券转换为股权投资的税务处理问题

（一）购买方企业的税务处理

1. 购买方企业购买可转换债券，在其持有期间按照约定利率取得的利息收入，应当依法申报缴纳企业所得税。

2. 购买方企业可转换债券转换为股票时，将应收未收利息一并转为股票的，该应收未收利息即使会计上未确认收入，税收上也应当作为当期利息收入申报纳税；转换后以该债券购买价、应收未收利息和支付的相关税费为该股票投资成本。

（二）发行方企业的税务处理

1. 发行方企业发生的可转换债券的利息，按照规定在税前扣除。

2. 发行方企业按照约定将购买方持有的可转换债券和应付未付利息一并转为股票的，其应付未付利息视同已支付，按照规定在税前扣除。

第七条　不征税收入项目

收入总额中的下列收入为不征税收入：

（一）财政拨款；

（二）依法收取并纳入财政管理的行政事业性收费、政府性基金；

（三）国务院规定的其他不征税收入。

● 行政法规及文件

《企业所得税法实施条例》（2019年4月23日　国务院令第714号）

第26条　企业所得税法第七条第（一）项所称财政拨款，

是指各级人民政府对纳入预算管理的事业单位、社会团体等组织拨付的财政资金，但国务院和国务院财政、税务主管部门另有规定的除外。

企业所得税法第七条第（二）项所称行政事业性收费，是指依照法律法规等有关规定，按照国务院规定程序批准，在实施社会公共管理，以及在向公民、法人或者其他组织提供特定公共服务过程中，向特定对象收取并纳入财政管理的费用。

企业所得税法第七条第（二）项所称政府性基金，是指企业依照法律、行政法规等有关规定，代政府收取的具有专项用途的财政资金。

企业所得税法第七条第（三）项所称国务院规定的其他不征税收入，是指企业取得的，由国务院财政、税务主管部门规定专项用途并经国务院批准的财政性资金。

第八条 与收入有关的、合理支出的扣除

企业实际发生的与取得收入有关的、合理的支出，包括成本、费用、税金、损失和其他支出，准予在计算应纳税所得额时扣除。

● 行政法规及文件

《企业所得税法实施条例》（2019年4月23日 国务院令第714号）

第27条 企业所得税法第八条所称有关的支出，是指与取得收入直接相关的支出。

企业所得税法第八条所称合理的支出，是指符合生产经营活动常规，应当计入当期损益或者有关资产成本的必要和正常的支出。

第28条 企业发生的支出应当区分收益性支出和资本性支出。收益性支出在发生当期直接扣除；资本性支出应当分期扣除

或者计入有关资产成本，不得在发生当期直接扣除。

企业的不征税收入用于支出所形成的费用或者财产，不得扣除或者计算对应的折旧、摊销扣除。

除企业所得税法和本条例另有规定外，企业实际发生的成本、费用、税金、损失和其他支出，不得重复扣除。

第29条　企业所得税法第八条所称成本，是指企业在生产经营活动中发生的销售成本、销货成本、业务支出以及其他耗费。

第30条　企业所得税法第八条所称费用，是指企业在生产经营活动中发生的销售费用、管理费用和财务费用，已经计入成本的有关费用除外。

第31条　企业所得税法第八条所称税金，是指企业发生的除企业所得税和允许抵扣的增值税以外的各项税金及其附加。

第32条　企业所得税法第八条所称损失，是指企业在生产经营活动中发生的固定资产和存货的盘亏、毁损、报废损失，转让财产损失，呆账损失，坏账损失，自然灾害等不可抗力因素造成的损失以及其他损失。

企业发生的损失，减除责任人赔偿和保险赔款后的余额，依照国务院财政、税务主管部门的规定扣除。

企业已经作为损失处理的资产，在以后纳税年度又全部收回或者部分收回时，应当计入当期收入。

第33条　企业所得税法第八条所称其他支出，是指除成本、费用、税金、损失外，企业在生产经营活动中发生的与生产经营活动有关的、合理的支出。

第34条　企业发生的合理的工资薪金支出，准予扣除。

前款所称工资薪金，是指企业每一纳税年度支付给在本企业任职或者受雇的员工的所有现金形式或者非现金形式的劳动报酬，包括基本工资、奖金、津贴、补贴、年终加薪、加班工资，以及与员工任职或者受雇有关的其他支出。

第 35 条　企业依照国务院有关主管部门或者省级人民政府规定的范围和标准为职工缴纳的基本养老保险费、基本医疗保险费、失业保险费、工伤保险费、生育保险费等基本社会保险费和住房公积金，准予扣除。

企业为投资者或者职工支付的补充养老保险费、补充医疗保险费，在国务院财政、税务主管部门规定的范围和标准内，准予扣除。

第 36 条　除企业依照国家有关规定为特殊工种职工支付的人身安全保险费和国务院财政、税务主管部门规定可以扣除的其他商业保险费外，企业为投资者或者职工支付的商业保险费，不得扣除。

第 37 条　企业在生产经营活动中发生的合理的不需要资本化的借款费用，准予扣除。

企业为购置、建造固定资产、无形资产和经过 12 个月以上的建造才能达到预定可销售状态的存货发生借款的，在有关资产购置、建造期间发生的合理的借款费用，应当作为资本性支出计入有关资产的成本，并依照本条例的规定扣除。

第 38 条　企业在生产经营活动中发生的下列利息支出，准予扣除：

（一）非金融企业向金融企业借款的利息支出、金融企业的各项存款利息支出和同业拆借利息支出、企业经批准发行债券的利息支出；

（二）非金融企业向非金融企业借款的利息支出，不超过按照金融企业同期同类贷款利率计算的数额的部分。

第 39 条　企业在货币交易中，以及纳税年度终了时将人民币以外的货币性资产、负债按照期末即期人民币汇率中间价折算为人民币时产生的汇兑损失，除已经计入有关资产成本以及与向所有者进行利润分配相关的部分外，准予扣除。

第 40 条　企业发生的职工福利费支出，不超过工资薪金总额14%的部分，准予扣除。

第41条　企业拨缴的工会经费，不超过工资薪金总额2%的部分，准予扣除。

第42条　除国务院财政、税务主管部门另有规定外，企业发生的职工教育经费支出，不超过工资薪金总额2.5%的部分，准予扣除；超过部分，准予在以后纳税年度结转扣除。

第43条　企业发生的与生产经营活动有关的业务招待费支出，按照发生额的60%扣除，但最高不得超过当年销售（营业）收入的5‰。

第44条　企业发生的符合条件的广告费和业务宣传费支出，除国务院财政、税务主管部门另有规定外，不超过当年销售（营业）收入15%的部分，准予扣除；超过部分，准予在以后纳税年度结转扣除。

第45条　企业依照法律、行政法规有关规定提取的用于环境保护、生态恢复等方面的专项资金，准予扣除。上述专项资金提取后改变用途的，不得扣除。

第46条　企业参加财产保险，按照规定缴纳的保险费，准予扣除。

第47条　企业根据生产经营活动的需要租入固定资产支付的租赁费，按照以下方法扣除：

（一）以经营租赁方式租入固定资产发生的租赁费支出，按照租赁期限均匀扣除；

（二）以融资租赁方式租入固定资产发生的租赁费支出，按照规定构成融资租入固定资产价值的部分应当提取折旧费用，分期扣除。

第48条　企业发生的合理的劳动保护支出，准予扣除。

第49条　企业之间支付的管理费、企业内营业机构之间支付的租金和特许权使用费，以及非银行企业内营业机构之间支付的利息，不得扣除。

第 50 条 非居民企业在中国境内设立的机构、场所，就其中国境外总机构发生的与该机构、场所生产经营有关的费用，能够提供总机构出具的费用汇集范围、定额、分配依据和方法等证明文件，并合理分摊的，准予扣除。

第九条　公益性捐赠支出的扣除

企业发生的公益性捐赠支出，在年度利润总额 12% 以内的部分，准予在计算应纳税所得额时扣除；超过年度利润总额 12% 的部分，准予结转以后三年内在计算应纳税所得额时扣除。

● 行政法规及文件

1. 《企业所得税法实施条例》（2019 年 4 月 23 日　国务院令第 714 号）

第 51 条　企业所得税法第九条所称公益性捐赠，是指企业通过公益性社会组织或者县级以上人民政府及其部门，用于符合法律规定的慈善活动、公益事业的捐赠。

第 52 条　本条例第五十一条所称公益性社会组织，是指同时符合下列条件的慈善组织以及其他社会组织：

（一）依法登记，具有法人资格；

（二）以发展公益事业为宗旨，且不以营利为目的；

（三）全部资产及其增值为该法人所有；

（四）收益和营运结余主要用于符合该法人设立目的的事业；

（五）终止后的剩余财产不归属任何个人或者营利组织；

（六）不经营与其设立目的无关的业务；

（七）有健全的财务会计制度；

（八）捐赠者不以任何形式参与该法人财产的分配；

（九）国务院财政、税务主管部门会同国务院民政部门等登记管理部门规定的其他条件。

第 53 条　企业当年发生以及以前年度结转的公益性捐赠支出，不超过年度利润总额 12%的部分，准予扣除。

年度利润总额，是指企业依照国家统一会计制度的规定计算的年度会计利润。

● 部门规章及文件

2.《国家税务总局关于企业所得税若干政策征管口径问题的公告》（2021 年 6 月 22 日　国家税务总局公告 2021 年第 17 号）

一、关于公益性捐赠支出相关费用的扣除问题

企业在非货币性资产捐赠过程中发生的运费、保险费、人工费用等相关支出，凡纳入国家机关、公益性社会组织开具的公益捐赠票据记载的数额中的，作为公益性捐赠支出按照规定在税前扣除；上述费用未纳入公益性捐赠票据记载的数额中的，作为企业相关费用按照规定在税前扣除。

第十条　不得扣除的支出事项

在计算应纳税所得额时，下列支出不得扣除：

（一）向投资者支付的股息、红利等权益性投资收益款项；

（二）企业所得税税款；

（三）税收滞纳金；

（四）罚金、罚款和被没收财物的损失；

（五）本法第九条规定以外的捐赠支出；

（六）赞助支出；

（七）未经核定的准备金支出；

（八）与取得收入无关的其他支出。

● 行政法规及文件

《企业所得税法实施条例》（2019年4月23日　国务院令第714号）

第54条　企业所得税法第十条第（六）项所称赞助支出，是指企业发生的与生产经营活动无关的各种非广告性质支出。

第55条　企业所得税法第十条第（七）项所称未经核定的准备金支出，是指不符合国务院财政、税务主管部门规定的各项资产减值准备、风险准备等准备金支出。

第十一条　固定资产折旧的扣除

在计算应纳税所得额时，企业按照规定计算的固定资产折旧，准予扣除。

下列固定资产不得计算折旧扣除：

（一）房屋、建筑物以外未投入使用的固定资产；

（二）以经营租赁方式租入的固定资产；

（三）以融资租赁方式租出的固定资产；

（四）已足额提取折旧仍继续使用的固定资产；

（五）与经营活动无关的固定资产；

（六）单独估价作为固定资产入账的土地；

（七）其他不得计算折旧扣除的固定资产。

● 行政法规及文件

1.《企业所得税法实施条例》（2019年4月23日　国务院令第714号）

第56条　企业的各项资产，包括固定资产、生物资产、无形资产、长期待摊费用、投资资产、存货等，以历史成本为计税基础。

前款所称历史成本，是指企业取得该项资产时实际发生的支出。

企业持有各项资产期间资产增值或者减值，除国务院财政、税务主管部门规定可以确认损益外，不得调整该资产的计税基础。

第 57 条　企业所得税法第十一条所称固定资产，是指企业为生产产品、提供劳务、出租或者经营管理而持有的、使用时间超过 12 个月的非货币性资产，包括房屋、建筑物、机器、机械、运输工具以及其他与生产经营活动有关的设备、器具、工具等。

第 58 条　固定资产按照以下方法确定计税基础：

（一）外购的固定资产，以购买价款和支付的相关税费以及直接归属于使该资产达到预定用途发生的其他支出为计税基础；

（二）自行建造的固定资产，以竣工结算前发生的支出为计税基础；

（三）融资租入的固定资产，以租赁合同约定的付款总额和承租人在签订租赁合同过程中发生的相关费用为计税基础，租赁合同未约定付款总额的，以该资产的公允价值和承租人在签订租赁合同过程中发生的相关费用为计税基础；

（四）盘盈的固定资产，以同类固定资产的重置完全价值为计税基础；

（五）通过捐赠、投资、非货币性资产交换、债务重组等方式取得的固定资产，以该资产的公允价值和支付的相关税费为计税基础；

（六）改建的固定资产，除企业所得税法第十三条第（一）项和第（二）项规定的支出外，以改建过程中发生的改建支出增加计税基础。

第 59 条　固定资产按照直线法计算的折旧，准予扣除。

企业应当自固定资产投入使用月份的次月起计算折旧；停止使用的固定资产，应当自停止使用月份的次月起停止计算折旧。

企业应当根据固定资产的性质和使用情况，合理确定固定资产的预计净残值。固定资产的预计净残值一经确定，不得变更。

第 60 条　除国务院财政、税务主管部门另有规定外，固定资产计算折旧的最低年限如下：

（一）房屋、建筑物，为 20 年；

（二）飞机、火车、轮船、机器、机械和其他生产设备，为 10 年；

（三）与生产经营活动有关的器具、工具、家具等，为 5 年；

（四）飞机、火车、轮船以外的运输工具，为 4 年；

（五）电子设备，为 3 年。

第 61 条　从事开采石油、天然气等矿产资源的企业，在开始商业性生产前发生的费用和有关固定资产的折耗、折旧方法，由国务院财政、税务主管部门另行规定。

第 62 条　生产性生物资产按照以下方法确定计税基础：

（一）外购的生产性生物资产，以购买价款和支付的相关税费为计税基础；

（二）通过捐赠、投资、非货币性资产交换、债务重组等方式取得的生产性生物资产，以该资产的公允价值和支付的相关税费为计税基础。

前款所称生产性生物资产，是指企业为生产农产品、提供劳务或者出租等而持有的生物资产，包括经济林、薪炭林、产畜和役畜等。

第 63 条　生产性生物资产按照直线法计算的折旧，准予扣除。

企业应当自生产性生物资产投入使用月份的次月起计算折旧；停止使用的生产性生物资产，应当自停止使用月份的次月起停止计算折旧。

企业应当根据生产性生物资产的性质和使用情况，合理确定生产性生物资产的预计净残值。生产性生物资产的预计净残值一经确定，不得变更。

第 64 条　生产性生物资产计算折旧的最低年限如下：

（一）林木类生产性生物资产，为 10 年；

（二）畜类生产性生物资产，为3年。

● 部门规章及文件

2.《财政部、税务总局关于设备、器具扣除有关企业所得税政策的公告》（2023年8月18日　财政部、税务总局公告2023年第37号）

为引导企业加大设备、器具投资力度，现就有关企业所得税政策公告如下：

一、企业在2024年1月1日至2027年12月31日期间新购进的设备、器具，单位价值不超过500万元的，允许一次性计入当期成本费用在计算应纳税所得额时扣除，不再分年度计算折旧；单位价值超过500万元的，仍按企业所得税法实施条例、《财政部 国家税务总局关于完善固定资产加速折旧企业所得税政策的通知》（财税〔2014〕75号）、《财政部 国家税务总局关于进一步完善固定资产加速折旧企业所得税政策的通知》（财税〔2015〕106号）等相关规定执行。

二、本公告所称设备、器具，是指除房屋、建筑物以外的固定资产。

第十二条　无形资产摊销费用的扣除

在计算应纳税所得额时，企业按照规定计算的无形资产摊销费用，准予扣除。

下列无形资产不得计算摊销费用扣除：

（一）自行开发的支出已在计算应纳税所得额时扣除的无形资产；

（二）自创商誉；

（三）与经营活动无关的无形资产；

（四）其他不得计算摊销费用扣除的无形资产。

● **行政法规及文件**

《企业所得税法实施条例》（2019年4月23日　国务院令第714号）

第65条　企业所得税法第十二条所称无形资产，是指企业为生产产品、提供劳务、出租或者经营管理而持有的、没有实物形态的非货币性长期资产，包括专利权、商标权、著作权、土地使用权、非专利技术、商誉等。

第66条　无形资产按照以下方法确定计税基础：

（一）外购的无形资产，以购买价款和支付的相关税费以及直接归属于使该资产达到预定用途发生的其他支出为计税基础；

（二）自行开发的无形资产，以开发过程中该资产符合资本化条件后至达到预定用途前发生的支出为计税基础；

（三）通过捐赠、投资、非货币性资产交换、债务重组等方式取得的无形资产，以该资产的公允价值和支付的相关税费为计税基础。

第67条　无形资产按照直线法计算的摊销费用，准予扣除。

无形资产的摊销年限不得低于10年。

作为投资或者受让的无形资产，有关法律规定或者合同约定了使用年限的，可以按照规定或者约定的使用年限分期摊销。

外购商誉的支出，在企业整体转让或者清算时，准予扣除。

第十三条　可扣除的长期待摊费用范围

在计算应纳税所得额时，企业发生的下列支出作为长期待摊费用，按照规定摊销的，准予扣除：

（一）已足额提取折旧的固定资产的改建支出；

（二）租入固定资产的改建支出；

（三）固定资产的大修理支出；

（四）其他应当作为长期待摊费用的支出。

● **行政法规及文件**

《企业所得税法实施条例》（2019 年 4 月 23 日　国务院令第 714 号）

第 68 条　企业所得税法第十三条第（一）项和第（二）项所称固定资产的改建支出，是指改变房屋或者建筑物结构、延长使用年限等发生的支出。

企业所得税法第十三条第（一）项规定的支出，按照固定资产预计尚可使用年限分期摊销；第（二）项规定的支出，按照合同约定的剩余租赁期限分期摊销。

改建的固定资产延长使用年限的，除企业所得税法第十三条第（一）项和第（二）项规定外，应当适当延长折旧年限。

第 69 条　企业所得税法第十三条第（三）项所称固定资产的大修理支出，是指同时符合下列条件的支出：

（一）修理支出达到取得固定资产时的计税基础 50% 以上；

（二）修理后固定资产的使用年限延长 2 年以上。

企业所得税法第十三条第（三）项规定的支出，按照固定资产尚可使用年限分期摊销。

第 70 条　企业所得税法第十三条第（四）项所称其他应当作为长期待摊费用的支出，自支出发生月份的次月起，分期摊销，摊销年限不得低于 3 年。

第十四条　投资资产成本不得扣除

企业对外投资期间，投资资产的成本在计算应纳税所得额时不得扣除。

● **行政法规及文件**

《企业所得税法实施条例》（2019 年 4 月 23 日　国务院令第 714 号）

第 71 条　企业所得税法第十四条所称投资资产，是指企业对外进行权益性投资和债权性投资形成的资产。

企业在转让或者处置投资资产时,投资资产的成本,准予扣除。

投资资产按照以下方法确定成本:

(一)通过支付现金方式取得的投资资产,以购买价款为成本;

(二)通过支付现金以外的方式取得的投资资产,以该资产的公允价值和支付的相关税费为成本。

第十五条　存货成本的扣除

企业使用或者销售存货,按照规定计算的存货成本,准予在计算应纳税所得额时扣除。

● **行政法规及文件**

《企业所得税法实施条例》(2019年4月23日　国务院令第714号)

第72条　企业所得税法第十五条所称存货,是指企业持有以备出售的产品或者商品、处在生产过程中的在产品、在生产或者提供劳务过程中耗用的材料和物料等。

存货按照以下方法确定成本:

(一)通过支付现金方式取得的存货,以购买价款和支付的相关税费为成本;

(二)通过支付现金以外的方式取得的存货,以该存货的公允价值和支付的相关税费为成本;

(三)生产性生物资产收获的农产品,以产出或者采收过程中发生的材料费、人工费和分摊的间接费用等必要支出为成本。

第73条　企业使用或者销售的存货的成本计算方法,可以在先进先出法、加权平均法、个别计价法中选用一种。计价方法一经选用,不得随意变更。

第十六条　转让资产净值的扣除

企业转让资产，该项资产的净值，准予在计算应纳税所得额时扣除。

● 行政法规及文件

《企业所得税法实施条例》（2019 年 4 月 23 日　国务院令第 714 号）

第 74 条　企业所得税法第十六条所称资产的净值和第十九条所称财产净值，是指有关资产、财产的计税基础减除已经按照规定扣除的折旧、折耗、摊销、准备金等后的余额。

第 75 条　除国务院财政、税务主管部门另有规定外，企业在重组过程中，应当在交易发生时确认有关资产的转让所得或者损失，相关资产应当按照交易价格重新确定计税基础。

第十七条　境外亏损不得抵减境内盈利

企业在汇总计算缴纳企业所得税时，其境外营业机构的亏损不得抵减境内营业机构的盈利。

第十八条　年度亏损结转

企业纳税年度发生的亏损，准予向以后年度结转，用以后年度的所得弥补，但结转年限最长不得超过五年。

第十九条　非居民企业应税所得的计算

非居民企业取得本法第三条第三款规定的所得，按照下列方法计算其应纳税所得额：

（一）股息、红利等权益性投资收益和利息、租金、特许权使用费所得，以收入全额为应纳税所得额；

（二）转让财产所得，以收入全额减除财产净值后的余额为应纳税所得额；

（三）其他所得，参照前两项规定的方法计算应纳税所得额。

● 行政法规及文件

《企业所得税法实施条例》（2019年4月23日　国务院令第714号）

第74条　企业所得税法第十六条所称资产的净值和第十九条所称财产净值，是指有关资产、财产的计税基础减除已经按照规定扣除的折旧、折耗、摊销、准备金等后的余额。

第103条　依照企业所得税法对非居民企业应当缴纳的企业所得税实行源泉扣缴的，应当依照企业所得税法第十九条的规定计算应纳税所得额。

企业所得税法第十九条所称收入全额，是指非居民企业向支付人收取的全部价款和价外费用。

第二十条　具体办法的授权规定

本章规定的收入、扣除的具体范围、标准和资产的税务处理的具体办法，由国务院财政、税务主管部门规定。

第二十一条　税收法律优先

在计算应纳税所得额时，企业财务、会计处理办法与税收法律、行政法规的规定不一致的，应当依照税收法律、行政法规的规定计算。

第三章 应纳税额

第二十二条　应纳税额计算方法

企业的应纳税所得额乘以适用税率,减除依照本法关于税收优惠的规定减免和抵免的税额后的余额,为应纳税额。

● 行政法规及文件

《企业所得税法实施条例》(2019 年 4 月 23 日　国务院令第 714 号)

第 76 条　企业所得税法第二十二条规定的应纳税额的计算公式为:

应纳税额=应纳税所得额×适用税率-减免税额-抵免税额

公式中的减免税额和抵免税额,是指依照企业所得税法和国务院的税收优惠规定减征、免征和抵免的应纳税额。

第二十三条　境外缴纳所得税额的抵免

企业取得的下列所得已在境外缴纳的所得税额,可以从其当期应纳税额中抵免,抵免限额为该项所得依照本法规定计算的应纳税额;超过抵免限额的部分,可以在以后五个年度内,用每年度抵免限额抵免当年应抵税额后的余额进行抵补:

(一) 居民企业来源于中国境外的应税所得;

(二) 非居民企业在中国境内设立机构、场所,取得发生在中国境外但与该机构、场所有实际联系的应税所得。

● 行政法规及文件

1.《企业所得税法实施条例》(2019 年 4 月 23 日　国务院令第 714 号)

第 77 条　企业所得税法第二十三条所称已在境外缴纳的所

得税税额，是指企业来源于中国境外的所得依照中国境外税收法律以及相关规定应当缴纳并已经实际缴纳的企业所得税性质的税款。

第78条　企业所得税法第二十三条所称抵免限额，是指企业来源于中国境外的所得，依照企业所得税法和本条例的规定计算的应纳税额。除国务院财政、税务主管部门另有规定外，该抵免限额应当分国（地区）不分项计算，计算公式如下：

抵免限额＝中国境内、境外所得依照企业所得税法和本条例的规定计算的应纳税总额×来源于某国（地区）的应纳税所得额÷中国境内、境外应纳税所得总额

第79条　企业所得税法第二十三条所称5个年度，是指从企业取得的来源于中国境外的所得，已经在中国境外缴纳的企业所得税性质的税额超过抵免限额的当年的次年起连续5个纳税年度。

第80条　企业所得税法第二十四条所称直接控制，是指居民企业直接持有外国企业20%以上股份。

企业所得税法第二十四条所称间接控制，是指居民企业以间接持股方式持有外国企业20%以上股份，具体认定办法由国务院财政、税务主管部门另行制定。

第81条　企业依照企业所得税法第二十三条、第二十四条的规定抵免企业所得税税额时，应当提供中国境外税务机关出具的税款所属年度的有关纳税凭证。

● 部门规章及文件

2.《国家税务总局关于企业所得税若干政策征管口径问题的公告》（2021年6月22日　国家税务总局公告2021年第17号）

三、关于跨境混合性投资业务企业所得税的处理问题

境外投资者在境内从事混合性投资业务，满足《国家税务总

局关于企业混合性投资业务企业所得税处理问题的公告》（2013年第41号）第一条规定的条件的，可以按照该公告第二条第一款的规定进行企业所得税处理，但同时符合以下两种情形的除外：

（一）该境外投资者与境内被投资企业构成关联关系；

（二）境外投资者所在国家（地区）将该项投资收益认定为权益性投资收益，且不征收企业所得税。

同时符合上述第（一）项和第（二）项规定情形的，境内被投资企业向境外投资者支付的利息应视为股息，不得进行税前扣除。

第二十四条　境外法定所得抵免

居民企业从其直接或者间接控制的外国企业分得的来源于中国境外的股息、红利等权益性投资收益，外国企业在境外实际缴纳的所得税税额中属于该项所得负担的部分，可以作为该居民企业的可抵免境外所得税税额，在本法第二十三条规定的抵免限额内抵免。

● 行政法规及文件

《企业所得税法实施条例》（2019年4月23日　国务院令第714号）

第80条　企业所得税法第二十四条所称直接控制，是指居民企业直接持有外国企业20%以上股份。

企业所得税法第二十四条所称间接控制，是指居民企业以间接持股方式持有外国企业20%以上股份，具体认定办法由国务院财政、税务主管部门另行制定。

第81条　企业依照企业所得税法第二十三条、第二十四条的规定抵免企业所得税税额时，应当提供中国境外税务机关出具的税款所属年度的有关纳税凭证。

第四章 税收优惠

第二十五条 税收优惠的一般规定

国家对重点扶持和鼓励发展的产业和项目，给予企业所得税优惠。

第二十六条 免税收入

企业的下列收入为免税收入：

（一）国债利息收入；

（二）符合条件的居民企业之间的股息、红利等权益性投资收益；

（三）在中国境内设立机构、场所的非居民企业从居民企业取得与该机构、场所有实际联系的股息、红利等权益性投资收益；

（四）符合条件的非营利组织的收入。

● 行政法规及文件

《企业所得税法实施条例》（2019年4月23日 国务院令第714号）

第82条 企业所得税法第二十六条第（一）项所称国债利息收入，是指企业持有国务院财政部门发行的国债取得的利息收入。

第83条 企业所得税法第二十六条第（二）项所称符合条件的居民企业之间的股息、红利等权益性投资收益，是指居民企业直接投资于其他居民企业取得的投资收益。企业所得税法第二十六条第（二）项和第（三）项所称股息、红利等权益性投资收益，不包括连续持有居民企业公开发行并上市流通的股票不足12个月取得的投资收益。

第84条 企业所得税法第二十六条第（四）项所称符合条

件的非营利组织,是指同时符合下列条件的组织:

(一)依法履行非营利组织登记手续;

(二)从事公益性或者非营利性活动;

(三)取得的收入除用于与该组织有关的、合理的支出外,全部用于登记核定或者章程规定的公益性或者非营利性事业;

(四)财产及其孳息不用于分配;

(五)按照登记核定或者章程规定,该组织注销后的剩余财产用于公益性或者非营利性目的,或者由登记管理机关转赠给与该组织性质、宗旨相同的组织,并向社会公告;

(六)投入人对投入该组织的财产不保留或者享有任何财产权利;

(七)工作人员工资福利开支控制在规定的比例内,不变相分配该组织的财产。

前款规定的非营利组织的认定管理办法由国务院财政、税务主管部门会同国务院有关部门制定。

第85条 企业所得税法第二十六条第(四)项所称符合条件的非营利组织的收入,不包括非营利组织从事营利性活动取得的收入,但国务院财政、税务主管部门另有规定的除外。

第二十七条 免征、减征所得

企业的下列所得,可以免征、减征企业所得税:

(一)从事农、林、牧、渔业项目的所得;

(二)从事国家重点扶持的公共基础设施项目投资经营的所得;

(三)从事符合条件的环境保护、节能节水项目的所得;

(四)符合条件的技术转让所得;

(五)本法第三条第三款规定的所得。

● 行政法规及文件

1. **《企业所得税法实施条例》**（2019 年 4 月 23 日　国务院令第 714 号）

第 86 条　企业所得税法第二十七条第（一）项规定的企业从事农、林、牧、渔业项目的所得，可以免征、减征企业所得税，是指：

（一）企业从事下列项目的所得，免征企业所得税：

1. 蔬菜、谷物、薯类、油料、豆类、棉花、麻类、糖料、水果、坚果的种植；

2. 农作物新品种的选育；

3. 中药材的种植；

4. 林木的培育和种植；

5. 牲畜、家禽的饲养；

6. 林产品的采集；

7. 灌溉、农产品初加工、兽医、农技推广、农机作业和维修等农、林、牧、渔服务业项目；

8. 远洋捕捞。

（二）企业从事下列项目的所得，减半征收企业所得税：

1. 花卉、茶以及其他饮料作物和香料作物的种植；

2. 海水养殖、内陆养殖。

企业从事国家限制和禁止发展的项目，不得享受本条规定的企业所得税优惠。

第 87 条　企业所得税法第二十七条第（二）项所称国家重点扶持的公共基础设施项目，是指《公共基础设施项目企业所得税优惠目录》规定的港口码头、机场、铁路、公路、城市公共交通、电力、水利等项目。

企业从事前款规定的国家重点扶持的公共基础设施项目的投资经营的所得，自项目取得第一笔生产经营收入所属纳税年度起,第一年至第三年免征企业所得税,第四年至第六年减半征收企业所得税。

企业承包经营、承包建设和内部自建自用本条规定的项目,不得享受本条规定的企业所得税优惠。

第88条 企业所得税法第二十七条第(三)项所称符合条件的环境保护、节能节水项目,包括公共污水处理、公共垃圾处理、沼气综合开发利用、节能减排技术改造、海水淡化等。项目的具体条件和范围由国务院财政、税务主管部门商国务院有关部门制订,报国务院批准后公布施行。

企业从事前款规定的符合条件的环境保护、节能节水项目的所得,自项目取得第一笔生产经营收入所属纳税年度起,第一年至第三年免征企业所得税,第四年至第六年减半征收企业所得税。

第89条 依照本条例第八十七条和第八十八条规定享受减免税优惠的项目,在减免税期限内转让的,受让方自受让之日起,可以在剩余期限内享受规定的减免税优惠;减免税期限届满后转让的,受让方不得就该项目重复享受减免税优惠。

第90条 企业所得税法第二十七条第(四)项所称符合条件的技术转让所得免征、减征企业所得税,是指一个纳税年度内,居民企业技术转让所得不超过500万元的部分,免征企业所得税;超过500万元的部分,减半征收企业所得税。

第91条 非居民企业取得企业所得税法第二十七条第(五)项规定的所得,减按10%的税率征收企业所得税。

下列所得可以免征企业所得税:

(一)外国政府向中国政府提供贷款取得的利息所得;

(二)国际金融组织向中国政府和居民企业提供优惠贷款取得的利息所得;

(三)经国务院批准的其他所得。

第101条 本章第八十七条、第九十九条、第一百条规定的企业所得税优惠目录，由国务院财政、税务主管部门商国务院有关部门制订，报国务院批准后公布施行。

● 部门规章及文件

2.《国家税务总局关于实施国家重点扶持的公共基础设施项目企业所得税优惠问题的通知》（2009年4月16日　国税发〔2009〕80号）（部分失效）

一、对居民企业（以下简称企业）经有关部门批准，从事符合《公共基础设施项目企业所得税优惠目录》（以下简称《目录》）规定范围、条件和标准的公共基础设施项目的投资经营所得，自该项目取得第一笔生产经营收入所属纳税年度起，第一年至第三年免征企业所得税，第四年至第六年减半征收企业所得税。

企业从事承包经营、承包建设和内部自建自用《目录》规定项目的所得，不得享受前款规定的企业所得税优惠。

二、本通知所称第一笔生产经营收入，是指公共基础设施项目建成并投入运营（包括试运营）后所取得的第一笔主营业务收入。

第二十八条　小型微利企业、高新技术企业减征所得税

符合条件的小型微利企业，减按20%的税率征收企业所得税。

国家需要重点扶持的高新技术企业，减按15%的税率征收企业所得税。

● 行政法规及文件

1.《企业所得税法实施条例》（2019年4月23日　国务院令第714号）

第92条　企业所得税法第二十八条第一款所称符合条件的小型微利企业，是指从事国家非限制和禁止行业，并符合下列条件的企业：

（一）工业企业，年度应纳税所得额不超过30万元，从业人数不超过100人，资产总额不超过3000万元；

（二）其他企业，年度应纳税所得额不超过30万元，从业人数不超过80人，资产总额不超过1000万元。

第93条 企业所得税法第二十八条第二款所称国家需要重点扶持的高新技术企业，是指拥有核心自主知识产权，并同时符合下列条件的企业：

（一）产品（服务）属于《国家重点支持的高新技术领域》规定的范围；

（二）研究开发费用占销售收入的比例不低于规定比例；

（三）高新技术产品（服务）收入占企业总收入的比例不低于规定比例；

（四）科技人员占企业职工总数的比例不低于规定比例；

（五）高新技术企业认定管理办法规定的其他条件。

《国家重点支持的高新技术领域》和高新技术企业认定管理办法由国务院科技、财政、税务主管部门商国务院有关部门制订，报国务院批准后公布施行。

● 部门规章及文件

2.《国家税务总局关于落实小型微利企业所得税优惠政策征管问题的公告》(2023年3月27日 国家税务总局公告2023年第6号)

为支持小微企业发展，落实好小型微利企业所得税优惠政策，现就有关征管问题公告如下：

一、符合财政部、税务总局规定的小型微利企业条件的企业（以下简称小型微利企业），按照相关政策规定享受小型微利企业所得税优惠政策。

企业设立不具有法人资格分支机构的，应当汇总计算总机构及其各分支机构的从业人数、资产总额、年度应纳税所得额，依据合计数判断是否符合小型微利企业条件。

二、小型微利企业无论按查账征收方式或核定征收方式缴纳企业所得税，均可享受小型微利企业所得税优惠政策。

三、小型微利企业在预缴和汇算清缴企业所得税时，通过填写纳税申报表，即可享受小型微利企业所得税优惠政策。

小型微利企业应准确填报基础信息，包括从业人数、资产总额、年度应纳税所得额、国家限制或禁止行业等，信息系统将为小型微利企业智能预填优惠项目、自动计算减免税额。

四、小型微利企业预缴企业所得税时，从业人数、资产总额、年度应纳税所得额指标，暂按当年度截至本期预缴申报所属期末的情况进行判断。

五、原不符合小型微利企业条件的企业，在年度中间预缴企业所得税时，按照相关政策标准判断符合小型微利企业条件的，应按照截至本期预缴申报所属期末的累计情况，计算减免税额。当年度此前期间如因不符合小型微利企业条件而多预缴的企业所得税税款，可在以后季度应预缴的企业所得税税款中抵减。

六、企业预缴企业所得税时享受了小型微利企业所得税优惠政策，但在汇算清缴时发现不符合相关政策标准的，应当按照规定补缴企业所得税税款。

七、小型微利企业所得税统一实行按季度预缴。

按月度预缴企业所得税的企业，在当年度4月、7月、10月预缴申报时，若按相关政策标准判断符合小型微利企业条件的，下一个预缴申报期起调整为按季度预缴申报，一经调整，当年度内不再变更。

八、本公告自2023年1月1日起施行。《国家税务总局关于小型微利企业所得税优惠政策征管问题的公告》（2022年第5号）同时废止。

特此公告。

3. 《财政部、税务总局关于进一步支持小微企业和个体工商户发展有关税费政策的公告》（2023 年 8 月 2 日　财政部、税务总局公告 2023 年第 12 号）

为进一步支持小微企业和个体工商户发展，现将有关税费政策公告如下：

一、自 2023 年 1 月 1 日至 2027 年 12 月 31 日，对个体工商户年应纳税所得额不超过 200 万元的部分，减半征收个人所得税。个体工商户在享受现行其他个人所得税优惠政策的基础上，可叠加享受本条优惠政策。

二、自 2023 年 1 月 1 日至 2027 年 12 月 31 日，对增值税小规模纳税人、小型微利企业和个体工商户减半征收资源税（不含水资源税）、城市维护建设税、房产税、城镇土地使用税、印花税（不含证券交易印花税）、耕地占用税和教育费附加、地方教育附加。

三、对小型微利企业减按 25% 计算应纳税所得额，按 20% 的税率缴纳企业所得税政策，延续执行至 2027 年 12 月 31 日。

四、增值税小规模纳税人、小型微利企业和个体工商户已依法享受资源税、城市维护建设税、房产税、城镇土地使用税、印花税、耕地占用税、教育费附加、地方教育附加等其他优惠政策的，可叠加享受本公告第二条规定的优惠政策。

五、本公告所称小型微利企业，是指从事国家非限制和禁止行业，且同时符合年度应纳税所得额不超过 300 万元、从业人数不超过 300 人、资产总额不超过 5000 万元等三个条件的企业。

从业人数，包括与企业建立劳动关系的职工人数和企业接受的劳务派遣用工人数。所称从业人数和资产总额指标，应按企业全年的季度平均值确定。具体计算公式如下：

季度平均值＝（季初值+季末值）÷2

全年季度平均值＝全年各季度平均值之和÷4

年度中间开业或者终止经营活动的,以其实际经营期作为一个纳税年度确定上述相关指标。

小型微利企业的判定以企业所得税年度汇算清缴结果为准。登记为增值税一般纳税人的新设立的企业,从事国家非限制和禁止行业,且同时符合申报期上月末从业人数不超过300人、资产总额不超过5000万元等两个条件的,可在首次办理汇算清缴前按照小型微利企业申报享受第二条规定的优惠政策。

六、本公告发布之日前,已征的相关税款,可抵减纳税人以后月份应缴纳税款或予以退还。发布之日前已办理注销的,不再追溯享受。

《财政部、税务总局关于进一步实施小微企业"六税两费"减免政策的公告》(财政部、税务总局公告2022年第10号)及《财政部、税务总局关于小微企业和个体工商户所得税优惠政策的公告》(财政部、税务总局公告2023年第6号)中个体工商户所得税优惠政策自2023年1月1日起相应停止执行。

特此公告。

第二十九条　民族自治地方企业所得税的减免

民族自治地方的自治机关对本民族自治地方的企业应缴纳的企业所得税中属于地方分享的部分,可以决定减征或者免征。自治州、自治县决定减征或者免征的,须报省、自治区、直辖市人民政府批准。

● **行政法规及文件**

《企业所得税法实施条例》(2019年4月23日　国务院令第714号)

第94条　企业所得税法第二十九条所称民族自治地方,是指依照《中华人民共和国民族区域自治法》的规定,实行民族区域自治的自治区、自治州、自治县。

对民族自治地方内国家限制和禁止行业的企业，不得减征或者免征企业所得税。

第三十条　加计扣除范围

企业的下列支出，可以在计算应纳税所得额时加计扣除：

（一）开发新技术、新产品、新工艺发生的研究开发费用；

（二）安置残疾人员及国家鼓励安置的其他就业人员所支付的工资。

● 行政法规及文件

1.《企业所得税法实施条例》（2019年4月23日　国务院令第714号）

第95条　企业所得税法第三十条第（一）项所称研究开发费用的加计扣除，是指企业为开发新技术、新产品、新工艺发生的研究开发费用，未形成无形资产计入当期损益的，在按照规定据实扣除的基础上，按照研究开发费用的50%加计扣除；形成无形资产的，按照无形资产成本的150%摊销。

第96条　企业所得税法第三十条第（二）项所称企业安置残疾人员所支付的工资的加计扣除，是指企业安置残疾人员的，在按照支付给残疾职工工资据实扣除的基础上，按照支付给残疾职工工资的100%加计扣除。残疾人员的范围适用《中华人民共和国残疾人保障法》的有关规定。

企业所得税法第三十条第（二）项所称企业安置国家鼓励安置的其他就业人员所支付的工资的加计扣除办法，由国务院另行规定。

● 部门规章及文件

2.《财政部、税务总局关于企业投入基础研究税收优惠政策的公告》(2022 年 9 月 30 日　财政部、税务总局公告 2022 年第 32 号)

为鼓励企业加大创新投入,支持我国基础研究发展,现就企业投入基础研究相关税收政策公告如下:

一、对企业出资给非营利性科学技术研究开发机构(科学技术研究开发机构以下简称科研机构)、高等学校和政府性自然科学基金用于基础研究的支出,在计算应纳税所得额时可按实际发生额在税前扣除,并可按 100% 在税前加计扣除。

对非营利性科研机构、高等学校接收企业、个人和其他组织机构基础研究资金收入,免征企业所得税。

二、第一条所称非营利性科研机构、高等学校包括国家设立的科研机构和高等学校、民办非营利性科研机构和高等学校,具体按以下条件确定:

(一)国家设立的科研机构和高等学校是指利用财政性资金设立的、取得《事业单位法人证书》的科研机构和公办高等学校,包括中央和地方所属科研机构和高等学校。

(二)民办非营利性科研机构和高等学校,是指同时满足以下条件的科研机构和高等学校:

1. 根据《民办非企业单位登记管理暂行条例》在民政部门登记,并取得《民办非企业单位(法人)登记证书》。

2. 对于民办非营利性科研机构,其《民办非企业单位(法人)登记证书》记载的业务范围应属于科学研究与技术开发、成果转让、科技咨询与服务、科技成果评估范围。对业务范围存在争议的,由税务机关转请县级(含)以上科技行政主管部门确认。

对于民办非营利性高等学校,应取得教育主管部门颁发的《民办学校办学许可证》,记载学校类型为"高等学校"。

3. 经认定取得企业所得税非营利组织免税资格。

三、第一条所称政府性自然科学基金是指国家和地方政府设立的自然科学基金委员会管理的自然科学基金。

四、第一条所称基础研究是指通过对事物的特性、结构和相互关系进行分析，从而阐述和检验各种假设、原理和定律的活动。具体依据以下内容判断：

（一）基础研究不预设某一特定的应用或使用目的，主要是为获得关于现象和可观察事实的基本原理的新知识，可针对已知或具有前沿性的科学问题，或者针对人们普遍感兴趣的某些广泛领域，以未来广泛应用为目标。

（二）基础研究可细分为两种类型，一是自由探索性基础研究，即为了增进知识，不追求经济或社会效益，也不积极谋求将其应用于实际问题或把成果转移到负责应用的部门。二是目标导向（定向）基础研究，旨在获取某方面知识、期望为探索解决当前已知或未来可能发现的问题奠定基础。

（三）基础研究成果通常表现为新原理、新理论、新规律或新知识，并以论文、著作、研究报告等形式为主。同时，由于基础研究具有较强的探索性、存在失败的风险，论文、著作、研究报告等也可以体现为试错或证伪等成果。

上述基础研究不包括在境外开展的研究，也不包括社会科学、艺术或人文学方面的研究。

五、企业出资基础研究应签订相关协议或合同，协议或合同中需明确资金用于基础研究领域。

六、企业和非营利性科研机构、高等学校和政府性自然科学基金管理单位应将相关资料留存备查，包括企业出资协议、出资合同、相关票据等，出资协议、出资合同和出资票据应包含出资方、接收方、出资用途（注明用于基础研究）、出资金额等信息。

七、非营利性科研机构、高等学校和政府性自然科学基金管理单位应做好企业投入基础研究的资金管理，建立健全监督机制，确保资金用于基础研究，提高资金使用效率。

八、本公告自 2022 年 1 月 1 日起执行。

特此公告。

3.《财政部、税务总局关于进一步完善研发费用税前加计扣除政策的公告》（2023 年 3 月 26 日　财政部、税务总局公告 2023 年第 7 号）

为进一步激励企业加大研发投入，更好地支持科技创新，现就企业研发费用税前加计扣除政策有关问题公告如下：

一、企业开展研发活动中实际发生的研发费用，未形成无形资产计入当期损益的，在按规定据实扣除的基础上，自 2023 年 1 月 1 日起，再按照实际发生额的 100%在税前加计扣除；形成无形资产的，自 2023 年 1 月 1 日起，按照无形资产成本的 200%在税前摊销。

二、企业享受研发费用加计扣除政策的其他政策口径和管理要求，按照《财政部、国家税务总局 科技部关于完善研究开发费用税前加计扣除政策的通知》（财税〔2015〕119 号）、《财政部、税务总局 科技部关于企业委托境外研究开发费用税前加计扣除有关政策问题的通知》（财税〔2018〕64 号）等文件相关规定执行。

三、本公告自 2023 年 1 月 1 日起执行，《财政部、税务总局关于进一步完善研发费用税前加计扣除政策的公告》（财政部、税务总局公告 2021 年第 13 号）、《财政部、税务总局 科技部关于进一步提高科技型中小企业研发费用税前加计扣除比例的公告》（财政部、税务总局 科技部公告 2022 年第 16 号）、《财政部、税务总局 科技部关于加大支持科技创新税前扣除力度的公告》（财政部、税务总局 科技部公告 2022 年第 28 号）同时废止。

特此公告。

第三十一条　创业投资企业应税所得的抵扣

创业投资企业从事国家需要重点扶持和鼓励的创业投资，可以按投资额的一定比例抵扣应纳税所得额。

● **行政法规及文件**

《企业所得税法实施条例》（2019 年 4 月 23 日　国务院令第 714 号）

第 97 条　企业所得税法第三十一条所称抵扣应纳税所得额，是指创业投资企业采取股权投资方式投资于未上市的中小高新技术企业 2 年以上的，可以按照其投资额的 70% 在股权持有满 2 年的当年抵扣该创业投资企业的应纳税所得额；当年不足抵扣的，可以在以后纳税年度结转抵扣。

第三十二条　企业加速折旧

企业的固定资产由于技术进步等原因，确需加速折旧的，可以缩短折旧年限或者采取加速折旧的方法。

● **行政法规及文件**

《企业所得税法实施条例》（2019 年 4 月 23 日　国务院令第 714 号）

第 98 条　企业所得税法第三十二条所称可以采取缩短折旧年限或者采取加速折旧的方法的固定资产，包括：

（一）由于技术进步，产品更新换代较快的固定资产；

（二）常年处于强震动、高腐蚀状态的固定资产。

采取缩短折旧年限方法的，最低折旧年限不得低于本条例第六十条规定折旧年限的 60%；采取加速折旧方法的，可以采取双倍余额递减法或者年数总和法。

第三十三条　应税所得的减计收入

企业综合利用资源，生产符合国家产业政策规定的产品所取得的收入，可以在计算应纳税所得额时减计收入。

● 行政法规及文件

《企业所得税法实施条例》（2019年4月23日　国务院令第714号）

第99条　企业所得税法第三十三条所称减计收入，是指企业以《资源综合利用企业所得税优惠目录》规定的资源作为主要原材料，生产国家非限制和禁止并符合国家和行业相关标准的产品取得的收入，减按90%计入收入总额。

前款所称原材料占生产产品材料的比例不得低于《资源综合利用企业所得税优惠目录》规定的标准。

第101条　本章第八十七条、第九十九条、第一百条规定的企业所得税优惠目录，由国务院财政、税务主管部门商国务院有关部门制订，报国务院批准后公布施行。

第三十四条　企业税额抵免

企业购置用于环境保护、节能节水、安全生产等专用设备的投资额，可以按一定比例实行税额抵免。

● 行政法规及文件

1.《企业所得税法实施条例》（2019年4月23日　国务院令第714号）

第100条　企业所得税法第三十四条所称税额抵免，是指企业购置并实际使用《环境保护专用设备企业所得税优惠目录》、《节能节水专用设备企业所得税优惠目录》和《安全生产专用设备企业所得税优惠目录》规定的环境保护、节能节水、安全生产等专用设备的，该专用设备的投资额的10%可以从企业当年的应纳税额中抵免；当年不足抵免的，可以在以后5个纳税年度结转抵免。

享受前款规定的企业所得税优惠的企业，应当实际购置并自身实际投入使用前款规定的专用设备；企业购置上述专用设备在5年内转让、出租的，应当停止享受企业所得税优惠，并补缴已经抵免的企业所得税税款。

第 101 条 本章第八十七条、第九十九条、第一百条规定的企业所得税优惠目录，由国务院财政、税务主管部门商国务院有关部门制订，报国务院批准后公布施行。

● 部门规章及文件

2.《国家税务总局关于停止执行企业购买国产设备投资抵免企业所得税政策问题的通知》（2008 年 5 月 16 日　国税发〔2008〕52 号）

自 2008 年 1 月 1 日起，停止执行企业购买国产设备投资抵免企业所得税的政策。

第三十五条　制定税收优惠办法的授权规定

本法规定的税收优惠的具体办法，由国务院规定。

第三十六条　专项优惠政策

根据国民经济和社会发展的需要，或者由于突发事件等原因对企业经营活动产生重大影响的，国务院可以制定企业所得税专项优惠政策，报全国人民代表大会常务委员会备案。

● 部门规章及文件

《财政部、国家税务总局关于专项用途财政性资金企业所得税处理问题的通知》（2011 年 9 月 7 日　财税〔2011〕70 号）

一、企业从县级以上各级人民政府财政部门及其他部门取得的应计入收入总额的财政性资金，凡同时符合以下条件的，可以作为不征税收入，在计算应纳税所得额时从收入总额中减除：

（一）企业能够提供规定资金专项用途的资金拨付文件；

（二）财政部门或其他拨付资金的政府部门对该资金有专门的资金管理办法或具体管理要求；

（三）企业对该资金以及以该资金发生的支出单独进行核算。

二、根据实施条例第二十八条的规定，上述不征税收入用于支出所形成的费用，不得在计算应纳税所得额时扣除；用于支出所形成的资产，其计算的折旧、摊销不得在计算应纳税所得额时扣除。

三、企业将符合本通知第一条规定条件的财政性资金作不征税收入处理后，在5年（60个月）内未发生支出且未缴回财政部门或其他拨付资金的政府部门的部分，应计入取得该资金第六年的应税收入总额；计入应税收入总额的财政性资金发生的支出，允许在计算应纳税所得额时扣除。

四、本通知自2011年1月1日起执行。

第五章　源泉扣缴

第三十七条　源泉扣缴的条件与执行

对非居民企业取得本法第三条第三款规定的所得应缴纳的所得税，实行源泉扣缴，以支付人为扣缴义务人。税款由扣缴义务人在每次支付或者到期应支付时，从支付或者到期应支付的款项中扣缴。

● **行政法规及文件**

《**企业所得税法实施条例**》（2019年4月23日　国务院令第714号）

第103条　依照企业所得税法对非居民企业应当缴纳的企业所得税实行源泉扣缴的，应当依照企业所得税法第十九条的规定计算应纳税所得额。

企业所得税法第十九条所称收入全额，是指非居民企业向支付人收取的全部价款和价外费用。

第104条　企业所得税法第三十七条所称支付人，是指依照有关法律规定或者合同约定对非居民企业直接负有支付相关款项义务的单位或者个人。

第 105 条　企业所得税法第三十七条所称支付，包括现金支付、汇拨支付、转账支付和权益兑价支付等货币支付和非货币支付。

第三十八条　非居民企业境内取得工程作业、劳务所得源泉扣缴时的扣缴义务人

对非居民企业在中国境内取得工程作业和劳务所得应缴纳的所得税，税务机关可以指定工程价款或者劳务费的支付人为扣缴义务人。

● 行政法规及文件

《企业所得税法实施条例》（2019 年 4 月 23 日　国务院令第 714 号）

第 106 条　企业所得税法第三十八条规定的可以指定扣缴义务人的情形，包括：

（一）预计工程作业或者提供劳务期限不足一个纳税年度，且有证据表明不履行纳税义务的；

（二）没有办理税务登记或者临时税务登记，且未委托中国境内的代理人履行纳税义务的；

（三）未按照规定期限办理企业所得税纳税申报或者预缴申报的。

前款规定的扣缴义务人，由县级以上税务机关指定，并同时告知扣缴义务人所扣税款的计算依据、计算方法、扣缴期限和扣缴方式。

第三十九条　扣缴义务人无法履行扣缴义务时纳税人所得税的缴纳

依照本法第三十七条、第三十八条规定应当扣缴的所得税，扣缴义务人未依法扣缴或者无法履行扣缴义务的，由纳税人在所得发生地缴纳。纳税人未依法缴纳的，税务机关可以从该纳税人在中国境内其他收入项目的支付人应付的款项中，追缴该纳税人的应纳税款。

● 行政法规及文件

《企业所得税法实施条例》（2019 年 4 月 23 日　国务院令第 714 号）

第 107 条　企业所得税法第三十九条所称所得发生地，是指依照本条例第七条规定的原则确定的所得发生地。在中国境内存在多处所得发生地的，由纳税人选择其中之一申报缴纳企业所得税。

第 108 条　企业所得税法第三十九条所称该纳税人在中国境内其他收入，是指该纳税人在中国境内取得的其他各种来源的收入。

税务机关在追缴该纳税人应纳税款时，应当将追缴理由、追缴数额、缴纳期限和缴纳方式等告知该纳税人。

第四十条　扣缴义务人缴纳代扣方式

扣缴义务人每次代扣的税款，应当自代扣之日起七日内缴入国库，并向所在地的税务机关报送扣缴企业所得税报告表。

第六章　特别纳税调整

第四十一条　企业与关联方之间应税收入或所得的计算

企业与其关联方之间的业务往来，不符合独立交易原则而减少企业或者其关联方应纳税收入或者所得额的，税务机关有权按照合理方法调整。

企业与其关联方共同开发、受让无形资产，或者共同提供、接受劳务发生的成本，在计算应纳税所得额时应当按照独立交易原则进行分摊。

● **行政法规及文件**

《企业所得税法实施条例》（2019年4月23日　国务院令第714号）

第109条　企业所得税法第四十一条所称关联方，是指与企业有下列关联关系之一的企业、其他组织或者个人：

（一）在资金、经营、购销等方面存在直接或者间接的控制关系；

（二）直接或者间接地同为第三者控制；

（三）在利益上具有相关联的其他关系。

第110条　企业所得税法第四十一条所称独立交易原则，是指没有关联关系的交易各方，按照公平成交价格和营业常规进行业务往来遵循的原则。

第111条　企业所得税法第四十一条所称合理方法，包括：

（一）可比非受控价格法，是指按照没有关联关系的交易各方进行相同或者类似业务往来的价格进行定价的方法；

（二）再销售价格法，是指按照从关联方购进商品再销售给没有关联关系的交易方的价格，减除相同或者类似业务的销售毛利进行定价的方法；

（三）成本加成法，是指按照成本加合理的费用和利润进行定价的方法；

（四）交易净利润法，是指按照没有关联关系的交易各方进行相同或者类似业务往来取得的净利润水平确定利润的方法；

（五）利润分割法，是指将企业与其关联方的合并利润或者亏损在各方之间采用合理标准进行分配的方法；

（六）其他符合独立交易原则的方法。

第112条　企业可以依照企业所得税法第四十一条第二款的规定，按照独立交易原则与其关联方分摊共同发生的成本，达成成本分摊协议。

企业与其关联方分摊成本时，应当按照成本与预期收益相配比的原则进行分摊，并在税务机关规定的期限内，按照税务机关的要求报送有关资料。

企业与其关联方分摊成本时违反本条第一款、第二款规定的，其自行分摊的成本不得在计算应纳税所得额时扣除。

第四十二条　预约定价安排

企业可以向税务机关提出与其关联方之间业务往来的定价原则和计算方法，税务机关与企业协商、确认后，达成预约定价安排。

● 行政法规及文件

《企业所得税法实施条例》（2019年4月23日　国务院令第714号）

第113条　企业所得税法第四十二条所称预约定价安排，是指企业就其未来年度关联交易的定价原则和计算方法，向税务机关提出申请，与税务机关按照独立交易原则协商、确认后达成的协议。

第四十三条　纳税申报的附随义务及协助调查责任

企业向税务机关报送年度企业所得税纳税申报表时，应当就其与关联方之间的业务往来，附送年度关联业务往来报告表。

税务机关在进行关联业务调查时，企业及其关联方，以及与关联业务调查有关的其他企业，应当按照规定提供相关资料。

● **行政法规及文件**

《**企业所得税法实施条例**》（2019 年 4 月 23 日　国务院令第 714 号）

第 114 条　企业所得税法第四十三条所称相关资料，包括：

（一）与关联业务往来有关的价格、费用的制定标准、计算方法和说明等同期资料；

（二）关联业务往来所涉及的财产、财产使用权、劳务等的再销售（转让）价格或者最终销售（转让）价格的相关资料；

（三）与关联业务调查有关的其他企业应当提供的与被调查企业可比的产品价格、定价方式以及利润水平等资料；

（四）其他与关联业务往来有关的资料。

企业所得税法第四十三条所称与关联业务调查有关的其他企业，是指与被调查企业在生产经营内容和方式上相类似的企业。

企业应当在税务机关规定的期限内提供与关联业务往来有关的价格、费用的制定标准、计算方法和说明等资料。关联方以及与关联业务调查有关的其他企业应当在税务机关与其约定的期限内提供相关资料。

第四十四条　不提供、违规提供与关联方业务往来资料的处理

企业不提供与其关联方之间业务往来资料，或者提供虚假、不完整资料，未能真实反映其关联业务往来情况的，税务机关有权依法核定其应纳税所得额。

● 行政法规及文件

1.《企业所得税法实施条例》（2019 年 4 月 23 日　国务院令第 714 号）

第 115 条　税务机关依照企业所得税法第四十四条的规定核定企业的应纳税所得额时，可以采用下列方法：

（一）参照同类或者类似企业的利润率水平核定；

（二）按照企业成本加合理的费用和利润的方法核定；

（三）按照关联企业集团整体利润的合理比例核定；

（四）按照其他合理方法核定。

企业对税务机关按照前款规定的方法核定的应纳税所得额有异议的，应当提供相关证据，经税务机关认定后，调整核定的应纳税所得额。

● 部门规章及文件

2.《企业所得税核定征收办法（试行）》（2018 年 6 月 15 日　国家税务总局公告 2018 年第 31 号）

第 1 条　为了加强企业所得税征收管理，规范核定征收企业所得税工作，保障国家税款及时足额入库，维护纳税人合法权益，根据《中华人民共和国企业所得税法》及其实施条例、《中华人民共和国税收征收管理法》及其实施细则的有关规定，制定本办法。

第 2 条　本办法适用于居民企业纳税人。

第 3 条　纳税人具有下列情形之一的，核定征收企业所得税：

（一）依照法律、行政法规的规定可以不设置账簿的；

（二）依照法律、行政法规的规定应当设置但未设置账簿的；

（三）擅自销毁账簿或者拒不提供纳税资料的；

（四）虽设置账簿，但账目混乱或者成本资料、收入凭证、费用凭证残缺不全，难以查账的；

（五）发生纳税义务，未按照规定的期限办理纳税申报，经税务机关责令限期申报，逾期仍不申报的；

（六）申报的计税依据明显偏低，又无正当理由的。

特殊行业、特殊类型的纳税人和一定规模以上的纳税人不适用本办法。上述特定纳税人由国家税务总局另行明确。

第4条　税务机关应根据纳税人具体情况，对核定征收企业所得税的纳税人，核定应税所得率或者核定应纳所得税额。

具有下列情形之一的，核定其应税所得率：

（一）能正确核算（查实）收入总额，但不能正确核算（查实）成本费用总额的；

（二）能正确核算（查实）成本费用总额，但不能正确核算（查实）收入总额的；

（三）通过合理方法，能计算和推定纳税人收入总额或成本费用总额的。

纳税人不属于以上情形的，核定其应纳所得税额。

第5条　税务机关采用下列方法核定征收企业所得税：

（一）参照当地同类行业或者类似行业中经营规模和收入水平相近的纳税人的税负水平核定；

（二）按照应税收入额或成本费用支出额定率核定；

（三）按照耗用的原材料、燃料、动力等推算或测算核定；

（四）按照其他合理方法核定。

采用前款所列一种方法不足以正确核定应纳税所得额或应纳税额的，可以同时采用两种以上的方法核定。采用两种以上方法测算的应纳税额不一致时，可按测算的应纳税额从高核定。

第6条　采用应税所得率方式核定征收企业所得税的，应纳所得税额计算公式如下：

应纳所得税额＝应纳税所得额×适用税率

应纳税所得额＝应税收入额×应税所得率

或：应纳税所得额＝成本（费用）支出额／（1－应税所得率）

×应税所得率

第7条 实行应税所得率方式核定征收企业所得税的纳税人，经营多业的，无论其经营项目是否单独核算，均由税务机关根据其主营项目确定适用的应税所得率。

主营项目应为纳税人所有经营项目中，收入总额或者成本（费用）支出额或者耗用原材料、燃料、动力数量所占比重最大的项目。

第8条 应税所得率按下表规定的幅度标准确定：

行业	应税所得率（%）
农、林、牧、渔业	3-10
制造业	5-15
批发和零售贸易业	4-15
交通运输业	7-15
建筑业	8-20
饮食业	8-25
娱乐业	15-30
其他行业	10-30

第9条 纳税人的生产经营范围、主营业务发生重大变化，或者应纳税所得额或应纳税额增减变化达到20%的，应及时向税务机关申报调整已确定的应纳税额或应税所得率。

第10条 主管税务机关应及时向纳税人送达《企业所得税核定征收鉴定表》（表样附后），及时完成对其核定征收企业所得税的鉴定工作。具体程序如下：

（一）纳税人应在收到《企业所得税核定征收鉴定表》后10个工作日内，填好该表并报送主管税务机关。《企业所得税核定征收鉴定表》一式三联，主管税务机关和县税务机关各执一联，另一联送达纳税人执行。主管税务机关还可根据实际工作需要，适当增加联次备用。

（二）主管税务机关应在受理《企业所得税核定征收鉴定表》后20个工作日内，分类逐户审查核实，提出鉴定意见，并报县税务机关复核、认定。

（三）县税务机关应在收到《企业所得税核定征收鉴定表》后 30 个工作日内，完成复核、认定工作。

纳税人收到《企业所得税核定征收鉴定表》后，未在规定期限内填列、报送的，税务机关视同纳税人已经报送，按上述程序进行复核认定。

第 11 条　税务机关应在每年 6 月底前对上年度实行核定征收企业所得税的纳税人进行重新鉴定。重新鉴定工作完成前，纳税人可暂按上年度的核定征收方式预缴企业所得税；重新鉴定工作完成后，按重新鉴定的结果进行调整。

第 12 条　主管税务机关应当分类逐户公示核定的应纳所得税额或应税所得率。主管税务机关应当按照便于纳税人及社会各界了解、监督的原则确定公示地点、方式。

纳税人对税务机关确定的企业所得税征收方式、核定的应纳所得税额或应税所得率有异议的，应当提供合法、有效的相关证据，税务机关经核实认定后调整有异议的事项。

第 13 条　纳税人实行核定应税所得率方式的，按下列规定申报纳税：

（一）主管税务机关根据纳税人应纳税额的大小确定纳税人按月或者按季预缴，年终汇算清缴。预缴方法一经确定，一个纳税年度内不得改变。

（二）纳税人应依照确定的应税所得率计算纳税期间实际应缴纳的税额，进行预缴。按实际数额预缴有困难的，经主管税务机关同意，可按上一年度应纳税额的 1/12 或 1/4 预缴，或者按经主管税务机关认可的其他方法预缴。

（三）纳税人预缴税款或年终进行汇算清缴时，应按规定填写《中华人民共和国企业所得税月（季）度预缴纳税申报表（B 类）》，在规定的纳税申报时限内报送主管税务机关。

第14条　纳税人实行核定应纳所得税额方式的，按下列规定申报纳税：

（一）纳税人在应纳所得税额尚未确定之前，可暂按上年度应纳所得税额的1/12或1/4预缴，或者按经主管税务机关认可的其他方法，按月或按季分期预缴。

（二）在应纳所得税额确定以后，减除当年已预缴的所得税额，余额按剩余月份或季度均分，以此确定以后各月或各季的应纳税额，由纳税人按月或按季填写《中华人民共和国企业所得税月（季）度预缴纳税申报表（B类）》，在规定的纳税申报期限内进行纳税申报。

（三）纳税人年度终了后，在规定的时限内按照实际经营额或实际应纳税额向税务机关申报纳税。申报额超过核定经营额或应纳税额的，按申报额缴纳税款；申报额低于核定经营额或应纳税额的，按核定经营额或应纳税额缴纳税款。

第15条　对违反本办法规定的行为，按照《中华人民共和国税收征收管理法》及其实施细则的有关规定处理。

第16条　各省、自治区、直辖市和计划单列市税务局，根据本办法的规定制定具体实施办法，并报国家税务总局备案。

第17条　本办法自2008年1月1日起执行。《国家税务总局关于印发〈核定征收企业所得税暂行办法〉的通知》（国税发〔2000〕38号）同时废止。

第四十五条　设立在低税率国家（地区）企业的利润处理

由居民企业，或者由居民企业和中国居民控制的设立在实际税负明显低于本法第四条第一款规定税率水平的国家（地区）的企业，并非由于合理的经营需要而对利润不作分配或者减少分配的，上述利润中应归属于该居民企业的部分，应当计入该居民企业的当期收入。

● 行政法规及文件

《企业所得税法实施条例》（2019年4月23日　国务院令第714号）

第116条　企业所得税法第四十五条所称中国居民，是指根据《中华人民共和国个人所得税法》的规定，就其从中国境内、境外取得的所得在中国缴纳个人所得税的个人。

第117条　企业所得税法第四十五条所称控制，包括：

（一）居民企业或者中国居民直接或者间接单一持有外国企业10%以上有表决权股份，且由其共同持有该外国企业50%以上股份；

（二）居民企业，或者居民企业和中国居民持股比例没有达到第（一）项规定的标准，但在股份、资金、经营、购销等方面对该外国企业构成实质控制。

第118条　企业所得税法第四十五条所称实际税负明显低于企业所得税法第四条第一款规定税率水平，是指低于企业所得税法第四条第一款规定税率的50%。

第四十六条　超标利息不得扣除

企业从其关联方接受的债权性投资与权益性投资的比例超过规定标准而发生的利息支出，不得在计算应纳税所得额时扣除。

● 行政法规及文件

《企业所得税法实施条例》（2019年4月23日　国务院令第714号）

第119条　企业所得税法第四十六条所称债权性投资，是指企业直接或者间接从关联方获得的，需要偿还本金和支付利息或者需要以其他具有支付利息性质的方式予以补偿的融资。

企业间接从关联方获得的债权性投资，包括：

（一）关联方通过无关联第三方提供的债权性投资；

（二）无关联第三方提供的、由关联方担保且负有连带责任的债权性投资；

（三）其他间接从关联方获得的具有负债实质的债权性投资。

企业所得税法第四十六条所称权益性投资，是指企业接受的不需要偿还本金和支付利息，投资人对企业净资产拥有所有权的投资。

企业所得税法第四十六条所称标准，由国务院财政、税务主管部门另行规定。

第四十七条　不合理安排减少所得税的调整

企业实施其他不具有合理商业目的的安排而减少其应纳税收入或者所得额的，税务机关有权按照合理方法调整。

● 行政法规及文件

《企业所得税法实施条例》（2019 年 4 月 23 日　国务院令第 714 号）

第 120 条　企业所得税法第四十七条所称不具有合理商业目的，是指以减少、免除或者推迟缴纳税款为主要目的。

第 123 条　企业与其关联方之间的业务往来，不符合独立交易原则，或者企业实施其他不具有合理商业目的的安排的，税务机关有权在该业务发生的纳税年度起 10 年内，进行纳税调整。

第四十八条　特别纳税调整补征税款应加收利息

税务机关依照本章规定作出纳税调整，需要补征税款的，应当补征税款，并按照国务院规定加收利息。

● 行政法规及文件

《企业所得税法实施条例》（2019 年 4 月 23 日　国务院令第 714 号）

第 121 条　税务机关根据税收法律、行政法规的规定，对企业作出特别纳税调整的，应当对补征的税款，自税款所属纳税年度的次年 6 月 1 日起至补缴税款之日止的期间，按日加收利息。

前款规定加收的利息,不得在计算应纳税所得额时扣除。

第 122 条　企业所得税法第四十八条所称利息,应当按照税款所属纳税年度中国人民银行公布的与补税期间同期的人民币贷款基准利率加 5 个百分点计算。

企业依照企业所得税法第四十三条和本条例的规定提供有关资料的,可以只按前款规定的人民币贷款基准利率计算利息。

第 123 条　企业与其关联方之间的业务往来,不符合独立交易原则,或者企业实施其他不具有合理商业目的安排的,税务机关有权在该业务发生的纳税年度起 10 年内,进行纳税调整。

第七章　征 收 管 理

第四十九条　企业所得税的征收管理

企业所得税的征收管理除本法规定外,依照《中华人民共和国税收征收管理法》的规定执行。

第五十条　居民企业纳税地点

除税收法律、行政法规另有规定外,居民企业以企业登记注册地为纳税地点;但登记注册地在境外的,以实际管理机构所在地为纳税地点。

居民企业在中国境内设立不具有法人资格的营业机构的,应当汇总计算并缴纳企业所得税。

● **行政法规及文件**

《企业所得税法实施条例》(2019 年 4 月 23 日　国务院令第 714 号)

第 124 条　企业所得税法第五十条所称企业登记注册地,是指企业依照国家有关规定登记注册的住所地。

第 125 条　企业汇总计算并缴纳企业所得税时,应当统一核算应纳税所得额,具体办法由国务院财政、税务主管部门另行制定。

第五十一条　非居民企业纳税地点

非居民企业取得本法第三条第二款规定的所得,以机构、场所所在地为纳税地点。非居民企业在中国境内设立两个或者两个以上机构、场所,符合国务院税务主管部门规定条件的,可以选择由其主要机构、场所汇总缴纳企业所得税。

非居民企业取得本法第三条第三款规定的所得,以扣缴义务人所在地为纳税地点。

● **行政法规及文件**

《企业所得税法实施条例》(2019年4月23日　国务院令第714号)

第126条　企业所得税法第五十一条所称主要机构、场所,应当同时符合下列条件:

(一) 对其他各机构、场所的生产经营活动负有监督管理责任;

(二) 设有完整的账簿、凭证,能够准确反映各机构、场所的收入、成本、费用和盈亏情况。

第五十二条　禁止合并缴纳所得税

除国务院另有规定外,企业之间不得合并缴纳企业所得税。

第五十三条　企业所得税纳税年度

企业所得税按纳税年度计算。纳税年度自公历1月1日起至12月31日止。

企业在一个纳税年度中间开业，或者终止经营活动，使该纳税年度的实际经营期不足十二个月的，应当以其实际经营期为一个纳税年度。

企业依法清算时，应当以清算期间作为一个纳税年度。

● 部门规章及文件

《国家税务总局关于外国企业所得税纳税年度有关问题的通知》
（2008年4月3日　国税函〔2008〕301号）

根据《中华人民共和国外商投资企业和外国企业所得税法实施细则》第八条规定，经当地主管税务机关批准以满十二个月的会计年度为纳税年度的外国企业，其2007-2008年度企业所得税的纳税年度截止到2007年12月31日，并按照《中华人民共和国外商投资企业和外国企业所得税法》规定的税率计算缴纳企业所得税。自2008年1月1日起，外国企业一律以公历年度为纳税年度，按照《中华人民共和国企业所得税法》规定的税率计算缴纳企业所得税。

第五十四条　企业所得税缴纳方式

企业所得税分月或者分季预缴。

企业应当自月份或者季度终了之日起十五日内，向税务机关报送预缴企业所得税纳税申报表，预缴税款。

企业应当自年度终了之日起五个月内，向税务机关报送年度企业所得税纳税申报表，并汇算清缴，结清应缴应退税款。

企业在报送企业所得税纳税申报表时，应当按照规定附送财务会计报告和其他有关资料。

● 行政法规及文件

《企业所得税法实施条例》（2019年4月23日　国务院令第714号）

第127条　企业所得税分月或者分季预缴，由税务机关具体核定。

企业根据企业所得税法第五十四条规定分月或者分季预缴企业所得税时，应当按照月度或者季度的实际利润额预缴；按照月度或者季度的实际利润额预缴有困难的，可以按照上一纳税年度应纳税所得额的月度或者季度平均额预缴，或者按照经税务机关认可的其他方法预缴。预缴方法一经确定，该纳税年度内不得随意变更。

第129条　企业在纳税年度内无论盈利或者亏损，都应当依照企业所得税法第五十四条规定的期限，向税务机关报送预缴企业所得税纳税申报表、年度企业所得税纳税申报表、财务会计报告和税务机关规定应当报送的其他有关资料。

第五十五条　企业终止经营活动及清算时所得税的缴纳

企业在年度中间终止经营活动的，应当自实际经营终止之日起六十日内，向税务机关办理当期企业所得税汇算清缴。

企业应当在办理注销登记前，就其清算所得向税务机关申报并依法缴纳企业所得税。

● 行政法规及文件

1.《企业所得税法实施条例》（2019年4月23日　国务院令第714号）

第11条　企业所得税法第五十五条所称清算所得，是指企业的全部资产可变现价值或者交易价格减除资产净值、清算费用以及相关税费等后的余额。

投资方企业从被清算企业分得的剩余资产，其中相当于从被清算企业累计未分配利润和累计盈余公积中应当分得的部分，应当确认为股息所得；剩余资产减除上述股息所得后的余额，超过或者低于投资成本的部分，应当确认为投资资产转让所得或者损失。

● 部门规章及文件

2.《财政部、国家税务总局关于企业清算业务企业所得税处理若干问题的通知》（2009年4月30日　财税〔2009〕60号）

　　三、企业清算的所得税处理包括以下内容：

　　（一）全部资产均应按可变现价值或交易价格，确认资产转让所得或损失；

　　（二）确认债权清理、债务清偿的所得或损失；

　　（三）改变持续经营核算原则，对预提或待摊性质的费用进行处理；

　　（四）依法弥补亏损，确定清算所得；

　　（五）计算并缴纳清算所得税；

　　（六）确定可向股东分配的剩余财产、应付股息等。

　　四、企业的全部资产可变现价值或交易价格，减除资产的计税基础、清算费用、相关税费，加上债务清偿损益等后的余额，为清算所得。

　　企业应将整个清算期作为一个独立的纳税年度计算清算所得。

　　五、企业全部资产的可变现价值或交易价格减除清算费用，职工的工资、社会保险费用和法定补偿金，结清清算所得税、以前年度欠税等税款，清偿企业债务，按规定计算可以向所有者分配的剩余资产。

　　被清算企业的股东分得的剩余资产的金额，其中相当于被清算企业累计未分配利润和累计盈余公积中按该股东所占股份比例计算的部分，应确认为股息所得；剩余资产减除股息所得后的余额，超过或低于股东投资成本的部分，应确认为股东的投资转让所得或损失。

　　被清算企业的股东从被清算企业分得的资产应按可变现价值

或实际交易价格确定计税基础。

第五十六条　货币计量单位

依照本法缴纳的企业所得税，以人民币计算。所得以人民币以外的货币计算的，应当折合成人民币计算并缴纳税款。

● 行政法规及文件

《企业所得税法实施条例》（2019年4月23日　国务院令第714号）

第129条　企业所得以人民币以外的货币计算的，预缴企业所得税时，应当按照月度或者季度最后一日的人民币汇率中间价，折合成人民币计算应纳税所得额。年度终了汇算清缴时，对已经按照月度或者季度预缴税款的，不再重新折合计算，只就该纳税年度内未缴纳企业所得税的部分，按照纳税年度最后一日的人民币汇率中间价，折合成人民币计算应纳税所得额。

经税务机关检查确认，企业少计或者多计前款规定的所得的，应当按照检查确认补税或者退税时的上一个月最后一日的人民币汇率中间价，将少计或者多计的所得折合成人民币计算应纳税所得额，再计算应补缴或者应退的税款。

第八章　附　　则

第五十七条　已享受法定优惠企业的过渡性措施

本法公布前已经批准设立的企业，依照当时的税收法律、行政法规规定，享受低税率优惠的，按照国务院规定，可以在本法施行后五年内，逐步过渡到本法规定的税率；享受定期减免税优惠的，按照国务院规定，可以在本法施行后继续享受到期满为止，但因未获利而尚未享受优惠的，优惠期限从本法施行年度起计算。

法律设置的发展对外经济合作和技术交流的特定地区内，以及国务院已规定执行上述地区特殊政策的地区内新设立的国家需要重点扶持的高新技术企业，可以享受过渡性税收优惠，具体办法由国务院规定。

国家已确定的其他鼓励类企业，可以按照国务院规定享受减免税优惠。

● 行政法规及文件

《企业所得税法实施条例》（2019 年 4 月 23 日　国务院令第 714 号）

第 130 条　企业所得税法第五十七条第一款所称本法公布前已经批准设立的企业，是指企业所得税法公布前已经完成登记注册的企业。

第五十八条　本法与国际税收协定关系

中华人民共和国政府同外国政府订立的有关税收的协定与本法有不同规定的，依照协定的规定办理。

第五十九条　制定实施条例的授权规定

国务院根据本法制定实施条例。

第六十条　施行日期

本法自 2008 年 1 月 1 日起施行。1991 年 4 月 9 日第七届全国人民代表大会第四次会议通过的《中华人民共和国外商投资企业和外国企业所得税法》和 1993 年 12 月 13 日国务院发布的《中华人民共和国企业所得税暂行条例》同时废止。

中华人民共和国个人所得税法

（1980年9月10日第五届全国人民代表大会第三次会议通过　根据1993年10月31日第八届全国人民代表大会常务委员会第四次会议《关于修改〈中华人民共和国个人所得税法〉的决定》第一次修正　根据1999年8月30日第九届全国人民代表大会常务委员会第十一次会议《关于修改〈中华人民共和国个人所得税法〉的决定》第二次修正　根据2005年10月27日第十届全国人民代表大会常务委员会第十八次会议《关于修改〈中华人民共和国个人所得税法〉的决定》第三次修正　根据2007年6月29日第十届全国人民代表大会常务委员会第二十八次会议《关于修改〈中华人民共和国个人所得税法〉的决定》第四次修正　根据2007年12月29日第十届全国人民代表大会常务委员会第三十一次会议《关于修改〈中华人民共和国个人所得税法〉的决定》第五次修正　根据2011年6月30日第十一届全国人民代表大会常务委员会第二十一次会议《关于修改〈中华人民共和国个人所得税法〉的决定》第六次修正　根据2018年8月31日第十三届全国人民代表大会常务委员会第五次会议《关于修改〈中华人民共和国个人所得税法〉的决定》第七次修正）

第一条　纳税义务人和征税范围

在中国境内有住所，或者无住所而一个纳税年度内在中国境内居住累计满一百八十三天的个人，为居民个人。居民个人从中国境内和境外取得的所得，依照本法规定缴纳个人所得税。

在中国境内无住所又不居住，或者无住所而一个纳税年度内在中国境内居住累计不满一百八十三天的个人，为非居民个人。非居民个人从中国境内取得的所得，依照本法规定缴纳个人所得税。

纳税年度，自公历一月一日起至十二月三十一日止。

● 行政法规及文件

《个人所得税法实施条例》（2018年12月18日　国务院令第707号）

第2条　个人所得税法所称在中国境内有住所，是指因户籍、家庭、经济利益关系而在中国境内习惯性居住；所称从中国境内和境外取得的所得，分别是指来源于中国境内的所得和来源于中国境外的所得。

第3条　除国务院财政、税务主管部门另有规定外，下列所得，不论支付地点是否在中国境内，均为来源于中国境内的所得：

（一）因任职、受雇、履约等在中国境内提供劳务取得的所得；

（二）将财产出租给承租人在中国境内使用而取得的所得；

（三）许可各种特许权在中国境内使用而取得的所得；

（四）转让中国境内的不动产等财产或者在中国境内转让其他财产取得的所得；

（五）从中国境内企业、事业单位、其他组织以及居民个人取得的利息、股息、红利所得。

第4条　在中国境内无住所的个人，在中国境内居住累计满183天的年度连续不满六年的，经向主管税务机关备案，其来源于中国境外且由境外单位或者个人支付的所得，免予缴纳个人所得税；在中国境内居住累计满183天的任一年度中有一次离境超过30天的，其在中国境内居住累计满183天的年度的连续年限重新起算。

第5条　在中国境内无住所的个人，在一个纳税年度内在中国境内居住累计不超过90天的，其来源于中国境内的所得，由境外雇主支付并且不由该雇主在中国境内的机构、场所负担的部分，免予缴纳个人所得税。

第6条　个人所得税法规定的各项个人所得的范围：

（一）工资、薪金所得，是指个人因任职或者受雇取得的工资、薪金、奖金、年终加薪、劳动分红、津贴、补贴以及与任职或者受雇有关的其他所得。

（二）劳务报酬所得，是指个人从事劳务取得的所得，包括从事设计、装潢、安装、制图、化验、测试、医疗、法律、会计、咨询、讲学、翻译、审稿、书画、雕刻、影视、录音、录像、演出、表演、广告、展览、技术服务、介绍服务、经纪服务、代办服务以及其他劳务取得的所得。

（三）稿酬所得，是指个人因其作品以图书、报刊等形式出版、发表而取得的所得。

（四）特许权使用费所得，是指个人提供专利权、商标权、著作权、非专利技术以及其他特许权的使用权取得的所得；提供著作权的使用权取得的所得，不包括稿酬所得。

（五）经营所得，是指：

1. 个体工商户从事生产、经营活动取得的所得，个人独资企业投资人、合伙企业的个人合伙人来源于境内注册的个人独资企业、合伙企业生产、经营的所得；

2. 个人依法从事办学、医疗、咨询以及其他有偿服务活动取得的所得；

3. 个人对企业、事业单位承包经营、承租经营以及转包、转租取得的所得；

4. 个人从事其他生产、经营活动取得的所得。

（六）利息、股息、红利所得，是指个人拥有债权、股权等而取得的利息、股息、红利所得。

（七）财产租赁所得，是指个人出租不动产、机器设备、车船以及其他财产取得的所得。

（八）财产转让所得，是指个人转让有价证券、股权、合伙企业中的财产份额、不动产、机器设备、车船以及其他财产取得的所得。

（九）偶然所得，是指个人得奖、中奖、中彩以及其他偶然性质的所得。

个人取得的所得，难以界定应纳税所得项目的，由国务院税务主管部门确定。

第7条　对股票转让所得征收个人所得税的办法，由国务院另行规定，并报全国人民代表大会常务委员会备案。

第二条　应税所得项目

下列各项个人所得，应当缴纳个人所得税：

（一）工资、薪金所得；

（二）劳务报酬所得；

（三）稿酬所得；

（四）特许权使用费所得；

（五）经营所得；

（六）利息、股息、红利所得；

（七）财产租赁所得；

（八）财产转让所得；

（九）偶然所得。

居民个人取得前款第一项至第四项所得（以下称综合所得），按纳税年度合并计算个人所得税；非居民个人取得前款第一项至第四项所得，按月或者按次分项计算个人所得税。纳税人取得前款第五项至第九项所得，依照本法规定分别计算个人所得税。

● 行政法规及文件

1.《个人所得税法实施条例》（2018年12月18日　国务院令第707号）

第8条　个人所得的形式，包括现金、实物、有价证券和其他形式的经济利益；所得为实物的，应当按照取得的凭证上所注明的价格计算应纳税所得额，无凭证的实物或者凭证上所注明的价格明显偏低的，参照市场价格核定应纳税所得额；所得为有价证券的，根据票面价格和市场价格核定应纳税所得额；所得为其他形式的经济利益的，参照市场价格核定应纳税所得额。

● 部门规章及文件

2.《财政部、税务总局、住房城乡建设部关于延续实施支持居民换购住房有关个人所得税政策的公告》（2023年8月18日　财政部、税务总局、住房城乡建设部公告2023年第28号）

为继续支持居民改善住房条件，现就有关个人所得税政策公告如下：

一、自2024年1月1日至2025年12月31日，对出售自有住房并在现住房出售后1年内在市场重新购买住房的纳税人，对其出售现住房已缴纳的个人所得税予以退税优惠。其中，新购住房金额大于或等于现住房转让金额的，全部退还已缴纳的个人所得税；新购住房金额小于现住房转让金额的，按新购住房金额占现住房转让金额的比例退还出售现住房已缴纳的个人所得税。

二、本公告所称现住房转让金额为该房屋转让的市场成交价格。新购住房为新房的，购房金额为纳税人在住房城乡建设部门网签备案的购房合同中注明的成交价格；新购住房为二手房的，购房金额为房屋的成交价格。

三、享受本公告规定优惠政策的纳税人须同时满足以下条件：

1. 纳税人出售和重新购买的住房应在同一城市范围内。同一城市范围是指同一直辖市、副省级城市、地级市（地区、州、盟）所辖全部行政区划范围。

2. 出售自有住房的纳税人与新购住房之间须直接相关，应为新购住房产权人或产权人之一。

四、符合退税优惠政策条件的纳税人应向主管税务机关提供合法、有效的售房、购房合同和主管税务机关要求提供的其他有关材料，经主管税务机关审核后办理退税。

五、各级住房城乡建设部门应与税务部门建立信息共享机制，将本地区房屋交易合同网签备案等信息（含撤销备案信息）实时共享至当地税务部门；暂未实现信息实时共享的地区，要建立健全工作机制，确保税务部门及时获取审核退税所需的房屋交易合同备案信息。

特此公告。

3.《财政部、税务总局关于权益性投资经营所得个人所得税征收管理的公告》（2021年12月30日　财政部、税务总局公告2021年第41号）

为贯彻落实中央办公厅、国务院办公厅《关于进一步深化税收征管改革的意见》有关要求，深化"放管服"改革，现就权益性投资经营所得个人所得税征收管理有关问题公告如下：

一、持有股权、股票、合伙企业财产份额等权益性投资的个人独资企业、合伙企业（以下简称独资合伙企业），一律适用查账征收方式计征个人所得税。

二、独资合伙企业应自持有上述权益性投资之日起30日内，主动向税务机关报送持有权益性投资的情况；公告实施前独资合伙企业已持有权益性投资的，应当在2022年1月30日前向税务机关报送持有权益性投资的情况。税务机关接到核定征收独资合伙企业报送持有权益性投资情况的，调整其征收方式为查账征收。

三、各级财政、税务部门应做好服务辅导工作，积极引导独资合伙企业建立健全账簿、完善会计核算和财务管理制度、如实申报纳税。独资合伙企业未如实报送持有权益性投资情况的，依据税收征收管理法相关规定处理。

四、本公告自 2022 年 1 月 1 日起施行。

特此公告。

4.《财政部、税务总局关于境外所得有关个人所得税政策的公告》（2020 年 1 月 17 日　财政部、税务总局公告 2020 年第 3 号）

为贯彻落实《中华人民共和国个人所得税法》和《中华人民共和国个人所得税法实施条例》（以下称个人所得税法及其实施条例），现将境外所得有关个人所得税政策公告如下：

一、下列所得，为来源于中国境外的所得：

（一）因任职、受雇、履约等在中国境外提供劳务取得的所得；

（二）中国境外企业以及其他组织支付且负担的稿酬所得；

（三）许可各种特许权在中国境外使用而取得的所得；

（四）在中国境外从事生产、经营活动而取得的与生产、经营活动相关的所得；

（五）从中国境外企业、其他组织以及非居民个人取得的利息、股息、红利所得；

（六）将财产出租给承租人在中国境外使用而取得的所得；

（七）转让中国境外的不动产、转让对中国境外企业以及其他组织投资形成的股票、股权以及其他权益性资产（以下称权益性资产）或者在中国境外转让其他财产取得的所得。但转让对中国境外企业以及其他组织投资形成的权益性资产，该权益性资产被转让前三年（连续 36 个公历月份）内的任一时间，被投资企业或其他组织的资产公允价值 50% 以上直接或间接来自位于中国境内的不动产的，取得的所得为来源于中国境内的所得；

（八）中国境外企业、其他组织以及非居民个人支付且负担的偶然所得；

（九）财政部、税务总局另有规定的，按照相关规定执行。

二、居民个人应当依照个人所得税法及其实施条例规定，按照以下方法计算当期境内和境外所得应纳税额：

（一）居民个人来源于中国境外的综合所得，应当与境内综合所得合并计算应纳税额；

（二）居民个人来源于中国境外的经营所得，应当与境内经营所得合并计算应纳税额。居民个人来源于境外的经营所得，按照个人所得税法及其实施条例的有关规定计算的亏损，不得抵减其境内或他国（地区）的应纳税所得额，但可以用来源于同一国家（地区）以后年度的经营所得按中国税法规定弥补；

（三）居民个人来源于中国境外的利息、股息、红利所得，财产租赁所得，财产转让所得和偶然所得（以下称其他分类所得），不与境内所得合并，应当分别单独计算应纳税额。

三、居民个人在一个纳税年度内来源于中国境外的所得，依照所得来源国家（地区）税收法律规定在中国境外已缴纳的所得税税额允许在抵免限额内从其该纳税年度应纳税额中抵免。

居民个人来源于一国（地区）的综合所得、经营所得以及其他分类所得项目的应纳税额为其抵免限额，按照下列公式计算：

（一）来源于一国（地区）综合所得的抵免限额＝中国境内和境外综合所得依照本公告第二条规定计算的综合所得应纳税额×来源于该国（地区）的综合所得收入额÷中国境内和境外综合所得收入额合计

（二）来源于一国（地区）经营所得的抵免限额＝中国境内和境外经营所得依照本公告第二条规定计算的经营所得应纳税额×来源于该国（地区）的经营所得应纳税所得额÷中国境内和境外经营所得应纳税所得额合计

（三）来源于一国（地区）其他分类所得的抵免限额＝该国（地区）的其他分类所得依照本公告第二条规定计算的应纳税额

（四）来源于一国（地区）所得的抵免限额＝来源于该国

（地区）综合所得抵免限额+来源于该国（地区）经营所得抵免限额+来源于该国（地区）其他分类所得抵免限额

四、可抵免的境外所得税税额，是指居民个人取得境外所得，依照该所得来源国（地区）税收法律应当缴纳且实际已经缴纳的所得税性质的税额。可抵免的境外所得税额不包括以下情形：

（一）按照境外所得税法律属于错缴或错征的境外所得税税额；

（二）按照我国政府签订的避免双重征税协定以及内地与香港、澳门签订的避免双重征税安排（以下统称税收协定）规定不应征收的境外所得税税额；

（三）因少缴或迟缴境外所得税而追加的利息、滞纳金或罚款；

（四）境外所得税纳税人或者其利害关系人从境外征税主体得到实际返还或补偿的境外所得税税款；

（五）按照我国个人所得税法及其实施条例规定，已经免税的境外所得负担的境外所得税税款。

五、居民个人从与我国签订税收协定的国家（地区）取得的所得，按照该国（地区）税收法律享受免税或减税待遇，且该免税或减税的数额按照税收协定饶让条款规定应视同已缴税额在中国的应纳税额中抵免的，该免税或减税数额可作为居民个人实际缴纳的境外所得税税额按规定申报税收抵免。

六、居民个人一个纳税年度内来源于一国（地区）的所得实际已经缴纳的所得税税额，低于依照本公告第三条规定计算出的来源于该国（地区）该纳税年度所得的抵免限额的，应以实际缴纳税额作为抵免额进行抵免；超过来源于该国（地区）该纳税年度所得的抵免限额的，应在限额内进行抵免，超过部分可以在以后五个纳税年度内结转抵免。

七、居民个人从中国境外取得所得的，应当在取得所得的次年 3 月 1 日至 6 月 30 日内申报纳税。

八、居民个人取得境外所得，应当向中国境内任职、受雇单位所在地主管税务机关办理纳税申报；在中国境内没有任职、受雇单位的，向户籍所在地或中国境内经常居住地主管税务机关办理纳税申报；户籍所在地与中国境内经常居住地不一致的，选择其中一地主管税务机关办理纳税申报；在中国境内没有户籍的，向中国境内经常居住地主管税务机关办理纳税申报。

九、居民个人取得境外所得的境外纳税年度与公历年度不一致的，取得境外所得的境外纳税年度最后一日所在的公历年度，为境外所得对应的我国纳税年度。

十、居民个人申报境外所得税收抵免时，除另有规定外，应当提供境外征税主体出具的税款所属年度的完税证明、税收缴款书或者纳税记录等纳税凭证，未提供符合要求的纳税凭证，不予抵免。

居民个人已申报境外所得、未进行税收抵免，在以后纳税年度取得纳税凭证并申报境外所得税收抵免的，可以追溯至该境外所得所属纳税年度进行抵免，但追溯年度不得超过五年。自取得该项境外所得的五个年度内，境外征税主体出具的税款所属纳税年度纳税凭证载明的实际缴纳税额发生变化的，按实际缴纳税额重新计算并办理补退税，不加收税收滞纳金，不退还利息。

纳税人确实无法提供纳税凭证的，可同时凭境外所得纳税申报表（或者境外征税主体确认的缴税通知书）以及对应的银行缴款凭证办理境外所得抵免事宜。

十一、居民个人被境内企业、单位、其他组织（以下称派出单位）派往境外工作，取得的工资薪金所得或者劳务报酬所得，由派出单位或者其他境内单位支付或负担的，派出单位或者其他境内单位应按照个人所得税法及其实施条例规定预扣预缴税款。

居民个人被派出单位派往境外工作，取得的工资薪金所得或者劳务报酬所得，由境外单位支付或负担的，如果境外单位为境外任职、受雇的中方机构（以下称中方机构）的，可以由境外任职、受雇的中方机构预扣税款，并委托派出单位向主管税务机关申报纳税。中方机构未预扣税款的或者境外单位不是中方机构的，派出单位应当于次年2月28日前向其主管税务机关报送外派人员情况，包括：外派人员的姓名、身份证件类型及身份证件号码、职务、派往国家和地区、境外工作单位名称和地址、派遣期限、境内外收入及缴税情况等。

中方机构包括中国境内企业、事业单位、其他经济组织以及国家机关所属的境外分支机构、子公司、使（领）馆、代表处等。

十二、居民个人取得来源于境外的所得或者实际已经在境外缴纳的所得税税额为人民币以外货币，应当按照《中华人民共和国个人所得税法实施条例》第三十二条折合计算。

十三、纳税人和扣缴义务人未按本公告规定申报缴纳、扣缴境外所得个人所得税以及报送资料的，按照《中华人民共和国税收征收管理法》和个人所得税法及其实施条例等有关规定处理，并按规定纳入个人纳税信用管理。

十四、本公告适用于2019年度及以后年度税收处理事宜。以前年度尚未抵免完毕的税额，可按本公告第六条规定处理。下列文件或文件条款同时废止：

1.《财政部、国家税务总局关于个人股票期权所得征收个人所得税问题的通知》（财税〔2005〕35号）第三条

2.《国家税务总局关于境外所得征收个人所得税若干问题的通知》（国税发〔1994〕44号）

3.《国家税务总局关于企业和个人的外币收入如何折合成人民币计算缴纳税款问题的通知》（国税发〔1995〕173号）

特此公告。

5. 《财政部、税务总局关于个人取得有关收入适用个人所得税应税所得项目的公告》（2019年6月13日　财政部、税务总局公告2019年第74号）

为贯彻落实修改后的《中华人民共和国个人所得税法》，做好政策衔接工作，现将个人取得的有关收入适用个人所得税应税所得项目的事项公告如下：

一、个人为单位或他人提供担保获得收入，按照"偶然所得"项目计算缴纳个人所得税。

二、房屋产权所有人将房屋产权无偿赠与他人的，受赠人因无偿受赠房屋取得的受赠收入，按照"偶然所得"项目计算缴纳个人所得税。按照《财政部、国家税务总局关于个人无偿受赠房屋有关个人所得税问题的通知》（财税〔2009〕78号）第一条规定，符合以下情形的，对当事双方不征收个人所得税：

（一）房屋产权所有人将房屋产权无偿赠与配偶、父母、子女、祖父母、外祖父母、孙子女、外孙子女、兄弟姐妹；

（二）房屋产权所有人将房屋产权无偿赠与对其承担直接抚养或者赡养义务的抚养人或者赡养人；

（三）房屋产权所有人死亡，依法取得房屋产权的法定继承人、遗嘱继承人或者受遗赠人。

前款所称受赠收入的应纳税所得额按照《财政部、国家税务总局关于个人无偿受赠房屋有关个人所得税问题的通知》（财税〔2009〕78号）第四条规定计算。

三、企业在业务宣传、广告等活动中，随机向本单位以外的个人赠送礼品（包括网络红包，下同），以及企业在年会、座谈会、庆典以及其他活动中向本单位以外的个人赠送礼品，个人取得的礼品收入，按照"偶然所得"项目计算缴纳个人所得税，但企业赠送的具有价格折扣或折让性质的消费券、代金券、抵用券、优惠券等礼品除外。

前款所称礼品收入的应纳税所得额按照《财政部、国家税务总局关于企业促销展业赠送礼品有关个人所得税问题的通知》（财税〔2011〕50号）第三条规定计算。

四、个人按照《财政部、税务总局 人力资源社会保障部 中国银行保险监督管理委员会 证监会关于开展个人税收递延型商业养老保险试点的通知》（财税〔2018〕22号）的规定，领取的税收递延型商业养老保险的养老金收入，其中25%部分予以免税，其余75%部分按照10%的比例税率计算缴纳个人所得税，税款计入"工资、薪金所得"项目，由保险机构代扣代缴后，在个人购买税延养老保险的机构所在地办理全员全额扣缴申报。

五、本公告自2019年1月1日起执行。下列文件或文件条款同时废止：

（一）《财政部、国家税务总局关于银行部门以超过国家利率支付给储户的揽储奖金征收个人所得税问题的批复》（财税字〔1995〕64号）；

（二）《国家税务总局对中国科学院院士荣誉奖金征收个人所得税问题的复函》（国税函〔1995〕351号）；

（三）《国家税务总局关于未分配的投资者收益和个人人寿保险收入征收个人所得税问题的批复》（国税函〔1998〕546号）第二条；

（四）《国家税务总局关于个人所得税有关政策问题的通知》（国税发〔1999〕58号）第三条；

（五）《国家税务总局关于股民从证券公司取得的回扣收入征收个人所得税问题的批复》（国税函〔1999〕627号）；

（六）《财政部、国家税务总局关于个人所得税有关问题的批复》（财税〔2005〕94号）第二条；

（七）《国家税务总局关于个人取得解除商品房买卖合同违约金征收个人所得税问题的批复》（国税函〔2006〕865号）；

（八）《财政部、国家税务总局关于个人无偿受赠房屋有关个人所得税问题的通知》（财税〔2009〕78号）第三条；

（九）《财政部、国家税务总局关于企业促销展业赠送礼品有关个人所得税问题的通知》（财税〔2011〕50号）第二条第1项、第2项；

（十）《财政部、税务总局 人力资源社会保障部 中国银行保险监督管理委员会 证监会关于开展个人税收递延型商业养老保险试点的通知》（财税〔2018〕22号）第一条第（二）项第3点第二段；

（十一）《国家税务总局关于开展个人税收递延型商业养老保险试点有关征管问题的公告》（国家税务总局公告2018年第21号）第二条。

特此公告。

6.《股权转让所得个人所得税管理办法（试行）》（2018年6月15日 国家税务总局公告2018年第31号）

第一章 总　则

第1条 为加强股权转让所得个人所得税征收管理，规范税务机关、纳税人和扣缴义务人征纳行为，维护纳税人合法权益，根据《中华人民共和国个人所得税法》及其实施条例、《中华人民共和国税收征收管理法》及其实施细则，制定本办法。

第2条 本办法所称股权是指自然人股东（以下简称个人）投资于在中国境内成立的企业或组织（以下统称被投资企业，不包括个人独资企业和合伙企业）的股权或股份。

第3条 本办法所称股权转让是指个人将股权转让给其他个人或法人的行为，包括以下情形：

（一）出售股权；

（二）公司回购股权；

（三）发行人首次公开发行新股时，被投资企业股东将其持有的股份以公开发行方式一并向投资者发售；

（四）股权被司法或行政机关强制过户；

（五）以股权对外投资或进行其他非货币性交易；

（六）以股权抵偿债务；

（七）其他股权转移行为。

第4条 个人转让股权，以股权转让收入减除股权原值和合理费用后的余额为应纳税所得额，按"财产转让所得"缴纳个人所得税。

合理费用是指股权转让时按照规定支付的有关税费。

第5条 个人股权转让所得个人所得税，以股权转让方为纳税人，以受让方为扣缴义务人。

第6条 扣缴义务人应于股权转让相关协议签订后5个工作日内，将股权转让的有关情况报告主管税务机关。

被投资企业应当详细记录股东持有本企业股权的相关成本，如实向税务机关提供与股权转让有关的信息，协助税务机关依法执行公务。

第二章 股权转让收入的确认

第7条 股权转让收入是指转让方因股权转让而获得的现金、实物、有价证券和其他形式的经济利益。

第8条 转让方取得与股权转让相关的各种款项，包括违约金、补偿金以及其他名目的款项、资产、权益等，均应当并入股权转让收入。

第9条 纳税人按照合同约定，在满足约定条件后取得的后续收入，应当作为股权转让收入。

第10条 股权转让收入应当按照公平交易原则确定。

第11条 符合下列情形之一的，主管税务机关可以核定股权转让收入：

（一）申报的股权转让收入明显偏低且无正当理由的；

（二）未按照规定期限办理纳税申报，经税务机关责令限期申报，逾期仍不申报的；

（三）转让方无法提供或拒不提供股权转让收入的有关资料；

（四）其他应核定股权转让收入的情形。

第12条 符合下列情形之一，视为股权转让收入明显偏低：

（一）申报的股权转让收入低于股权对应的净资产份额的。其中，被投资企业拥有土地使用权、房屋、房地产企业未销售房产、知识产权、探矿权、采矿权、股权等资产的，申报的股权转让收入低于股权对应的净资产公允价值份额的；

（二）申报的股权转让收入低于初始投资成本或低于取得该股权所支付的价款及相关税费的；

（三）申报的股权转让收入低于相同或类似条件下同一企业同一股东或其他股东股权转让收入的；

（四）申报的股权转让收入低于相同或类似条件下同类行业的企业股权转让收入的；

（五）不具合理性的无偿让渡股权或股份；

（六）主管税务机关认定的其他情形。

第13条 符合下列条件之一的股权转让收入明显偏低，视为有正当理由：

（一）能出具有效文件，证明被投资企业因国家政策调整，生产经营受到重大影响，导致低价转让股权；

（二）继承或将股权转让给其能提供具有法律效力身份关系证明的配偶、父母、子女、祖父母、外祖父母、孙子女、外孙子女、兄弟姐妹以及对转让人承担直接抚养或者赡养义务的抚养人或者赡养人；

（三）相关法律、政府文件或企业章程规定，并有相关资料充分证明转让价格合理且真实的本企业员工持有的不能对外转让股权的内部转让；

（四）股权转让双方能够提供有效证据证明其合理性的其他

合理情形。

第 14 条 主管税务机关应依次按照下列方法核定股权转让收入：

（一）净资产核定法

股权转让收入按照每股净资产或股权对应的净资产份额核定。

被投资企业的土地使用权、房屋、房地产企业未销售房产、知识产权、探矿权、采矿权、股权等资产占企业总资产比例超过20%的，主管税务机关可参照纳税人提供的具有法定资质的中介机构出具的资产评估报告核定股权转让收入。

6个月内再次发生股权转让且被投资企业净资产未发生重大变化的，主管税务机关可参照上一次股权转让时被投资企业的资产评估报告核定此次股权转让收入。

（二）类比法

1. 参照相同或类似条件下同一企业同一股东或其他股东股权转让收入核定；

2. 参照相同或类似条件下同类行业企业股权转让收入核定。

（三）其他合理方法

主管税务机关采用以上方法核定股权转让收入存在困难的，可以采取其他合理方法核定。

第三章　股权原值的确认

第 15 条 个人转让股权的原值依照以下方法确认：

（一）以现金出资方式取得的股权，按照实际支付的价款与取得股权直接相关的合理税费之和确认股权原值；

（二）以非货币性资产出资方式取得的股权，按照税务机关认可或核定的投资入股时非货币性资产价格与取得股权直接相关的合理税费之和确认股权原值；

（三）通过无偿让渡方式取得股权，具备本办法第十三条第二项所列情形的，按取得股权发生的合理税费与原持有人的股权原值之和确认股权原值；

（四）被投资企业以资本公积、盈余公积、未分配利润转增股本，个人股东已依法缴纳个人所得税的，以转增额和相关税费之和确认其新转增股本的股权原值；

（五）除以上情形外，由主管税务机关按照避免重复征收个人所得税的原则合理确认股权原值。

第16条　股权转让人已被主管税务机关核定股权转让收入并依法征收个人所得税的，该股权受让人的股权原值以取得股权时发生的合理税费与股权转让人被主管税务机关核定的股权转让收入之和确认。

第17条　个人转让股权未提供完整、准确的股权原值凭证，不能正确计算股权原值的，由主管税务机关核定其股权原值。

第18条　对个人多次取得同一被投资企业股权的，转让部分股权时，采用"加权平均法"确定其股权原值。

第四章　纳税申报

第19条　个人股权转让所得个人所得税以被投资企业所在地税务机关为主管税务机关。

第20条　具有下列情形之一的，扣缴义务人、纳税人应当依法在次月15日内向主管税务机关申报纳税：

（一）受让方已支付或部分支付股权转让价款的；

（二）股权转让协议已签订生效的；

（三）受让方已经实际履行股东职责或者享受股东权益的；

（四）国家有关部门判决、登记或公告生效的；

（五）本办法第三条第四至第七项行为已完成的；

（六）税务机关认定的其他有证据表明股权已发生转移的情形。

第21条　纳税人、扣缴义务人向主管税务机关办理股权转让纳税（扣缴）申报时，还应当报送以下资料：

（一）股权转让合同（协议）；

（二）股权转让双方身份证明；

（三）按规定需要进行资产评估的，需提供具有法定资质的中介机构出具的净资产或土地房产等资产价值评估报告；

（四）计税依据明显偏低但有正当理由的证明材料；

（五）主管税务机关要求报送的其他材料。

第22条　被投资企业应当在董事会或股东会结束后5个工作日内，向主管税务机关报送与股权变动事项相关的董事会或股东会决议、会议纪要等资料。

被投资企业发生个人股东变动或者个人股东所持股权变动的，应当在次月15日内向主管税务机关报送含有股东变动信息的《个人所得税基础信息表（A表）》及股东变更情况说明。

主管税务机关应当及时向被投资企业核实其股权变动情况，并确认相关转让所得，及时督促扣缴义务人和纳税人履行法定义务。

第23条　转让的股权以人民币以外的货币结算的，按照结算当日人民币汇率中间价，折算成人民币计算应纳税所得额。

第五章　征收管理

第24条　税务机关应加强与工商部门合作，落实和完善股权信息交换制度，积极开展股权转让信息共享工作。

第25条　税务机关应当建立股权转让个人所得税电子台账，将个人股东的相关信息录入征管信息系统，强化对每次股权转让间股权转让收入和股权原值的逻辑审核，对股权转让实施链条式动态管理。

第26条　税务机关应当加强对股权转让所得个人所得税的日常管理和税务检查，积极推进股权转让各税种协同管理。

第27条　纳税人、扣缴义务人及被投资企业未按照规定期限办理纳税（扣缴）申报和报送相关资料的，依照《中华人民共和国税收征收管理法》及其实施细则有关规定处理。

第 28 条　各地可通过政府购买服务的方式，引入中介机构参与股权转让过程中相关资产的评估工作。

第六章　附　　则

第 29 条　个人在上海证券交易所、深圳证券交易所转让从上市公司公开发行和转让市场取得的上市公司股票，转让限售股，以及其他有特别规定的股权转让，不适用本办法。

第 30 条　各省、自治区、直辖市和计划单列市税务局可以根据本办法，结合本地实际，制定具体实施办法。

第 31 条　本办法自 2015 年 1 月 1 日起施行。《国家税务总局关于加强股权转让所得征收个人所得税管理的通知》（国税函〔2009〕285 号）、《国家税务总局关于股权转让个人所得税计税依据核定问题的公告》（国家税务总局公告 2010 年第 27 号）同时废止。

● 请示答复

7.《国家税务总局关于房屋买受人按照约定退房取得的补偿款有关个人所得税问题的批复》（2013 年 12 月 30 日　税总函〔2013〕748 号）

浙江省地方税务局：

你局《关于买受人退房取得的补偿款个人所得税问题的请示》（浙地税发〔2013〕40 号）收悉。经研究，批复如下：

根据《中华人民共和国个人所得税法》及其实施条例有关规定，房屋买受人在未办理房屋产权证的情况下，按照与房地产公司约定条件（如对房屋的占有、使用、收益和处分权进行限制）在一定时期后无条件退房而取得的补偿款，应按照"利息、股息、红利所得"项目缴纳个人所得税，税款由支付补偿款的房地产公司代扣代缴。

特此批复。

8. 《财政部、国家税务总局关于企业向个人支付不竞争款项征收个人所得税问题的批复》（2007 年 9 月 12 日　财税〔2007〕102 号）

不竞争款项是指资产购买方企业与资产出售方企业自然人股东之间在资产购买交易中，通过签订保密和不竞争协议等方式，约定资产出售方企业自然人股东在交易完成后一定期限内，承诺不从事有市场竞争的相关业务，并负有相关技术资料的保密义务，资产购买方企业则在约定期限内，按一定方式向资产出售方企业自然人股东所支付的款项。

根据《中华人民共和国个人所得税法》第二条第十一项有关规定，鉴于资产购买方企业向个人支付的不竞争款项，属于个人因偶然因素取得的一次性所得，为此，资产出售方企业自然人股东取得的所得，应按照《中华人民共和国个人所得税法》第二条第十项"偶然所得"项目计算缴纳个人所得税，税款由资产购买方企业在向资产出售方企业自然人股东支付不竞争款项时代扣代缴。

9. 《财政部、国家税务总局关于企业为个人购买房屋或其他财产征收个人所得税问题的批复》（2008 年 6 月 10 日　财税〔2008〕83 号）

一、根据《中华人民共和国个人所得税法》和《财政部、国家税务总局关于规范个人投资者个人所得税征收管理的通知》（财税〔2003〕158 号）的有关规定，符合以下情形的房屋或其他财产，不论所有权人是否将财产无偿或有偿交付企业使用，其实质均为企业对个人进行了实物性质的分配，应依法计征个人所得税。

（一）企业出资购买房屋及其他财产，将所有权登记为投资者个人、投资者家庭成员或企业其他人员的；

（二）企业投资者个人、投资者家庭成员或企业其他人员向企业借款用于购买房屋及其他财产，将所有权登记为投资者、投资者家庭成员或企业其他人员，且借款年度终了后未归还借款的。

二、对个人独资企业、合伙企业的个人投资者或其家庭成员取得的上述所得，视为企业对个人投资者的利润分配，按照"个体工商户的生产、经营所得"项目计征个人所得税；对除个人独资企业、合伙企业以外其他企业的个人投资者或其家庭成员取得的上述所得，视为企业对个人投资者的红利分配，按照"利息、股息、红利所得"项目计征个人所得税；对企业其他人员取得的上述所得，按照"工资、薪金所得"项目计征个人所得税。

第三条 税率

个人所得税的税率：

（一）综合所得，适用百分之三至百分之四十五的超额累进税率（税率表附后）；

（二）经营所得，适用百分之五至百分之三十五的超额累进税率（税率表附后）；

（三）利息、股息、红利所得，财产租赁所得，财产转让所得和偶然所得，适用比例税率，税率为百分之二十。

● 部门规章及文件

1.《财政部、税务总局、国家发展改革委、中国证监会关于延续实施创业投资企业个人合伙人所得税政策的公告》（2023年8月21日　财政部、税务总局、国家发展改革委、中国证监会公告2023年第24号）

为继续支持创业投资企业（含创投基金，以下统称创投企业）发展，现将有关个人所得税政策问题公告如下：

一、创投企业可以选择按单一投资基金核算或者按创投企业年度所得整体核算两种方式之一，对其个人合伙人来源于创投企业的所得计算个人所得税应纳税额。

本公告所称创投企业，是指符合《创业投资企业管理暂行办法》(发展改革委等 10 部门令第 39 号)或者《私募投资基金监督管理暂行办法》(证监会令第 105 号)关于创业投资企业(基金)的有关规定,并按照上述规定完成备案且规范运作的合伙制创业投资企业(基金)。

二、创投企业选择按单一投资基金核算的,其个人合伙人从该基金应分得的股权转让所得和股息红利所得,按照 20%税率计算缴纳个人所得税。

创投企业选择按年度所得整体核算的,其个人合伙人应从创投企业取得的所得,按照"经营所得"项目、5%—35%的超额累进税率计算缴纳个人所得税。

三、单一投资基金核算,是指单一投资基金(包括不以基金名义设立的创投企业)在一个纳税年度内从不同创业投资项目取得的股权转让所得和股息红利所得按下述方法分别核算纳税:

(一)股权转让所得。单个投资项目的股权转让所得,按年度股权转让收入扣除对应股权原值和转让环节合理费用后的余额计算,股权原值和转让环节合理费用的确定方法,参照股权转让所得个人所得税有关政策规定执行;单一投资基金的股权转让所得,按一个纳税年度内不同投资项目的所得和损失相互抵减后的余额计算,余额大于或等于零的,即确认为该基金的年度股权转让所得;余额小于零的,该基金年度股权转让所得按零计算且不能跨年结转。

个人合伙人按照其应从基金年度股权转让所得中分得的份额计算其应纳税额,并由创投企业在次年 3 月 31 日前代扣代缴个人所得税。如符合《财政部、税务总局关于创业投资企业和天使投资个人有关税收政策的通知》(财税〔2018〕55 号)规定条件的,创投企业个人合伙人可以按照被转让项目对应投资额的 70%抵扣其应从基金年度股权转让所得中分得的份额后再计算其应纳税额,当期不足抵扣的,不得向以后年度结转。

（二）股息红利所得。单一投资基金的股息红利所得，以其来源于所投资项目分配的股息、红利收入以及其他固定收益类证券等收入的全额计算。

个人合伙人按照其应从基金股息红利所得中分得的份额计算其应纳税额，并由创投企业按次代扣代缴个人所得税。

（三）除前述可以扣除的成本、费用之外，单一投资基金发生的包括投资基金管理人的管理费和业绩报酬在内的其他支出，不得在核算时扣除。

本条规定的单一投资基金核算方法仅适用于计算创投企业个人合伙人的应纳税额。

四、创投企业年度所得整体核算，是指将创投企业以每一纳税年度的收入总额减除成本、费用以及损失后，计算应分配给个人合伙人的所得。如符合《财政部、税务总局关于创业投资企业和天使投资个人有关税收政策的通知》（财税〔2018〕55号）规定条件的，创投企业个人合伙人可以按照被转让项目对应投资额的70%抵扣其可以从创投企业应分得的经营所得后再计算其应纳税额。年度核算亏损的，准予按有关规定向以后年度结转。

按照"经营所得"项目计税的个人合伙人，没有综合所得的，可依法减除基本减除费用、专项扣除、专项附加扣除以及国务院确定的其他扣除。从多处取得经营所得的，应汇总计算个人所得税，只减除一次上述费用和扣除。

五、创投企业选择按单一投资基金核算或按创投企业年度所得整体核算后，3年内不能变更。

六、创投企业选择按单一投资基金核算的，应当在按照本公告第一条规定完成备案的30日内，向主管税务机关进行核算方式备案；未按规定备案的，视同选择按创投企业年度所得整体核算。创投企业选择一种核算方式满3年需要调整的，应当在满3年的次年1月31日前，重新向主管税务机关备案。

七、税务部门依法开展税收征管和后续管理工作,可转请发展改革部门、证券监督管理部门对创投企业及其所投项目是否符合有关规定进行核查,发展改革部门、证券监督管理部门应当予以配合。

八、本公告执行至 2027 年 12 月 31 日。

特此公告。

2.《财政部、国家税务总局关于企业促销展业赠送礼品有关个人所得税问题的通知》(2011 年 6 月 9 日　财税〔2011〕50 号)(部分失效)

一、企业在销售商品(产品)和提供服务过程中向个人赠送礼品,属于下列情形之一的,不征收个人所得税:

1. 企业通过价格折扣、折让方式向个人销售商品(产品)和提供服务;

2. 企业在向个人销售商品(产品)和提供服务的同时给予赠品,如通信企业对个人购买手机赠话费、入网费,或者购话费赠手机等;

3. 企业对累积消费达到一定额度的个人按消费积分反馈礼品。

二、企业向个人赠送礼品,属于下列情形之一的,取得该项所得的个人应依法缴纳个人所得税,税款由赠送礼品的企业代扣代缴:

3. 企业对累积消费达到一定额度的顾客,给予额外抽奖机会,个人的获奖所得,按照"偶然所得"项目,全额适用 20%的税率缴纳个人所得税。

三、企业赠送的礼品是自产产品(服务)的,按该产品(服务)的市场销售价格确定个人的应税所得;是外购商品(服务)的,按该商品(服务)的实际购置价格确定个人的应税所得。

四、本通知自发布之日起执行。《国家税务总局关于个人所得税有关问题的批复》(国税函〔2000〕57 号)、《国家税务总局关于个人所得税若干政策问题的批复》（国税函〔2002〕629号）第二条同时废止。

第四条　免税

下列各项个人所得，免征个人所得税：

（一）省级人民政府、国务院部委和中国人民解放军军以上单位，以及外国组织、国际组织颁发的科学、教育、技术、文化、卫生、体育、环境保护等方面的奖金；

（二）国债和国家发行的金融债券利息；

（三）按照国家统一规定发给的补贴、津贴；

（四）福利费、抚恤金、救济金；

（五）保险赔款；

（六）军人的转业费、复员费、退役金；

（七）按照国家统一规定发给干部、职工的安家费、退职费、基本养老金或者退休费、离休费、离休生活补助费；

（八）依照有关法律规定应予免税的各国驻华使馆、领事馆的外交代表、领事官员和其他人员的所得；

（九）中国政府参加的国际公约、签订的协议中规定免税的所得；

（十）国务院规定的其他免税所得。

前款第十项免税规定，由国务院报全国人民代表大会常务委员会备案。

● 法　律

1.《税收征收管理法》（2015年4月24日　中华人民共和国主席令第23号）

第33条　纳税人依照法律、行政法规的规定办理减税、免税。

地方各级人民政府、各级人民政府主管部门、单位和个人违反法律、行政法规规定，擅自作出的减税、免税决定无效，税务机关不得执行，并向上级税务机关报告。

● **行政法规及文件**

2.《**个人所得税法实施条例**》（2018年12月18日　国务院令第707号）

第9条　个人所得税法第四条第一款第二项所称国债利息，是指个人持有中华人民共和国财政部发行的债券而取得的利息；所称国家发行的金融债券利息，是指个人持有经国务院批准发行的金融债券而取得的利息。

第10条　个人所得税法第四条第一款第三项所称按照国家统一规定发给的补贴、津贴，是指按照国务院规定发给的政府特殊津贴、院士津贴，以及国务院规定免予缴纳个人所得税的其他补贴、津贴。

第11条　个人所得税法第四条第一款第四项所称福利费，是指根据国家有关规定，从企业、事业单位、国家机关、社会组织提留的福利费或者工会经费中支付给个人的生活补助费；所称救济金，是指各级人民政府民政部门支付给个人的生活困难补助费。

第12条　个人所得税法第四条第一款第八项所称依照有关法律规定应予免税的各国驻华使馆、领事馆的外交代表、领事官员和其他人员的所得，是指依照《中华人民共和国外交特权与豁免条例》和《中华人民共和国领事特权与豁免条例》规定免税的所得。

● **部门规章及文件**

3.《**财政部、税务总局关于法律援助补贴有关税收政策的公告**》（2022年8月5日　财政部、税务总局公告2022年第25号）

为贯彻落实《中华人民共和国法律援助法》有关规定，现就法律援助补贴有关税收政策公告如下：

一、对法律援助人员按照《中华人民共和国法律援助法》规定获得的法律援助补贴，免征增值税和个人所得税。

二、法律援助机构向法律援助人员支付法律援助补贴时，应当为获得补贴的法律援助人员办理个人所得税劳务报酬所得免税申报。

三、司法行政部门与税务部门建立信息共享机制，每一年度个人所得税综合所得汇算清缴开始前，交换法律援助补贴获得人员的涉税信息。

四、本公告所称法律援助机构是指按照《中华人民共和国法律援助法》第十二条规定设立的法律援助机构。群团组织参照《中华人民共和国法律援助法》第六十八条规定开展法律援助工作的，按照本公告规定为法律援助人员办理免税申报，并将法律援助补贴获得人员的相关信息报送司法行政部门。

五、本公告自 2022 年 1 月 1 日起施行。按照本公告应予免征的增值税，在本公告下发前已征收的，已征增值税可抵减纳税人以后纳税期应缴纳税款或予以退还，纳税人如果已经向购买方开具了增值税专用发票，在将专用发票追回后申请办理免税；按照本公告应予免征的个人所得税，在本公告下发前已征收的，由扣缴单位依法申请退税。

特此公告。

4.《财政部、国家税务总局关于个人取得有奖发票奖金征免个人所得税问题的通知》（2007 年 2 月 27 日　财税〔2007〕34 号）

一、个人取得单张有奖发票奖金所得不超过 800 元（含 800 元）的，暂免征收个人所得税；个人取得单张有奖发票奖金所得超过 800 元的，应全额按照个人所得税法规定的"偶然所得"目征收个人所得税。

5.《财政部、国家税务总局关于生育津贴和生育医疗费有关个人所得税政策的通知》（2008 年 3 月 7 日　财税〔2008〕8 号）

一、生育妇女按照县级以上人民政府根据国家有关规定制定的生育保险办法，取得的生育津贴、生育医疗费或其他属于生育保险性质的津贴、补贴，免征个人所得税。

● 请示答复

6.《国家税务总局关于离退休人员取得单位发放离退休工资以外奖金补贴征收个人所得税的批复》（2008年8月7日　国税函〔2008〕723号）

离退休人员除按规定领取离退休工资或养老金外，另从原任职单位取得的各类补贴、奖金、实物，不属于《中华人民共和国个人所得税法》第四条规定可以免税的退休工资、离休工资、离休生活补助费。根据《中华人民共和国个人所得税法》及其实施条例的有关规定，离退休人员从原任职单位取得的各类补贴、奖金、实物，应在减除费用扣除标准后，按"工资、薪金所得"应税项目缴纳个人所得税。

第五条　减税

有下列情形之一的，可以减征个人所得税，具体幅度和期限，由省、自治区、直辖市人民政府规定，并报同级人民代表大会常务委员会备案：

（一）残疾、孤老人员和烈属的所得；

（二）因自然灾害遭受重大损失的。

国务院可以规定其他减税情形，报全国人民代表大会常务委员会备案。

● 法　律

《税收征收管理法》（2015年4月24日　中华人民共和国主席令第23号）

第33条　纳税人依照法律、行政法规的规定办理减税、免税。地方各级人民政府、各级人民政府主管部门、单位和个人违反法律、行政法规规定，擅自作出的减税、免税决定无效，税务机关不得执行，并向上级税务机关报告。

第六条　应纳税所得额的计算

应纳税所得额的计算：

（一）居民个人的综合所得，以每一纳税年度的收入额减除费用六万元以及专项扣除、专项附加扣除和依法确定的其他扣除后的余额，为应纳税所得额。

（二）非居民个人的工资、薪金所得，以每月收入额减除费用五千元后的余额为应纳税所得额；劳务报酬所得、稿酬所得、特许权使用费所得，以每次收入额为应纳税所得额。

（三）经营所得，以每一纳税年度的收入总额减除成本、费用以及损失后的余额，为应纳税所得额。

（四）财产租赁所得，每次收入不超过四千元的，减除费用八百元；四千元以上的，减除百分之二十的费用，其余额为应纳税所得额。

（五）财产转让所得，以转让财产的收入额减除财产原值和合理费用后的余额，为应纳税所得额。

（六）利息、股息、红利所得和偶然所得，以每次收入额为应纳税所得额。

劳务报酬所得、稿酬所得、特许权使用费所得以收入减除百分之二十的费用后的余额为收入额。稿酬所得的收入额减按百分之七十计算。

个人将其所得对教育、扶贫、济困等公益慈善事业进行捐赠，捐赠额未超过纳税人申报的应纳税所得额百分之三十的部分，可以从其应纳税所得额中扣除；国务院规定对公益慈善事业捐赠实行全额税前扣除的，从其规定。

本条第一款第一项规定的专项扣除，包括居民个人按照国家规定的范围和标准缴纳的基本养老保险、基本医疗保险、失业保险等社会保险费和住房公积金等；专项附加扣除，包括子女教育、继续教育、大病医疗、住房贷款利息或者住房租金、赡养老人等支出，具体范围、标准和实施步骤由国务院确定，并报全国人民代表大会常务委员会备案。

● 行政法规及文件

1.《个人所得税法实施条例》（2018年12月18日 国务院令第707号）

第13条 个人所得税法第六条第一款第一项所称依法确定的其他扣除，包括个人缴付符合国家规定的企业年金、职业年金，个人购买符合国家规定的商业健康保险、税收递延型商业养老保险的支出，以及国务院规定可以扣除的其他项目。

专项扣除、专项附加扣除和依法确定的其他扣除，以居民个人一个纳税年度的应纳税所得额为限额；一个纳税年度扣除不完的，不结转以后年度扣除。

第14条 个人所得税法第六条第一款第二项、第四项、第六项所称每次，分别按照下列方法确定：

（一）劳务报酬所得、稿酬所得、特许权使用费所得，属于一次性收入的，以取得该项收入为一次；属于同一项目连续性收入的，以一个月内取得的收入为一次。

（二）财产租赁所得，以一个月内取得的收入为一次。

（三）利息、股息、红利所得，以支付利息、股息、红利时取得的收入为一次。

（四）偶然所得，以每次取得该项收入为一次。

第15条 个人所得税法第六条第一款第三项所称成本、费用，是指生产、经营活动中发生的各项直接支出和分配计入成本的间接费用以及销售费用、管理费用、财务费用；所称损失，是指生产、经营活动中发生的固定资产和存货的盘亏、毁损、报废损失，转让财产损失，坏账损失，自然灾害等不可抗力因素造成的损失以及其他损失。

取得经营所得的个人，没有综合所得的，计算其每一纳税年度的应纳税所得额时，应当减除费用6万元、专项扣除、专项附加扣除以及依法确定的其他扣除。专项附加扣除在办理汇算清缴时减除。

从事生产、经营活动，未提供完整、准确的纳税资料，不能正确计算应纳税所得额的，由主管税务机关核定应纳税所得额或者应纳税额。

第16条　个人所得税法第六条第一款第五项规定的财产原值，按照下列方法确定：

（一）有价证券，为买入价以及买入时按照规定交纳的有关费用；

（二）建筑物，为建造费或者购进价格以及其他有关费用；

（三）土地使用权，为取得土地使用权所支付的金额、开发土地的费用以及其他有关费用；

（四）机器设备、车船，为购进价格、运输费、安装费以及其他有关费用。

其他财产，参照前款规定的方法确定财产原值。

纳税人未提供完整、准确的财产原值凭证，不能按照本条第一款规定的方法确定财产原值的，由主管税务机关核定财产原值。

个人所得税法第六条第一款第五项所称合理费用，是指卖出财产时按照规定支付的有关税费。

第17条　财产转让所得，按照一次转让财产的收入额减除财产原值和合理费用后的余额计算纳税。

第 18 条 两个以上的个人共同取得同一项目收入的，应当对每个人取得的收入分别按照个人所得税法的规定计算纳税。

第 19 条 个人所得税法第六条第三款所称个人将其所得对教育、扶贫、济困等公益慈善事业进行捐赠，是指个人将其所得通过中国境内的公益性社会组织、国家机关向教育、扶贫、济困等公益慈善事业的捐赠；所称应纳税所得额，是指计算扣除捐赠额之前的应纳税所得额。

第 20 条 居民个人从中国境内和境外取得的综合所得、经营所得，应当分别合并计算应纳税额；从中国境内和境外取得的其他所得，应当分别单独计算应纳税额。

2.《国务院关于提高个人所得税有关专项附加扣除标准的通知》
（2023 年 8 月 28 日　国发〔2023〕13 号）

为进一步减轻家庭生育养育和赡养老人的支出负担，依据《中华人民共和国个人所得税法》有关规定，国务院决定，提高 3 岁以下婴幼儿照护等三项个人所得税专项附加扣除标准。现将有关事项通知如下：

一、3 岁以下婴幼儿照护专项附加扣除标准，由每个婴幼儿每月 1000 元提高到 2000 元。

二、子女教育专项附加扣除标准，由每个子女每月 1000 元提高到 2000 元。

三、赡养老人专项附加扣除标准，由每月 2000 元提高到 3000 元。其中，独生子女按照每月 3000 元的标准定额扣除；非独生子女与兄弟姐妹分摊每月 3000 元的扣除额度，每人分摊的额度不能超过每月 1500 元。

四、3 岁以下婴幼儿照护、子女教育、赡养老人专项附加扣除涉及的其他事项，按照《个人所得税专项附加扣除暂行办法》有关规定执行。

五、上述调整后的扣除标准自 2023 年 1 月 1 日起实施。

3. **《国务院关于设立 3 岁以下婴幼儿照护个人所得税专项附加扣除的通知》**（2022 年 3 月 19 日　国发〔2022〕8 号）

各省、自治区、直辖市人民政府，国务院各部委、各直属机构：

为贯彻落实《中共中央 国务院关于优化生育政策促进人口长期均衡发展的决定》，依据《中华人民共和国个人所得税法》有关规定，国务院决定，设立 3 岁以下婴幼儿照护个人所得税专项附加扣除。现将有关事项通知如下：

一、纳税人照护 3 岁以下婴幼儿子女的相关支出，按照每个婴幼儿每月 1000 元的标准定额扣除。

二、父母可以选择由其中一方按扣除标准的 100% 扣除，也可以选择由双方分别按扣除标准的 50% 扣除，具体扣除方式在一个纳税年度内不能变更。

三、3 岁以下婴幼儿照护个人所得税专项附加扣除涉及的保障措施和其他事项，参照《个人所得税专项附加扣除暂行办法》有关规定执行。

四、3 岁以下婴幼儿照护个人所得税专项附加扣除自 2022 年 1 月 1 日起实施。

● 部门规章及文件

4. **《个人所得税专项附加扣除操作办法（试行）》**（2022 年 3 月 25 日　国家税务总局公告 2022 年第 7 号）

第一章　总　　则

第 1 条　为了规范个人所得税专项附加扣除行为，切实维护纳税人合法权益，根据《中华人民共和国个人所得税法》及其实施条例、《中华人民共和国税收征收管理法》及其实施细则、《国务院关于印发个人所得税专项附加扣除暂行办法的通知》（国发〔2018〕41 号）、《国务院关于设立 3 岁以下婴幼儿照护个人所得税专项附加扣除的通知》（国发〔2022〕8 号）的规定，制定本

355

办法。

第2条　纳税人享受子女教育、继续教育、大病医疗、住房贷款利息或者住房租金、赡养老人、3岁以下婴幼儿照护专项附加扣除的，依照本办法规定办理。

第二章　享受扣除及办理时间

第3条　纳税人享受符合规定的专项附加扣除的计算时间分别为：

（一）子女教育。学前教育阶段，为子女年满3周岁当月至小学入学前一月。学历教育，为子女接受全日制学历教育入学的当月至全日制学历教育结束的当月。

（二）继续教育。学历（学位）继续教育，为在中国境内接受学历（学位）继续教育入学的当月至学历（学位）继续教育结束的当月，同一学历（学位）继续教育的扣除期限最长不得超过48个月。技能人员职业资格继续教育、专业技术人员职业资格继续教育，为取得相关证书的当年。

（三）大病医疗。为医疗保障信息系统记录的医药费用实际支出的当年。

（四）住房贷款利息。为贷款合同约定开始还款的当月至贷款全部归还或贷款合同终止的当月，扣除期限最长不得超过240个月。

（五）住房租金。为租赁合同（协议）约定的房屋租赁期开始的当月至租赁期结束的当月。提前终止合同（协议）的，以实际租赁期限为准。

（六）赡养老人。为被赡养人年满60周岁的当月至赡养义务终止的年末。

（七）3岁以下婴幼儿照护。为婴幼儿出生的当月至年满3周岁的前一个月。

前款第一项、第二项规定的学历教育和学历（学位）继续教育的期间,包含因病或其他非主观原因休学但学籍继续保留的休学期间,以及施教机构按规定组织实施的寒暑假等假期。

第4条 享受子女教育、继续教育、住房贷款利息或者住房租金、赡养老人、3岁以下婴幼儿照护专项附加扣除的纳税人,自符合条件开始,可以向支付工资、薪金所得的扣缴义务人提供上述专项附加扣除有关信息,由扣缴义务人在预扣预缴税款时,按其在本单位本年可享受的累计扣除额办理扣除;也可以在次年3月1日至6月30日内,向汇缴地主管税务机关办理汇算清缴申报时扣除。

纳税人同时从两处以上取得工资、薪金所得,并由扣缴义务人办理上述专项附加扣除的,对同一专项附加扣除项目,一个纳税年度内,纳税人只能选择从其中一处扣除。

享受大病医疗专项附加扣除的纳税人,由其在次年3月1日至6月30日内,自行向汇缴地主管税务机关办理汇算清缴申报时扣除。

第5条 扣缴义务人办理工资、薪金所得预扣预缴税款时,应当根据纳税人报送的《个人所得税专项附加扣除信息表》(以下简称《扣除信息表》,见附件)为纳税人办理专项附加扣除。

纳税人年度中间更换工作单位的,在原单位任职、受雇期间已享受的专项附加扣除金额,不得在新任职、受雇单位扣除。原扣缴义务人应当自纳税人离职不再发放工资薪金所得的当月起,停止为其办理专项附加扣除。

第6条 纳税人未取得工资、薪金所得,仅取得劳务报酬所得、稿酬所得、特许权使用费所得需要享受专项附加扣除的,应当在次年3月1日至6月30日内,自行向汇缴地主管税务机关报送《扣除信息表》,并在办理汇算清缴申报时扣除。

第7条 一个纳税年度内,纳税人在扣缴义务人预扣预缴税款环节未享受或未足额享受专项附加扣除的,可以在当年内向支付工资、薪金的扣缴义务人申请在剩余月份发放工资、薪金时补充扣除，也可以在次年3月1日至6月30日内，向汇缴地主管税务机关办理汇算清缴时申报扣除。

第三章　报送信息及留存备查资料

第8条　纳税人选择在扣缴义务人发放工资、薪金所得时享受专项附加扣除的，首次享受时应当填写并向扣缴义务人报送《扣除信息表》；纳税年度中间相关信息发生变化的，纳税人应当更新《扣除信息表》相应栏次，并及时报送给扣缴义务人。

更换工作单位的纳税人，需要由新任职、受雇扣缴义务人办理专项附加扣除的，应当在入职的当月，填写并向扣缴义务人报送《扣除信息表》。

第9条　纳税人次年需要由扣缴义务人继续办理专项附加扣除的，应当于每年12月份对次年享受专项附加扣除的内容进行确认，并报送至扣缴义务人。纳税人未及时确认的，扣缴义务人于次年1月起暂停扣除，待纳税人确认后再行办理专项附加扣除。

扣缴义务人应当将纳税人报送的专项附加扣除信息，在次月办理扣缴申报时一并报送至主管税务机关。

第10条　纳税人选择在汇算清缴申报时享受专项附加扣除的，应当填写并向汇缴地主管税务机关报送《扣除信息表》。

第11条　纳税人将需要享受的专项附加扣除项目信息填报至《扣除信息表》相应栏次。填报要素完整的，扣缴义务人或者主管税务机关应当受理；填报要素不完整的，扣缴义务人或者主管税务机关应当及时告知纳税人补正或重新填报。纳税人未补正或重新填报的，暂不办理相关专项附加扣除，待纳税人补正或重新填报后再行办理。

第12条　纳税人享受子女教育专项附加扣除，应当填报配偶及子女的姓名、身份证件类型及号码、子女当前受教育阶段及起止时间、子女就读学校以及本人与配偶之间扣除分配比例等信息。

纳税人需要留存备查资料包括：子女在境外接受教育的，应当留存境外学校录取通知书、留学签证等境外教育佐证资料。

第13条　纳税人享受继续教育专项附加扣除，接受学历（学位）继续教育的，应当填报教育起止时间、教育阶段等信息；接受技能人员或者专业技术人员职业资格继续教育的，应当填报证书名称、证书编号、发证机关、发证（批准）时间等信息。

纳税人需要留存备查资料包括：纳税人接受技能人员职业资格继续教育、专业技术人员职业资格继续教育的，应当留存职业资格相关证书等资料。

第14条　纳税人享受住房贷款利息专项附加扣除，应当填报住房权属信息、住房坐落地址、贷款方式、贷款银行、贷款合同编号、贷款期限、首次还款日期等信息；纳税人有配偶的，填写配偶姓名、身份证件类型及号码。

纳税人需要留存备查资料包括：住房贷款合同、贷款还款支出凭证等资料。

第15条　纳税人享受住房租金专项附加扣除，应当填报主要工作城市、租赁住房坐落地址、出租人姓名及身份证件类型和号码或者出租方单位名称及纳税人识别号（社会统一信用代码）、租赁起止时间等信息；纳税人有配偶的，填写配偶姓名、身份证件类型及号码。

纳税人需要留存备查资料包括：住房租赁合同或协议等资料。

第16条　纳税人享受赡养老人专项附加扣除，应当填报纳税人是否为独生子女、月扣除金额、被赡养人姓名及身份证件类型和号码、与纳税人关系；有共同赡养人的，需填报分摊方式、共同赡养人姓名及身份证件类型和号码等信息。

纳税人需要留存备查资料包括：约定或指定分摊的书面分摊

协议等资料。

第17条　纳税人享受大病医疗专项附加扣除，应当填报患者姓名、身份证件类型及号码、与纳税人关系、与基本医保相关的医药费用总金额、医保目录范围内个人负担的自付金额等信息。

纳税人需要留存备查资料包括：大病患者医药服务收费及医保报销相关票据原件或复印件，或者医疗保障部门出具的纳税年度医药费用清单等资料。

第18条　纳税人享受3岁以下婴幼儿照护专项附加扣除，应当填报配偶及子女的姓名、身份证件类型（如居民身份证、子女出生医学证明等）及号码以及本人与配偶之间扣除分配比例等信息。

纳税人需要留存备查资料包括：子女的出生医学证明等资料。

第19条　纳税人应当对报送的专项附加扣除信息的真实性、准确性、完整性负责。

第四章　信息报送方式

第20条　纳税人可以通过远程办税端、电子或者纸质报表等方式，向扣缴义务人或者主管税务机关报送个人专项附加扣除信息。

第21条　纳税人选择纳税年度内由扣缴义务人办理专项附加扣除的，按下列规定办理：

（一）纳税人通过远程办税端选择扣缴义务人并报送专项附加扣除信息的，扣缴义务人根据接收的扣除信息办理扣除。

（二）纳税人通过填写电子或者纸质《扣除信息表》直接报送扣缴义务人的，扣缴义务人将相关信息导入或者录入扣缴端软件，并在次月办理扣缴申报时提交给主管税务机关。《扣除信息表》应当一式两份，纳税人和扣缴义务人签字（章）后分别留存备查。

第22条 纳税人选择年度终了后办理汇算清缴申报时享受专项附加扣除的，既可以通过远程办税端报送专项附加扣除信息，也可以将电子或者纸质《扣除信息表》（一式两份）报送给汇缴地主管税务机关。

报送电子《扣除信息表》的，主管税务机关受理打印，交由纳税人签字后，一份由纳税人留存备查，一份由税务机关留存；报送纸质《扣除信息表》的，纳税人签字确认、主管税务机关受理签章后，一份退还纳税人留存备查，一份由税务机关留存。

第23条 扣缴义务人和税务机关应当告知纳税人办理专项附加扣除的方式和渠道，鼓励并引导纳税人采用远程办税端报送信息。

第五章 后续管理

第24条 纳税人应当将《扣除信息表》及相关留存备查资料，自法定汇算清缴期结束后保存五年。

纳税人报送给扣缴义务人的《扣除信息表》，扣缴义务人应当自预扣预缴年度的次年起留存五年。

第25条 纳税人向扣缴义务人提供专项附加扣除信息的，扣缴义务人应当按照规定予以扣除，不得拒绝。扣缴义务人应当为纳税人报送的专项附加扣除信息保密。

第26条 扣缴义务人应当及时按照纳税人提供的信息计算办理扣缴申报，不得擅自更改纳税人提供的相关信息。

扣缴义务人发现纳税人提供的信息与实际情况不符，可以要求纳税人修改。纳税人拒绝修改的，扣缴义务人应当向主管税务机关报告，税务机关应当及时处理。

除纳税人另有要求外，扣缴义务人应当于年度终了后两个月内，向纳税人提供已办理的专项附加扣除项目及金额等信息。

第27条 税务机关定期对纳税人提供的专项附加扣除信息开展抽查。

第28条　税务机关核查时，纳税人无法提供留存备查资料，或者留存备查资料不能支持相关情况的，税务机关可以要求纳税人提供其他佐证；不能提供其他佐证材料，或者佐证材料仍不足以支持的，不得享受相关专项附加扣除。

第29条　税务机关核查专项附加扣除情况时，可以提请有关单位和个人协助核查，相关单位和个人应当协助。

第30条　纳税人有下列情形之一的，主管税务机关应当责令其改正；情形严重的，应当纳入有关信用信息系统，并按照国家有关规定实施联合惩戒；涉及违反税收征管法等法律法规的，税务机关依法进行处理：

（一）报送虚假专项附加扣除信息；

（二）重复享受专项附加扣除；

（三）超范围或标准享受专项附加扣除；

（四）拒不提供留存备查资料；

（五）税务总局规定的其他情形。

纳税人在任职、受雇单位报送虚假扣除信息的，税务机关责令改正的同时，通知扣缴义务人。

第31条　本办法自2022年1月1日起施行。

5.《财政部、国家税务总局关于个人股票期权所得征收个人所得税问题的通知》（2005年3月28日　财税〔2005〕35号）（部分失效）

一、关于员工股票期权所得征税问题

实施股票期权计划企业授予该企业员工的股票期权所得，应按《中华人民共和国个人所得税法》及其实施条例有关规定征收个人所得税。

企业员工股票期权（以下简称股票期权）是指上市公司按照规定的程序授予本公司及其控股企业员工的一项权利，该权利允许被授权员工在未来时间内以某一特定价格购买本公司一定数量的股票。

上述"某一特定价格"被称为"授予价"或"施权价",即根据股票期权计划可以购买股票的价格,一般为股票期权授予日的市场价格或该价格的折扣价格,也可以是按照事先设定的计算方法约定的价格;"授予日",也称"授权日",是指公司授予员工上述权利的日期;"行权",也称"执行",是指员工根据股票期权计划选择购买股票的过程;员工行使上述权利的当日为"行权日",也称"购买日"。

二、关于股票期权所得性质的确认及其具体征税规定

(一)员工接受实施股票期权计划企业授予的股票期权时,除另有规定外,一般不作为应税所得征税。

(二)员工行权时,其从企业取得股票的实际购买价(施权价)低于购买日公平市场价(指该股票当日的收盘价,下同)的差额,是因员工在企业的表现和业绩情况而取得的与任职、受雇有关的所得,应按"工资、薪金所得"适用的规定计算缴纳个人所得税。

对因特殊情况,员工在行权日之前将股票期权转让的,以股票期权的转让净收入,作为工资薪金所得征收个人所得税。

员工行权日所在期间的工资薪金所得,应按下列公式计算工资薪金应纳税所得额:

股票期权形式的工资薪金应纳税所得额=(行权股票的每股市场价-员工取得该股票期权支付的每股施权价)×股票数量

(三)员工将行权后的股票再转让时获得的高于购买日公平市场价的差额,是因个人在证券二级市场上转让股票等有价证券而获得的所得,应按照"财产转让所得"适用的征免规定计算缴纳个人所得税。

(四)员工因拥有股权而参与企业税后利润分配取得的所得,应按照"利息、股息、红利所得"适用的规定计算缴纳个人所

得税。

四、关于应纳税款的计算

（二）转让股票（销售）取得所得的税款计算。对于员工转让股票等有价证券取得的所得，应按现行税法和政策规定征免个人所得税。即：个人将行权后的境内上市公司股票再行转让而取得的所得，暂不征收个人所得税；个人转让境外上市公司的股票而取得的所得，应按税法的规定计算应纳税所得额和应纳税额，依法缴纳税款。

（三）参与税后利润分配取得所得的税款计算。员工因拥有股权参与税后利润分配而取得的股息、红利所得，除依照有关规定可以免税或减税的外，应全额按规定税率计算纳税。

五、关于征收管理

（一）扣缴义务人。实施股票期权计划的境内企业为个人所得税的扣缴义务人，应按税法规定履行代扣代缴个人所得税的义务。

（二）自行申报纳税。员工从两处或两处以上取得股票期权形式的工资薪金所得和没有扣缴义务人的，该个人应在个人所得税法规定的纳税申报期限内自行申报缴纳税款。

（三）报送有关资料。实施股票期权计划的境内企业，应在股票期权计划实施之前，将企业的股票期权计划或实施方案、股票期权协议书、授权通知书等资料报送主管税务机关；应在员工行权之前，将股票期权行权通知书和行权调整通知书等资料报送主管税务机关。

扣缴义务人和自行申报纳税的个人在申报纳税或代扣代缴税款时，应在税法规定的纳税申报期限内，将个人接受或转让的股票期权以及认购的股票情况（包括种类、数量、施权价格、行权价格、市场价格、转让价格等）报送主管税务机关。

（四）处罚。实施股票期权计划的企业和因股票期权计划而取得应税所得的自行申报员工，未按规定报送上述有关报表和资料，未履行申报纳税义务或者扣缴税款义务的，按《中华人民共和国税收征收管理法》及其实施细则的有关规定进行处理。

六、关于执行时间

本通知自 2005 年 7 月 1 日起执行。《国家税务总局关于个人认购股票等有价证券而从雇主取得折扣或补贴收入有关征收个人所得税问题的通知》（国税发〔1998〕9 号）的规定与本通知不一致的，按本通知规定执行。

6.《国家税务总局关于个人股票期权所得缴纳个人所得税有关问题的补充通知》（2006 年 9 月 30 日　国税函〔2006〕902 号）（部分失效）

一、员工接受雇主（含上市公司和非上市公司）授予的股票期权，凡该股票期权指定的股票为上市公司（含境内、外上市公司）股票的，均应按照财税〔2005〕35 号文件进行税务处理。

二、财税〔2005〕35 号文件第二条第（二）项所述"股票期权的转让净收入"，一般是指股票期权转让收入。如果员工以折价购入方式取得股票期权的，可以股票期权转让收入扣除折价购入股票期权时实际支付的价款后的余额，作为股票期权的转让净收入。

三、财税〔2005〕35 号文件第二条第（二）项公式中所述"员工取得该股票期权支付的每股施权价"，一般是指员工行使股票期权购买股票实际支付的每股价格。如果员工以折价购入方式取得股票期权的，上述施权价可包括员工折价购入股票期权时实际支付的价格。

四、凡取得股票期权的员工在行权日不实际买卖股票，而按行权日股票期权所指定股票的市场价与施权价之间的差额，直接从授权企业取得价差收益的，该项价差收益应作为员工取得的股票期权形式的工资薪金所得，按照财税〔2005〕35 号文件的有关规定计算缴纳个人所得税。

五、在确定员工取得股票期权所得的来源地时，按照财税〔2005〕35号文件第三条规定需划分境、内外工作期间月份数。该境、内外工作期间月份总数是指员工按企业股票期权计划规定，在可行权以前须履行工作义务的月份总数。

六、部分股票期权在授权时即约定可以转让，且在境内或境外存在公开市场及挂牌价格（以下称可公开交易的股票期权）。员工接受该可公开交易的股票期权时，应作为财税〔2005〕35号文件第二条第（一）项所述的另有规定情形，按以下规定进行税务处理：

（一）员工取得可公开交易的股票期权，属于员工已实际取得有确定价值的财产，应按授权日股票期权的市场价格，作为员工授权日所在月份的工资薪金所得，并按财税〔2005〕35号文件第四条第（一）项规定计算缴纳个人所得税。如果员工以折价购入方式取得股票期权的，可以授权日股票期权的市场价格扣除折价购入股票期权时实际支付的价款后的余额，作为授权日所在月份的工资薪金所得。

（二）员工取得上述可公开交易的股票期权后，转让该股票期权所取得的所得，属于财产转让所得，按财税〔2005〕35号文件第四条第（二）项规定进行税务处理。

（三）员工取得本条第（一）项所述可公开交易的股票期权后，实际行使该股票期权购买股票时，不再计算缴纳个人所得税。

7.《国家税务总局关于加强和规范个人取得拍卖收入征收个人所得税有关问题的通知》（2007年4月4日　国税发〔2007〕38号）

一、个人通过拍卖市场拍卖个人财产，对其取得所得按以下规定征税：

（一）根据《国家税务总局关于印发〈征收个人所得税若干问题的规定〉的通知》（国税发〔1994〕089号），作者将自己的文字作品手稿原件或复印件拍卖取得的所得，应以其转让收入额减除 800 元（转让收入额 4000 元以下）或者 20%（转让收入额 4000 元以上）后的余额为应纳税所得额，按照"特许权使用费"所得项目适用 20% 税率缴纳个人所得税。

（二）个人拍卖除文字作品原稿及复印件外的其他财产，应以其转让收入额减除财产原值和合理费用后的余额为应纳税所得额，按照"财产转让所得"项目适用 20% 税率缴纳个人所得税。

二、对个人财产拍卖所得征收个人所得税时，以该项财产最终拍卖成交价格为其转让收入额。

三、个人财产拍卖所得适用"财产转让所得"项目计算应纳税所得额时，纳税人凭合法有效凭证（税务机关监制的正式发票、相关境外交易单据或海关报关单据、完税证明等），从其转让收入额中减除相应的财产原值、拍卖财产过程中缴纳的税金及有关合理费用。

（一）财产原值，是指售出方个人取得该拍卖品的价格（以合法有效凭证为准）。具体为：

1. 通过商店、画廊等途径购买的，为购买该拍卖品时实际支付的价款；

2. 通过拍卖行拍得的，为拍得该拍卖品实际支付的价款及交纳的相关税费；

3. 通过祖传收藏的，为其收藏该拍卖品而发生的费用；

4. 通过赠送取得的，为其受赠该拍卖品时发生的相关税费；

5. 通过其他形式取得的，参照以上原则确定财产原值。

（二）拍卖财产过程中缴纳的税金，是指在拍卖财产时纳税人实际缴纳的相关税金及附加。

（三）有关合理费用，是指拍卖财产时纳税人按照规定实际支付的拍卖费（佣金）、鉴定费、评估费、图录费、证书费等费用。

四、纳税人如不能提供合法、完整、准确的财产原值凭证，不能正确计算财产原值的，按转让收入额的 3% 征收率计算缴纳个人所得税；拍卖品为经文物部门认定是海外回流文物的，按转让收入额的 2%征收率计算缴纳个人所得税。

五、纳税人的财产原值凭证内容填写不规范，或者一份财产原值凭证包括多件拍卖品且无法确认每件拍卖品一一对应的原值的，不得将其作为扣除财产原值的计算依据，应视为不能提供合法、完整、准确的财产原值凭证，并按上述规定的征收率计算缴纳个人所得税。

六、纳税人能够提供合法、完整、准确的财产原值凭证，但不能提供有关税费凭证的，不得按征收率计算纳税，应当就财产原值凭证上注明的金额据实扣除，并按照税法规定计算缴纳个人所得税。

七、个人财产拍卖所得应纳的个人所得税税款，由拍卖单位负责代扣代缴，并按规定向拍卖单位所在地主管税务机关办理纳税申报。

八、拍卖单位代扣代缴个人财产拍卖所得应纳的个人所得税税款时，应给纳税人填开完税凭证，并详细标明每件拍卖品的名称、拍卖成交价格、扣缴税款额。

九、主管税务机关应加强对个人财产拍卖所得的税收征管工作，在拍卖单位举行拍卖活动期间派工作人员进入拍卖现场，了解拍卖的有关情况，宣传辅导有关税收政策，审核鉴定原值凭证和费用凭证，督促拍卖单位依法代扣代缴个人所得税。

十、本通知自 5 月 1 日起执行。《国家税务总局关于书画作品、古玩等拍卖收入征收个人所得税有关问题的通知》（国税发〔1997〕154 号）同时废止。

8.《国家税务总局关于个人终止投资经营收回款项征收个人所得税问题的公告》（2011 年 7 月 25 日　国家税务总局公告 2011 年第 41 号）

一、个人因各种原因终止投资、联营、经营合作等行为，从被投资企业或合作项目、被投资企业的其他投资者以及合作项目的经营合作人取得股权转让收入、违约金、补偿金、赔偿金及以其他名目收回的款项等，均属于个人所得税应税收入，应按照"财产转让所得"项目适用的规定计算缴纳个人所得税。

应纳税所得额的计算公式如下：

应纳税所得额=个人取得的股权转让收入、违约金、补偿金、赔偿金及以其他名目收回款项合计数-原实际出资额（投入额）及相关税费

二、本公告有关个人所得税征管问题，按照《国家税务总局关于加强股权转让所得征收个人所得税管理的通知》（国税函〔2009〕285号）执行。

本公告自发布之日起施行，此前未处理事项依据本公告处理。

9. 《国家税务总局关于进一步落实支持个体工商户发展个人所得税优惠政策有关事项的公告》（2023年8月2日 国家税务总局公告2023年第12号）

为贯彻落实《财政部、税务总局关于进一步支持小微企业和个体工商户发展有关税费政策的公告》（2023年第12号，以下简称12号公告），进一步支持个体工商户发展，现就有关事项公告如下：

一、对个体工商户年应纳税所得额不超过200万元的部分，减半征收个人所得税。个体工商户在享受现行其他个人所得税优惠政策的基础上，可叠加享受本条优惠政策。个体工商户不区分征收方式，均可享受。

二、个体工商户在预缴税款时即可享受，其年应纳税所得额暂按截至本期申报所属期末的情况进行判断，并在年度汇算清缴时按年计算、多退少补。若个体工商户从两处以上取得经营所得，需在办理年度汇总纳税申报时，合并个体工商户经营所得年应纳税所得额，重新计算减免税额，多退少补。

三、个体工商户按照以下方法计算减免税额：

减免税额=（经营所得应纳税所得额不超过200万元部分的应纳税额-其他政策减免税额×经营所得应纳税所得额不超过200万元部分÷经营所得应纳税所得额）×50%。

四、个体工商户需将按上述方法计算得出的减免税额填入对应经营所得纳税申报表"减免税额"栏次，并附报《个人所得税减免税事项报告表》。对于通过电子税务局申报的个体工商户，税务机关将提供该优惠政策减免税额和报告表的预填服务。实行简易申报的定期定额个体工商户，税务机关按照减免后的税额进行税款划缴。

五、按12号公告应减征的税款，在本公告发布前已缴纳的，可申请退税；也可自动抵减以后月份的税款，当年抵减不完的在汇算清缴时办理退税；12号公告发布之日前已办理注销的，不再追溯享受。

六、各级税务机关要切实提高政治站位，充分认识税收政策对于市场主体稳定预期、提振信心、安排好投资经营的重要意义，认真做好宣传解读、做优精准辅导，为纳税人提供便捷、高效的政策享受通道，积极回应纳税人诉求，全面抓好推进落实。

七、本公告自2023年1月1日起施行，2027年12月31日终止执行。《国家税务总局关于落实支持个体工商户发展个人所得税优惠政策有关事项的公告》（2023年第5号）同时废止。

特此公告。

10.《财政部、税务总局关于延续实施上市公司股权激励有关个人所得税政策的公告》（2023年8月18日　财政部、税务总局公告2023年第25号）

为继续支持企业创新发展，现将上市公司股权激励有关个人所得税政策公告如下：

一、居民个人取得股票期权、股票增值权、限制性股票、股权奖励等股权激励（以下简称股权激励），符合《财政部、国家税务总局关于个人股票期权所得征收个人所得税问题的通知》（财税〔2005〕35号）、《财政部、国家税务总局关于股票增值权所得和限制性股票所得征收个人所得税有关问题的通知》（财税〔2009〕5号）、《财政部、国家税务总局关于将国家自主创新示范区有关税收试点政策推广到全国范围实施的通知》（财税〔2015〕116号）第四条、《财政部 国家税务总局关于完善股权激励和技术入股有关所得税政策的通知》（财税〔2016〕101号）第四条第（一）项规定的相关条件的，不并入当年综合所得，全额单独适用综合所得税率表，计算纳税。计算公式为：

应纳税额=股权激励收入×适用税率-速算扣除数

二、居民个人一个纳税年度内取得两次以上（含两次）股权激励的，应合并按本公告第一条规定计算纳税。

三、本公告执行至2027年12月31日。

特此公告。

11.《财政部、税务总局、住房城乡建设部关于延续实施支持居民换购住房有关个人所得税政策的公告》（2023年8月18日 财政部、税务总局、住房城乡建设部公告2023年第28号）

为继续支持居民改善住房条件，现就有关个人所得税政策公告如下：

一、自2024年1月1日至2025年12月31日，对出售自有住房并在现住房出售后1年内在市场重新购买住房的纳税人，对其出售现住房已缴纳的个人所得税予以退税优惠。其中，新购住房金额大于或等于现住房转让金额的，全部退还已缴纳的个人所得税；新购住房金额小于现住房转让金额的，按新购住房金额占现住房转让金额的比例退还出售现住房已缴纳的个人所得税。

二、本公告所称现住房转让金额为该房屋转让的市场成交价格。新购住房为新房的，购房金额为纳税人在住房城乡建设部门网签备案的购房合同中注明的成交价格；新购住房为二手房的，购房金额为房屋的成交价格。

三、享受本公告规定优惠政策的纳税人须同时满足以下条件：

1. 纳税人出售和重新购买的住房应在同一城市范围内。同一城市范围是指同一直辖市、副省级城市、地级市（地区、州、盟）所辖全部行政区划范围。

2. 出售自有住房的纳税人与新购住房之间须直接相关，应为新购住房产权人或产权人之一。

四、符合退税优惠政策条件的纳税人应向主管税务机关提供合法、有效的售房、购房合同和主管税务机关要求提供的其他有关材料，经主管税务机关审核后办理退税。

五、各级住房城乡建设部门应与税务部门建立信息共享机制，将本地区房屋交易合同网签备案等信息（含撤销备案信息）实时共享至当地税务部门；暂未实现信息实时共享的地区，要建立健全工作机制，确保税务部门及时获取审核退税所需的房屋交易合同备案信息。

特此公告。

12. **《国家税务总局关于贯彻执行提高个人所得税有关专项附加扣除标准政策的公告》**（2023年8月30日　国家税务总局公告2023年第14号）

根据《国务院关于提高个人所得税有关专项附加扣除标准的通知》（国发〔2023〕13号，以下简称《通知》），现就有关贯彻落实事项公告如下：

一、3岁以下婴幼儿照护、子女教育专项附加扣除标准，由每个婴幼儿（子女）每月1000元提高到2000元。

父母可以选择由其中一方按扣除标准的100%扣除，也可以选择由双方分别按50%扣除。

二、赡养老人专项附加扣除标准，由每月 2000 元提高到 3000 元，其中，独生子女每月扣除 3000 元；非独生子女与兄弟姐妹分摊每月 3000 元的扣除额度，每人不超过 1500 元。

需要分摊享受的，可以由赡养人均摊或者约定分摊，也可以由被赡养人指定分摊。约定或者指定分摊的须签订书面分摊协议，指定分摊优先于约定分摊。

三、纳税人尚未填报享受 3 岁以下婴幼儿照护、子女教育、赡养老人专项附加扣除的，可以在手机个人所得税 APP 或通过扣缴义务人填报享受，系统将按照提高后的专项附加扣除标准计算应缴纳的个人所得税。

纳税人在 2023 年度已经填报享受 3 岁以下婴幼儿照护、子女教育、赡养老人专项附加扣除的，无需重新填报，系统将自动按照提高后的专项附加扣除标准计算应缴纳的个人所得税。纳税人对约定分摊或者指定分摊赡养老人专项附加扣除额度有调整的，可以在手机个人所得税 APP 或通过扣缴义务人填报新的分摊额度。

四、《通知》发布前，纳税人已经填报享受专项附加扣除并扣缴个人所得税的，多缴的税款可以自动抵减纳税人本年度后续月份应纳税款，抵减不完的，可以在 2023 年度综合所得汇算清缴时继续享受。

五、纳税人对专项附加扣除信息的真实性、准确性、完整性负责，纳税人情况发生变化的，应当及时向扣缴义务人或者税务机关报送新的专项附加扣除信息。对虚假填报享受专项附加扣除的，税务机关将按照《中华人民共和国税收征收管理法》《中华人民共和国个人所得税法》等有关规定处理。

六、各级税务机关要切实提高政治站位，积极做好政策解读、宣传辅导和政策精准推送工作，便利纳税人享受税收优惠，确保减税红利精准直达。

七、个人所得税专项附加扣除标准提高涉及的其他管理事项，按照《国务院关于印发个人所得税专项附加扣除暂行办法的通知》（国发〔2018〕41号）、《国家税务总局关于修订发布〈个人所得税专项附加扣除操作办法（试行）〉的公告》（2022年第7号）等有关规定执行。

八、本公告自2023年1月1日起施行。

特此公告。

13.《财政部、国家税务总局关于个人所得税法修改后有关优惠政策衔接问题的通知》（2018年12月27日 财税〔2018〕164号）

各省、自治区、直辖市、计划单列市财政厅（局），国家税务总局各省、自治区、直辖市、计划单列市税务局，新疆生产建设兵团财政局：

为贯彻落实修改后的《中华人民共和国个人所得税法》，现将个人所得税优惠政策衔接有关事项通知如下：

一、关于全年一次性奖金、中央企业负责人年度绩效薪金延期兑现收入和任期奖励的政策

（一）居民个人取得全年一次性奖金，符合《国家税务总局关于调整个人取得全年一次性奖金等计算征收个人所得税方法问题的通知》（国税发〔2005〕9号）规定的，在2021年12月31日前，不并入当年综合所得，以全年一次性奖金收入除以12个月得到的数额，按照本通知所附按月换算后的综合所得税率表（以下简称月度税率表），确定适用税率和速算扣除数，单独计算纳税。计算公式为：

应纳税额＝全年一次性奖金收入×适用税率-速算扣除数

居民个人取得全年一次性奖金，也可以选择并入当年综合所得计算纳税。

自2022年1月1日起，居民个人取得全年一次性奖金，应并

入当年综合所得计算缴纳个人所得税。

（二）中央企业负责人取得年度绩效薪金延期兑现收入和任期奖励，符合《国家税务总局关于中央企业负责人年度绩效薪金延期兑现收入和任期奖励征收个人所得税问题的通知》（国税发〔2007〕118号）规定的，在2021年12月31日前，参照本通知第一条第（一）项执行；2022年1月1日之后的政策另行明确。

二、关于上市公司股权激励的政策

（一）居民个人取得股票期权、股票增值权、限制性股票、股权奖励等股权激励（以下简称股权激励），符合《财政部、国家税务总局关于个人股票期权所得征收个人所得税问题的通知》（财税〔2005〕35号）、《财政部、国家税务总局关于股票增值权所得和限制性股票所得征收个人所得税有关问题的通知》（财税〔2009〕5号）、《财政部、国家税务总局关于将国家自主创新示范区有关税收试点政策推广到全国范围实施的通知》（财税〔2015〕116号）第四条、《财政部、国家税务总局关于完善股权激励和技术入股有关所得税政策的通知》（财税〔2016〕101号）第四条第（一）项规定的相关条件的，在2021年12月31日前，不并入当年综合所得，全额单独适用综合所得税率表，计算纳税。计算公式为：

应纳税额＝股权激励收入×适用税率－速算扣除数

（二）居民个人一个纳税年度内取得两次以上（含两次）股权激励的，应合并按本通知第二条第（一）项规定计算纳税。

（三）2022年1月1日之后的股权激励政策另行明确。

三、关于保险营销员、证券经纪人佣金收入的政策

保险营销员、证券经纪人取得的佣金收入，属于劳务报酬所得，以不含增值税的收入减除20%的费用后的余额为收入额，收入额减去展业成本以及附加税费后，并入当年综合所得，计算缴

纳个人所得税。保险营销员、证券经纪人展业成本按照收入额的25%计算。

扣缴义务人向保险营销员、证券经纪人支付佣金收入时，应按照《个人所得税扣缴申报管理办法（试行）》（国家税务总局公告2018年第61号）规定的累计预扣法计算预扣税款。

四、关于个人领取企业年金、职业年金的政策

个人达到国家规定的退休年龄，领取的企业年金、职业年金，符合《财政部 人力资源社会保障部 国家税务总局关于企业年金 职业年金个人所得税有关问题的通知》（财税〔2013〕103号）规定的，不并入综合所得，全额单独计算应纳税款。其中按月领取的，适用月度税率表计算纳税；按季领取的，平均分摊计入各月，按每月领取额适用月度税率表计算纳税；按年领取的，适用综合所得税率表计算纳税。

个人因出境定居而一次性领取的年金个人账户资金，或个人死亡后，其指定的受益人或法定继承人一次性领取的年金个人账户余额，适用综合所得税率表计算纳税。对个人除上述特殊原因外一次性领取年金个人账户资金或余额的，适用月度税率表计算纳税。

五、关于解除劳动关系、提前退休、内部退养的一次性补偿收入的政策

（一）个人与用人单位解除劳动关系取得一次性补偿收入（包括用人单位发放的经济补偿金、生活补助费和其他补助费），在当地上年职工平均工资3倍数额以内的部分，免征个人所得税；超过3倍数额的部分，不并入当年综合所得，单独适用综合所得税率表，计算纳税。

（二）个人办理提前退休手续而取得的一次性补贴收入，应按照办理提前退休手续至法定离退休年龄之间实际年度数平均分摊，确定适用税率和速算扣除数，单独适用综合所得税率表，计

算纳税。计算公式：

应纳税额＝｛〔（一次性补贴收入÷办理提前退休手续至法定退休年龄的实际年度数）－费用扣除标准〕×适用税率－速算扣除数｝×办理提前退休手续至法定退休年龄的实际年度数

（三）个人办理内部退养手续而取得的一次性补贴收入，按照《国家税务总局关于个人所得税有关政策问题的通知》（国税发〔1999〕58号）规定计算纳税。

六、关于单位低价向职工售房的政策

单位按低于购置或建造成本价格出售住房给职工，职工因此而少支出的差价部分，符合《财政部、国家税务总局关于单位低价向职工售房有关个人所得税问题的通知》（财税〔2007〕13号）第二条规定的，不并入当年综合所得，以差价收入除以12个月得到的数额，按照月度税率表确定适用税率和速算扣除数，单独计算纳税。计算公式为：

应纳税额＝职工实际支付的购房价款低于该房屋的购置或建造成本价格的差额×适用税率－速算扣除数

七、关于外籍个人有关津补贴的政策

（一）2019年1月1日至2021年12月31日期间，外籍个人符合居民个人条件的，可以选择享受个人所得税专项附加扣除，也可以选择按照《财政部、国家税务总局关于个人所得税若干政策问题的通知》（财税〔1994〕20号）、《国家税务总局关于外籍个人取得有关补贴征免个人所得税执行问题的通知》（国税发〔1997〕54号）和《财政部、国家税务总局关于外籍个人取得港澳地区住房等补贴征免个人所得税的通知》（财税〔2004〕29号）规定，享受住房补贴、语言训练费、子女教育费等津补贴免税优惠政策，但不得同时享受。外籍个人一经选择，在一个纳税年度内不得变更。

（二）自2022年1月1日起，外籍个人不再享受住房补贴、语言训练费、子女教育费津补贴免税优惠政策，应按规定享受专项附加扣除。

八、除上述衔接事项外，其他个人所得税优惠政策继续按照原文件规定执行。

九、本通知自2019年1月1日起执行。下列文件或文件条款同时废止：

（一）《财政部、国家税务总局关于个人与用人单位解除劳动关系取得的一次性补偿收入征免个人所得税问题的通知》（财税〔2001〕157号）第一条；

（二）《财政部、国家税务总局关于个人股票期权所得征收个人所得税问题的通知》（财税〔2005〕35号）第四条第（一）项；

（三）《财政部、国家税务总局关于单位低价向职工售房有关个人所得税问题的通知》（财税〔2007〕13号）第三条；

（四）《财政部 人力资源社会保障部 国家税务总局关于企业年金职业年金个人所得税有关问题的通知》（财税〔2013〕103号）第三条第1项和第3项；

（五）《国家税务总局关于个人认购股票等有价证券而从雇主取得折扣或补贴收入有关征收个人所得税问题的通知》（国税发〔1998〕9号）；

（六）《国家税务总局关于保险企业营销员（非雇员）取得的收入计征个人所得税问题的通知》（国税发〔1998〕13号）；

（七）《国家税务总局关于个人因解除劳动合同取得经济补偿金征收个人所得税问题的通知》（国税发〔1999〕178号）；

（八）《国家税务总局关于国有企业职工因解除劳动合同取得一次性补偿收入征免个人所得税问题的通知》（国税发〔2000〕77号）；

（九）《国家税务总局关于调整个人取得全年一次性奖金等计算征收个人所得税方法问题的通知》（国税发〔2005〕9号）第

二条；

（十）《国家税务总局关于保险营销员取得佣金收入征免个人所得税问题的通知》（国税函〔2006〕454号）；

（十一）《国家税务总局关于个人股票期权所得缴纳个人所得税有关问题的补充通知》（国税函〔2006〕902号）第七条、第八条；

（十二）《国家税务总局关于中央企业负责人年度绩效薪金延期兑现收入和任期奖励征收个人所得税问题的通知》（国税发〔2007〕118号）第一条；

（十三）《国家税务总局关于个人提前退休取得补贴收入个人所得税问题的公告》（国家税务总局公告2011年第6号）第二条；

（十四）《国家税务总局关于证券经纪人佣金收入征收个人所得税问题的公告》（国家税务总局公告2012年第45号）。

附件：按月换算后的综合所得税率表（略）

14.《财政部、税务总局关于延续实施全年一次性奖金个人所得税政策的公告》（2023年8月18日　财政部、税务总局公告2023年第30号）

为进一步减轻纳税人负担，现将全年一次性奖金个人所得税政策公告如下：

一、居民个人取得全年一次性奖金，符合《国家税务总局关于调整个人取得全年一次性奖金等计算征收个人所得税方法问题的通知》（国税发〔2005〕9号）规定的，不并入当年综合所得，以全年一次性奖金收入除以12个月得到的数额，按照本公告所附按月换算后的综合所得税率表，确定适用税率和速算扣除数，单独计算纳税。计算公式为：

应纳税额=全年一次性奖金收入×适用税率－速算扣除数

二、居民个人取得全年一次性奖金，也可以选择并入当年综合所得计算纳税。

三、本公告执行至 2027 年 12 月 31 日。

特此公告。

附件：按月换算后的综合所得税率表

附件

按月换算后的综合所得税率表

级数	全月应纳税所得额	税率（%）	速算扣除数
1	不超过 3000 元的	3	0
2	超过 3000 元至 12000 元的部分	10	210
3	超过 12000 元至 25000 元的部分	20	1410
4	超过 25000 元至 35000 元的部分	25	2660
5	超过 35000 元至 55000 元的部分	30	4410
6	超过 55000 元至 80000 元的部分	35	7160
7	超过 80000 元的部分	45	15160

● 请示答复

15.《国家税务总局关于个人取得房屋拍卖收入征收个人所得税问题的批复》（2007 年 11 月 20 日　国税函〔2007〕1145 号）

根据《国家税务总局关于加强和规范个人取得拍卖收入征收个人所得税有关问题的通知》（国税发〔2007〕38 号）和《国家税务总局关于个人住房转让所得征收个人所得税有关问题的通知》（国税发〔2006〕108 号）规定精神，个人通过拍卖市场取得的房屋拍卖收入在计征个人所得税时，其房屋原值应按照纳税人提供的合法、完整、准确的凭证予以扣除；不能提供完整、准确的房屋原值凭证，不能正确计算房屋原值和应纳税额的，统一按转让收入全额的 3% 计算缴纳个人所得税。

为方便纳税人依法履行纳税义务和税务机关加强税收征管，纳税人应比照国税发〔2006〕108 号文件第四条的有关规定，在房屋拍卖后缴纳营业税、契税、土地增值税等税收的同时，一并申报缴纳个人所得税。

16.《国家税务总局关于个人因购买和处置债权取得所得征收个人所得税问题的批复》（2005年6月24日　国税函〔2005〕655号）

二、个人通过上述方式取得"打包"债权，只处置部分债权的，其应纳税所得额按以下方式确定：

（一）以每次处置部分债权的所得，作为一次财产转让所得征税。

（二）其应税收入按照个人取得的货币资产和非货币资产的评估价值或市场价值的合计数确定。

（三）所处置债权成本费用（即财产原值），按下列公式计算：

当次处置债权成本费用＝个人购置"打包"债权实际支出×当次处置债权账面价值（或拍卖机构公布价值）÷"打包"债权账面价值（或拍卖机构公布价值）。

（四）个人购买和处置债权过程中发生的拍卖招标手续费、诉讼费、审计评估费以及缴纳的税金等合理税费，在计算个人所得税时允许扣除。

第七条　境外所得

居民个人从中国境外取得的所得，可以从其应纳税额中抵免已在境外缴纳的个人所得税税额，但抵免额不得超过该纳税人境外所得依照本法规定计算的应纳税额。

● 行政法规及文件

《个人所得税法实施条例》（2018年12月18日　国务院令第707号）

第21条　个人所得税法第七条所称已在境外缴纳的个人所

得税税额，是指居民个人来源于中国境外的所得，依照该所得来源国家（地区）的法律应当缴纳并且实际已经缴纳的所得税税额。

个人所得税法第七条所称纳税人境外所得依照本法规定计算的应纳税额，是居民个人抵免已在境外缴纳的综合所得、经营所得以及其他所得的所得税税额的限额（以下简称抵免限额）。除国务院财政、税务主管部门另有规定外，来源于中国境外一个国家（地区）的综合所得抵免限额、经营所得抵免限额以及其他所得抵免限额之和，为来源于该国家（地区）所得的抵免限额。

居民个人在中国境外一个国家（地区）实际已经缴纳的个人所得税税额，低于依照前款规定计算出的来源于该国家（地区）所得的抵免限额的，应当在中国缴纳差额部分的税款；超过来源于该国家（地区）所得的抵免限额的，其超过部分不得在本纳税年度的应纳税额中抵免，但是可以在以后纳税年度来源于该国家（地区）所得的抵免限额的余额中补扣。补扣期限最长不得超过五年。

第22条 居民个人申请抵免已在境外缴纳的个人所得税税额，应当提供境外税务机关出具的税款所属年度的有关纳税凭证。

第八条 纳税调整

有下列情形之一的，税务机关有权按照合理方法进行纳税调整：

（一）个人与其关联方之间的业务往来不符合独立交易原则而减少本人或者其关联方应纳税额，且无正当理由；

（二）居民个人控制的，或者居民个人和居民企业共同控制的设立在实际税负明显偏低的国家（地区）的企业，无合理经营需要，对应当归属于居民个人的利润不作分配或者减少分配；

（三）个人实施其他不具有合理商业目的的安排而获取不当税收利益。

税务机关依照前款规定作出纳税调整，需要补征税款的，应当补征税款，并依法加收利息。

● 法　律

1.《税收征收管理法》（2015年4月24日　中华人民共和国主席令第23号）

第25条　纳税人必须依照法律、行政法规规定或者税务机关依照法律、行政法规的规定确定的申报期限、申报内容如实办理纳税申报，报送纳税申报表、财务会计报表以及税务机关根据实际需要要求纳税人报送的其他纳税资料。

扣缴义务人必须依照法律、行政法规规定或者税务机关依照法律、行政法规的规定确定的申报期限、申报内容如实报送代扣代缴、代收代缴税款报告表以及税务机关根据实际需要要求扣缴义务人报送的其他有关资料。

第26条　纳税人、扣缴义务人可以直接到税务机关办理纳税申报或者报送代扣代缴、代收代缴税款报告表，也可以按照规定采取邮寄、数据电文或者其他方式办理上述申报、报送事项。

第27条　纳税人、扣缴义务人不能按期办理纳税申报或者报送代扣代缴、代收代缴税款报告表的，经税务机关核准，可以延期申报。

经核准延期办理前款规定的申报、报送事项的，应当在纳税期内按照上期实际缴纳的税额或者税务机关核定的税额预缴税款，并在核准的延期内办理税款结算。

● 行政法规及文件

2.《个人所得税法实施条例》（2018 年 12 月 18 日　国务院令第 707 号）

第 23 条　个人所得税法第八条第二款规定的利息，应当按照税款所属纳税申报期最后一日中国人民银行公布的与补税期间同期的人民币贷款基准利率计算，自税款纳税申报期满次日起至补缴税款期限届满之日止按日加收。纳税人在补缴税款期限届满前补缴税款的，利息加收至补缴税款之日。

第 24 条　扣缴义务人向个人支付应税款项时，应当依照个人所得税法规定预扣或者代扣税款，按时缴库，并专项记载备查。

前款所称支付，包括现金支付、汇拨支付、转账支付和以有价证券、实物以及其他形式的支付。

第九条　纳税人与扣缴义务人

个人所得税以所得人为纳税人，以支付所得的单位或者个人为扣缴义务人。

纳税人有中国公民身份号码的，以中国公民身份号码为纳税人识别号；纳税人没有中国公民身份号码的，由税务机关赋予其纳税人识别号。扣缴义务人扣缴税款时，纳税人应当向扣缴义务人提供纳税人识别号。

第十条　纳税申报

有下列情形之一的，纳税人应当依法办理纳税申报：

（一）取得综合所得需要办理汇算清缴；

（二）取得应税所得没有扣缴义务人；

（三）取得应税所得，扣缴义务人未扣缴税款；

（四）取得境外所得；

（五）因移居境外注销中国户籍；

（六）非居民个人在中国境内从两处以上取得工资、薪金所得；

（七）国务院规定的其他情形。

扣缴义务人应当按照国家规定办理全员全额扣缴申报，并向纳税人提供其个人所得和已扣缴税款等信息。

● 行政法规及文件

1.《个人所得税法实施条例》（2018年12月18日　国务院令第707号）

第25条　取得综合所得需要办理汇算清缴的情形包括：

（一）从两处以上取得综合所得，且综合所得年收入额减除专项扣除的余额超过6万元；

（二）取得劳务报酬所得、稿酬所得、特许权使用费所得中一项或者多项所得，且综合所得年收入额减除专项扣除的余额超过6万元；

（三）纳税年度内预缴税额低于应纳税额；

（四）纳税人申请退税。

纳税人申请退税，应当提供其在中国境内开设的银行账户，并在汇算清缴地就地办理税款退库。

汇算清缴的具体办法由国务院税务主管部门制定。

第26条　个人所得税法第十条第二款所称全员全额扣缴申报，是指扣缴义务人在代扣税款的次月十五日内，向主管税务机关报送其支付所得的所有个人的有关信息、支付所得数额、扣除事项和数额、扣缴税款的具体数额和总额以及其他相关涉税信息资料。

第27条　纳税人办理纳税申报的地点以及其他有关事项的具体办法，由国务院税务主管部门制定。

2.《税收征收管理法实施细则》（2016年2月6日　国务院令第666号）

第30条　税务机关应当建立、健全纳税人自行申报纳税制度。纳税人、扣缴义务人可以采取邮寄、数据电文方式办理纳税申报或者报送代扣代缴、代收代缴税款报告表。

数据电文方式，是指税务机关确定的电话语音、电子数据交换和网络传输等电子方式。

第31条　纳税人采取邮寄方式办理纳税申报的，应当使用统一的纳税申报专用信封，并以邮政部门收据作为申报凭据。邮寄申报以寄出的邮戳日期为实际申报日期。

纳税人采取电子方式办理纳税申报的，应当按照税务机关规定的期限和要求保存有关资料，并定期书面报送主管税务机关。

第32条　纳税人在纳税期内没有应纳税款的，也应当按照规定办理纳税申报。

纳税人享受减税、免税待遇的，在减税、免税期间应当按照规定办理纳税申报。

第33条　纳税人、扣缴义务人的纳税申报或者代扣代缴、代收代缴税款报告表的主要内容包括：税种、税目，应纳税项目或者应代扣代缴、代收代缴税款项目，计税依据，扣除项目及标准，适用税率或者单位税额，应退税项目及税额、应减免税项目及税额，应纳税额或者应代扣代缴、代收代缴税额，税款所属期限、延期缴纳税款、欠税、滞纳金等。

第34条　纳税人办理纳税申报时，应当如实填写纳税申报表，并根据不同的情况相应报送下列有关证件、资料：

（一）财务会计报表及其说明材料；

（二）与纳税有关的合同、协议书及凭证；

（三）税控装置的电子报税资料；

（四）外出经营活动税收管理证明和异地完税凭证；

（五）境内或者境外公证机构出具的有关证明文件；

（六）税务机关规定应当报送的其他有关证件、资料。

第35条　扣缴义务人办理代扣代缴、代收代缴税款报告时，应当如实填写代扣代缴、代收代缴税款报告表，并报送代扣代缴、代收代缴税款的合法凭证以及税务机关规定的其他有关证件、资料。

第36条　实行定期定额缴纳税款的纳税人，可以实行简易申报、简并征期等申报纳税方式。

第37条　纳税人、扣缴义务人按照规定的期限办理纳税申报或者报送代扣代缴、代收代缴税款报告表确有困难，需要延期的，应当在规定的期限内向税务机关提出书面延期申请，经税务机关核准，在核准的期限内办理。

纳税人、扣缴义务人因不可抗力，不能按期办理纳税申报或者报送代扣代缴、代收代缴税款报告表的，可以延期办理；但是，应当在不可抗力情形消除后立即向税务机关报告。税务机关应当查明事实，予以核准。

● 部门规章及文件

3.《个人所得税管理办法》（2018年6月15日　国家税务总局公告2018年第31号）

第15条　纳税人与扣缴义务人向税务机关双向申报制度是指，纳税人与扣缴义务人按照法律、行政法规规定和税务机关依法律、行政法规所提出的要求，分别向主管税务机关办理纳税申报，税务机关对纳税人和扣缴义务人提供的收入、纳税信息进行交叉比对、核查的一项制度。

第16条　对税法及其实施条例，以及相关法律、法规规定纳税人必须自行申报的，税务机关应要求其自行向主管税务机关进行纳税申报。

第 17 条　税务机关接受纳税人、扣缴义务人的纳税申报时，应对申报的时限、应税项目、适用税率、税款计算及相关资料的完整性和准确性进行初步审核，发现有误的，应及时要求纳税人、扣缴义务人修正申报。

第 18 条　税务机关应对双向申报的内容进行交叉比对和评估分析，从中发现问题并及时依法处理。

4.《个人所得税自行纳税申报办法（试行）》（2006 年 11 月 6 日　国税发〔2006〕162 号）（部分失效）

第 4 条　本办法第二条第一项所称年所得 12 万元以上的纳税人，不包括在中国境内无住所，且在一个纳税年度中在中国境内居住不满 1 年的个人。

本办法第二条第三项所称从中国境外取得所得的纳税人，是指在中国境内有住所，或者无住所而在一个纳税年度中在中国境内居住满 1 年的个人。

第 6 条　本办法所称年所得 12 万元以上，是指纳税人在一个纳税年度取得以下各项所得的合计数额达到 12 万元：

（一）工资、薪金所得；

（二）个体工商户的生产、经营所得；

（三）对企事业单位的承包经营、承租经营所得；

（四）劳务报酬所得；

（五）稿酬所得；

（六）特许权使用费所得；

（七）利息、股息、红利所得；

（八）财产租赁所得；

（九）财产转让所得；

（十）偶然所得；

（十一）经国务院财政部门确定征税的其他所得。

第 8 条　本办法第六条所指各项所得的年所得按照下列方法

计算：

（一）工资、薪金所得，按照未减除费用（每月 1600 元）及附加减除费用（每月 3200 元）的收入额计算。

（二）个体工商户的生产、经营所得，按照应纳税所得额计算。实行查账征收的，按照每一纳税年度的收入总额减除成本、费用以及损失后的余额计算；实行定期定额征收的，按照纳税人自行申报的年度应纳税所得额计算，或者按照其自行申报的年度应纳税经营额乘以应税所得率计算。

（三）对企事业单位的承包经营、承租经营所得，按照每一纳税年度的收入总额计算，即按照承包经营、承租经营者实际取得的经营利润，加上从承包、承租的企事业单位中取得的工资、薪金性质的所得计算。

（四）劳务报酬所得，稿酬所得，特许权使用费所得，按照未减除费用（每次 800 元或者每次收入的 20%）的收入额计算。

（五）财产租赁所得，按照未减除费用（每次 800 元或者每次收入的 20%）和修缮费用的收入额计算。

（六）财产转让所得，按照应纳税所得额计算，即按照以转让财产的收入额减除财产原值和转让财产过程中缴纳的税金及有关合理费用后的余额计算。

（七）利息、股息、红利所得，偶然所得和其他所得，按照收入额全额计算。

第 15 条 年所得 12 万元以上的纳税人，在纳税年度终了后 3 个月内向主管税务机关办理纳税申报。

第 21 条 纳税人可以采取数据电文、邮寄等方式申报，也可以直接到主管税务机关申报，或者采取符合主管税务机关规定的其他方式申报。

第 22 条 纳税人采取数据电文方式申报的，应当按照税务机关规定的期限和要求保存有关纸质资料。

第 23 条　纳税人采取邮寄方式申报的，以邮政部门挂号信函收据作为申报凭据，以寄出的邮戳日期为实际申报日期。

第 24 条　纳税人可以委托有税务代理资质的中介机构或者他人代为办理纳税申报。

第六章　申报管理

第 25 条　主管税务机关应当将各类申报表，登载到税务机关的网站上，或者摆放到税务机关受理纳税申报的办税服务厅，免费供纳税人随时下载或取用。

第 26 条　主管税务机关应当在每年法定申报期间，通过适当方式，提醒年所得 12 万元以上的纳税人办理自行纳税申报。

第 27 条　受理纳税申报的主管税务机关根据纳税人的申报情况，按照规定办理税款的征、补、退、抵手续。

第 28 条　主管税务机关按照规定为已经办理纳税申报并缴纳税款的纳税人开具完税凭证。

第 29 条　税务机关依法为纳税人的纳税申报信息保密。

第 30 条　纳税人变更纳税申报地点，并报原主管税务机关备案的，原主管税务机关应当及时将纳税人变更纳税申报地点的信息传递给新的主管税务机关。

第 31 条　主管税务机关对已办理纳税申报的纳税人建立纳税档案，实施动态管理。

第 41 条　纳税申报表由各省、自治区、直辖市和计划单列市地方税务局按照国家税务总局规定的式样统一印制。

第十一条　综合所得和工资、薪金所得

居民个人取得综合所得，按年计算个人所得税；有扣缴义务人的，由扣缴义务人按月或者按次预扣预缴税款；需要办理汇算清缴的，应当在取得所得的次年三月一日至六月三十日内办理汇算清缴。预扣预缴办法由国务院税务主管部门制定。

居民个人向扣缴义务人提供专项附加扣除信息的,扣缴义务人按月预扣预缴税款时应当按照规定予以扣除,不得拒绝。

非居民个人取得工资、薪金所得,劳务报酬所得,稿酬所得和特许权使用费所得,有扣缴义务人的,由扣缴义务人按月或者按次代扣代缴税款,不办理汇算清缴。

● **行政法规及文件**

《个人所得税法实施条例》(2018年12月18日　国务院令第707号)

第28条　居民个人取得工资、薪金所得时,可以向扣缴义务人提供专项附加扣除有关信息,由扣缴义务人扣缴税款时减除专项附加扣除。纳税人同时从两处以上取得工资、薪金所得,并由扣缴义务人减除专项附加扣除的,对同一专项附加扣除项目,在一个纳税年度内只能选择从一处取得的所得中减除。

居民个人取得劳务报酬所得、稿酬所得、特许权使用费所得,应当在汇算清缴时向税务机关提供有关信息,减除专项附加扣除。

第29条　纳税人可以委托扣缴义务人或者其他单位和个人办理汇算清缴。

第30条　扣缴义务人应当按照纳税人提供的信息计算办理扣缴申报,不得擅自更改纳税人提供的信息。

纳税人发现扣缴义务人提供或者扣缴申报的个人信息、所得、扣缴税款等与实际情况不符的,有权要求扣缴义务人修改。扣缴义务人拒绝修改的,纳税人应当报告税务机关,税务机关应当及时处理。

纳税人、扣缴义务人应当按照规定保存与专项附加扣除相关的资料。税务机关可以对纳税人提供的专项附加扣除信息进行抽查,具体办法由国务院税务主管部门另行规定。税务机关发现纳税人提供虚假信息的,应当责令改正并通知扣缴义务人;情节严重的,有关部门应当依法予以处理,纳入信用信息系统并实施联合惩戒。

第十二条　经营所得和利息、股息红利所得

纳税人取得经营所得,按年计算个人所得税,由纳税人在月度或者季度终了后十五日内向税务机关报送纳税申报表,并预缴税款;在取得所得的次年三月三十一日前办理汇算清缴。

纳税人取得利息、股息、红利所得,财产租赁所得,财产转让所得和偶然所得,按月或者按次计算个人所得税,有扣缴义务人的,由扣缴义务人按月或者按次代扣代缴税款。

第十三条　取得应税所得的不同情形

纳税人取得应税所得没有扣缴义务人的,应当在取得所得的次月十五日内向税务机关报送纳税申报表,并缴纳税款。

纳税人取得应税所得,扣缴义务人未扣缴税款的,纳税人应当在取得所得的次年六月三十日前,缴纳税款;税务机关通知限期缴纳的,纳税人应当按照期限缴纳税款。

居民个人从中国境外取得所得的,应当在取得所得的次年三月一日至六月三十日内申报纳税。

非居民个人在中国境内从两处以上取得工资、薪金所得的,应当在取得所得的次月十五日内申报纳税。

纳税人因移居境外注销中国户籍的,应当在注销中国户籍前办理税款清算。

第十四条　预扣、代扣税款的处理

扣缴义务人每月或者每次预扣、代扣的税款，应当在次月十五日内缴入国库，并向税务机关报送扣缴个人所得税申报表。

纳税人办理汇算清缴退税或者扣缴义务人为纳税人办理汇算清缴退税的，税务机关审核后，按照国库管理的有关规定办理退税。

● 行政法规及文件

《税收征收管理法实施细则》（2016年2月6日　国务院令第666号）

第33条　纳税人、扣缴义务人的纳税申报或者代扣代缴、代收代缴税款报告表的主要内容包括：税种、税目，应纳税项目或者应代扣代缴、代收代缴税款项目，计税依据，扣除项目及标准，适用税率或者单位税额，应退税项目及税额、应减免税项目及税额，应纳税额或者应代扣代缴、代收代缴税额，税款所属期限、延期缴纳税款、欠税、滞纳金等。

第十五条　有关部门的职责

公安、人民银行、金融监督管理等相关部门应当协助税务机关确认纳税人的身份、金融账户信息。教育、卫生、医疗保障、民政、人力资源社会保障、住房城乡建设、公安、人民银行、金融监督管理等相关部门应当向税务机关提供纳税人子女教育、继续教育、大病医疗、住房贷款利息、住房租金、赡养老人等专项附加扣除信息。

个人转让不动产的，税务机关应当根据不动产登记等相关信息核验应缴的个人所得税，登记机构办理转移登记时，应当查验与该不动产转让相关的个人所得税的完税凭证。个人转让股权办理变更登记的，市场主体登记机关应当查验与该股权交易相关的个人所得税的完税凭证。

有关部门依法将纳税人、扣缴义务人遵守本法的情况纳入信用信息系统，并实施联合激励或者惩戒。

第十六条　计算单位

各项所得的计算，以人民币为单位。所得为人民币以外的货币的，按照人民币汇率中间价折合成人民币缴纳税款。

第十七条　扣缴手续费

对扣缴义务人按照所扣缴的税款，付给百分之二的手续费。

第十八条　所得开征、减征、停止个人所得税

对储蓄存款利息所得开征、减征、停征个人所得税及其具体办法，由国务院规定，并报全国人民代表大会常务委员会备案。

● 行政法规及文件

1.《对储蓄存款利息所得征收个人所得税的实施办法》（2007年7月20日　国务院令第502号）

第1条　根据《中华人民共和国个人所得税法》第十二条的规定，制定本办法。

第2条　从中华人民共和国境内的储蓄机构取得人民币、外币储蓄存款利息所得的个人，应当依照本办法缴纳个人所得税。

第3条　对储蓄存款利息所得征收个人所得税的计税依据为纳税人取得的人民币、外币储蓄存款利息所得。

第4条　对储蓄存款利息所得征收个人所得税，减按5%的比例税率执行。减征幅度的调整由国务院决定。

第5条　对个人取得的教育储蓄存款利息所得以及国务院财政部门确定的其他专项储蓄存款或者储蓄性专项基金存款的利息所得，免征个人所得税。

前款所称教育储蓄是指个人按照国家有关规定在指定银行开户、存入规定数额资金、用于教育目的的专项储蓄。

第6条　对储蓄存款利息所得，按照每次取得的利息所得额计征个人所得税。

第7条　对储蓄存款利息所得征收个人所得税，以结付利息的储蓄机构为扣缴义务人，实行代扣代缴。

第8条　扣缴义务人在向储户结付利息时，依法代扣代缴税款。

前款所称结付利息，包括储户取款时结付利息、活期存款结息日结付利息和办理储蓄存款自动转存业务时结付利息等。

扣缴义务人代扣税款，应当在给储户的利息结付单上注明。

第9条　扣缴义务人每月代扣的税款，应当在次月7日内缴入中央国库，并向当地主管税务机关报送代扣代缴税款报告表；代扣的税款为外币的，应当折合成人民币缴入中央国库。

第10条　对扣缴义务人按照所扣缴的税款，付给2%的手续费。

第11条　税务机关应当加强对扣缴义务人代扣代缴税款情况的监督和检查，扣缴义务人应当积极予以配合，如实反映情况，提供有关资料，不得拒绝、隐瞒。

第12条　对储蓄存款利息所得征收的个人所得税，由国家税务局依照《中华人民共和国税收征收管理法》、《中华人民共和国个人所得税法》及本办法的规定负责征收管理。

第13条　本办法所称储蓄机构，是指经国务院银行业监督管理机构批准的商业银行、城市信用合作社和农村信用合作社等吸收公众存款的金融机构。

第 14 条　储蓄存款在 1999 年 10 月 31 日前孳生的利息所得，不征收个人所得税；储蓄存款在 1999 年 11 月 1 日至 2007 年 8 月 14 日孳生的利息所得，按照 20% 的比例税率征收个人所得税；储蓄存款在 2007 年 8 月 15 日后孳生的利息所得，按照 5% 的比例税率征收个人所得税。

第 15 条　本办法自 1999 年 11 月 1 日起施行。

● 部门规章及文件

2.《财政部、国家税务总局关于储蓄存款利息所得有关个人所得税政策的通知》（2008 年 10 月 9 日　财税〔2008〕132 号）
各省、自治区、直辖市、计划单列市财政厅（局）、国家税务局、新疆生产建设兵团财务局：

为配合国家宏观调控政策需要，经国务院批准，自 2008 年 10 月 9 日起，对储蓄存款利息所得暂免征收个人所得税。即储蓄存款在 1999 年 10 月 31 日前孳生的利息所得，不征收个人所得税；储蓄存款在 1999 年 11 月 1 日至 2007 年 8 月 14 日孳生的利息所得，按照 20% 的比例税率征收个人所得税；储蓄存款在 2007 年 8 月 15 日至 2008 年 10 月 8 日孳生的利息所得，按照 5% 的比例税率征收个人所得税；储蓄存款在 2008 年 10 月 9 日后（含 10 月 9 日）孳生的利息所得，暂免征收个人所得税。

第十九条　法律责任

纳税人、扣缴义务人和税务机关及其工作人员违反本法规定的，依照《中华人民共和国税收征收管理法》和有关法律法规的规定追究法律责任。

第二十条　征收管理

个人所得税的征收管理,依照本法和《中华人民共和国税收征收管理法》的规定执行。

第二十一条　对国务院制定实施条例的授权

国务院根据本法制定实施条例。

第二十二条　生效日期

本法自公布之日起施行。

个人所得税税率表一　（综合所得适用）

级数	全年应纳税所得额	税率（%）
1	不超过36000元的	3
2	超过36000元至144000元的部分	10
3	超过144000元至300000元的部分	20
4	超过300000元至420000元的部分	25
5	超过420000元至660000元的部分	30
6	超过660000元至960000元的部分	35
7	超过960000元的部分	45

（注1:本表所称全年应纳税所得额是指依照本法第六条的规定,居民个人取得综合所得以每一纳税年度收入额减除费用六万元以及专项扣除、专项附加扣除和依法确定的其他扣除后的余额。

注2:非居民个人取得工资、薪金所得,劳务报酬所得,稿酬所得和特许权使用费所得,依照本表按月换算后计算应纳税额。）

个人所得税税率表二　（经营所得适用）

级数	全年应纳税所得额	税率（%）
1	不超过30000元的	5
2	超过30000元至90000元的部分	10

续表

级数	全年应纳税所得额	税率（％）
3	超过90000元至300000元的部分	20
4	超过300000元至500000元的部分	30
5	超过500000元的部分	35

（注：本表所称全年应纳税所得额是指依照本法第六条的规定，以每一纳税年度的收入总额减除成本、费用以及损失后的余额。）

四、财产和行为税

中华人民共和国房产税暂行条例

(1986年9月15日国务院发布 根据2011年1月8日《国务院关于废止和修改部分行政法规的决定》修订)

第一条 征税范围

房产税在城市、县城、建制镇和工矿区征收。

第二条 纳税义务人

房产税由产权所有人缴纳。产权属于全民所有的,由经营管理的单位缴纳。产权出典的,由承典人缴纳。产权所有人、承典人不在房产所在地的,或者产权未确定及租典纠纷未解决的,由房产代管人或者使用人缴纳。

前款列举的产权所有人、经营管理单位、承典人、房产代管人或者使用人,统称为纳税义务人(以下简称纳税人)。

● 部门规章及文件

1.《财政部、国家税务总局关于对外资企业及外籍个人征收房产税有关问题的通知》(2009年1月12日 财税〔2009〕3号)

一、自2009年1月1日起,对外资企业及外籍个人的房产征收房产税,在征税范围、计税依据、税率、税收优惠、征收管理等方面按照《中华人民共和国房产税暂行条例》(国发〔1986〕90号)

及有关规定执行。各地要及时了解外资企业及外籍个人房产税的征收情况,对遇到的问题及时反映,确保相关政策落实到位。

二、以人民币以外的货币为记账本位币的外资企业及外籍个人在缴纳房产税时,均应将其根据记账本位币计算的税款按照缴款上月最后一日的人民币汇率中间价折合成人民币。

三、房产税由房产所在地的地方税务机关征收,其征收管理按《中华人民共和国税收征收管理法》及相关规定执行。

2.《财政部、国家税务总局关于房产税、城镇土地使用税有关问题的通知》(2009 年 11 月 22 日　财税〔2009〕128 号)

二、关于出典房产的房产税问题

产权出典的房产,由承典人依照房产余值缴纳房产税。

三、关于融资租赁房产的房产税问题

融资租赁的房产,由承租人自融资租赁合同约定开始日的次月起依照房产余值缴纳房产税。合同未约定开始日的,由承租人自合同签订的次月起依照房产余值缴纳房产税。

第三条　房产原值

房产税依照房产原值一次减除 10% 至 30% 后的余值计算缴纳。具体减除幅度,由省、自治区、直辖市人民政府规定。

没有房产原值作为依据的,由房产所在地税务机关参考同类房产核定。

房产出租的,以房产租金收入为房产税的计税依据。

● 部门规章及文件

1.《国家税务总局关于进一步明确房屋附属设备和配套设施计征房产税有关问题的通知》(2005 年 10 月 21 日　国税发〔2005〕173 号)(部分失效)

一、为了维持和增加房屋的使用功能或使房屋满足设计要求，凡以房屋为载体，不可随意移动的附属设备和配套设施，如给排水、采暖、消防、中央空调、电气及智能化楼宇设备等，无论在会计核算中是否单独记账与核算，都应计入房产原值，计征房产税。

二、对于更换房屋附属设备和配套设施的，在将其价值计入房产原值时，可扣减原来相应设备和设施的价值；对附属设备和配套设施中易损坏、需要经常更换的零配件，更新后不再计入房产原值。

2.《财政部、国家税务总局关于房产税、城镇土地使用税有关问题的通知》（2009年11月22日　财税〔2009〕128号）

一、关于无租使用其他单位房产的房产税问题

无租使用其他单位房产的应税单位和个人，依照房产余值代缴纳房产税。

3.《财政部、国家税务总局关于安置残疾人就业单位城镇土地使用税等政策的通知》（2010年12月21日　财税〔2010〕121号）

二、关于出租房产免收租金期间房产税问题

对出租房产，租赁双方签订的租赁合同约定有免收租金期限的，免收租金期间由产权所有人按照房产原值缴纳房产税。

三、关于将地价计入房产原值征收房产税问题

对按照房产原值计税的房产，无论会计上如何核算，房产原值均应包含地价，包括为取得土地使用权支付的价款、开发土地发生的成本费用等。宗地容积率低于0.5的，按房产建筑面积的2倍计算土地面积并据此确定计入房产原值的地价。

第四条　税率

房产税的税率，依照房产余值计算缴纳的，税率为1.2%；依照房产租金收入计算缴纳的，税率为12%。

第五条 免纳房产税的范围

下列房产免纳房产税：

一、国家机关、人民团体、军队自用的房产；

二、由国家财政部门拨付事业经费的单位自用的房产；

三、宗教寺庙、公园、名胜古迹自用的房产；

四、个人所有非营业用的房产；

五、经财政部批准免税的其他房产。

● 部门规章及文件

1. 《财政部、税务总局关于延续供热企业增值税、房产税、城镇土地使用税优惠政策的通知》（2019年4月3日　财税〔2019〕38号）

二、自2019年1月1日至2020年12月31日，对向居民供热收取采暖费的供热企业，为居民供热所使用的厂房及土地免征房产税、城镇土地使用税；对供热企业其他厂房及土地，应当按照规定征收房产税、城镇土地使用税。

对专业供热企业，按其向居民供热取得的采暖费收入占全部采暖费收入的比例，计算免征的房产税、城镇土地使用税。

对兼营供热企业，视其供热所使用的厂房及土地与其他生产经营活动所使用的厂房及土地是否可以区分，按照不同方法计算免征的房产税、城镇土地使用税。可以区分的，对其供热所使用厂房及土地，按向居民供热取得的采暖费收入占全部采暖费收入的比例，计算免征的房产税、城镇土地使用税。难以区分的，对其全部厂房及土地，按向居民供热取得的采暖费收入占其营业收入的比例，计算免征的房产税、城镇土地使用税。

对自供热单位，按向居民供热建筑面积占总供热建筑面积的比例，计算免征供热所使用的厂房及土地的房产税、城镇土地使用税。

三、本通知所称供热企业，是指热力产品生产企业和热力产品经营企业。热力产品生产企业包括专业供热企业、兼营供热企业和自供热单位。

四、本通知所称"三北"地区，是指北京市、天津市、河北省、山西省、内蒙古自治区、辽宁省、大连市、吉林省、黑龙江省、山东省、青岛市、河南省、陕西省、甘肃省、青海省、宁夏回族自治区和新疆维吾尔自治区。

2.《财政部、税务总局关于继续实施银行业金融机构、金融资产管理公司不良债权以物抵债有关税收政策的公告》（2023年8月21日　财政部、税务总局公告2023年第35号）

四、各地可根据《中华人民共和国房产税暂行条例》、《中华人民共和国城镇土地使用税暂行条例》授权和本地实际，对银行业金融机构、金融资产管理公司持有的抵债不动产减免房产税、城镇土地使用税。

五、本公告所称抵债不动产、抵债资产，是指经人民法院判决裁定或仲裁机构仲裁的抵债不动产、抵债资产。其中，金融资产管理公司的抵债不动产、抵债资产，限于其承接银行业金融机构不良债权涉及的抵债不动产、抵债资产。

六、本公告所称银行业金融机构，是指在中华人民共和国境内设立的商业银行、农村合作银行、农村信用社、村镇银行、农村资金互助社以及政策性银行；所称金融资产管理公司，是指持有国务院银行业监督管理机构及其派出机构颁发的《金融许可证》的资产管理公司。

七、本公告执行期限为2023年8月1日至2027年12月31日。本公告发布之前已征收入库的按照上述规定应予减免的税款，可抵减纳税人以后月份应缴纳的税款或办理税款退库。已向处置不动产的购买方全额开具增值税专用发票的，将上述增值税专用发票追回后方可适用本公告第一条的规定。

特此公告。

第六条　定期减征或免征规定

除本条例第五条规定者外，纳税人纳税确有困难的，可由省、自治区、直辖市人民政府确定，定期减征或者免征房产税。

第七条　纳税期限

房产税按年征收、分期缴纳。纳税期限由省、自治区、直辖市人民政府规定。

第八条　征收管理

房产税的征收管理，依照《中华人民共和国税收征收管理法》的规定办理。

第九条　征收机关

房产税由房产所在地的税务机关征收。

第十条　条例解释

本条例由财政部负责解释；施行细则由省、自治区、直辖市人民政府制定，抄送财政部备案。

第十一条　施行日期

本条例自 1986 年 10 月 1 日起施行。

中华人民共和国城镇土地使用税暂行条例

（1988年9月27日中华人民共和国国务院令第17号发布 根据2006年12月31日《国务院关于修改〈中华人民共和国城镇土地使用税暂行条例〉的决定》第一次修订 根据2011年1月8日《国务院关于废止和修改部分行政法规的决定》第二次修订 根据2013年12月7日《国务院关于修改部分行政法规的决定》第三次修订 根据2019年3月2日《国务院关于修改部分行政法规的决定》第四次修订）

第一条 立法目的

为了合理利用城镇土地，调节土地级差收入，提高土地使用效益，加强土地管理，制定本条例。

第二条 纳税范围

在城市、县城、建制镇、工矿区范围内使用土地的单位和个人，为城镇土地使用税（以下简称土地使用税）的纳税人，应当依照本条例的规定缴纳土地使用税。

前款所称单位，包括国有企业、集体企业、私营企业、股份制企业、外商投资企业、外国企业以及其他企业和事业单位、社会团体、国家机关、军队以及其他单位；所称个人，包括个体工商户以及其他个人。

● 部门规章及文件

1.《财政部、税务总局关于继续实施银行业金融机构、金融资产管理公司不良债权以物抵债有关税收政策的公告》（2023年8月21日 财政部、税务总局公告2023年第35号）

四、各地可根据《中华人民共和国房产税暂行条例》、《中华人民共和国城镇土地使用税暂行条例》授权和本地实际，对银行业金融机构、金融资产管理公司持有的抵债不动产减免房产税、城镇土地使用税。

五、本公告所称抵债不动产、抵债资产，是指经人民法院判决裁定或仲裁机构仲裁的抵债不动产、抵债资产。其中，金融资产管理公司的抵债不动产、抵债资产，限于其承接银行业金融机构不良债权涉及的抵债不动产、抵债资产。

六、本公告所称银行业金融机构，是指在中华人民共和国境内设立的商业银行、农村合作银行、农村信用社、村镇银行、农村资金互助社以及政策性银行；所称金融资产管理公司，是指持有国务院银行业监督管理机构及其派出机构颁发的《金融许可证》的资产管理公司。

七、本公告执行期限为2023年8月1日至2027年12月31日。本公告发布之前已征收入库的按照上述规定应予减免的税款，可抵减纳税人以后月份应缴纳的税款或办理税款退库。已向处置不动产的购买方全额开具增值税专用发票的，将上述增值税专用发票追回后方可适用本公告第一条的规定。

特此公告。

● 请示答复

2.《国家税务总局关于外商投资企业和外国企业征收城镇土地使用税问题的批复》（2007年6月1日 国税函〔2007〕596号）

你局《关于对外资企业开征土地使用税设立过渡期的请示》（厦地税发〔2007〕50号）收悉。经研究，批复如下：

《国务院关于修改〈中华人民共和国城镇土地使用税暂行条例〉的决定》，将外商投资企业和外国企业纳入城镇土地使用税的征收范围，是国家加强土地管理的重要举措，有利于发挥税收的经济杠杆作用，引导各类企业合理、节约利用土地，保护土地资源，公平税收负担。各地对各类企业包括外商投资企业和外国企业，都应严格依照国务院决定和修改后的《中华人民共和国城镇土地使用税暂行条例》的有关规定征收城镇土地使用税。

第三条　税额计算

土地使用税以纳税人实际占用的土地面积为计税依据，依照规定税额计算征收。

前款土地占用面积的组织测量工作，由省、自治区、直辖市人民政府根据实际情况确定。

● 部门规章及文件

《财政部、国家税务总局关于房产税、城镇土地使用税有关问题的通知》（2009年11月22日　财税〔2009〕128号）

四、关于地下建筑用地的城镇土地使用税问题

对在城镇土地使用税征税范围内单独建造的地下建筑用地，按规定征收城镇土地使用税。其中，已取得地下土地使用权证的，按土地使用权证确认的土地面积计算应征税款；未取得地下土地使用权证或地下土地使用权证上未标明土地面积的，按地下建筑垂直投影面积计算应征税款。

对上述地下建筑用地暂按应征税款的50%征收城镇土地使用税。

第四条　年税额

土地使用税每平方米年税额如下：

（一）大城市1.5元至30元；

（二）中等城市1.2元至24元；

（三）小城市0.9元至18元；

（四）县城、建制镇、工矿区0.6元至12元。

第五条　税额幅度

省、自治区、直辖市人民政府，应当在本条例第四条规定的税额幅度内，根据市政建设状况、经济繁荣程度等条件，确定所辖地区的适用税额幅度。

市、县人民政府应当根据实际情况，将本地区土地划分为若干等级，在省、自治区、直辖市人民政府确定的税额幅度内，制定相应的适用税额标准，报省、自治区、直辖市人民政府批准执行。

经省、自治区、直辖市人民政府批准，经济落后地区土地使用税的适用税额标准可以适当降低，但降低额不得超过本条例第四条规定最低税额的30%。经济发达地区土地使用税的适用税额标准可以适当提高，但须报经财政部批准。

● 部门规章及文件

《财政部、国家税务总局关于贯彻落实国务院关于修改〈中华人民共和国城镇土地使用税暂行条例〉的决定的通知》（2007年1月19日　财税〔2007〕9号）

一、抓紧调整税额幅度及标准，扩大征税范围

国务院决定自2007年1月1日起，将城镇土地使用税每平方米年税额在原《条例》规定的基础上提高2倍，即大城市由0.5元至10元提高到1.5元至30元；中等城市由0.4元至8元提高到1.2元至24元；小城市由0.3元至6元提高到0.9元至18元；县城、建制镇、工矿区由0.2元至4元提高到0.6元至12元。同时，将外商投资企业和外国企业（以下简称外资企业）纳入城镇土地使用税的征税范围。

各省、自治区、直辖市财政、地方税务部门要结合本地实际情况，尽快提出切实可行的税额幅度调整方案报省、自治区、直辖市人民政府批准。税额幅度原则上应在2006年实际执行税额

幅度的基础上提高2倍。多年未调整税额幅度的地区，调整的力度应大一些。毗邻地区在制定调整方案时，要注意沟通情况；经济发展水平相近的地区，税额幅度不应相差过大。要使税额幅度能够客观地反映本地区经济发展程度和地价水平。

各市、县人民政府要结合本地经济发展水平、土地利用状况和地价水平等，合理划分本地区的土地等级，在省、自治区、直辖市人民政府确定的税额幅度内制定每一等级土地的具体适用税额标准，报省、自治区、直辖市人民政府批准执行。经济发达地区和城市中心区，原则上应按税额幅度的高限确定适用税额标准。经济发达地区如需突破税额幅度上限、进一步提高适用税额标准，须报经财政部、国家税务总局批准。

对外资企业征收城镇土地使用税是一项全新的工作，各地要充分利用土地使用权权属登记、土地使用费征缴等相关信息，通过税务登记、纳税申报、税源普查等多种方式，全面、准确地掌握外资企业的户数和占地情况，逐步建立和完善税源数据库。要严格执行城镇土地使用税政策，对征管过程中遇到的新问题，要认真研究，妥善解决，重大问题要及时上报财政部、国家税务总局。

第六条　免缴土地使用税的情形

下列土地免缴土地使用税：

（一）国家机关、人民团体、军队自用的土地；

（二）由国家财政部门拨付事业经费的单位自用的土地；

（三）宗教寺庙、公园、名胜古迹自用的土地；

（四）市政街道、广场、绿化地带等公共用地；

（五）直接用于农、林、牧、渔业的生产用地；

（六）经批准开山填海整治的土地和改造的废弃土地，从使用的月份起免缴土地使用税5年至10年；

(七)由财政部另行规定免税的能源、交通、水利设施用地和其他用地。

● 部门规章及文件

1.《财政部、国家税务总局关于贯彻落实国务院关于修改〈中华人民共和国城镇土地使用税暂行条例〉的决定的通知》(2007年1月19日　财税〔2007〕9号)

　　二、加强管理，严格控制减免税

　　各地要完善城镇土地使用税的征收管理办法和操作规程，规范征收管理行为，优化征管环境，创新征管方式，不断提高征管质量和管理的精细化水平。要将政策调整与加强征收管理有机结合起来，充分发挥政策调整的作用。要严格控制减免税，根据国家加强土地管理的有关要求，从严控制各类开发区、各类园区用地和属于国家产业政策限制发展项目用地的减免税。对不符合国家产业政策的项目用地和廉租房、经济适用房以外的房地产开发用地一律不得减免税。要制定完善的减免税审批管理办法。要加强对减免税项目的后续管理。对属于越权减免和不符合减免规定的，要立即纠正，情节严重的，要追究相关人员的责任。

2.《财政部、税务总局关于延续供热企业增值税、房产税、城镇土地使用税优惠政策的通知》(2019年4月3日　财税〔2019〕38号)

　　二、自2019年1月1日至2020年12月31日，对向居民供热收取采暖费的供热企业，为居民供热所使用的厂房及土地免征房产税、城镇土地使用税；对供热企业其他厂房及土地，应当按照规定征收房产税、城镇土地使用税。

　　对专业供热企业，按其向居民供热取得的采暖费收入占全部采暖费收入的比例，计算免征的房产税、城镇土地使用税。

　　对兼营供热企业，视其供热所使用的厂房及土地与其他生产经营活动所使用的厂房及土地是否可以区分，按照不同方法计算免征的房产税、城镇土地使用税。可以区分的，对其供热所使用厂房及土地，按向居民供热取得的采暖费收入占全部采暖费收入的比例，计算免征的房产税、城镇土地使用税。难以区分的，对其全部厂房及土地，按向居民供热取得的采暖费收入占其营业收入的比例，计算免征的房产税、城镇土地使用税。

对自供热单位，按向居民供热建筑面积占总供热建筑面积的比例，计算免征供热所使用的厂房及土地的房产税、城镇土地使用税。

三、本通知所称供热企业，是指热力产品生产企业和热力产品经营企业。热力产品生产企业包括专业供热企业、兼营供热企业和自供热单位。

四、本通知所称"三北"地区，是指北京市、天津市、河北省、山西省、内蒙古自治区、辽宁省、大连市、吉林省、黑龙江省、山东省、青岛市、河南省、陕西省、甘肃省、青海省、宁夏回族自治区和新疆维吾尔自治区。

第七条　定期减免规定

除本条例第六条规定外，纳税人缴纳土地使用税确有困难需要定期减免的，由县以上税务机关批准。

● 部门规章及文件

《财政部、国家税务总局关于安置残疾人就业单位城镇土地使用税等政策的通知》（2010年12月21日　财税〔2010〕121号）

一、关于安置残疾人就业单位的城镇土地使用税问题

对在一个纳税年度内月平均实际安置残疾人就业人数占单位在职职工总数的比例高于25%（含25%）且实际安置残疾人人数高于10人（含10人）的单位，可减征或免征该年度城镇土地使用税。具体减免税比例及管理办法由省、自治区、直辖市财税主

管部门确定。

《国家税务局关于土地使用税若干具体问题的解释和暂行规定》(国税地字〔1988〕15号)第十八条第四项同时废止。

第八条 缴税方式

土地使用税按年计算、分期缴纳。缴纳期限由省、自治区、直辖市人民政府确定。

第九条 新征收土地的缴税方式

新征收的土地,依照下列规定缴纳土地使用税:

(一)征收的耕地,自批准征收之日起满1年时开始缴纳土地使用税;

(二)征收的非耕地,自批准征收次月起缴纳土地使用税。

第十条 征税机关

土地使用税由土地所在地的税务机关征收。土地管理机关应当向土地所在地的税务机关提供土地使用权属资料。

第十一条 征收管理

土地使用税的征收管理,依照《中华人民共和国税收征收管理法》及本条例的规定执行。

第十二条 纳入财政预算

土地使用税收入纳入财政预算管理。

第十三条 省、自治区、直辖市人民政府依法制定实施办法

本条例的实施办法由省、自治区、直辖市人民政府制定。

第十四条 施行日期

本条例自 1988 年 11 月 1 日起施行,各地制定的土地使用费办法同时停止执行。

中华人民共和国城市维护建设税法

(2020年8月11日第十三届全国人民代表大会常务委员会第二十一次会议通过　2020年8月11日中华人民共和国主席令第51号公布　自2021年9月1日起施行)

第一条　纳税义务人

在中华人民共和国境内缴纳增值税、消费税的单位和个人，为城市维护建设税的纳税人，应当依照本法规定缴纳城市维护建设税。

第二条　纳税依据

城市维护建设税以纳税人依法实际缴纳的增值税、消费税税额为计税依据。

城市维护建设税的计税依据应当按照规定扣除期末留抵退税退还的增值税税额。

城市维护建设税计税依据的具体确定办法，由国务院依据本法和有关税收法律、行政法规规定，报全国人民代表大会常务委员会备案。

● 部门规章及文件

《财政部、税务总局关于城市维护建设税计税依据确定办法等事项的公告》（2021年8月24日　财政部、税务总局公告2021年第28号）

《中华人民共和国城市维护建设税法》已由第十三届全国人民代表大会常务委员会第二十一次会议于2020年8月11日通过，自2021年9月1日起施行。经国务院同意，现将城市维护建设税计税依据确定办法等事项公告如下：

一、城市维护建设税以纳税人依法实际缴纳的增值税、消费税税额（以下简称两税税额）为计税依据。

依法实际缴纳的两税税额，是指纳税人依照增值税、消费税相关法律法规和税收政策规定计算的应当缴纳的两税税额（不含因进口货物或境外单位和个人向境内销售劳务、服务、无形资产缴纳的两税税额），加上增值税免抵税额，扣除直接减免的两税税额和期末留抵退税退还的增值税税额后的金额。

直接减免的两税税额，是指依照增值税、消费税相关法律法规和税收政策规定，直接减征或免征的两税税额，不包括实行先征后返、先征后退、即征即退办法退还的两税税额。

二、教育费附加、地方教育附加计征依据与城市维护建设税计税依据一致，按本公告第一条规定执行。

三、本公告自 2021 年 9 月 1 日起施行。

第三条　不征收城市维护建设税的情形

对进口货物或者境外单位和个人向境内销售劳务、服务、无形资产缴纳的增值税、消费税税额，不征收城市维护建设税。

第四条　税率

城市维护建设税税率如下：

（一）纳税人所在地在市区的，税率为百分之七；

（二）纳税人所在地在县城、镇的，税率为百分之五；

（三）纳税人所在地不在市区、县城或者镇的，税率为百分之一。

前款所称纳税人所在地，是指纳税人住所地或者与纳税人生产经营活动相关的其他地点，具体地点由省、自治区、直辖市确定。

第五条 应纳税额的计算

城市维护建设税的应纳税额按照计税依据乘以具体适用税率计算。

第六条 减征或者免征城市维护建设税的情形

根据国民经济和社会发展的需要，国务院对重大公共基础设施建设、特殊产业和群体以及重大突发事件应对等情形可以规定减征或者免征城市维护建设税，报全国人民代表大会常务委员会备案。

● 部门规章及文件

《财政部、税务总局关于继续执行的城市维护建设税优惠政策的公告》（2021年8月24日　财政部、税务总局公告2021年第27号）

《中华人民共和国城市维护建设税法》已由第十三届全国人民代表大会常务委员会第二十一次会议于2020年8月11日通过，自2021年9月1日起施行。为贯彻落实城市维护建设税法，现将税法施行后继续执行的城市维护建设税优惠政策公告如下：

1. 对黄金交易所会员单位通过黄金交易所销售且发生实物交割的标准黄金，免征城市维护建设税。具体操作按照《财政部、国家税务总局关于黄金税收政策问题的通知》（财税〔2002〕142号）有关规定执行。

2. 对上海期货交易所会员和客户通过上海期货交易所销售且发生实物交割并已出库的标准黄金，免征城市维护建设税。具体操作按照《财政部、国家税务总局关于黄金期货交易有关税收政策的通知》(财税〔2008〕5 号)有关规定执行。

3. 对国家重大水利工程建设基金免征城市维护建设税。具体操作按照《财政部、国家税务总局关于免征国家重大水利工程建设基金的城市维护建设税和教育费附加的通知》(财税〔2010〕44 号)有关规定执行。

4. 自 2019 年 1 月 1 日至 2021 年 12 月 31 日,对增值税小规模纳税人可以在 50% 的税额幅度内减征城市维护建设税。具体操作按照《财政部、税务总局关于实施小微企业普惠性税收减免政策的通知》(财税〔2019〕13 号)有关规定执行。

5. 自 2019 年 1 月 1 日至 2021 年 12 月 31 日,实施扶持自主就业退役士兵创业就业城市维护建设税减免。具体操作按照《财政部、税务总局 退役军人部关于进一步扶持自主就业退役士兵创业就业有关税收政策的通知》(财税〔2019〕21 号)有关规定执行。

6. 自 2019 年 1 月 1 日至 2025 年 12 月 31 日,实施支持和促进重点群体创业就业城市维护建设税减免。具体操作按照《财政部、税务总局 人力资源社会保障部 国务院扶贫办关于进一步支持和促进重点群体创业就业有关税收政策的通知》(财税〔2019〕22 号)、《财政部、税务总局 人力资源社会保障部 国家乡村振兴局关于延长部分扶贫税收优惠政策执行期限的公告》(财政部、税务总局 人力资源社会保障部 国家乡村振兴局公告 2021 年第 18 号)有关规定执行。

特此公告。

第七条 纳税义务的发生时间

城市维护建设税的纳税义务发生时间与增值税、消费税的纳税义务发生时间一致,分别与增值税、消费税同时缴纳。

第八条 扣缴义务人

城市维护建设税的扣缴义务人为负有增值税、消费税扣缴义务的单位和个人,在扣缴增值税、消费税的同时扣缴城市维护建设税。

第九条 征税机关

城市维护建设税由税务机关依照本法和《中华人民共和国税收征收管理法》的规定征收管理。

● 部门规章及文件

《国家税务总局关于城市维护建设税征收管理有关事项的公告》
(2021 年 8 月 31 日   国家税务总局公告 2021 年第 26 号)

为贯彻落实中办、国办印发的《关于进一步深化税收征管改革的意见》,进一步规范城市维护建设税(以下简称城建税)征收管理,根据《中华人民共和国城市维护建设税法》《财政部、税务总局关于城市维护建设税计税依据确定办法等事项的公告》(2021 年第 28 号)等相关规定,现就有关事项公告如下:

一、城建税以纳税人依法实际缴纳的增值税、消费税(以下称两税)税额为计税依据。

依法实际缴纳的增值税税额,是指纳税人依照增值税相关法律法规和税收政策规定计算应当缴纳的增值税税额,加上增值税免抵税额,扣除直接减免的增值税税额和期末留抵退税退还的增值税税额(以下简称留抵退税额)后的金额。

依法实际缴纳的消费税税额,是指纳税人依照消费税相关法律法规和税收政策规定计算应当缴纳的消费税税额,扣除直接减免的消费税税额后的金额。

应当缴纳的两税税额,不含因进口货物或境外单位和个人向境内销售劳务、服务、无形资产缴纳的两税税额。

纳税人自收到留抵退税额之日起,应当在下一个纳税申报期从城建税计税依据中扣除。

留抵退税额仅允许在按照增值税一般计税方法确定的城建税计税依据中扣除。当期未扣除完的余额,在以后纳税申报期按规定继续扣除。

二、对于增值税小规模纳税人更正、查补此前按照一般计税方法确定的城建税计税依据,允许扣除尚未扣除完的留抵退税额。

三、对增值税免抵税额征收的城建税,纳税人应在税务机关核准免抵税额的下一个纳税申报期内向主管税务机关申报缴纳。

四、城建税纳税人按所在地在市区、县城、镇和不在上述区域适用不同税率。市区、县城、镇按照行政区划确定。

行政区划变更的,自变更完成当月起适用新行政区划对应的城建税税率,纳税人在变更完成当月的下一个纳税申报期按新税率申报缴纳。

五、城建税的纳税义务发生时间与两税的纳税义务发生时间一致,分别与两税同时缴纳。同时缴纳是指在缴纳两税时,应当在两税同一缴纳地点、同一缴纳期限内,一并缴纳对应的城建税。

采用委托代征、代扣代缴、代收代缴、预缴、补缴等方式缴纳两税的,应当同时缴纳城建税。

前款所述代扣代缴,不含因境外单位和个人向境内销售劳务、服务、无形资产代扣代缴增值税情形。

六、因纳税人多缴发生的两税退税,同时退还已缴纳的城建税。

两税实行先征后返、先征后退、即征即退的,除另有规定外,不予退还随两税附征的城建税。

七、城建税的征收管理等事项,比照两税的有关规定办理。

八、本公告自 2021 年 9 月 1 日起施行。《废止文件及条款清单》（附件）所列文件、条款同时废止。

特此公告。

附件：废止文件及条款清单（略）

第十条　法律责任

纳税人、税务机关及其工作人员违反本法规定的，依照《中华人民共和国税收征收管理法》和有关法律法规的规定追究法律责任。

第十一条　施行日期

本法自 2021 年 9 月 1 日起施行。1985 年 2 月 8 日国务院发布的《中华人民共和国城市维护建设税暂行条例》同时废止。

中华人民共和国印花税法

(2021 年 6 月 10 日第十三届全国人民代表大会常务委员会第二十九次会议通过　2021 年 6 月 10 日中华人民共和国主席令第 89 号公布　自 2022 年 7 月 1 日起施行)

第一条　纳税义务人

在中华人民共和国境内书立应税凭证、进行证券交易的单位和个人，为印花税的纳税人，应当依照本法规定缴纳印花税。

在中华人民共和国境外书立在境内使用的应税凭证的单位和个人，应当依照本法规定缴纳印花税。

● 部门规章及文件

《财政部、税务总局关于印花税若干事项政策执行口径的公告》
(2022 年 6 月 12 日　财政部、税务总局公告 2022 年第 22 号)

一、关于纳税人的具体情形

(一) 书立应税凭证的纳税人，为对应税凭证有直接权利义务关系的单位和个人。

(二) 采用委托贷款方式书立的借款合同纳税人，为受托人和借款人，不包括委托人。

(三) 按买卖合同或者产权转移书据税目缴纳印花税的拍卖成交确认书纳税人，为拍卖标的的产权人和买受人，不包括拍卖人。

第二条　应税凭证

本法所称应税凭证，是指本法所附《印花税税目税率表》列明的合同、产权转移书据和营业账簿。

● **部门规章及文件**

《财政部、税务总局关于印花税若干事项政策执行口径的公告》
（2022 年 6 月 12 日　财政部、税务总局公告 2022 年第 22 号）

二、关于应税凭证的具体情形

（一）在中华人民共和国境外书立在境内使用的应税凭证，应当按规定缴纳印花税。包括以下几种情形：

1. 应税凭证的标的为不动产的，该不动产在境内；

2. 应税凭证的标的为股权的，该股权为中国居民企业的股权；

3. 应税凭证的标的为动产或者商标专用权、著作权、专利权、专有技术使用权的，其销售方或者购买方在境内，但不包括境外单位或者个人向境内单位或者个人销售完全在境外使用的动产或者商标专用权、著作权、专利权、专有技术使用权；

4. 应税凭证的标的为服务的，其提供方或者接受方在境内，但不包括境外单位或者个人向境内单位或者个人提供完全在境外发生的服务。

（二）企业之间书立的确定买卖关系、明确买卖双方权利义务的订单、要货单等单据，且未另外书立买卖合同的，应当按规定缴纳印花税。

（三）发电厂与电网之间、电网与电网之间书立的购售电合同，应当按买卖合同税目缴纳印花税。

（四）下列情形的凭证，不属于印花税征收范围：

1. 人民法院的生效法律文书，仲裁机构的仲裁文书，监察机关的监察文书。

2. 县级以上人民政府及其所属部门按照行政管理权限征收、收回或者补偿安置房地产书立的合同、协议或者行政类文书。

3. 总公司与分公司、分公司与分公司之间书立的作为执行计划使用的凭证。

第三条 证券交易

本法所称证券交易，是指转让在依法设立的证券交易所、国务院批准的其他全国性证券交易场所交易的股票和以股票为基础的存托凭证。

证券交易印花税对证券交易的出让方征收，不对受让方征收。

第四条 税目、税率

印花税的税目、税率，依照本法所附《印花税税目税率表》执行。

第五条 计税依据

印花税的计税依据如下：

（一）应税合同的计税依据，为合同所列的金额，不包括列明的增值税税款；

（二）应税产权转移书据的计税依据，为产权转移书据所列的金额，不包括列明的增值税税款；

（三）应税营业账簿的计税依据，为账簿记载的实收资本（股本）、资本公积合计金额；

（四）证券交易的计税依据，为成交金额。

● 部门规章及文件

《财政部、税务总局关于印花税若干事项政策执行口径的公告》（2022 年 6 月 12 日　财政部、税务总局公告 2022 年第 22 号）

三、关于计税依据、补税和退税的具体情形

（一）同一应税合同、应税产权转移书据中涉及两方以上纳税人，且未列明纳税人各自涉及金额的，以纳税人平均分摊的应税凭证所列金额（不包括列明的增值税税款）确定计税依据。

（二）应税合同、应税产权转移书据所列的金额与实际结算金额不一致，不变更应税凭证所列金额的，以所列金额为计税依据；变更应税凭证所列金额的，以变更后的所列金额为计税依据。已缴纳印花税的应税凭证，变更后所列金额增加的，纳税人应当就增加部分的金额补缴印花税；变更后所列金额减少的，纳税人可以就减少部分的金额向税务机关申请退还或者抵缴印花税。

（三）纳税人因应税凭证列明的增值税税款计算错误导致应税凭证的计税依据减少或者增加的，纳税人应当按规定调整应税凭证列明的增值税税款，重新确定应税凭证计税依据。已缴纳印花税的应税凭证，调整后计税依据增加的，纳税人应当就增加部分的金额补缴印花税；调整后计税依据减少的，纳税人可以就减少部分的金额向税务机关申请退还或者抵缴印花税。

（四）纳税人转让股权的印花税计税依据，按照产权转移书据所列的金额（不包括列明的认缴后尚未实际出资权益部分）确定。

（五）应税凭证金额为人民币以外的货币的，应当按照凭证书立当日的人民币汇率中间价折合人民币确定计税依据。

（六）境内的货物多式联运，采用在起运地统一结算全程运费的，以全程运费作为运输合同的计税依据，由起运地运费结算双方缴纳印花税；采用分程结算运费的，以分程的运费作为计税依据，分别由办理运费结算的各方缴纳印花税。

（七）未履行的应税合同、产权转移书据，已缴纳的印花税不予退还及抵缴税款。

（八）纳税人多贴的印花税票，不予退税及抵缴税款。

第六条　未列明金额的计税依据

应税合同、产权转移书据未列明金额的，印花税的计税依据按照实际结算的金额确定。

计税依据按照前款规定仍不能确定的，按照书立合同、产权转移书据时的市场价格确定；依法应当执行政府定价或者政府指导价的，按照国家有关规定确定。

第七条 证券交易的计税依据

证券交易无转让价格的，按照办理过户登记手续时该证券前一个交易日收盘价计算确定计税依据；无收盘价的，按照证券面值计算确定计税依据。

第八条 应纳税额

印花税的应纳税额按照计税依据乘以适用税率计算。

第九条 两个以上税目事项的应纳税额

同一应税凭证载有两个以上税目事项并分别列明金额的，按照各自适用的税目税率分别计算应纳税额；未分别列明金额的，从高适用税率。

第十条 两方以上当事人的应纳税额

同一应税凭证由两方以上当事人书立的，按照各自涉及的金额分别计算应纳税额。

第十一条 合计金额增加的应纳税额

已缴纳印花税的营业账簿，以后年度记载的实收资本（股本）、资本公积合计金额比已缴纳印花税的实收资本（股本）、资本公积合计金额增加的，按照增加部分计算应纳税额。

第十二条　免征印花税的情形

下列凭证免征印花税：

（一）应税凭证的副本或者抄本；

（二）依照法律规定应当予以免税的外国驻华使馆、领事馆和国际组织驻华代表机构为获得馆舍书立的应税凭证；

（三）中国人民解放军、中国人民武装警察部队书立的应税凭证；

（四）农民、家庭农场、农民专业合作社、农村集体经济组织、村民委员会购买农业生产资料或者销售农产品书立的买卖合同和农业保险合同；

（五）无息或者贴息借款合同、国际金融组织向中国提供优惠贷款书立的借款合同；

（六）财产所有权人将财产赠与政府、学校、社会福利机构、慈善组织书立的产权转移书据；

（七）非营利性医疗卫生机构采购药品或者卫生材料书立的买卖合同；

（八）个人与电子商务经营者订立的电子订单。

根据国民经济和社会发展的需要，国务院对居民住房需求保障、企业改制重组、破产、支持小型微型企业发展等情形可以规定减征或者免征印花税，报全国人民代表大会常务委员会备案。

● 部门规章及文件

《财政部、税务总局关于印花税若干事项政策执行口径的公告》（2022年6月12日　财政部、税务总局公告2022年第22号）

四、关于免税的具体情形

（一）对应税凭证适用印花税减免优惠的，书立该应税凭证的纳税人均可享受印花税减免政策，明确特定纳税人适用印花税减免优惠的除外。

（二）享受印花税免税优惠的家庭农场，具体范围为以家庭为基本经营单元，以农场生产经营为主业，以农场经营收入为家庭主要收入来源，从事农业规模化、标准化、集约化生产经营，纳入全国家庭农场名录系统的家庭农场。

（三）享受印花税免税优惠的学校，具体范围为经县级以上人民政府或者其教育行政部门批准成立的大学、中学、小学、幼儿园，实施学历教育的职业教育学校、特殊教育学校、专门学校，以及经省级人民政府或者其人力资源社会保障行政部门批准成立的技工院校。

（四）享受印花税免税优惠的社会福利机构，具体范围为依法登记的养老服务机构、残疾人服务机构、儿童福利机构、救助管理机构、未成年人救助保护机构。

（五）享受印花税免税优惠的慈善组织，具体范围为依法设立、符合《中华人民共和国慈善法》规定，以面向社会开展慈善活动为宗旨的非营利性组织。

（六）享受印花税免税优惠的非营利性医疗卫生机构，具体范围为经县级以上人民政府卫生健康行政部门批准或者备案设立的非营利性医疗卫生机构。

（七）享受印花税免税优惠的电子商务经营者，具体范围按《中华人民共和国电子商务法》有关规定执行。

本公告自 2022 年 7 月 1 日起施行。

2.《财政部、税务总局关于减半征收证券交易印花税的公告》（2023 年 8 月 27 日　财政部、税务总局公告 2023 年第 39 号）

为活跃资本市场、提振投资者信心，自 2023 年 8 月 28 日起，证券交易印花税实施减半征收。

特此公告。

3. 《财政部、税务总局关于继续实施银行业金融机构、金融资产管理公司不良债权以物抵债有关税收政策的公告》（2023 年 8 月 21 日　财政部、税务总局公告2023 年第 35 号）

　　二、对银行业金融机构、金融资产管理公司接收、处置抵债资产过程中涉及的合同、产权转移书据和营业账簿免征印花税，对合同或产权转移书据其他各方当事人应缴纳的印花税照章征收。

　　五、本公告所称抵债不动产、抵债资产，是指经人民法院判决裁定或仲裁机构仲裁的抵债不动产、抵债资产。其中，金融资产管理公司的抵债不动产、抵债资产，限于其承接银行业金融机构不良债权涉及的抵债不动产、抵债资产。

　　六、本公告所称银行业金融机构，是指在中华人民共和国境内设立的商业银行、农村合作银行、农村信用社、村镇银行、农村资金互助社以及政策性银行；所称金融资产管理公司，是指持有国务院银行业监督管理机构及其派出机构颁发的《金融许可证》的资产管理公司。

　　七、本公告执行期限为 2023 年 8 月 1 日至 2027 年 12 月 31 日。本公告发布之前已征收入库的按照上述规定应予减免的税款，可抵减纳税人以后月份应缴纳的税款或办理税款退库。已向处置不动产的购买方全额开具增值税专用发票的，将上述增值税专用发票追回后方可适用本公告第一条的规定。

　　特此公告。

第十三条　征收机关

　　纳税人为单位的，应当向其机构所在地的主管税务机关申报缴纳印花税；纳税人为个人的，应当向应税凭证书立地或者纳税人居住地的主管税务机关申报缴纳印花税。

　　不动产产权发生转移的，纳税人应当向不动产所在地的主管税务机关申报缴纳印花税。

第十四条　扣缴义务人

　　纳税人为境外单位或者个人，在境内有代理人的，以其境内代理人为扣缴义务人；在境内没有代理人的，由纳税人自行申报缴纳印花税，具体办法由国务院税务主管部门规定。
　　证券登记结算机构为证券交易印花税的扣缴义务人，应当向其机构所在地的主管税务机关申报解缴税款以及银行结算的利息。

第十五条　纳税时间

　　印花税的纳税义务发生时间为纳税人书立应税凭证或者完成证券交易的当日。
　　证券交易印花税扣缴义务发生时间为证券交易完成的当日。

第十六条　计征时间

　　印花税按季、按年或者按次计征。实行按季、按年计征的，纳税人应当自季度、年度终了之日起十五日内申报缴纳税款；实行按次计征的，纳税人应当自纳税义务发生之日起十五日内申报缴纳税款。
　　证券交易印花税按周解缴。证券交易印花税扣缴义务人应当自每周终了之日起五日内申报解缴税款以及银行结算的利息。

第十七条　缴纳方式

　　印花税可以采用粘贴印花税票或者由税务机关依法开具其他完税凭证的方式缴纳。

印花税票粘贴在应税凭证上的，由纳税人在每枚税票的骑缝处盖戳注销或者画销。

印花税票由国务院税务主管部门监制。

第十八条 征收管理

印花税由税务机关依照本法和《中华人民共和国税收征收管理法》的规定征收管理。

● 部门规章及文件

《国家税务总局关于实施〈中华人民共和国印花税法〉等有关事项的公告》（2022年6月28日 国家税务总局公告2022年第14号）

一、印花税征收管理和纳税服务有关事项

（一）纳税人应当根据书立印花税应税合同、产权转移书据和营业账簿情况，填写《印花税税源明细表》（附件1），进行财产行为税综合申报。

（二）应税合同、产权转移书据未列明金额，在后续实际结算时确定金额的，纳税人应当于书立应税合同、产权转移书据的首个纳税申报期申报应税合同、产权转移书据书立情况，在实际结算后下一个纳税申报期，以实际结算金额计算申报缴纳印花税。

（三）印花税按季、按年或者按次计征。应税合同、产权转移书据印花税可以按季或者按次申报缴纳，应税营业账簿印花税可以按年或者按次申报缴纳，具体纳税期限由各省、自治区、直辖市、计划单列市税务局结合征管实际确定。

境外单位或者个人的应税凭证印花税可以按季、按年或者按次申报缴纳，具体纳税期限由各省、自治区、直辖市、计划单列市税务局结合征管实际确定。

（四）纳税人为境外单位或者个人，在境内有代理人的，以其境内代理人为扣缴义务人。境外单位或者个人的境内代理人应当按规定扣缴印花税，向境内代理人机构所在地（居住地）主管税务机关申报解缴税款。

纳税人为境外单位或者个人，在境内没有代理人的，纳税人应当自行申报缴纳印花税。境外单位或者个人可以向资产交付地、境内服务提供方或者接受方所在地（居住地）、书立应税凭证境内书立人所在地（居住地）主管税务机关申报缴纳；涉及不动产产权转移的，应当向不动产所在地主管税务机关申报缴纳。

（五）印花税法实施后，纳税人享受印花税优惠政策，继续实行"自行判别、申报享受、有关资料留存备查"的办理方式。纳税人对留存备查资料的真实性、完整性和合法性承担法律责任。

（六）税务机关要优化印花税纳税服务。加强培训辅导，重点抓好基层税务管理人员、一线窗口人员和12366话务人员的学习和培训，分类做好纳税人宣传辅导，促进纳税人规范印花税应税凭证管理。坚持问题导向，聚焦纳税人和基层税务人员在税法实施过程中反馈的意见建议，及时完善征管系统和办税流程，不断提升纳税人获得感。

第十九条　法律责任

纳税人、扣缴义务人和税务机关及其工作人员违反本法规定的，依照《中华人民共和国税收征收管理法》和有关法律、行政法规的规定追究法律责任。

第二十条 施行日期

本法自2022年7月1日起施行。1988年8月6日国务院发布的《中华人民共和国印花税暂行条例》同时废止。

附

印花税税目税率表

税　目		税　率	备　注
合同（指书面合同）	借款合同	借款金额的万分之零点五	指银行业金融机构、经国务院银行业监督管理机构批准设立的其他金融机构与借款人（不包括同业拆借）的借款合同
合同（指书面合同）	融资租赁合同	租金的万分之零点五	
	买卖合同	价款的万分之三	指动产买卖合同（不包括个人书立的动产买卖合同）
	承揽合同	报酬的万分之三	
	建设工程合同	价款的万分之三	
	运输合同	运输费用的万分之三	指货运合同和多式联运合同（不包括管道运输合同）
	技术合同	价款、报酬或者使用费的万分之三	不包括专利权、专有技术使用权转让书据
	租赁合同	租金的千分之一	
	保管合同	保管费的千分之一	
	仓储合同	仓储费的千分之一	
	财产保险合同	保险费的千分之一	不包括再保险合同

续表

税 目		税 率	备 注
产权转移书据	土地使用权出让书据	价款的万分之五	转让包括买卖（出售）、继承、赠与、互换、分割
	土地使用权、房屋等建筑物和构筑物所有权转让书据（不包括土地承包经营权和土地经营权转移）	价款的万分之五	
	股权转让书据（不包括应缴纳证券交易印花税的）	价款的万分之五	
	商标专用权、著作权、专利权、专有技术使用权转让书据	价款的万分之三	
营业账簿		实收资本（股本）、资本公积合计金额的万分之二点五	
证券交易		成交金额的千分之一	

中华人民共和国资源税法

（2019年8月26日第十三届全国人民代表大会常务委员会第十二次会议通过　2019年8月26日中华人民共和国主席令第33号公布　自2020年9月1日起施行）

第一条　纳税义务人和应税资源的范围

在中华人民共和国领域和中华人民共和国管辖的其他海域开发应税资源的单位和个人，为资源税的纳税人，应当依照本法规定缴纳资源税。

应税资源的具体范围，由本法所附《资源税税目税率表》（以下称《税目税率表》）确定。

● 部门规章及文件

《扩大水资源税改革试点实施办法》（2017年11月24日　财税〔2017〕80号）

第3条　除本办法第四条规定的情形外，其他直接取用地表水、地下水的单位和个人，为水资源税纳税人，应当按照本办法规定缴纳水资源税。

相关纳税人应当按照《中华人民共和国水法》《取水许可和水资源费征收管理条例》等规定申领取水许可证。

第4条　下列情形，不缴纳水资源税：

（一）农村集体经济组织及其成员从本集体经济组织的水塘、水库中取用水的；

（二）家庭生活和零星散养、圈养畜禽饮用等少量取用水的；

（三）水利工程管理单位为配置或者调度水资源取水的；

（四）为保障矿井等地下工程施工安全和生产安全必须进行临时应急取用（排）水的；

（五）为消除对公共安全或者公共利益的危害临时应急取水的；

（六）为农业抗旱和维护生态与环境必须临时应急取水的。

第 5 条　水资源税的征税对象为地表水和地下水。

地表水是陆地表面上动态水和静态水的总称，包括江、河、湖泊（含水库）等水资源。

地下水是埋藏在地表以下各种形式的水资源。

第二条　税目、税率

资源税的税目、税率，依照《税目税率表》执行。

《税目税率表》中规定实行幅度税率的，其具体适用税率由省、自治区、直辖市人民政府统筹考虑该应税资源的品位、开采条件以及对生态环境的影响等情况，在《税目税率表》规定的税率幅度内提出，报同级人民代表大会常务委员会决定，并报全国人民代表大会常务委员会和国务院备案。《税目税率表》中规定征税对象为原矿或者选矿的，应当分别确定具体适用税率。

第三条　应纳税额的计算

资源税按照《税目税率表》实行从价计征或者从量计征。

《税目税率表》中规定可以选择实行从价计征或者从量计征的，具体计征方式由省、自治区、直辖市人民政府提出，报同级人民代表大会常务委员会决定，并报全国人民代表大会常务委员会和国务院备案。

实行从价计征的，应纳税额按照应税资源产品（以下称应税产品）的销售额乘以具体适用税率计算。实行从量计征的，应纳税额按照应税产品的销售数量乘以具体适用税率计算。

应税产品为矿产品的，包括原矿和选矿产品。

● 部门规章及文件

《国家税务总局关于资源税征收管理若干问题的公告》（2020 年 8 月 28 日　国家税务总局公告 2020 年第 14 号）（部分失效）

一、纳税人以外购原矿与自采原矿混合为原矿销售，或者以外购选矿产品与自产选矿产品混合为选矿产品销售的，在计算应税产品销售额或者销售数量时，直接扣减外购原矿或者外购选矿产品的购进金额或者购进数量。

纳税人以外购原矿与自采原矿混合洗选加工为选矿产品销售的，在计算应税产品销售额或者销售数量时，按照下列方法进行扣减：

准予扣减的外购应税产品购进金额（数量）= 外购原矿购进金额（数量）×（本地区原矿适用税率÷本地区选矿产品适用税率）

不能按照上述方法计算扣减的，按照主管税务机关确定的其他合理方法进行扣减。

> **第四条　税额的适用**
>
> 纳税人开采或者生产不同税目应税产品的，应当分别核算不同税目应税产品的销售额或者销售数量；未分别核算或者不能准确提供不同税目应税产品的销售额或者销售数量的，从高适用税率。

● 部门规章及文件

《财政部、税务总局关于资源税有关问题执行口径的公告》（2020 年 6 月 28 日　财政部、税务总局公告 2020 年第 34 号）

一、资源税应税产品（以下简称应税产品）的销售额，按照纳税人销售应税产品向购买方收取的全部价款确定，不包括增值税税款。

计入销售额中的相关运杂费用，凡取得增值税发票或者其他合法有效凭据的,准予从销售额中扣除。相关运杂费用是指应税产品从坑口或者洗选(加工)地到车站、码头或者购买方指定地点的运输费用、建设基金以及随运销产生的装卸、仓储、港杂费用。

三、纳税人申报的应税产品销售额明显偏低且无正当理由的,或者有自用应税产品行为而无销售额的,主管税务机关可以按下列方法和顺序确定其应税产品销售额:

(一)按纳税人最近时期同类产品的平均销售价格确定。

(二)按其他纳税人最近时期同类产品的平均销售价格确定。

(三)按后续加工非应税产品销售价格,减去后续加工环节的成本利润后确定。

(四)按应税产品组成计税价格确定。

组成计税价格=成本×(1+成本利润率)÷(1-资源税税率)

上述公式中的成本利润率由省、自治区、直辖市税务机关确定。

(五)按其他合理方法确定。

四、应税产品的销售数量,包括纳税人开采或者生产应税产品的实际销售数量和自用于应当缴纳资源税情形的应税产品数量。

五、纳税人外购应税产品与自采应税产品混合销售或者混合加工为应税产品销售的,在计算应税产品销售额或者销售数量时,准予扣减外购应税产品的购进金额或者购进数量;当期不足扣减的,可结转下期扣减。纳税人应当准确核算外购应税产品的购进金额或者购进数量,未准确核算的,一并计算缴纳资源税。

纳税人核算并扣减当期外购应税产品购进金额、购进数量,应当依据外购应税产品的增值税发票、海关进口增值税专用缴款书或者其他合法有效凭据。

六、纳税人开采或者生产同一税目下适用不同税率应税产品的,应当分别核算不同税率应税产品的销售额或者销售数量;未分别核算或者不能准确提供不同税率应税产品的销售额或者销售数量的,从高适用税率。

七、纳税人以自采原矿（经过采矿过程采出后未进行选矿或者加工的矿石）直接销售，或者自用于应当缴纳资源税情形的，按照原矿计征资源税。

纳税人以自采原矿洗选加工为选矿产品（通过破碎、切割、洗选、筛分、磨矿、分级、提纯、脱水、干燥等过程形成的产品，包括富集的精矿和研磨成粉、粒级成型、切割成型的原矿加工品）销售，或者将选矿产品自用于应当缴纳资源税情形的，按照选矿产品计征资源税，在原矿移送环节不缴纳资源税。对于无法区分原生岩石矿种的粒级成型砂石颗粒，按照砂石税目征收资源税。

第五条　课税范围

纳税人开采或者生产应税产品自用的，应当依照本法规定缴纳资源税；但是，自用于连续生产应税产品的，不缴纳资源税。

● 部门规章及文件

1.《财政部、税务总局关于资源税有关问题执行口径的公告》（2020年6月28日　财政部、税务总局公告2020年第34号）

二、纳税人自用应税产品应当缴纳资源税的情形，包括纳税人以应税产品用于非货币性资产交换、捐赠、偿债、赞助、集资、投资、广告、样品、职工福利、利润分配或者连续生产非应税产品等。

2.《国家税务总局关于资源税征收管理若干问题的公告》（2020年8月28日　国家税务总局公告2020年第14号）（部分失效）

三、纳税人享受资源税优惠政策，实行"自行判别、申报享受、有关资料留存备查"的办理方式，另有规定的除外。纳税人对资源税优惠事项留存材料的真实性和合法性承担法律责任。

第六条 **减征或者免征资源税的情形**

有下列情形之一的,免征资源税:

(一)开采原油以及在油田范围内运输原油过程中用于加热的原油、天然气;

(二)煤炭开采企业因安全生产需要抽采的煤成(层)气。

有下列情形之一的,减征资源税:

(一)从低丰度油气田开采的原油、天然气,减征百分之二十资源税;

(二)高含硫天然气、三次采油和从深水油气田开采的原油、天然气,减征百分之三十资源税;

(三)稠油、高凝油减征百分之四十资源税;

(四)从衰竭期矿山开采的矿产品,减征百分之三十资源税。

根据国民经济和社会发展需要,国务院对有利于促进资源节约集约利用、保护环境等情形可以规定免征或者减征资源税,报全国人民代表大会常务委员会备案。

● 部门规章及文件

《财政部、税务总局关于继续执行的资源税优惠政策的公告》
(2020年6月24日 财政部、税务总局公告2020年第32号)

1. 对青藏铁路公司及其所属单位运营期间自采自用的砂、石等材料免征资源税。具体操作按《财政部、国家税务总局关于青藏铁路公司运营期间有关税收等政策问题的通知》(财税〔2007〕11号)第三条规定执行。

第七条　授权省、自治区、直辖市决定的情形

有下列情形之一的，省、自治区、直辖市可以决定免征或者减征资源税：

（一）纳税人开采或者生产应税产品过程中，因意外事故或者自然灾害等原因遭受重大损失；

（二）纳税人开采共伴生矿、低品位矿、尾矿。

前款规定的免征或者减征资源税的具体办法，由省、自治区、直辖市人民政府提出，报同级人民代表大会常务委员会决定，并报全国人民代表大会常务委员会和国务院备案。

● 部门规章及文件

1. 《财政部、税务总局关于资源税有关问题执行口径的公告》（2020年6月28日　财政部、税务总局公告2020年第34号）

九、纳税人开采或者生产同一应税产品同时符合两项或者两项以上减征资源税优惠政策的，除另有规定外，只能选择其中一项执行。

2. 《财政部、税务总局关于继续执行的资源税优惠政策的公告》（2020年6月24日　财政部、税务总局公告2020年第32号）

2. 自2018年4月1日至2021年3月31日，对页岩气资源税减征30%。具体操作按《财政部、国家税务总局关于对页岩气减征资源税的通知》（财税〔2018〕26号）规定执行。

3. 自2019年1月1日至2021年12月31日，对增值税小规模纳税人可以在50%的税额幅度内减征资源税。具体操作按《财政部、税务总局关于实施小微企业普惠性税收减免政策的通知》（财税〔2019〕13号）有关规定执行。

4. 自2014年12月1日至2023年8月31日，对充填开采置换出来的煤炭，资源税减征50%。

第八条　不得减征或者免征资源税的情形

纳税人的免税、减税项目，应当单独核算销售额或者销售数量；未单独核算或者不能准确提供销售额或者销售数量的，不予免税或者减税。

● 部门规章及文件

《财政部、税务总局关于资源税有关问题执行口径的公告》（2020年6月28日　财政部、税务总局公告2020年第34号）

八、纳税人开采或者生产同一应税产品，其中既有享受减免税政策的，又有不享受减免税政策的，按照免税、减税项目的产量占比等方法分别核算确定免税、减税项目的销售额或者销售数量。

第九条　征税机关

资源税由税务机关依照本法和《中华人民共和国税收征收管理法》的规定征收管理。

税务机关与自然资源等相关部门应当建立工作配合机制，加强资源税征收管理。

● 部门规章及文件

《财政部、税务总局关于资源税有关问题执行口径的公告》（2020年6月28日　财政部、税务总局公告2020年第34号）

十一、海上开采的原油和天然气资源税由海洋石油税务管理机构征收管理。

第十条　纳税义务发生时间

纳税人销售应税产品，纳税义务发生时间为收讫销售款或者取得索取销售款凭据的当日；自用应税产品的，纳税义务发生时间为移送应税产品的当日。

第十一条　纳税地点

纳税人应当向应税产品开采地或者生产地的税务机关申报缴纳资源税。

● 部门规章及文件

《财政部、税务总局关于资源税有关问题执行口径的公告》（2020年6月28日　财政部、税务总局公告2020年第34号）

十、纳税人应当在矿产品的开采地或者海盐的生产地缴纳资源税。

第十二条　申报缴纳税款

资源税按月或者按季申报缴纳；不能按固定期限计算缴纳的，可以按次申报缴纳。

纳税人按月或者按季申报缴纳的，应当自月度或者季度终了之日起十五日内，向税务机关办理纳税申报并缴纳税款；按次申报缴纳的，应当自纳税义务发生之日起十五日内，向税务机关办理纳税申报并缴纳税款。

第十三条　法律责任

纳税人、税务机关及其工作人员违反本法规定的，依照《中华人民共和国税收征收管理法》和有关法律法规的规定追究法律责任。

第十四条　水资源税

国务院根据国民经济和社会发展需要，依照本法的原则，对取用地表水或者地下水的单位和个人试点征收水资源税。征收水资源税的，停止征收水资源费。

水资源税根据当地水资源状况、取用水类型和经济发展等情况实行差别税率。

水资源税试点实施办法由国务院规定，报全国人民代表大会常务委员会备案。

国务院自本法施行之日起五年内，就征收水资源税试点情况向全国人民代表大会常务委员会报告，并及时提出修改法律的建议。

第十五条　中外合作开采陆上、海上石油资源

中外合作开采陆上、海上石油资源的企业依法缴纳资源税。

2011年11月1日前已依法订立中外合作开采陆上、海上石油资源合同的，在该合同有效期内，继续依照国家有关规定缴纳矿区使用费，不缴纳资源税；合同期满后，依法缴纳资源税。

第十六条　本法用语含义

本法下列用语的含义是：

（一）低丰度油气田，包括陆上低丰度油田、陆上低丰度气田、海上低丰度油田、海上低丰度气田。陆上低丰度油田是指每平方公里原油可开采储量丰度低于二十五万立方米的油田；陆上低丰度气田是指每平方公里天然气可开采储量丰度低于二亿五千万立方米的气田；海上低丰度油田是指每平方公里原油可开采储量丰度低于六十万立方米的油田；海上低丰度气田是指每平方公里天然气可开采储量丰度低于六亿立方米的气田。

（二）高含硫天然气，是指硫化氢含量在每立方米三十克以上的天然气。

（三）三次采油，是指二次采油后继续以聚合物驱、复合驱、泡沫驱、气水交替驱、二氧化碳驱、微生物驱等方式进行采油。

（四）深水油气田，是指水深超过三百米的油气田。

（五）稠油，是指地层原油粘度大于或等于每秒五十毫帕或原油密度大于或等于每立方厘米零点九二克的原油。

（六）高凝油，是指凝固点高于四十摄氏度的原油。

（七）衰竭期矿山，是指设计开采年限超过十五年，且剩余可开采储量下降到原设计可开采储量的百分之二十以下或者剩余开采年限不超过五年的矿山。衰竭期矿山以开采企业下属的单个矿山为单位确定。

第十七条　施行日期

本法自 2020 年 9 月 1 日起施行。1993 年 12 月 25 日国务院发布的《中华人民共和国资源税暂行条例》同时废止。

附：

资源税税目税率表

税　目			征税对象	税　率
能源矿产	原油		原矿	6%
	天然气、页岩气、天然气水合物		原矿	6%
	煤		原矿或者选矿	2%—10%
	煤成（层）气		原矿	1%—2%
	铀、钍		原矿	4%
	油页岩、油砂、天然沥青、石煤		原矿或者选矿	1%—4%
	地热		原矿	1%—20%或者每立方米1—30元
金属矿产	黑色金属	铁、锰、铬、钒、钛	原矿或者选矿	1%—9%
	有色金属	铜、铅、锌、锡、镍、锑、镁、钴、铋、汞	原矿或者选矿	2%—10%
		铝土矿	原矿或者选矿	2%—9%
		钨	选矿	6.5%
		钼	选矿	8%
		金、银	原矿或者选矿	2%—6%
		铂、钯、钌、锇、铱、铑	原矿或者选矿	5%—10%
		轻稀土	选矿	7%—12%
		中重稀土	选矿	20%
		铍、锂、锆、锶、铷、铯、铌、钽、锗、镓、铟、铊、铪、铼、镉、硒、碲	原矿或者选矿	2%—10%
非金属矿产	矿物类	高岭土	原矿或者选矿	1%—6%
		石灰岩	原矿或者选矿	1%—6%或者每吨（或者每立方米）1—10元
		磷	原矿或者选矿	3%—8%
		石墨	原矿或者选矿	3%—12%

续表

税 目			征税对象	税 率
非金属矿产	矿物类	萤石、硫铁矿、自然硫	原矿或者选矿	1%—8%
		天然石英砂、脉石英、粉石英、水晶、工业用金刚石、冰洲石、蓝晶石、硅线石（矽线石）、长石、滑石、刚玉、菱镁矿、颜料矿物、天然碱、芒硝、钠硝石、明矾石、砷、硼、碘、溴、膨润土、硅藻土、陶瓷土、耐火粘土、铁矾土、凹凸棒石粘土、海泡石粘土、伊利石粘土、累托石粘土	原矿或者选矿	1%—12%
		叶蜡石、硅灰石、透辉石、珍珠岩、云母、沸石、重晶石、毒重石、方解石、蛭石、透闪石、工业用电气石、白垩、石棉、蓝石棉、红柱石、石榴子石、石膏	原矿或者选矿	2%—12%
		其他粘土（铸型用粘土、砖瓦用粘土、陶粒用粘土、水泥配料用粘土、水泥配料用红土、水泥配料用黄土、水泥配料用泥岩、保温材料用粘土）	原矿或者选矿	1%—5%或者每吨（或者每立方米）0.1—5元
	岩石类	大理岩、花岗岩、白云岩、石英岩、砂岩、辉绿岩、安山岩、闪长岩、板岩、玄武岩、片麻岩、角闪岩、页岩、浮石、凝灰岩、黑曜岩、霞石正长岩、蛇纹岩、麦饭石、泥灰岩、含钾岩石、含钾砂页岩、天然油石、橄榄岩、松脂岩、粗面岩、辉长岩、辉石岩、正长岩、火山灰、火山渣、泥炭	原矿或者选矿	1%—10%

续表

税目			征税对象	税率
非金属矿产	岩石类	砂石	原矿或者选矿	1%—5%或者每吨（或者每立方米）0.1—5元
	宝玉石类	宝石、玉石、宝石级金刚石、玛瑙、黄玉、碧玺	原矿或者选矿	4%—20%
水气矿产	二氧化碳气、硫化氢气、氦气、氡气		原矿	2%—5%
	矿泉水		原矿	1%—20%或者每立方米1—30元
盐	钠盐、钾盐、镁盐、锂盐		选矿	3%—15%
	天然卤水		原矿	3%—15%或者每吨（或者每立方米）1—10元
	海盐			2%—5%

中华人民共和国土地增值税暂行条例

(1993年12月13日中华人民共和国国务院令第138号发布　根据2011年1月8日《国务院关于废止和修改部分行政法规的决定》修订)

第一条　立法目的

为了规范土地、房地产市场交易秩序,合理调节土地增值收益,维护国家权益,制定本条例。

第二条　纳税范围

转让国有土地使用权、地上的建筑物及其附着物(以下简称转让房地产)并取得收入的单位和个人,为土地增值税的纳税义务人(以下简称纳税人),应当依照本条例缴纳土地增值税。

● 部门规章及文件

《土地增值税暂行条例实施细则》　(1995年1月27日　财法字〔1995〕6号)

第2条　条例第二条所称的转让国有土地使用权、地上的建筑物及其附着物并取得收入,是指以出售或者其他方式有偿转让房地产的行为。不包括以继承、赠与方式无偿转让房地产的行为。

第3条　条例第二条所称的国有土地,是指按国家法律规定属于国家所有的土地。

第4条　条例第二条所称的地上的建筑物,是指建于土地上的一切建筑物,包括地上地下的各种附属设施。

条例第二条所称的附着物,是指附着于土地上的不能移动,一经移动即遭损坏的物品。

第5条 条例第二条所称的收入,包括转让房地产的全部价款及有关的经济收益。

第6条 条例第二条所称的单位,是指各类企业单位、事业单位、国家机关和社会团体及其他组织。

条例第二条所称个人,包括个体经营者。

第三条 土地增值税的计算

土地增值税按照纳税人转让房地产所取得的增值额和本条例第七条规定的税率计算征收。

第四条 增值额

纳税人转让房地产所取得的收入减除本条例第六条规定扣除项目金额后的余额,为增值额。

第五条 纳税人转让房地产取得的收入

纳税人转让房地产所取得的收入,包括货币收入、实物收入和其他收入。

第六条 增值额的扣除项目的计算

计算增值额的扣除项目:

(一)取得土地使用权所支付的金额;

(二)开发土地的成本、费用;

(三)新建房及配套设施的成本、费用,或者旧房及建筑物的评估价格;

(四)与转让房地产有关的税金;

(五)财政部规定的其他扣除项目。

● **部门规章及文件**

《**土地增值税暂行条例实施细则**》（1995年1月27日 财法字〔1995〕6号）

第7条 条例第六条所列的计算增值额的扣除项目，具体为：

（一）取得土地使用权所支付的金额，是指纳税人为取得土地使用权所支付的地价款和按国家统一规定交纳的有关费用。

（二）开发土地和新建房及配套设施（以下简称房地产开发）的成本，是指纳税人房地产开发项目实际发生的成本（以下简称房地产开发成本），包括土地征用及拆迁补偿费、前期工程费、建筑安装工程费、基础设施费、公共配套设施费、开发间接费用。

土地征用及拆迁补偿费，包括土地征用费、耕地占用税、劳动力安置费及有关地上、地下附着物拆迁补偿的净支出、安置动迁用房支出等。

前期工程费，包括规划、设计、项目可行性研究和水文、地质、勘察、测绘、"三通一平"等支出。

建筑安装工程费，是指以出包方式支付给承包单位的建筑安装工程费，以自营方式发生的建筑安装工程费。

基础设施费，包括开发小区内道路、供水、供电、供气、排污、排洪、通讯、照明、环卫、绿化等工程发生的支出。

公共配套设施费，包括不能有偿转让的开发小区内公共配套设施发生的支出。

开发间接费用，是指直接组织、管理开发项目发生的费用，包括工资、职工福利费、折旧费、修理费、办公费、水电费、劳动保护费、周转房摊销等。

（三）开发土地和新建房及配套设施的费用（以下简称房地产开发费用），是指与房地产开发项目有关的销售费用、管理费用、财务费用。

财务费用中的利息支出，凡能够按转让房地产项目计算分摊并提供金融机构证明的，允许据实扣除，但最高不能超过按商业银行同类同期贷款利率计算的金额。其他房地产开发费用，按本条（一）、（二）项规定计算的金额之和的5%以内计算扣除。

凡不能按转让房地产项目计算分摊利息支出或不能提供金融机构证明的，房地产开发费用按本条（一）、（二）项规定计算的金额之和的10%以内计算扣除。

上述计算扣除的具体比例，由各省、自治区、直辖市人民政府规定。

（四）旧房及建筑物的评估价格，是指在转让已使用的房屋及建筑物时，由政府批准设立的房地产评估机构评定的重置成本价乘以成新度折扣率后的价格。评估价格须经当地税务机关确认。

（五）与转让房地产有关的税金，是指在转让房地产时缴纳的营业税、城市维护建设税、印花税。因转让房地产交纳的教育费附加，也可视同税金予以扣除。

（六）根据条例第六条（五）项规定，对从事房地产开发的纳税人可按本条（一）、（二）项规定计算的金额之和，加计20%的扣除。

第8条　土地增值税以纳税人房地产成本核算的最基本的核算项目或核算对象为单位计算。

第9条　纳税人成片受让土地使用权后，分期分批开发、转让房地产的，其扣除项目金额的确定，可按转让土地使用权的面积占总面积的比例计算分摊，或按建筑面积计算分摊，也可按税务机关确认的其他方式计算分摊。

第10条　条例第七条所列四级超率累进税率，每级"增值额未超过扣除项目金额"的比例，均包括本比例数。

计算土地增值税税额，可按增值额乘以适用的税率减去扣除项目金额乘以速算扣除系数的简便方法计算，具体公式如下：

（一）增值额未超过扣除项目金额50%

土地增值税税额=增值额×30%

（二）增值额超过扣除项目金额50%，未超过100%的

土地增值税税额=增值额×40%-扣除项目金额×5%

（三）增值额超过扣除项目金额100%，未超过200%

土地增值税税额=增值额×50%-扣除项目金额×15%

（四）增值额超过扣除项目金额200%

土地增值税税额=增值额×60%-扣除项目金额×35%

公式中的5%、15%、35%为速算扣除系数。

第七条　土地增值税实行四级超率累进税率

土地增值税实行四级超率累进税率：

增值额未超过扣除项目金额50%的部分，税率为30%。

增值额超过扣除项目金额50%、未超过扣除项目金额100%的部分，税率为40%。

增值额超过扣除项目金额100%、未超过扣除项目金额200%的部分，税率为50%。

增值额超过扣除项目金额200%的部分，税率为60%。

第八条　免征土地增值税的情形

有下列情形之一的，免征土地增值税：

（一）纳税人建造普通标准住宅出售，增值额未超过扣除项目金额20%的；

（二）因国家建设需要依法征收、收回的房地产。

● 部门规章及文件

1. 《土地增值税暂行条例实施细则》（1995年1月27日　财法字〔1995〕6号）

第11条　条例第八条（一）项所称的普通标准住宅，是指按所在地一般民用住宅标准建造的居住用住宅。高级公寓、别墅、度假村等不属于普通标准住宅。普通标准住宅与其他住宅的具体划分界限由各省、自治区、直辖市人民政府规定。

纳税人建造普通标准住宅出售，增值额未超过本细则第七条（一）、（二）、（三）、（五）、（六）项扣除项目金额之和20%的，免征土地增值税；增值额超过扣除项目金额之和20%的，应就其全部增值额按规定计税。

条例第八条（二）项所称的因国家建设需要依法征用、收回的房地产，是指因城市实施规划、国家建设的需要而被政府批准征用的房产或收回的土地使用权。

因城市实施规划、国家建设的需要而搬迁，由纳税人自行转让原房地产的，比照本规定免征土地增值税。

符合上述免税规定的单位和个人，须向房地产所在地税务机关提出免税申请，经税务机关审核后，免予征收土地增值税。

第12条　个人因工作调动或改善居住条件而转让原自用住房，经向税务机关申报核准，凡居住满5年或5年以上的，免予征收土地增值税；居住满3年未满5年的，减半征收土地增值税。居住未满3年的，按规定计征土地增值税。

2. 《财政部、税务总局关于继续实施企业改制重组有关土地增值税政策的公告》（2023年9月22日　财政部、税务总局公告2023年第51号）

为支持企业改制重组，优化市场环境，现就继续执行有关土地增值税政策公告如下：

一、企业按照《中华人民共和国公司法》有关规定整体改制,包括非公司制企业改制为有限责任公司或股份有限公司,有限责任公司变更为股份有限公司,股份有限公司变更为有限责任公司,对改制前的企业将国有土地使用权、地上的建筑物及其附着物(以下称房地产)转移、变更到改制后的企业,暂不征收土地增值税。

本公告所称整体改制是指不改变原企业的投资主体,并承继原企业权利、义务的行为。

二、按照法律规定或者合同约定,两个或两个以上企业合并为一个企业,且原企业投资主体存续的,对原企业将房地产转移、变更到合并后的企业,暂不征收土地增值税。

三、按照法律规定或者合同约定,企业分设为两个或两个以上与原企业投资主体相同的企业,对原企业将房地产转移、变更到分立后的企业,暂不征收土地增值税。

四、单位、个人在改制重组时以房地产作价入股进行投资,对其将房地产转移、变更到被投资的企业,暂不征收土地增值税。

五、上述改制重组有关土地增值税政策不适用于房地产转移任意一方为房地产开发企业的情形。

六、改制重组后再转让房地产并申报缴纳土地增值税时,对"取得土地使用权所支付的金额",按照改制重组前取得该宗国有土地使用权所支付的地价款和按国家统一规定缴纳的有关费用确定;经批准以国有土地使用权作价出资入股的,为作价入股时县级及以上自然资源部门批准的评估价格。按购房发票确定扣除项目金额的,按照改制重组前购房发票所载金额并从购买年度起至本次转让年度止每年加计5%计算扣除项目金额,购买年度是指购房发票所载日期的当年。

七、纳税人享受上述税收政策,应按相关规定办理。

八、本公告所称不改变原企业投资主体、投资主体相同,是指企业改制重组前后出资人不发生变动,出资人的出资比例可以发生变动；投资主体存续，是指原企业出资人必须存在于改制重组后的企业，出资人的出资比例可以发生变动。

九、本公告执行至 2027 年 12 月 31 日。

特此公告。

3.《财政部、国家税务总局关于农村集体产权制度改革土地增值税政策的公告》（2024 年 4 月 16 日　财政部、税务总局公告 2024 年第 3 号）

为进一步推进农村集体产权制度改革，现就有关土地增值税政策公告如下：

村民委员会、村民小组按照农村集体产权制度改革要求，将国有土地使用权、地上的建筑物及其附着物转移、变更到农村集体经济组织名下的，暂不征收土地增值税。

本公告所称的农村集体经济组织，应按规定在农业农村部门办理注册登记，被赋予以字母"N"开头的统一社会信用代码，并取得《农村集体经济组织登记证》。

本公告自 2024 年 1 月 1 日起执行。

特此公告。

第九条　按照房地产评估价格计算征税的情形

纳税人有下列情形之一的，按照房地产评估价格计算征收：

（一）隐瞒、虚报房地产成交价格的；

（二）提供扣除项目金额不实的；

（三）转让房地产的成交价格低于房地产评估价格，又无正当理由的。

第十条 纳税申报

纳税人应当自转让房地产合同签订之日起 7 日内向房地产所在地主管税务机关办理纳税申报,并在税务机关核定的期限内缴纳土地增值税。

● 部门规章及文件

《土地增值税暂行条例实施细则》（1995 年 1 月 27 日　财法字〔1995〕6 号）

第 15 条　根据条例第十条的规定,纳税人应按照下列程序办理纳税手续：

（一）纳税人应在转让房地产合同签订后的 7 日内,到房地产所在地主管税务机关办理纳税申报,并向税务机关提交房屋及建筑物产权、土地使用权证书,土地转让、房产买卖合同,房地产评估报告及其他与转让房地产有关的资料。

纳税人因经常发生房地产转让而难以在每次转让后申报的,经税务机关审核同意后,可以定期进行纳税申报,具体期限由税务机关根据情况确定。

（二）纳税人按照税务机关核定的税额及规定的期限缴纳土地增值税。

第 16 条　纳税人在项目全部竣工结算前转让房地产取得的收入,由于涉及成本确定或其他原因,而无法据以计算土地增值税的,可以预征土地增值税,待该项目全部竣工、办理结算后再进行清算,多退少补。具体办法由各省、自治区、直辖市地方税务局根据当地情况制定。

第 17 条　条例第十条所称的房地产所在地,是指房地产的座落地。纳税人转让房地产座落在两个或两个以上地区的,应按房地产所在地分别申报纳税。

> 第十一条 征税机关
>
> 土地增值税由税务机关征收。土地管理部门、房产管理部门应当向税务机关提供有关资料，并协助税务机关依法征收土地增值税。

● 部门规章及文件

《土地增值税暂行条例实施细则》（1995年1月27日 财法字〔1995〕6号）

第18条 条例第十一条所称的土地管理部门、房产管理部门应当向税务机关提供有关资料，是指向房地产所在地主管税务机关提供有关房屋及建筑物产权、土地使用权、土地出让金数额、土地基准地价、房地产市场交易价格及权属变更等方面的资料。

第19条 纳税人未按规定提供房屋及建筑物产权、土地使用权证书，土地转让、房产买卖合同，房地产评估报告及其他与转让房地产有关资料的，按照《中华人民共和国税收征收管理法》（以下简称《征管法》）第三十九条的规定进行处理。

纳税人不如实申报房地产交易额及规定扣除项目金额造成少缴或未缴税款的，按照《征管法》第四十条的规定进行处理。

> 第十二条 权属变更手续
>
> 纳税人未按照本条例缴纳土地增值税的，土地管理部门、房产管理部门不得办理有关的权属变更手续。

> 第十三条 征收管理
>
> 土地增值税的征收管理，依据《中华人民共和国税收征收管理法》及本条例有关规定执行。

● 部门规章及文件

1. 《土地增值税清算管理规程》（2009年5月12日 国税发〔2009〕91号）

第一章 总　　则

第1条　为了加强土地增值税征收管理，规范土地增值税清算工作，根据《中华人民共和国税收征收管理法》及其实施细则、《中华人民共和国土地增值税暂行条例》及其实施细则等规定，制定本规程（以下简称《规程》）。

第2条　《规程》适用于房地产开发项目土地增值税清算工作。

第3条　《规程》所称土地增值税清算，是指纳税人在符合土地增值税清算条件后，依照税收法律、法规及土地增值税有关政策规定，计算房地产开发项目应缴纳的土地增值税税额，并填写《土地增值税清算申报表》，向主管税务机关提供有关资料，办理土地增值税清算手续，结清该房地产项目应缴纳土地增值税税款的行为。

第4条　纳税人应当如实申报应缴纳的土地增值税税额，保证清算申报的真实性、准确性和完整性。

第5条　税务机关应当为纳税人提供优质纳税服务，加强土地增值税政策宣传辅导。

主管税务机关应及时对纳税人清算申报的收入、扣除项目金额、增值额、增值率以及税款计算等情况进行审核，依法征收土地增值税。

第二章　前期管理

第6条　主管税务机关应加强房地产开发项目的日常税收管理，实施项目管理。主管税务机关应从纳税人取得土地使用权开始，按项目分别建立档案、设置台账，对纳税人项目立项、规划设计、施工、预售、竣工验收、工程结算、项目清盘等房地产开发全过程情况实行跟踪监控，做到税务管理与纳税人项目开发同步。

第7条　主管税务机关对纳税人项目开发期间的会计核算工作应当积极关注，对纳税人分期开发项目或者同时开发多个项目的，应督促纳税人根据清算要求按不同期间和不同项目合理归集有关收入、成本、费用。

第8条　对纳税人分期开发项目或者同时开发多个项目的，有条件的地区，主管税务机关可结合发票管理规定，对纳税人实施项目专用票据管理措施。

第三章　清算受理

第9条　纳税人符合下列条件之一的，应进行土地增值税的清算。

（一）房地产开发项目全部竣工、完成销售的；

（二）整体转让未竣工决算房地产开发项目的；

（三）直接转让土地使用权的。

第10条　对符合以下条件之一的，主管税务机关可要求纳税人进行土地增值税清算。

（一）已竣工验收的房地产开发项目，已转让的房地产建筑面积占整个项目可售建筑面积的比例在85%以上，或该比例虽未超过85%，但剩余的可售建筑面积已经出租或自用的；

（二）取得销售（预售）许可证满三年仍未销售完毕的；

（三）纳税人申请注销税务登记但未办理土地增值税清算手续的；

（四）省（自治区、直辖市、计划单列市）税务机关规定的其他情况。

对前款所列第（三）项情形，应在办理注销登记前进行土地增值税清算。

第11条　对于符合本规程第九条规定，应进行土地增值税清算的项目，纳税人应当在满足条件之日起 90 日内到主管税务机关办理清算手续。对于符合本规程第十条规定税务机关可要求纳税人进行土地增值税清算的项目，由主管税务机关确定是否进行清算；对于确定需要进行清算的项目，由主管税务机关下达清算通知，纳税人应当在收到清算通知之日起 90 日内办理清算手续。

应进行土地增值税清算的纳税人或经主管税务机关确定需要进行清算的纳税人，在上述规定的期限内拒不清算或不提供清算资料的，主管税务机关可依据《中华人民共和国税收征收管理法》有关规定处理。

第 12 条 纳税人清算土地增值税时应提供的清算资料

（一）土地增值税清算表及其附表（参考表样见附件，各地可根据本地实际情况制定）。

（二）房地产开发项目清算说明，主要内容应包括房地产开发项目立项、用地、开发、销售、关联方交易、融资、税款缴纳等基本情况及主管税务机关需要了解的其他情况。

（三）项目竣工决算报表、取得土地使用权所支付的地价款凭证、国有土地使用权出让合同、银行贷款利息结算通知单、项目工程合同结算单、商品房购销合同统计表、销售明细表、预售许可证等与转让房地产的收入、成本和费用有关的证明资料。主管税务机关需要相应项目记账凭证的，纳税人还应提供记账凭证复印件。

（四）纳税人委托税务中介机构审核鉴证的清算项目，还应报送中介机构出具的《土地增值税清算税款鉴证报告》。

第 13 条 主管税务机关收到纳税人清算资料后，对符合清算条件的项目，且报送的清算资料完备的，予以受理；对纳税人符合清算条件、但报送的清算资料不全的，应要求纳税人在规定限期内补报，纳税人在规定的期限内补齐清算资料后，予以受理；对不符合清算条件的项目，不予受理。上述具体期限由各省、自治区、直辖市、计划单列市税务机关确定。主管税务机关已受理的清算申请，纳税人无正当理由不得撤销。

第14条 主管税务机关按照本规程第六条进行项目管理时，对符合税务机关可要求纳税人进行清算情形的，应当作出评估，并经分管领导批准，确定何时要求纳税人进行清算的时间。对确定暂不通知清算的，应继续做好项目管理，每年作出评估，及时确定清算时间并通知纳税人办理清算。

第15条 主管税务机关受理纳税人清算资料后，应在一定期限内及时组织清算审核。具体期限由各省、自治区、直辖市、计划单列市税务机关确定。

第四章 清算审核

第16条 清算审核包括案头审核、实地审核。

案头审核是指对纳税人报送的清算资料进行数据、逻辑审核，重点审核项目归集的一致性、数据计算准确性等。

实地审核是指在案头审核的基础上，通过对房地产开发项目实地查验等方式，对纳税人申报情况的客观性、真实性、合理性进行审核。

第17条 清算审核时，应审核房地产开发项目是否以国家有关部门审批、备案的项目为单位进行清算；对于分期开发的项目，是否以分期项目为单位清算；对不同类型房地产是否分别计算增值额、增值率，缴纳土地增值税。

第18条 审核收入情况时，应结合销售发票、销售合同（含房管部门网上备案登记资料）、商品房销售（预售）许可证、房产销售分户明细表及其他有关资料，重点审核销售明细表、房地产销售面积与项目可售面积的数据关联性，以核实计税收入；对销售合同所载商品房面积与有关部门实际测量面积不一致，而发生补、退房款的收入调整情况进行审核；对销售价格进行评估，审核有无价格明显偏低情况。

必要时，主管税务机关可通过实地查验，确认有无少计、漏计事项，确认有无将开发产品用于职工福利、奖励、对外投资、分配给股东或投资人、抵偿债务、换取其他单位和个人的非货币性资产等情况。

第19条　非直接销售和自用房地产的收入确定

（一）房地产开发企业将开发产品用于职工福利、奖励、对外投资、分配给股东或投资人、抵偿债务、换取其他单位和个人的非货币性资产等，发生所有权转移时应视同销售房地产，其收入按下列方法和顺序确认：

1. 按本企业在同一地区、同一年度销售的同类房地产的平均价格确定；

2. 由主管税务机关参照当地当年、同类房地产的市场价格或评估价值确定。

（二）房地产开发企业将开发的部分房地产转为企业自用或用于出租等商业用途时，如果产权未发生转移，不征收土地增值税，在税款清算时不列收入，不扣除相应的成本和费用。

第20条　土地增值税扣除项目审核的内容包括：

（一）取得土地使用权所支付的金额。

（二）房地产开发成本，包括：土地征用及拆迁补偿费、前期工程费、建筑安装工程费、基础设施费、公共配套设施费、开发间接费用。

（三）房地产开发费用。

（四）与转让房地产有关的税金。

（五）国家规定的其他扣除项目。

第21条　审核扣除项目是否符合下列要求：

（一）在土地增值税清算中，计算扣除项目金额时，其实际发生的支出应当取得但未取得合法凭据的不得扣除。

（二）扣除项目金额中所归集的各项成本和费用，必须是实际发生的。

（三）扣除项目金额应当准确地在各扣除项目中分别归集，不得混淆。

（四）扣除项目金额中所归集的各项成本和费用必须是在清算项目开发中直接发生的或应当分摊的。

（五）纳税人分期开发项目或者同时开发多个项目的，或者同一项目中建造不同类型房地产的，应按照受益对象，采用合理的分配方法，分摊共同的成本费用。

（六）对同一类事项，应当采取相同的会计政策或处理方法。会计核算与税务处理规定不一致的，以税务处理规定为准。

第22条 审核取得土地使用权支付金额和土地征用及拆迁补偿费时应当重点关注：

（一）同一宗土地有多个开发项目，是否予以分摊，分摊办法是否合理、合规，具体金额的计算是否正确。

（二）是否存在将房地产开发费用记入取得土地使用权支付金额以及土地征用及拆迁补偿费的情形。

（三）拆迁补偿费是否实际发生，尤其是支付给个人的拆迁补偿款、拆迁（回迁）合同和签收花名册或签收凭证是否一一对应。

第23条 审核前期工程费、基础设施费时应当重点关注：

（一）前期工程费、基础设施费是否真实发生，是否存在虚列情形。

（二）是否将房地产开发费用记入前期工程费、基础设施费。

（三）多个（或分期）项目共同发生的前期工程费、基础设施费，是否按项目合理分摊。

第24条 审核公共配套设施费时应当重点关注：

（一）公共配套设施的界定是否准确，公共配套设施费是否真实发生，有无预提的公共配套设施费情况。

（二）是否将房地产开发费用记入公共配套设施费。

（三）多个（或分期）项目共同发生的公共配套设施费，是否按项目合理分摊。

第 25 条　审核建筑安装工程费时应当重点关注：

（一）发生的费用是否与决算报告、审计报告、工程结算报告、工程施工合同记载的内容相符。

（二）房地产开发企业自购建筑材料时，自购建材费用是否重复计算扣除项目。

（三）参照当地当期同类开发项目单位平均建安成本或当地建设部门公布的单位定额成本，验证建筑安装工程费支出是否存在异常。

（四）房地产开发企业采用自营方式自行施工建设的，还应当关注有无虚列、多列施工人工费、材料费、机械使用费等情况。

（五）建筑安装发票是否在项目所在地税务机关开具。

第 26 条　审核开发间接费用时应当重点关注：

（一）是否存在将企业行政管理部门（总部）为组织和管理生产经营活动而发生的管理费用记入开发间接费用的情形。

（二）开发间接费用是否真实发生，有无预提开发间接费用的情况，取得的凭证是否合法有效。

第 27 条　审核利息支出时应当重点关注：

（一）是否将利息支出从房地产开发成本中调整至开发费用。

（二）分期开发项目或者同时开发多个项目的，其取得的一般性贷款的利息支出，是否按照项目合理分摊。

（三）利用闲置专项借款对外投资取得收益，其收益是否冲减利息支出。

第 28 条　代收费用的审核。

对于县级以上人民政府要求房地产开发企业在售房时代收的各项费用，审核其代收费用是否计入房价并向购买方一并收取；当代收费用计入房价时，审核有无将代收费用计入加计扣除以及房地产开发费用计算基数的情形。

第29条 关联方交易行为的审核。

在审核收入和扣除项目时，应重点关注关联企业交易是否按照公允价值和营业常规进行业务往来。

应当关注企业大额应付款余额，审核交易行为是否真实。

第30条 纳税人委托中介机构审核鉴证的清算项目，主管税务机关应当采取适当方法对有关鉴证报告的合法性、真实性进行审核。

第31条 对纳税人委托中介机构审核鉴证的清算项目，主管税务机关未采信或部分未采信鉴证报告的，应当告知其理由。

第32条 土地增值税清算审核结束，主管税务机关应当将审核结果书面通知纳税人，并确定办理补、退税期限。

第五章 核定征收

第33条 在土地增值税清算过程中，发现纳税人符合核定征收条件的，应按核定征收方式对房地产项目进行清算。

第34条 在土地增值税清算中符合以下条件之一的，可实行核定征收。

（一）依照法律、行政法规的规定应当设置但未设置账簿的；

（二）擅自销毁账簿或者拒不提供纳税资料的；

（三）虽设置账簿，但账目混乱或者成本资料、收入凭证、费用凭证残缺不全，难以确定转让收入或扣除项目金额的；

（四）符合土地增值税清算条件，企业未按照规定的期限办理清算手续，经税务机关责令限期清算，逾期仍不清算的；

（五）申报的计税依据明显偏低，又无正当理由的。

第35条 符合上述核定征收条件的，由主管税务机关发出核定征收的税务事项告知书后，税务人员对房地产项目开展土地增值税核定征收核查，经主管税务机关审核合议，通知纳税人申报缴纳应补缴税款或办理退税。

第36条 对于分期开发的房地产项目，各期清算的方式应保持一致。

第六章 其　他

第37条 土地增值税清算资料应按照档案化管理的要求，妥善保存。

第38条 本规程自2009年6月1日起施行，各省（自治区、直辖市、计划单列市）税务机关可结合本地实际，对本规程进行进一步细化。

附件：

1. 土地增值税纳税申报表①
2. 各类附表（略）

2.《国家税务总局关于实施〈中华人民共和国印花税法〉等有关事项的公告》（2022年6月28日　国家税务总局公告2022年第14号）

二、优化土地增值税优惠事项办理方式

（一）土地增值税原备案类优惠政策，实行纳税人"自行判别、申报享受、有关资料留存备查"的办理方式。纳税人在土地增值税纳税申报时按规定填写申报表相应减免税栏次即可享受，相关政策规定的材料留存备查。纳税人对留存备查资料的真实性、完整性和合法性承担法律责任。

（二）税务机关应当加强土地增值税纳税辅导工作，畅通政策问题答复渠道，为纳税人及时、准确办理税收优惠事项提供支持和帮助。

---

① 编者注：该表已被《国家税务总局关于修订土地增值税纳税申报表的通知》修订。具体内容略。

第十四条　条例解释及授权制定实施细则

本条例由财政部负责解释,实施细则由财政部制定。

第十五条　施行日期

本条例自1994年1月1日起施行。各地区的土地增值费征收办法,与本条例相抵触的,同时停止执行。

● 部门规章及文件

《土地增值税暂行条例实施细则》（1995年1月27日　财法字〔1995〕6号）

第21条　条例第十五条所称的各地区的土地增值费征收办法是指与本条例规定的计征对象相同的土地增值费、土地收益金等征收办法。

中华人民共和国车船税法

(2011年2月25日第十一届全国人民代表大会常务委员会第十九次会议通过 根据2019年4月23日第十三届全国人民代表大会常务委员会第十次会议《关于修改〈中华人民共和国建筑法〉等八部法律的决定》修正)

第一条 纳税义务人和征税范围

在中华人民共和国境内属于本法所附《车船税税目税额表》规定的车辆、船舶（以下简称车船）的所有人或者管理人，为车船税的纳税人，应当依照本法缴纳车船税。

● 行政法规及文件

《车船税法实施条例》（2019年3月2日 国务院令第709号）

第2条 车船税法第一条所称车辆、船舶，是指：

（一）依法应当在车船登记管理部门登记的机动车辆和船舶；

（二）依法不需要在车船登记管理部门登记的在单位内部场所行驶或者作业的机动车辆和船舶。

第24条 临时入境的外国车船和香港特别行政区、澳门特别行政区、台湾地区的车船，不征收车船税。

第二条 适用税额

车船的适用税额依照本法所附《车船税税目税额表》执行。

车辆的具体适用税额由省、自治区、直辖市人民政府依照本法所附《车船税税目税额表》规定的税额幅度和国务院的规定确定。

船舶的具体适用税额由国务院在本法所附《车船税税目税额表》规定的税额幅度内确定。

● 行政法规及文件

《车船税法实施条例》（2019年3月2日　国务院令第709号）

第3条　省、自治区、直辖市人民政府根据车船税法所附《车船税税目税额表》确定车辆具体适用税额，应当遵循以下原则：

（一）乘用车依排气量从小到大递增税额；

（二）客车按照核定载客人数20人以下和20人（含）以上两档划分，递增税额。

省、自治区、直辖市人民政府确定的车辆具体适用税额，应当报国务院备案。

第4条　机动船舶具体适用税额为：

（一）净吨位不超过200吨的，每吨3元；

（二）净吨位超过200吨但不超过2000吨的，每吨4元；

（三）净吨位超过2000吨但不超过10000吨的，每吨5元；

（四）净吨位超过10000吨的，每吨6元。

拖船按照发动机功率每1千瓦折合净吨位0.67吨计算征收车船税。

第5条　游艇具体适用税额为：

（一）艇身长度不超过10米的，每米600元；

（二）艇身长度超过10米但不超过18米的，每米900元；

（三）艇身长度超过18米但不超过30米的，每米1300元；

（四）艇身长度超过30米的，每米2000元；

（五）辅助动力帆艇，每米600元。

第6条　车船税法和本条例所涉及的排气量、整备质量、核定载客人数、净吨位、千瓦、艇身长度，以车船登记管理部门核发的车船登记证书或者行驶证所载数据为准。

依法不需要办理登记的车船和依法应当登记而未办理登记或者不能提供车船登记证书、行驶证的车船，以车船出厂合格证明或者进口凭证标注的技术参数、数据为准；不能提供车船出厂合格证明或者进口凭证的,由主管税务机关参照国家相关标准核定,没有国家相关标准的参照同类车船核定。

第三条　免税的情形

下列车船免征车船税:

(一) 捕捞、养殖渔船;

(二) 军队、武装警察部队专用的车船;

(三) 警用车船;

(四) 悬挂应急救援专用号牌的国家综合性消防救援车辆和国家综合性消防救援专用船舶;

(五) 依照法律规定应当予以免税的外国驻华使领馆、国际组织驻华代表机构及其有关人员的车船。

● 行政法规及文件

1. **《车船税法实施条例》**(2019年3月2日　国务院令第709号)

第7条　车船税法第三条第一项所称的捕捞、养殖渔船,是指在渔业船舶登记管理部门登记为捕捞船或者养殖船的船舶。

第8条　车船税法第三条第二项所称的军队、武装警察部队专用的车船,是指按照规定在军队、武装警察部队车船登记管理部门登记,并领取军队、武警牌照的车船。

第9条　车船税法第三条第三项所称的警用车船,是指公安机关、国家安全机关、监狱、劳动教养管理机关和人民法院、人民检察院领取警用牌照的车辆和执行警务的专用船舶。

第25条　按照规定缴纳船舶吨税的机动船舶,自车船税法实施之日起5年内免征车船税。

依法不需要在车船登记管理部门登记的机场、港口、铁路站场内部行驶或者作业的车船,自车船税法实施之日起5年内免征车船税。

● 部门规章及文件

2. 《财政部、税务总局关于国家综合性消防救援车辆车船税政策的通知》（2019年2月13日　财税〔2019〕18号）

各省、自治区、直辖市、计划单列市财政厅（局），新疆生产建设兵团财政局，国家税务总局各省、自治区、直辖市、计划单列市税务局：

根据《国务院办公厅关于国家综合消防救援车辆悬挂应急救援专用号牌有关事项的通知》（国办发〔2018〕114号）规定，国家综合性消防救援车辆由部队号牌改挂应急救援专用号牌的，一次性免征改挂当年车船税。

> **第四条**　**特殊原因减税、免税的情形**
>
> 　　对节约能源、使用新能源的车船可以减征或者免征车船税；对受严重自然灾害影响纳税困难以及有其他特殊原因确需减税、免税的，可以减征或者免征车船税。具体办法由国务院规定，并报全国人民代表大会常务委员会备案。

● 行政法规及文件

1. 《车船税法实施条例》（2019年3月2日　国务院令第709号）

第10条　节约能源、使用新能源的车船可以免征或者减半征收车船税。免征或者减半征收车船税的车船的范围，由国务院财政、税务主管部门商国务院有关部门制订，报国务院批准。

对受地震、洪涝等严重自然灾害影响纳税困难以及其他特殊原因确需减免税的车船，可以在一定期限内减征或者免征车船税。具体减免期限和数额由省、自治区、直辖市人民政府确定，报国务院备案。

● 部门规章及文件

2. 《工业和信息化部、财政部、税务总局关于调整享受车船税优惠的节能新能源汽车产品技术要求的公告》(2022年1月20日工业和信息化部公告2022年第2号)

为适应节能与新能源汽车产业发展和技术进步需要,结合《插电式混合动力电动乘用车技术条件》(GB/T 32694-2021)等标准发布实施,现就《财政部、税务总局、工业和信息化部、交通运输部关于节能新能源车船享受车船税优惠政策的通知》(财税〔2018〕74号)中享受车船税优惠的节能、新能源汽车产品技术要求有关事项公告如下:

一、对财税〔2018〕74号文中节能乘用车、轻型商用车、重型商用车综合工况燃料消耗量限值标准进行更新,具体要求见本公告附件。

二、对财税〔2018〕74号文中插电式混合动力(含增程式)乘用车有关技术要求调整如下:

(一)插电式混合动力(含增程式)乘用车纯电动续驶里程应满足有条件的等效全电里程不低于43公里。

(二)插电式混合动力(含增程式)乘用车电量保持模式试验的燃料消耗量(不含电能转化的燃料消耗量)与《乘用车燃料消耗量限值》(GB 19578-2021)中车型对应的燃料消耗量限值相比应当小于70%;电量消耗模式试验的电能消耗量应小于电能消耗量目标值的135%。按整备质量(m,kg)不同,百公里电能消耗量目标值(Y)应满足以下要求:$m \leq 1000$时,$Y = 0.0112 \times m + 0.4$;$1000 < m \leq 1600$时,$Y = 0.0078 \times m + 3.8$;$m > 1600$时,$Y = 0.0048 \times m + 8.60$。

三、享受车船税优惠节能、新能源汽车产品的其他技术要求继续按照财税〔2018〕74号文有关规定执行。

四、本公告发布后,新申请享受车船税优惠政策的节能、新能源汽车车型,其技术要求按本公告规定执行,符合条件的列入新的《享受车船税减免优惠的节约能源 使用新能源汽车车型目录》（以下简称新《目录》）。新《目录》公告发布后，已发布的第四批至第三十四批车船税优惠车型目录同时废止，原目录中符合本公告技术要求的车型将自动转入新《目录》公告；新《目录》公告发布前，已取得的列入第四批至第三十四批车船税优惠车型目录的节能、新能源汽车，不论是否转让，可继续享受车船税减免优惠政策。

附件：

1. 节能乘用车综合工况燃料消耗量限值标准
2. 节能轻型商用车综合工况燃料消耗量限值标准
3. 节能重型商用车综合工况燃料消耗量限值标准

附件1　节能乘用车综合工况燃料消耗量限值标准

表1.1　基于NEDC型式认证的车型燃料消耗量标准

单位：L/100 KM

整车整备质量（CM，KG）	两排及以下座椅	三排或以上座椅
CM≤750	4.0	4.3
750<CM≤865	4.2	4.4
865<CM≤980	4.3	4.5
980<CM≤1090	4.5	4.7
1090<CM≤1205	4.7	4.9
CM>1205	4.9	4.9

表1.2　基于WLTC型式认证的车型燃料消耗量标准

单位：L/100 KM

整备质量（CM，KG）	两排及以下座椅	三排或以上座椅
CM≤750	4.45	4.82
750<CM≤1415	0.0026×（CM-1415）+6.18	0.0026×（CM-1415）+6.55
1415<CM	6.18	6.55

附件2 节能轻型商用车综合工况燃料消耗量限值标准

表2.1 N1类车辆

单位：L/100 KM

整车整备质量（CM）KG	汽油	柴油
CM≤750	4.5	4.1
750<CM≤865	4.7	4.2
865<CM≤980	5.0	4.5
980<CM≤1090	5.2	4.7
1090<CM≤1205	5.4	5.0
1205<CM≤1320	5.8	5.2
1320<CM≤1430	6.1	5.4
1430<CM≤1540	6.4	5.7
1540<CM≤1660	6.7	5.9
1660<CM≤1770	7.1	6.2
1770<CM≤1880	7.4	6.4
1880<CM≤2000	7.8	6.7
2000<CM≤2110	8.2	7.1
2110<CM≤2280	8.6	7.4
2280<CM≤2510	9.0	7.7
2510<CM	9.5	8.1

注：上述限值基于NEDC工况。

表2.2 最大设计总质量不大于3500KG的M2类车辆

单位：L/100 KM

整车整备质量（CM）KG	汽油	柴油
CM≤750	4.1	3.8
750<CM≤865	4.4	4.1
865<CM≤980	4.7	4.3
980<CM≤1090	5.0	4.5
1090<CM≤1205	5.4	4.8
1205<CM≤1320	5.7	5.0
1320<CM≤1430	6.0	5.3
1430<CM≤1540	6.3	5.5
1540<CM≤1660	6.7	5.8
1660<CM≤1770	7.0	6.0
1770<CM≤1880	7.3	6.3
1880<CM≤2000	7.7	6.5
2000<CM≤2110	8.1	6.8

续表

整车整备质量（CM）KG	汽油	柴油
2110<CM≤2280	8.5	7.1
2280<CM≤2510	8.9	7.5
2510<CM	9.3	7.8

注：上述限值基于 NEDC 工况。

附件3 节能重型商用车综合工况燃料消耗量限值标准

表3.1 货　　车

单位：L/100 KM

最大设计总质量（GVW）KG	2022 年	2023 年
3500<GVW≤4500	10.2[a]	9.9[a]
4500<GVW≤5500	10.8[a]	10.5[a]
5500<GVW≤7000	12.3[a]	11.9[a]
7000<GVW≤8500	14.4[a]	14.0[a]
8500<GVW≤10500	16.2[a]	15.7[a]
10500<GVW≤12500	18.8[a]	18.2[a]
12500<GVW≤16000	21.3	20.6
16000<GVW≤20000	23.9	23.2
20000<GVW≤25000	28.7	27.8
25000<GVW≤31000	33.1	32.1
31000<GVW	34.0	33.0

a 对于汽油车，其限值是表中相应限值乘以 1.2，求得的数值圆整（四舍五入）至小数点后一位。

注：上述限值基于 C-WTVC 工况。

表3.2 半挂牵引车

单位：L/100 KM

最大设计总质量（GCW）KG	2022 年	2023 年
GCW≤18000	24.8	24.0
18000<GCW≤27000	27.0	26.1
27000<GCW≤35000	28.3	27.5
35000<GCW≤40000	30.1	29.2
40000<GCW≤43000	31.4	30.4
43000<GCW≤46000	33.6	32.6
46000<GCW≤49000	35.4	34.3
49000<GCW	35.9	34.8

注：上述限值基于 C-WTVC 工况。

表3.3 客　　车

单位：L/100 KM

最大设计总质量（GVW）KG	2022年	2023年
3500<GVW≤4500	9.4[a]	9.1[a]
4500<GVW≤5500	10.2[a]	9.9[a]
5500<GVW≤7000	11.8[a]	11.4[a]
7000<GVW≤8500	12.8	12.4
8500<GVW≤10500	14.1	13.7
10500<GVW≤12500	15.7	15.2
12500<GVW≤14500	16.9	16.3
14500<GVW≤16500	17.7	17.2
16500<GVW≤18000	18.8	18.2
18000<GVW≤22000	19.7	19.1
22000<GVW≤25000	21.3	20.6
25000<GVW	22.1	21.5

a 对于汽油车，其限值是表中相应限值乘以1.2，求得的数值圆整（四舍五入）至小数点后一位。

注：上述限值基于C-WTVC工况。

表3.4 自卸汽车

单位：L/100 KM

最大设计总质量（GVW）KG	2022年	2023年
3500<GVW≤4500	11.5	11.1
4500<GVW≤5500	12.0	11.6
5500<GVW≤7000	13.2	12.8
7000<GVW≤8500	15.5	15.0
8500<GVW≤10500	17.2	16.7
10500<GVW≤12500	19.5	18.9
12500<GVW≤16000	22.1	21.5
16000<GVW≤20000	26.1	25.3
20000<GVW≤25000	33.1	32.1
25000<GVW≤31000	36.3	35.2
31000<GVW	36.8	35.6

注：上述限值基于C-WTVC工况。

表 3.5　城市客车

单位：L/100 KM

最大设计总质量（GVW）KG	2022 年	2023 年
3500＜GVW≤4500	10.2	9.9
4500＜GVW≤5500	11.5	11.1
5500＜GVW≤7000	13.0	12.6
7000＜GVW≤8500	14.8	14.3
8500＜GVW≤10500	17.2	16.6
10500＜GVW≤12500	19.7	19.1
12500＜GVW≤14500	22.5	21.9
14500＜GVW≤16500	24.8	24.0
16500＜GVW≤18000	27.4	26.6
18000＜GVW≤22000	30.5	29.5
22000＜GVW≤25000	34.0	33.0
25000＜GVW	36.8	35.6

注：上述限值基于 C-WTVC 工况。

3.《财政部、税务总局、工业和信息化部、交通运输部关于节能、新能源车船享受车船税优惠政策的通知》（2018 年 7 月 10 日 财税〔2018〕74 号）

各省、自治区、直辖市、计划单列市财政厅（局）、工业和信息化主管部门、交通运输厅（局），国家税务总局各省、自治区、直辖市、计划单列市税务局，新疆生产建设兵团财政局、工业和信息化委员会：

　　为促进节约能源，鼓励使用新能源，根据《中华人民共和国车船税法》及其实施条例有关规定，经国务院批准，现将节约能源、使用新能源（以下简称节能、新能源）车船的车船税优惠政策通知如下：

　　一、对节能汽车，减半征收车船税。

　　（一）减半征收车船税的节能乘用车应同时符合以下标准：

　　1. 获得许可在中国境内销售的排量为 1.6 升以下（含 1.6 升）的燃用汽油、柴油的乘用车（含非插电式混合动力、双燃料和两用燃料乘用车）；

2. 综合工况燃料消耗量应符合标准，具体要求见附件1。

（二）减半征收车船税的节能商用车应同时符合以下标准：

1. 获得许可在中国境内销售的燃用天然气、汽油、柴油的轻型和重型商用车（含非插电式混合动力、双燃料和两用燃料轻型和重型商用车）；

2. 燃用汽油、柴油的轻型和重型商用车综合工况燃料消耗量应符合标准，具体标准见附件2、附件3。

二、对新能源车船，免征车船税。

（一）免征车船税的新能源汽车是指纯电动商用车、插电式（含增程式）混合动力汽车、燃料电池商用车。纯电动乘用车和燃料电池乘用车不属于车船税征税范围，对其不征车船税。

（二）免征车船税的新能源汽车应同时符合以下标准：

1. 获得许可在中国境内销售的纯电动商用车、插电式（含增程式）混合动力汽车、燃料电池商用车；

2. 符合新能源汽车产品技术标准，具体标准见附件4；

3. 通过新能源汽车专项检测，符合新能源汽车标准，具体标准见附件5；

4. 新能源汽车生产企业或进口新能源汽车经销商在产品质量保证、产品一致性、售后服务、安全监测、动力电池回收利用等方面符合相关要求，具体要求见附件6。

（三）免征车船税的新能源船舶应符合以下标准：

船舶的主推进动力装置为纯天然气发动机。发动机采用微量柴油引燃方式且引燃油热值占全部燃料总热值的比例不超过5%的，视同纯天然气发动机。

三、符合上述标准的节能、新能源汽车，由工业和信息化部、税务总局不定期联合发布《享受车船税减免优惠的节约能源使用新能源汽车车型目录》（以下简称《目录》）予以公告。

四、汽车生产企业或进口汽车经销商（以下简称汽车企业）

可通过工业和信息化部节能与新能源汽车财税优惠目录申报管理系统，自愿提交节能车型报告、新能源车型报告（报告样本见附件7、附件8），申请将其产品列入《目录》，并对申报资料的真实性负责。

工业和信息化部、税务总局委托工业和信息化部装备工业发展中心负责《目录》组织申报、宣传培训及具体技术审查、监督检查工作。工业和信息化部装备工业发展中心审查结果在工业和信息化部网站公示5个工作日，没有异议的，列入《目录》予以发布。对产品与申报材料不符、产品性能指标未达到标准或者汽车企业提供其他虚假信息，以及列入《目录》后12个月内无产量或进口量的车型，在工业和信息化部网站公示5个工作日，没有异议的，从《目录》中予以撤销。

五、船舶检验机构在核定检验船舶主推进动力装置时，对满足本通知新能源船舶标准的，在其船用产品证书上标注"纯天然气发动机"字段；在船舶建造检验时，对船舶主推进动力装置船用产品证书上标注"纯天然气发动机"字段的，在其检验证书服务簿中标注"纯天然气动力船舶"字段。

对使用未标记"纯天然气发动机"字段主推进动力装置的船舶，船舶所有人或者管理人认为符合本通知新能源船舶标准的，在船舶年度检验时一并向船舶检验机构提出认定申请，同时提交支撑材料，并对提供信息的真实性负责。船舶检验机构通过审核材料和现场检验予以确认，符合本通知新能源船舶标准的，在船舶检验证书服务簿中标注"纯天然气动力船舶"字段。

纳税人凭标注"纯天然气动力船舶"字段的船舶检验证书享受车船税免税优惠。

六、财政部、税务总局、工业和信息化部、交通运输部根据汽车和船舶技术进步、产业发展等因素适时调整节能、新能源车船的认定标准。在开展享受车船税减免优惠的节能、新能源车船审查和认定等相关管理工作过程中，相关部门及其工作人员存在玩忽职守、滥用职权、徇私舞弊等违法行为的，按照《公务员法》、《行政监察法》《财政违法行为处罚处分条例》等有关国家规定追究相应责任；涉嫌犯罪的，移送司法机关处理。

对提供虚假信息骗取列入《目录》资格的汽车企业，以及提供虚假资料的船舶所有人或者管理人，应依照相关法律法规予以处理。

七、本通知发布后，列入新公告的各批次《目录》（以下简称新《目录》）的节能、新能源汽车，自新《目录》公告之日起，按新《目录》和本通知相关规定享受车船税减免优惠政策。新《目录》公告后，第一批、第二批、第三批车船税优惠车型目录同时废止；新《目录》公告前已取得的列入第一批、第二批、第三批车船税优惠车型目录的节能、新能源汽车，不论是否转让，可继续享受车船税减免优惠政策。

八、本通知自发布之日起执行。《财政部、国家税务总局、工业和信息化部关于节约能源使用新能源车船车船税优惠政策的通知》（财税〔2015〕51号）以及财政部办公厅、税务总局办公厅、工业和信息化部办公厅《关于加强〈享受车船税减免优惠的节约能源 使用新能源汽车车型目录〉管理工作的通知》（财办税〔2017〕63号）同时废止。

附件：1. 节能乘用车综合工况燃料消耗量限值标准
　　　2. 节能轻型商用车综合工况燃料消耗量限值标准
　　　3. 节能重型商用车综合工况燃料消耗量限值标准
　　　4. 新能源汽车产品技术标准
　　　5. 新能源汽车产品专项检验标准目录
　　　6. 新能源汽车企业要求
　　　7. 节能车型报告
　　　8. 新能源车型报告

附件1：节能乘用车综合工况燃料消耗量限值标准

单位：L/100 km

整车整备质量（CM）kg	2018年 两排及以下座椅	2018年 三排或以上座椅	2019年 两排及以下座椅	2019年 三排或以上座椅	2020年 两排及以下座椅	2020年 三排或以上座椅
CM≤750	4.4	4.7	4.2	4.6	4.0	4.3
750<CM≤865	4.6	4.8	4.5	4.7	4.2	4.4
865<CM≤980	4.7	5.0	4.6	4.8	4.3	4.5
980<CM≤1090	5.0	5.2	4.8	5.0	4.5	4.7
1090<CM≤1205	5.2	5.4	5.0	5.2	4.7	4.9
CM>1205	5.4	5.4	5.2	5.2	4.9	4.9

附件2：节能轻型商用车综合工况燃料消耗量限值标准

表2.1 N1类车辆

单位：L/100 km

整车整备质量（CM）kg	2018年 汽油	2018年 柴油	2019年 汽油	2019年 柴油	2020年 汽油	2020年 柴油
CM≤750	5.0	4.5	4.7	4.3	4.5	4.1
750<CM≤865	5.2	4.7	5.0	4.4	4.7	4.2
865<CM≤980	5.5	5.0	5.2	4.7	5.0	4.5
980<CM≤1090	5.8	5.2	5.5	5.0	5.2	4.7
1090<CM≤1205	6.0	5.5	5.7	5.2	5.4	5.0
1205<CM≤1320	6.4	5.8	6.1	5.5	5.8	5.2
1320<CM≤1430	6.8	6.0	6.4	5.7	6.1	5.4
1430<CM≤1540	7.1	6.3	6.8	6.0	6.4	5.7
1540<CM≤1660	7.5	6.6	7.1	6.2	6.7	5.9
1660<CM≤1770	7.8	6.8	7.4	6.5	7.1	6.2
1770<CM≤1880	8.2	7.1	7.8	6.8	7.4	6.4
1880<CM≤2000	8.6	7.5	8.2	7.1	7.8	6.7
2000<CM≤2110	9.1	7.8	8.6	7.4	8.2	7.1
2110<CM≤2280	9.5	8.2	9.1	7.8	8.6	7.4
2280<CM≤2510	10.0	8.6	9.5	8.1	9.0	7.7
2510<CM	10.5	9.0	10.0	8.6	9.5	8.1

表2.2 最大设计总质量不大于3500kg的M2类车辆

单位：L/100 km

整车整备质量（CM）kg	2018年 汽油	2018年 柴油	2019年 汽油	2019年 柴油	2020年 汽油	2020年 柴油
CM≤750	4.5	4.2	4.3	4.0	4.1	3.8
750<CM≤865	4.9	4.5	4.6	4.3	4.4	4.1
865<CM≤980	5.2	4.8	5.0	4.5	4.7	4.3
980<CM≤1090	5.6	5.0	5.3	4.8	5.0	4.5
1090<CM≤1205	5.9	5.3	5.6	5.0	5.4	4.8
1205<CM≤1320	6.3	5.6	6.0	5.3	5.7	5.0
1320<CM≤1430	6.7	5.9	6.3	5.6	6.0	5.3
1430<CM≤1540	7.0	6.1	6.7	5.8	6.3	5.5
1540<CM≤1660	7.4	6.4	7.0	6.1	6.7	5.8
1660<CM≤1770	7.7	6.7	7.4	6.3	7.0	6.0
1770<CM≤1880	8.1	6.9	7.7	6.6	7.3	6.3
1880<CM≤2000	8.6	7.2	8.1	6.8	7.7	6.5
2000<CM≤2110	9.0	7.6	8.6	7.2	8.1	6.8
2110<CM≤2280	9.5	7.9	9.0	7.5	8.5	7.1
2280<CM≤2510	9.9	8.3	9.4	7.9	8.9	7.5
2510<CM	10.4	8.6	9.8	8.2	9.3	7.8

附件3：节能重型商用车综合工况燃料消耗量限值标准

表3.1 货车

单位：L/100 km

最大设计总质量（GVW）kg	2018年	2019年	2020年
3500<GVW≤4500	11.5 [a]	10.9 [a]	10.4 [a]
4500<GVW≤5500	12.2 [a]	11.6 [a]	11.0 [a]
5500<GVW≤7000	13.8 [a]	13.1 [a]	12.5 [a]
7000<GVW≤8500	16.3 [a]	15.5 [a]	14.7 [a]
8500<GVW≤10500	18.3 [a]	17.4 [a]	16.5 [a]
10500<GVW≤12500	21.3 [a]	20.2 [a]	19.2 [a]
12500<GVW≤16000	24.0	22.8	21.7
16000<GVW≤20000	27.0	25.7	24.4
20000<GVW≤25000	32.5	30.9	29.3
25000<GVW≤31000	37.5	35.6	33.8
31000<GVW	38.5	36.6	34.7

a 对于汽油车，其限值是表中相应限值乘以1.2，求得的数值圆整（四舍五入）至小数点后一位。

表 3.2　半挂牵引车

单位：L/100 km

最大设计总质量（GCW）kg	2018 年	2019 年	2020 年
GCW≤18000	28.0	26.6	25.3
18000<GCW≤27000	30.5	29.0	27.5
27000<GCW≤35000	32.0	30.4	28.9
35000<GCW≤40000	34.0	32.3	30.7
40000<GCW≤43000	35.5	33.7	32.0
43000<GCW≤46000	38.0	36.1	34.3
46000<GCW≤49000	40.0	38.0	36.1
49000<GCW	40.5	38.5	36.6

表 3.3　客　　车

单位：L/100 km

最大设计总质量（GVW）kg	2018 年	2019 年	2020 年
3500<GVW≤4500	10.6 [a]	10.1 [a]	9.6 [a]
4500<GVW≤5500	11.5 [a]	10.9 [a]	10.4 [a]
5500<GVW≤7000	13.3 [a]	12.6 [a]	12.0 [a]
7000<GVW≤8500	14.5	13.8	13.1
8500<GVW≤10500	16.0	15.2	14.4
10500<GVW≤12500	17.7	16.8	16.0
12500<GVW≤14500	19.1	18.1	17.2
14500<GVW≤16500	20.1	19.1	18.1
16500<GVW≤18000	21.3	20.2	19.2
18000<GVW≤22000	22.3	21.2	20.1
22000<GVW≤25000	24.0	22.8	21.7
25000<GVW	25.0	23.8	22.6

a 对于汽油车，其限值是表中相应限值乘以 1.2，求得的数值圆整（四舍五入）至小数点后一位。

表 3.4　自卸汽车

单位：L/100 km

最大设计总质量（GVW）kg	2018 年	2019 年	2020 年
3500<GVW≤4500	13.0	12.4	11.7
4500<GVW≤5500	13.5	12.8	12.2
5500<GVW≤7000	15.0	14.3	13.5
7000<GVW≤8500	17.5	16.6	15.8

续表

最大设计总质量（GVW）kg	2018年	2019年	2020年
8500<GVW≤10500	19.5	18.5	17.6
10500<GVW≤12500	22.0	20.9	19.9
12500<GVW≤16000	25.0	23.8	22.6
16000<GVW≤20000	29.5	28.0	26.6
20000<GVW≤25000	37.5	35.6	33.8
25000<GVW≤31000	41.0	39.0	37.0
31000<GVW	41.5	39.4	37.5

表3.5 城市客车

单位：L/100 km

最大设计总质量（GVW）kg	2018年	2019年	2020年
3500<GVW≤4500	11.5	10.9	10.4
4500<GVW≤5500	13.0	12.4	11.7
5500<GVW≤7000	14.7	14.0	13.3
7000<GVW≤8500	16.7	15.9	15.1
8500<GVW≤10500	19.4	18.4	17.5
10500<GVW≤12500	22.3	21.2	20.1
12500<GVW≤14500	25.5	24.2	23.0
14500<GVW≤16500	28.0	26.6	25.3
16500<GVW≤18000	31.0	29.5	28.0
18000<GVW≤22000	34.5	32.8	31.1
22000<GVW≤25000	38.5	36.6	34.7
25000<GVW	41.5	39.4	37.5

附件4：新能源汽车产品技术标准

一、新能源汽车纯电动续驶里程标准

单位：km

类别	乘用车	客车	货车	专用车	测试方法
纯电动		≥200	≥80	≥80	M1、N1类采用工况法，其他暂采用40km/h等速法。
插电式（含增程式）混合动力	≥50（工况法） ≥70（等速法）	≥50	≥50	≥50	M1、N1类采用工况法或60km/h等速法，其他暂采用40km/h等速法。
燃料电池		≥300	≥300	≥300	M1、N1类采用工况法，其他暂采用40km/h等速法。

注：1. 超级电容、钛酸锂快充纯电动客车无纯电动续驶里程要求。
2. M1类是指包括驾驶员座位在内，座位数不超过九座的载客车辆。
N1类是指最大设计总质量不超过3500kg的载货车辆。

二、新能源乘用车技术标准

纯电动乘用车和燃料电池乘用车不属于车船税征税范围。免征车船税的插电式混合动力（含增程式）乘用车应符合以下标准：

工况纯电续驶里程低于80km的插电式混合动力（含增程式）乘用车B状态燃料消耗量（不含电能转化的燃料消耗量）与现行的常规燃料消耗量国家标准中对应限值相比小于70%。工况纯电续驶里程大于等于80km的插电式混合动力（含增程式）乘用车，按整车整备质量（m）不同，其A状态百公里耗电量（Y）应满足以下要求：m≤1000kg时，Y≤0.014×m+0.5；1000kg<m≤1600kg时，y≤0.012×m+2.5；m>1600kg时，Y≤0.005×m+13.7。

三、新能源客车技术标准

免征车船税的新能源客车应同时符合以下标准：

1. 单位载质量能量消耗量（E_{kg}）不高于0.24Wh/km·kg；

2. 非快充类纯电动客车电池系统质量能量密度要高于95Wh/kg，快充类纯电动客车快充倍率要高于3C，插电式混合动力（含增程式）客车节油率大于40%。

四、新能源货车和专用车技术标准

免征车船税的新能源货车和专用车应同时符合以下标准：

1. 装载动力电池系统质量能量密度不低于95Wh/kg；

2. 纯电动货车、运输类专用车单位载质量能量消耗量（E_{kg}）不高于0.49Wh/kg·kg，其他类纯电动专用车吨百公里电耗（按试验质量）不超过 10kWh。

五、燃料电池商用车技术标准

免征车船税的燃料电池汽车应符合以下标准：

燃料电池系统的额定功率不低于驱动电机额定功率的 30%，且商用车燃料电池系统额定功率不小于 30kW。

附件 5：新能源汽车产品专项检验标准目录

单位：km

序号	检验项目	标准名称	标准号	备注
1	储能装置（单体、模块）	电动汽车用锌空气电池	GB/T 18333.2-2015	6.2.4、6.3.4 90°倾倒试验对水系电解液蓄电池暂不执行。
		车用超级电容器	QC/T 741-2014	
		电动汽车用动力蓄电池循环寿命要求及试验方法	GB/T 31484-2015	6.5 工况循环寿命结合整车可靠性标准进行考核。
		电动汽车用动力蓄电池安全要求及试验方法	GB/T 31485-2015	6.2.8、6.3.8 针刺试验暂不执行。
		电动汽车用动力蓄电池电性能要求及试验方法	GB/T 31486-2015	
	储能装置（电池包）	电动汽车用锂离子动力蓄电池包和系统第 3 部分：安全性要求与测试方法	GB/T 31467.3-2015	对于由车体包覆并构成电池包箱体的，要带箱体/车体测试；电池包或系统尺寸较大，无法进行台架安装测试时，可进行子系统测试。
	储能装置（单体、模块、电池包）	汽车动力蓄电池编码规则	GB/T 34014-2017	实施时间以工业和信息化部《车辆生产企业及产品公告》要求时间为准。
2	电机及控制器	电动汽车用驱动电机系统第 1 部分：技术条件	GB/T 18488.1-2015	5.6.7 电磁兼容性结合 GB/T 18387-2008 电磁兼容考核；5.7 可靠性试验结合整车可靠性进行考核；附录 A 不执行。
		电动汽车用驱动电机系统第 2 部分：试验方法	GB/T 18488.2-2015	10 可靠性试验、9.7 电磁兼容性暂不执行。

续表

序号	检验项目	标准名称	标准号	备注
3	电动汽车安全	电动汽车安全要求第1部分：车载可充电储能系统（REESS）	GB/T 18384.1-2015	5.1.2（除乘用车和N1类车辆外的其他汽车）绝缘电阻测试条件，可在室温条件下进行； 5.2 污染度暂不执行； 5.3 有害气体和其他有害物质排放暂不执行。
		电动汽车安全要求第2部分：操作安全和故障防护	GB/T 18384.2-2015	6 用户手册涉及项目暂不执行； 8 紧急响应涉及项目暂不执行。
		电动汽车安全要求第3部分：人员触电防护	GB/T 18384.3-2015	6.3.3 电容耦合暂不执行； 7.2B（除乘用车和N1类车辆外的其他汽车）绝缘电阻测试条件，可在室温条件下进行； 9 用户手册涉及项目暂不执行。
		燃料电池电动汽车安全要求	GB/T 24549-2009	
4	电磁场辐射	电动车辆的电磁场发射强度的限值和测量方法，宽带，9KHZ~30MHZ	GB/T 18387-2008	
5	电动汽车操纵件	电动汽车操纵件、指示器及信号装置的标志	GB/T 4094.2-2005	
6	电动汽车仪表	电动汽车用仪表	GB/T 19836-2005	4.2 电磁兼容试验结合 GB/T 18387-2008 标准的方法和要求进行。
7	能耗	电动汽车能量消耗率和续驶里程试验方法	GB/T 18386-2005	
		轻型混合动力电动汽车能量消耗量试验方法	GB/T 19753-2013	
		重型混合动力电动汽车能量消耗量试验方法	GB/T 19754-2015	
8	排放	轻型混合动力电动汽车污染物排放控制要求及测量方法	GB 19755-2016	
9	电动汽车除霜除雾	电动汽车风窗玻璃除霜除雾系统的性能要求及试验方法	GB/T 24552-2009	5.1.1 除霜试验环境温度对于燃料电池电动汽车为-10℃。
10	纯电动乘用车技术条件	纯电动乘用车技术条件	GB/T 28382-2012	
11	燃料电池发动机	燃料电池发动机性能试验方法	GB/T 24554-2009	
12	燃料电池电动汽车加氢口	燃料电池电动汽车加氢口	GB/T 26779-2011	

续表

13	燃料电池电动汽车车载氢系统技术要求	燃料电池电动汽车车载氢系统技术要求	GB/T 26990-2011	
		燃料电池电动汽车车载氢系统试验方法	GB/T 29126-2012	
14	电动汽车传导充电用连接装置	电动汽车传导充电用连接装置第1部分：通用要求	GB/T 20234.1-2015	
		电动汽车传导充电用连接装置第2部分：交流充电接口	GB/T 20234.2-2015	
		电动汽车传导充电用连接装置第3部分：直流充电接口	GB/T 20234.3-2015	
15	通信协议	电动汽车非车载传导式充电机与电池管理系统之间的通信协议	GB/T 27930-2015	
16	碰撞后安全要求	电动汽车碰撞后安全要求	GB/T 31498-2015	采用B级电压的燃料电池电动汽车应符合本标准规定。
17	超级电容电动城市客车	超级电容电动城市客车	QC/T 838-2010	5.1.3.1绝缘、5.2.1高压电器设备及布线、5.3低压电器设备及电路设施暂不执行。
18	插电式混合动力电动乘用车技术条件	插电式混合动力电动乘用车技术条件	GB/T 32694-2016	
19	电动汽车远程服务与管理系统技术规范	电动汽车远程服务与管理系统技术规范第2部分：车载终端	GB/T 32960.2-2016	
		电动汽车远程服务与管理系统技术规范第3部分：通讯协议及数据格式	GB/T 32960.3-2016	
20	定型试验	电动汽车定型试验规程	GB/T 18388-2005	4.1.2、4.1.3电动车除霜除雾结合GB/T 24552-2009标准的方法和要求考核；4.3可靠性行驶对于纯电动乘用车按照GB/T 28382-2012标准4.9可靠性要求考核。
		混合动力电动汽车定型试验规程	GB/T 19750-2005	
		超级电容电动城市客车定型试验规程	QC/T 925-2013	
		电动汽车动力性能试验方法	GB/T 18385-2005	
		混合动力电动汽车动力性能试验方法	GB/T 19752-2005	9.7混合动力模式下的30分钟最高车速暂不执行。
		燃料电池电动汽车最高车速试验方法	GB/T 26991-2011	

注：本目录将根据新能源汽车标准变化情况进行调整。

附件6：新能源汽车企业要求

提出申请的新能源汽车生产企业或进口汽车经销商（以下简称企业）须符合以下条件：

1. 企业应对消费者提供动力电池等储能装置、驱动电机、电机控制器质量保证，其中乘用车企业应提供不低于8年或12万公里（以先到者为准，下同）的质保期限，商用车企业（含客车、专用车、货车等）应提供不低于5年或20万公里的质保期限。

2. 企业应当持续满足生产一致性相关规定，确保新能源汽车产品安全保障体系正常运行。

3. 企业应当建立新能源汽车产品售后服务承诺制度。售后服务承诺应当包括新能源汽车产品质量保证承诺、售后服务项目及内容、备件提供及质量保证期限、售后服务过程中发现问题的反馈、零部件（如电池）回收，出现产品质量、安全、环保等严重问题时的应对措施以及索赔处理等内容，并在本企业网站上向社会发布。

4. 企业应当建立新能源汽车产品运行安全状态监测平台，按照与新能源汽车产品用户的协议，对已销售的全部新能源汽车产品的运行安全状态进行监测。企业监测平台应当与地方和国家的新能源汽车推广应用监测平台对接。

企业及其工作人员应当妥善保管新能源汽车产品运行安全状态信息，不得泄露、篡改、毁损、出售或者非法向他人提供，不得监测与产品运行安全状态无关的信息。

5. 企业应当在产品全生命周期内，为每一辆新能源汽车产品建立档案，跟踪记录汽车使用、维护、维修情况，实施新能源汽车动力电池溯源信息管理，跟踪记录动力电池回收利用情况。

6. 对企业已销售的新能源汽车产品，在使用中存在安全隐患、发生安全事故的，企业应提交产品事故检测报告、后续改进措施等材料，完善新能源汽车安全运行保障体系。

附件 7：

享受车船税减免优惠的节约能源使用新能源汽车车型目录节能车型报告

企业名称：_____（盖公章）
企业所在地：____省（自治区、直辖市）_____市（县、区）
　　　　　　　　　　　　　编制日期　　　年　　　月

填 报 指 南

一、本报告包括企业承诺书、企业基本情况、《享受车船税减免优惠的节约能源使用新能源汽车车型目录》（以下简称《目录》）节能车型基本情况三份材料。其中企业承诺书、企业基本情况须于首次申报前提交正式书面材料（一式三份），获得审核通过后，如上述情况没有变更，则不需重新提交。《目录》申报车型基本情况通过工业和信息化部（装备工业司）"节能与新能源汽车财税优惠目录申报管理系统"提交。

二、首次申报须同时提交企业工商登记文件、营业执照、企业相关人员从事《目录》申报工作的委托书、相关人员身份证复印件、进口经销企业产品代理委托书复印件或进口许可证明复印件。

三、提交资料审核通过后，企业将获得"节能与新能源汽车财税优惠目录申报管理系统"登录账户。

四、企业获得申报账户后，可登录"节能与新能源汽车财税优惠目录申报管理系统"在线填报车型信息。

一、企业承诺书

承诺内容
需包括产品一致性、产品质量、质保期、售后服务能力等内容（可另附页）。   法人签章： 承诺时间：＿＿＿年＿＿月＿＿日

二、企业基本情况

企业名称（全称）		合格证企业代码	
企业注册地址			
企业法定代表人		注册商标名称	
统一社会信用代码			
注册资金（万元）		固定资产净值（万元）	
通信地址			
邮政编码		联系人	
职务		联系电话	
传真		手机	
E-MAIL			

三、节能车型的基本情况

表7.1 节能乘用车车型

序号	生产企业②	公告批次②	通用名称	车辆型号②	排量(ml)	额定载客人数	变速器 型式	变速器 档位数	最大设计总质量(kg)	整车整备质量(kg)	燃料种类③	排放标准④	综合工况燃料消耗量(L/100 km)	车辆一致性证书编号①

注：①进口车填写；
②国产车填写；
③填写汽油或柴油或柴油非插电混合动力或汽油非插电混合动力或双燃料或两用燃料（注明燃料种类）；
④填写国Ⅴ或国Ⅵ等。

表 7.2　节能商用车车型

序号	生产企业	车辆型号②	通用名称	车辆类别③	最大设计总重量（kg）	整车整备质量（kg）	准拖挂车总质量（kg）④	排放标准⑥	燃料种类⑤	综合工况燃料消耗量（L/100 km）	公告批次②	车辆一致性证书编号①

注：①进口车填写；
②国产车填写；
③填写城市客车、客车、货车、自卸车、半挂牵引车；
④半挂牵引车填写；
⑤填写汽油或柴油或天然气或柴油非插电混合动力或汽油非插电混合动力或天然气非插电混合动力或双燃料或两用燃料（注明燃料种类）；
⑥填写国Ⅴ或国Ⅵ等。

附件8：

享受车船税减免优惠的节约能源使用新能源汽车车型目录新能源车型报告

企业名称：_____（盖公章）
企业所在地：____省（自治区、直辖市）_____市（县、区）
　　　　　　　　　　编制日期　　　年　　　月

填报指南

一、本报告包括企业承诺书、企业基本情况、已销售产品安全事故情况说明、新能源汽车售后服务网点和《享受车船税减免优惠的节约能源使用新能源汽车车型目录》（以下简称《目录》）新能源车型基本情况五份材料。其中企业承诺书、企业基本情况、已销售产品安全事故情况说明、新能源汽车售后服务网点须于首次申报前提交正式书面材料（一式三份），获得审核通过后，如上述情况没有变更，则不需重新提交。《目录》申请车型基本情况通过工业和信息化部（装备工业司）"节能与新能源汽车财税优惠目录申报管理系统"提交。

二、首次申报须同时提交企业工商登记文件、营业执照、企业相关人员从事《目录》申报工作的委托书、相关人员身份证复印件、进口经销企业产品代理委托书复印件或进口许可证明复印件。

三、提交资料审核通过后，企业将获得"节能与新能源汽车财税优惠目录申报管理系统"登录账户。

四、企业获得申报账户后，可登录"节能与新能源汽车财税优惠目录申报管理系统"在线填报车型信息。

五、进口新能源汽车车型申报列入《目录》的，须提交获得国家相关部门认可的检测机构出具的新能源汽车产品专项检验报告。

一、企业承诺书

承诺内容
包括产品质量保证、产品一致性、售后服务、安全监测、动力电池回收利用等五方面内容。 售后服务承诺：需包括产品质量保证承诺、售后服务网络建设、对售后服务人员和产品使用人员的培训、售后服务项目及内容、备件提供及质量保证期限、售后服务过程中发现问题的反馈、零部件（如电池）回收，以及索赔处理、在产品质量、安全、环保等方面出现严重问题时的应对措施等内容。 产品安全保障机制说明：至少包括监测平台介绍、所监测的数据、数据发送频次、企业监测平台与地方和国家监测平台对接情况、安全事故应急处理制度建设情况，包括应急预案、抢险救援方案、事故调查及汇报方案等。 （可另附页）   法人签章： 承诺时间：_____年___月___日

二、企业基本情况

企业名称（全称）		合格证企业代码	
企业注册地址			
企业法定代表人		注册商标名称	
统一社会信用代码			
注册资金（万元）		固定资产净值（万元）	
通信地址			
邮政编码		联系人	
职务		联系电话	
传真		手机	
E-MAIL			

三、已销售产品安全事故情况说明

说明内容
对已销售的新能源汽车产品，在使用中存在安全隐患、发生安全事故的，应提供事故情况详细说明、原因分析、后续改进措施、产品事故检测报告等材料，并完善企业新能源汽车安全运行保障体系。 （可另附页）   法人签章： 承诺时间：_____年___月___日

四、新能源汽车售后服务网点

售后服务网点情况								
序号	省（自治区、直辖市）	市（县、区）	网点名称	地址	联系人	联系电话	E-MAIL

五、新能源车型的基本情况

1、车辆基本信息			
汽车生产企业名称			
进口汽车经销商名称			
车辆型号		技术类型	
通用名称		车辆分类	乘用车/商用车
车型细分类	轿车/SUV/MPV/交叉型乘用车/客车/货车/专用车/其他	长（mm）	
宽（mm）		高（mm）	
公告批次		车辆一致性证书编号	
整车整备质量（kg）		最大设计总质量（kg）	
额定载客（人）		市场指导价（人民币，万元）	
变速器型式	MT/AT/AMT/CVT/DCT/其他	车型种类	M1/M2/M3/N1/N2/N3/其他
驱动型式	前轮驱动/后轮驱动/分时全轮驱动/全时全轮驱动/智能（适时）全轮驱动/其他	N1类车特殊结构（仅N1类填）	全封闭厢式车辆
^	^	^	罐式车辆
^	^	^	无
燃料种类		重型商用车分类	货车/半挂牵引车/客车/自卸汽车/城市客车/其他
座位排数（排）		其他信息	（非必填）
2、纯电动汽车产品信息			
2.1 整车性能			
最高车速（km/h）		加速时间（s，备注车速）	

续表

电能消耗量（Wh/km）		吨百公里电耗（kWh）	（其他类专用车填写）
充电时间		30分钟最高车速（km/h）	
整车质保期		续驶里程（km）	
是否支持快充		单位载质量能量消耗量（Wh/km·kg）	（商用车填写）
2.2 电池系统			
动力蓄电池种类		动力蓄电池单体型号	
动力蓄电池系统总能量（kw·h）		动力蓄电池系统型号	
动力蓄电池单体比能量（Wh/kg）		动力蓄电池系统标称电压（V）	
动力蓄电池系统质量能量密度（hw/kg）		动力蓄电池单体质量（kg）	
动力蓄电池单体个数（个）		动力蓄电池单体生产企业	
动力蓄电池系统总质量（kg）		动力蓄电池系统生产企业	
动力蓄电池正极材料		动力蓄电池负极材料	
动力蓄电池正极材料生产企业		动力蓄电池负极材料生产企业	
动力蓄电池箱是否具有快换装置		动力蓄电池质保期	
动力蓄电池循环寿命		动力蓄电池布置位置	
动力蓄电池回收方式	（非必填）	快充倍率（C）	（快充类客车填写）
2.3 电机系统			
驱动电机类型		驱动电机型号	
驱动电机额定功率/转速/转矩（kW/r/min/N·m）		驱动电机峰值功率/转速/转矩（kW/r/min/N·m）	
驱动电机数量		驱动电机生产企业	
驱动电机质保期		驱动电机系统效率	
2.4 控制器系统			
驱动电机控制器型号			

续表

驱动电机控制器生产企业			
驱动电机控制方式			
动力蓄电池管理系统型号			
动力蓄电池管理系统生产企业			
整车控制器型号			
整车控制器生产企业			
电控系统质保期			
2.5 充电器			
电动汽车充电插头/插座型号			
电动汽车充电插头/插座生产企业			
充电标准	GB/T 27930		
	GB/T 20234.1		
	GB/T 20234.2		
	GB/T 20234.3		
	其他		
3、插电式混合动力汽车产品信息			
3.1 整车性能			
混合动力结构型式		是否具有行驶模式手动选择功能	
混合动力汽车最大电功率比（%）		纯电动模式下续驶里程（km）	
纯电动模式下爬坡车速（km/h）		混合动力模式下爬坡车速（km/h）	
0-100KM/H 加速性能（s）		纯电动模式下1KM最高车速（km/h）	
混合动力模式下最高车速（km/h）		混合动力模式下30分钟最高车速（km/h）	
条件A试验电能消耗量（kW·h/100km）	（乘用车填写）	条件B试验燃料消耗量（L/100km）	（乘用车填写）
电能消耗量（kW·h/100km）	（商用车填写）	燃料消耗量（L/100km）	（商用车填写）
充电时间		整车质保期	
3.2 电池系统			
动力蓄电池种类		动力蓄电池单体型号	

续表

动力蓄电池系统总能量（kWh）		动力蓄电池系统型号	
动力蓄电池单体比能量（Wh/kg）		动力蓄电池系统标称电压（V）	
动力蓄电池系统比能量（Wh/kg）		动力蓄电池单体质量（kg）	
动力蓄电池单体个数（个）		动力蓄电池单体生产企业	
动力蓄电池系统总质量（kg）		动力蓄电池系统生产企业	
动力蓄电池正极材料		动力蓄电池负极材料	
动力蓄电池正极材料生产企业		动力蓄电池负极材料生产企业	
动力蓄电池箱是否具有快换装置		动力蓄电池质保期	
动力蓄电池循环寿命		动力蓄电池布置位置	
动力蓄电池回收方式	（非必填）		
3.3 电机系统			
驱动电机数量		驱动电机类型	
驱动电机型号		驱动电机额定功率/转速/转矩（kW/r/min/N·m）	
驱动电机峰值功率/转速/转矩（kW/r/min/N·m）		驱动电机生产企业	
驱动电机质保期			
3.4 控制器系统			
驱动电机控制器型号			
驱动电机控制器生产企业			
驱动电机控制方式			
动力蓄电池管理系统型号			
动力蓄电池管理系统生产企业			
整车控制器型号			
整车控制器生产企业			
电控系统质保期			
3.5 充电器			
电动汽车充电插头/插座型号			
电动汽车充电插头/插座生产企业			

续表

充电标准	GB/T 27930	
	GB/T 20234.1	
	GB/T 20234.2	
	GB/T 20234.3	
	其他	

3.6 发动机系统

发动机型号		汽缸数（个）	
排量（ml）		额定功率（kW）	
最大净功率（kW）	（非必填）		

4、燃料电池汽车产品信息

4.1 整车性能

最高车速（km/h）		续驶里程（km）	
能量消耗率（kg/100km）		整车质保期	

4.2 电池系统

燃料电池燃料种类		燃料电池系统额定功率（kW）	
燃料电池电催化剂材料		燃料电池工作温度范围（℃）	
燃料电池堆功率密度（kW/L）		电电混合技术条件下动力蓄电池系统比能量（Wh/kg）	
电池系统质保期			

4.3 电机系统

驱动电机类型		驱动电机型号	
驱动电机额定功率/转速/转矩（kW/r/min/N·m）		驱动电机峰值功率/转速/转矩（kW/r/min/N·m）	
驱动电机数量		驱动电机生产企业	
驱动电机质保期			

4.4 控制器系统

驱动电机控制器型号	
驱动电机控制器生产企业	
驱动电机控制方式	
燃料电池管理系统型号	
燃料电池管理系统生产企业	
整车控制器型号	
整车控制器生产企业	

车船税法

续表

电控系统质保期			
4.5 燃料存储			
气瓶类型		气瓶数量（个）	
气瓶公称工作压力（KPa）		气瓶容积（NL）	
气瓶生产企业		气瓶质保期	

第五条　省级政府决定减税、免税的情形

省、自治区、直辖市人民政府根据当地实际情况，可以对公共交通车船，农村居民拥有并主要在农村地区使用的摩托车、三轮汽车和低速载货汽车定期减征或者免征车船税。

第六条　扣缴义务人

从事机动车第三者责任强制保险业务的保险机构为机动车车船税的扣缴义务人，应当在收取保险费时依法代收车船税，并出具代收税款凭证。

● 行政法规及文件

《车船税法实施条例》（2019 年 3 月 2 日　国务院令第 709 号）

第12条　机动车车船税扣缴义务人在代收车船税时，应当在机动车交通事故责任强制保险的保险单以及保费发票上注明已收税款的信息，作为代收税款凭证。

第七条　纳税地点

车船税的纳税地点为车船的登记地或者车船税扣缴义务人所在地。依法不需要办理登记的车船，车船税的纳税地点为车船的所有人或者管理人所在地。

● 行政法规及文件

《**车船税法实施条例**》（2019年3月2日　国务院令第709号）

第17条　车辆车船税的纳税人按照纳税地点所在的省、自治区、直辖市人民政府确定的具体适用税额缴纳车船税。

第八条　纳税义务的发生时间

车船税纳税义务发生时间为取得车船所有权或者管理权的当月。

● 行政法规及文件

《**车船税法实施条例**》（2019年3月2日　国务院令第709号）

第21条　车船税法第八条所称取得车船所有权或者管理权的当月，应当以购买车船的发票或者其他证明文件所载日期的当月为准。

第九条　纳税期限

车船税按年申报缴纳。具体申报纳税期限由省、自治区、直辖市人民政府规定。

● 行政法规及文件

《**车船税法实施条例**》（2019年3月2日　国务院令第709号）

第19条　购置的新车船，购置当年的应纳税额自纳税义务发生的当月起按月计算。应纳税额为年应纳税额除以12再乘以应纳税月份数。

在一个纳税年度内，已完税的车船被盗抢、报废、灭失的，纳税人可以凭有关管理机关出具的证明和完税凭证，向纳税所在地的主管税务机关申请退还自被盗抢、报废、灭失月份起至该纳税年度终了期间的税款。

已办理退税的被盗抢车船失而复得的，纳税人应当从公安机关出具相关证明的当月起计算缴纳车船税。

第 20 条　已缴纳车船税的车船在同一纳税年度内办理转让过户的，不另纳税，也不退税。

第 23 条　车船税按年申报，分月计算，一次性缴纳。纳税年度为公历 1 月 1 日至 12 月 31 日。

第十条　征收管理

公安、交通运输、农业、渔业等车船登记管理部门、船舶检验机构和车船税扣缴义务人的行业主管部门应当在提供车船有关信息等方面，协助税务机关加强车船税的征收管理。

车辆所有人或者管理人在申请办理车辆相关登记、定期检验手续时，应当向公安机关交通管理部门提交依法纳税或者免税证明。公安机关交通管理部门核查后办理相关手续。

● **行政法规及文件**

《**车船税法实施条例**》（2019 年 3 月 2 日　国务院令第 709 号）

第 13 条　已完税或者依法减免税的车辆，纳税人应当向扣缴义务人提供登记地的主管税务机关出具的完税凭证或者减免税证明。

第 14 条　纳税人没有按照规定期限缴纳车船税的，扣缴义务人在代收代缴税款时，可以一并代收代缴欠缴税款的滞纳金。

第 15 条　扣缴义务人已代收代缴车船税的，纳税人不再向车辆登记地的主管税务机关申报缴纳车船税。

没有扣缴义务人的，纳税人应当向主管税务机关自行申报缴纳车船税。

第 16 条　纳税人缴纳车船税时，应当提供反映排气量、整备质量、核定载客人数、净吨位、千瓦、艇身长度等与纳税相关信息的相应凭证以及税务机关根据实际需要要求提供的其他资料。

纳税人以前年度已经提供前款所列资料信息的，可以不再提供。

第18条　扣缴义务人应当及时解缴代收代缴的税款和滞纳金，并向主管税务机关申报。扣缴义务人向税务机关解缴税款和滞纳金时，应当同时报送明细的税款和滞纳金扣缴报告。扣缴义务人解缴税款和滞纳金的具体期限，由省、自治区、直辖市税务机关依照法律、行政法规的规定确定。

第十一条　征收管理依据

车船税的征收管理，依照本法和《税收征收管理法》的规定执行。

● 行政法规及文件

《车船税法实施条例》（2019年3月2日　国务院令第709号）

第11条　车船税由税务机关负责征收。

第22条　税务机关可以在车船登记管理部门、车船检验机构的办公场所集中办理车船税征收事宜。

公安机关交通管理部门在办理车辆相关登记和定期检验手续时，经核查，对没有提供依法纳税或者免税证明的，不予办理相关手续。

第十二条　国务院依法制定实施条例

国务院根据本法制定实施条例。

第十三条　生效日期

本法自2012年1月1日起施行。2006年12月29日国务院公布的《中华人民共和国车船税暂行条例》同时废止。

附：

车船税税目税额表

税 目		计税单位	年基准税额	备 注
乘用车（按发动机汽缸容量（排气量）分档）	1.0升（含）以下的	每辆	60元至360元	核定载客人数9人（含）以下
	1.0升以上至1.6升（含）的		300元至540元	
	1.6升以上至2.0升（含）的		360元至660元	
	2.0升以上至2.5升（含）的		660元至1200元	
	2.5升以上至3.0升（含）的		1200元至2400元	
	3.0升以上至4.0升（含）的		2400元至3600元	
	4.0升以上的		3600元至5400元	
商用车	客 车	每辆	480元至1440元	核定载客人数9人以上，包括电车
	货 车	整备质量每吨	16元至120元	包括半挂牵引车、三轮汽车和低速载货汽车等
挂车		整备质量每吨	按照货车税额的50%计算	
其他车辆	专用作业车	整备质量每吨	16元至120元	不包括拖拉机
	轮式专用机械车		16元至120元	
摩托车		每辆	36元至180元	
船舶	机动船舶	净吨位每吨	3元至6元	拖船、非机动驳船分别按照机动船舶税额的50%计算
	游艇	艇身长度每米	600元至2000元	

● 行政法规及文件

《车船税法实施条例》（2019 年 3 月 2 日　国务院令第 709 号）

第 26 条　车船税法所附《车船税税目税额表》中车辆、船舶的含义如下：

乘用车，是指在设计和技术特性上主要用于载运乘客及随身行李，核定载客人数包括驾驶员在内不超过 9 人的汽车。

商用车，是指除乘用车外，在设计和技术特性上用于载运乘客、货物的汽车，划分为客车和货车。

半挂牵引车，是指装备有特殊装置用于牵引半挂车的商用车。

三轮汽车，是指最高设计车速不超过每小时 50 公里，具有三个车轮的货车。

低速载货汽车，是指以柴油机为动力，最高设计车速不超过每小时 70 公里，具有四个车轮的货车。

挂车，是指就其设计和技术特性需由汽车或者拖拉机牵引，才能正常使用的一种无动力的道路车辆。

专用作业车，是指在其设计和技术特性上用于特殊工作的车辆。

轮式专用机械车，是指有特殊结构和专门功能，装有橡胶车轮可以自行行驶，最高设计车速大于每小时 20 公里的轮式工程机械车。

摩托车，是指无论采用何种驱动方式，最高设计车速大于每小时 50 公里，或者使用内燃机，其排量大于 50 毫升的两轮或者三轮车辆。

船舶，是指各类机动、非机动船舶以及其他水上移动装置，但是船舶上装备的救生艇筏和长度小于 5 米的艇筏除外。其中，机动船舶是指用机器推进的船舶；拖船是指专门用于拖（推）动运输船舶的专业作业船舶；非机动驳船，是指在船舶登记管理部门登记为驳船的非机动船舶；游艇是指具备内置机械推进动力装置，长度在 90 米以下，主要用于游览观光、休闲娱乐、水上体育运动等活动，并应当具有船舶检验证书和适航证书的船舶。

中华人民共和国烟叶税法

（2017年12月27日第十二届全国人民代表大会常务委员会第三十一次会议通过　2017年12月27日中华人民共和国主席令第84号公布　自2018年7月1日起施行）

第一条　纳税义务人

在中华人民共和国境内，依照《中华人民共和国烟草专卖法》的规定收购烟叶的单位为烟叶税的纳税人。纳税人应当依照本法规定缴纳烟叶税。

第二条　烟叶

本法所称烟叶，是指烤烟叶、晾晒烟叶。

第三条　计税依据

烟叶税的计税依据为纳税人收购烟叶实际支付的价款总额。

● 部门规章及文件

《财政部、税务总局关于明确烟叶税计税依据的通知》（2018年6月29日　财税〔2018〕75号）

纳税人收购烟叶实际支付的价款总额包括纳税人支付给烟叶生产销售单位和个人的烟叶收购价款和价外补贴。其中，价外补贴统一按烟叶收购价款的10%计算。

第四条　税率

烟叶税的税率为百分之二十。

第五条　应纳税额的计算

烟叶税的应纳税额按照纳税人收购烟叶实际支付的价款总额乘以税率计算。

第六条　征收管理

烟叶税由税务机关依照本法和《中华人民共和国税收征收管理法》的有关规定征收管理。

第七条　征收机关

纳税人应当向烟叶收购地的主管税务机关申报缴纳烟叶税。

第八条　纳税义务的发生时间

烟叶税的纳税义务发生时间为纳税人收购烟叶的当日。

第九条　计征时间

烟叶税按月计征，纳税人应当于纳税义务发生月终了之日起十五日内申报并缴纳税款。

第十条　施行日期

本法自 2018 年 7 月 1 日起施行。2006 年 4 月 28 日国务院公布的《中华人民共和国烟叶税暂行条例》同时废止。

中华人民共和国契税法

（2020年8月11日第十三届全国人民代表大会常务委员会第二十一次会议通过　2020年8月11日中华人民共和国主席令第52号公布　自2021年9月1日起施行）

第一条　纳税范围

在中华人民共和国境内转移土地、房屋权属，承受的单位和个人为契税的纳税人，应当依照本法规定缴纳契税。

第二条　转移土地、房屋权属的行为

本法所称转移土地、房屋权属，是指下列行为：
（一）土地使用权出让；
（二）土地使用权转让，包括出售、赠与、互换；
（三）房屋买卖、赠与、互换。
前款第二项土地使用权转让，不包括土地承包经营权和土地经营权的转移。
以作价投资（入股）、偿还债务、划转、奖励等方式转移土地、房屋权属的，应当依照本法规定征收契税。

● 部门规章及文件

《财政部、税务总局关于贯彻实施契税法若干事项执行口径的公告》
（2021年6月30日　财政部、税务总局公告2021年第23号）

一、关于土地、房屋权属转移
（一）征收契税的土地、房屋权属，具体为土地使用权、房屋所有权。
（二）下列情形发生土地、房屋权属转移的，承受方应当依

法缴纳契税：

1. 因共有不动产份额变化的；
2. 因共有人增加或者减少的；
3. 因人民法院、仲裁委员会的生效法律文书或者监察机关出具的监察文书等因素，发生土地、房屋权属转移的。

第三条 税率

契税税率为百分之三至百分之五。

契税的具体适用税率，由省、自治区、直辖市人民政府在前款规定的税率幅度内提出，报同级人民代表大会常务委员会决定，并报全国人民代表大会常务委员会和国务院备案。

省、自治区、直辖市可以依照前款规定的程序对不同主体、不同地区、不同类型的住房的权属转移确定差别税率。

第四条 计税依据

契税的计税依据：

（一）土地使用权出让、出售，房屋买卖，为土地、房屋权属转移合同确定的成交价格，包括应交付的货币以及实物、其他经济利益对应的价款；

（二）土地使用权互换、房屋互换，为所互换的土地使用权、房屋价格的差额；

（三）土地使用权赠与、房屋赠与以及其他没有价格的转移土地、房屋权属行为，为税务机关参照土地使用权出售、房屋买卖的市场价格依法核定的价格。

纳税人申报的成交价格、互换价格差额明显偏低且无正当理由的，由税务机关依照《中华人民共和国税收征收管理法》的规定核定。

● 部门规章及文件

《财政部、税务总局关于贯彻实施契税法若干事项执行口径的公告》
(2021年6月30日 财政部、税务总局公告2021年第23号)

二、关于若干计税依据的具体情形

(一) 以划拨方式取得的土地使用权，经批准改为出让方式重新取得该土地使用权的，应由该土地使用权人以补缴的土地出让价款为计税依据缴纳契税。

(二) 先以划拨方式取得土地使用权，后经批准转让房地产，划拨土地性质改为出让的，承受方应分别以补缴的土地出让价款和房地产权属转移合同确定的成交价格为计税依据缴纳契税。

(三) 先以划拨方式取得土地使用权，后经批准转让房地产，划拨土地性质未发生改变的，承受方应以房地产权属转移合同确定的成交价格为计税依据缴纳契税。

(四) 土地使用权及所附建筑物、构筑物等(包括在建的房屋、其他建筑物、构筑物和其他附着物) 转让的，计税依据为承受方应交付的总价款。

(五) 土地使用权出让的，计税依据包括土地出让金、土地补偿费、安置补助费、地上附着物和青苗补偿费、征收补偿费、城市基础设施配套费、实物配建房屋等应交付的货币以及实物、其他经济利益对应的价款。

(六) 房屋附属设施(包括停车位、机动车库、非机动车库、顶层阁楼、储藏室及其他房屋附属设施)与房屋为同一不动产单元的，计税依据为承受方应交付的总价款，并适用与房屋相同的税率；房屋附属设施与房屋为不同不动产单元的，计税依据为转移合同确定的成交价格，并按当地确定的适用税率计税。

(七) 承受已装修房屋的，应将包括装修费用在内的费用计入承受方应交付的总价款。

(八) 土地使用权互换、房屋互换，互换价格相等的，互换双方计税依据为零；互换价格不相等的，以其差额为计税依据，由支付差额的一方缴纳契税。

（九）契税的计税依据不包括增值税。

第五条　应纳税额

契税的应纳税额按照计税依据乘以具体适用税率计算。

第六条　减征、免征契税的情形

有下列情形之一的，免征契税：

（一）国家机关、事业单位、社会团体、军事单位承受土地、房屋权属用于办公、教学、医疗、科研、军事设施；

（二）非营利性的学校、医疗机构、社会福利机构承受土地、房屋权属用于办公、教学、医疗、科研、养老、救助；

（三）承受荒山、荒地、荒滩土地使用权用于农、林、牧、渔业生产；

（四）婚姻关系存续期间夫妻之间变更土地、房屋权属；

（五）法定继承人通过继承承受土地、房屋权属；

（六）依照法律规定应当予以免税的外国驻华使馆、领事馆和国际组织驻华代表机构承受土地、房屋权属。

根据国民经济和社会发展的需要，国务院对居民住房需求保障、企业改制重组、灾后重建等情形可以规定免征或者减征契税，报全国人民代表大会常务委员会备案。

● 部门规章及文件

1.《财政部、税务总局关于契税法实施后有关优惠政策衔接问题的公告》（2021年8月27日　财政部、税务总局公告2021年第29号）

为贯彻落实《中华人民共和国契税法》，现将税法实施后继续执行的契税优惠政策公告如下：

一、夫妻因离婚分割共同财产发生土地、房屋权属变更的，免征契税。

二、城镇职工按规定第一次购买公有住房的，免征契税。

公有制单位为解决职工住房而采取集资建房方式建成的普通住房或由单位购买的普通商品住房，经县级以上地方人民政府房改部门批准、按照国家房改政策出售给本单位职工的，如属职工首次购买住房，比照公有住房免征契税。

已购公有住房经补缴土地出让价款成为完全产权住房的，免征契税。

三、外国银行分行按照《中华人民共和国外资银行管理条例》等相关规定改制为外商独资银行（或其分行），改制后的外商独资银行（或其分行）承受原外国银行分行的房屋权属的，免征契税。

四、除上述政策外，其他继续执行的契税优惠政策按原文件规定执行。涉及的文件及条款见附件1。

五、本公告自2021年9月1日起执行。附件2中所列文件及条款规定的契税优惠政策同时废止。附件3中所列文件及条款规定的契税优惠政策失效。

特此公告。

附件：1. 继续执行的契税优惠政策文件及条款目录（略）

2. 废止的契税优惠政策文件及条款目录（略）

3. 失效的契税优惠政策文件及条款目录（略）

2.《财政部、税务总局关于贯彻实施契税法若干事项执行口径的公告》（2021年6月30日　财政部、税务总局公告2021年第23号）

三、关于免税的具体情形

（一）享受契税免税优惠的非营利性的学校、医疗机构、社会福利机构，限于上述三类单位中依法登记为事业单位、社会团体、基金会、社会服务机构等的非营利法人和非营利组织。其中：

1. 学校的具体范围为经县级以上人民政府或者其教育行政部门批准成立的大学、中学、小学、幼儿园，实施学历教育的职业教育学校、特殊教育学校、专门学校，以及经省级人民政府或者其人力资源社会保障行政部门批准成立的技工院校。

2. 医疗机构的具体范围为经县级以上人民政府卫生健康行政部门批准或者备案设立的医疗机构。

3. 社会福利机构的具体范围为依法登记的养老服务机构、残疾人服务机构、儿童福利机构、救助管理机构、未成年人救助保护机构。

（二）享受契税免税优惠的土地、房屋用途具体如下：

1. 用于办公的，限于办公室（楼）以及其他直接用于办公的土地、房屋；

2. 用于教学的，限于教室（教学楼）以及其他直接用于教学的土地、房屋；

3. 用于医疗的，限于门诊部以及其他直接用于医疗的土地、房屋；

4. 用于科研的，限于科学试验的场所以及其他直接用于科研的土地、房屋；

5. 用于军事设施的，限于直接用于《中华人民共和国军事设施保护法》规定的军事设施的土地、房屋；

6. 用于养老的，限于直接用于为老年人提供养护、康复、托管等服务的土地、房屋；

7. 用于救助的，限于直接为残疾人、未成年人、生活无着的流浪乞讨人员提供养护、康复、托管等服务的土地、房屋。

（三）纳税人符合减征或者免征契税规定的，应当按照规定进行申报。

3.《财政部、税务总局关于继续实施银行业金融机构、金融资产管理公司不良债权以物抵债有关税收政策的公告》（2023年8月21日 财政部、税务总局公告2023年第35号）

三、对银行业金融机构、金融资产管理公司接收抵债资产免征契税。

五、本公告所称抵债不动产、抵债资产，是指经人民法院判决裁定或仲裁机构仲裁的抵债不动产、抵债资产。其中，金融资产管理公司的抵债不动产、抵债资产，限于其承接银行业金融机构不良债权涉及的抵债不动产、抵债资产。

六、本公告所称银行业金融机构，是指在中华人民共和国境内设立的商业银行、农村合作银行、农村信用社、村镇银行、农村资金互助社以及政策性银行；所称金融资产管理公司，是指持有国务院银行业监督管理机构及其派出机构颁发的《金融许可证》的资产管理公司。

七、本公告执行期限为2023年8月1日至2027年12月31日。本公告发布之前已征收入库的按照上述规定应予减免的税款，可抵减纳税人以后月份应缴纳的税款或办理税款退库。已向处置不动产的购买方全额开具增值税专用发票的，将上述增值税专用发票追回后方可适用本公告第一条的规定。

特此公告。

4.《财政部、税务总局关于继续执行企业、事业单位改制重组有关契税政策的公告》（2021年4月26日 财政部、税务总局公告2021年第17号）

为支持企业、事业单位改制重组，优化市场环境，现就继续执行有关契税政策公告如下：

一、企业改制

企业按照《中华人民共和国公司法》有关规定整体改制，包括非公司制企业改制为有限责任公司或股份有限公司，有限责任公司变更为股份有限公司，股份有限公司变更为有限责任公司，原企业投资主体存续并在改制（变更）后的公司中所持股权（股份）比例超过75%，且改制（变更）后公司承继原企业权利、义务的，对改制（变更）后公司承受原企业土地、房屋权属，免征契税。

二、事业单位改制

事业单位按照国家有关规定改制为企业，原投资主体存续并在改制后企业中出资（股权、股份）比例超过50%的，对改制后企业承受原事业单位土地、房屋权属，免征契税。

三、公司合并

两个或两个以上的公司，依照法律规定、合同约定，合并为一个公司，且原投资主体存续的，对合并后公司承受原合并各方土地、房屋权属，免征契税。

四、公司分立

公司依照法律规定、合同约定分立为两个或两个以上与原公司投资主体相同的公司，对分立后公司承受原公司土地、房屋权属，免征契税。

五、企业破产

企业依照有关法律法规规定实施破产，债权人（包括破产企业职工）承受破产企业抵偿债务的土地、房屋权属，免征契税；对非债权人承受破产企业土地、房屋权属，凡按照《中华人民共和国劳动法》等国家有关法律法规政策妥善安置原企业全部职工规定，与原企业全部职工签订服务年限不少于三年的劳动用工合同的，对其承受所购企业土地、房屋权属，免征契税；与原企业超过30%的职工签订服务年限不少于三年的劳动用工合同的，减半征收契税。

六、资产划转

对承受县级以上人民政府或国有资产管理部门按规定进行行政性调整、划转国有土地、房屋权属的单位，免征契税。

同一投资主体内部所属企业之间土地、房屋权属的划转，包括母公司与其全资子公司之间，同一公司所属全资子公司之间，同一自然人与其设立的个人独资企业、一人有限公司之间土地、房屋权属的划转，免征契税。

母公司以土地、房屋权属向其全资子公司增资，视同划转，免征契税。

七、债权转股权

经国务院批准实施债权转股权的企业，对债权转股权后新设立的公司承受原企业的土地、房屋权属，免征契税。

八、划拨用地出让或作价出资

以出让方式或国家作价出资（入股）方式承受原改制重组企业、事业单位划拨用地的，不属上述规定的免税范围，对承受方应按规定征收契税。

九、公司股权（股份）转让

在股权（股份）转让中，单位、个人承受公司股权（股份），公司土地、房屋权属不发生转移，不征收契税。

十、有关用语含义

本公告所称企业、公司，是指依照我国有关法律法规设立并在中国境内注册的企业、公司。

本公告所称投资主体存续，是指原改制重组企业、事业单位的出资人必须存在于改制重组后的企业，出资人的出资比例可以发生变动。

本公告所称投资主体相同，是指公司分立前后出资人不发生变动，出资人的出资比例可以发生变动。

十一、本公告自 2021 年 1 月 1 日起至 2023 年 12 月 31 日执行。自执行之日起，企业、事业单位在改制重组过程中，符合本公告规定但已缴纳契税的，可申请退税；涉及的契税尚未处理且符合本公告规定的，可按本公告执行。

5.《财政部、税务总局关于继续实施企业、事业单位改制重组有关契税政策的公告》(2023年9月22日　财政部、税务总局公告2023年第49号)

为支持企业、事业单位改制重组,优化市场环境,现就继续实施有关契税政策公告如下:

一、企业改制

企业按照《中华人民共和国公司法》有关规定整体改制,包括非公司制企业改制为有限责任公司或股份有限公司,有限责任公司变更为股份有限公司,股份有限公司变更为有限责任公司,原企业投资主体存续并在改制(变更)后的公司中所持股权(股份)比例超过75%,且改制(变更)后公司承继原企业权利、义务的,对改制(变更)后公司承受原企业土地、房屋权属,免征契税。

二、事业单位改制

事业单位按照国家有关规定改制为企业,原投资主体存续并在改制后企业中出资(股权、股份)比例超过50%的,对改制后企业承受原事业单位土地、房屋权属,免征契税。

三、公司合并

两个或两个以上的公司,依照法律规定、合同约定,合并为一个公司,且原投资主体存续的,对合并后公司承受原合并各方土地、房屋权属,免征契税。

四、公司分立

公司依照法律规定、合同约定分立为两个或两个以上与原公司投资主体相同的公司,对分立后公司承受原公司土地、房屋权属,免征契税。

五、企业破产

企业依照有关法律法规规定实施破产,债权人(包括破产企业职工)承受破产企业抵偿债务的土地、房屋权属,免征契税;对非债权人承受破产企业土地、房屋权属,凡按照《中华人民共和国劳动法》等国家有关法律法规政策妥善安置原企业全部职工规定,与原企业全部职工签订服务年限不少于三年的劳动用工合同的,对其承受所购企业土地、房屋权属,免征契税;与原企业超过30%的职工签订服务年限不少于三年的劳动用工合同的,减半征收契税。

六、资产划转

对承受县级以上人民政府或国有资产管理部门按规定进行行政性调整、划转国有土地、房屋权属的单位,免征契税。

同一投资主体内部所属企业之间土地、房屋权属的划转,包括母公司与其全资子公司之间,同一公司所属全资子公司之间,同一自然人与其设立的个人独资企业、一人有限公司之间土地、房屋权属的划转,免征契税。

母公司以土地、房屋权属向其全资子公司增资,视同划转,免征契税。

七、债权转股权

经国务院批准实施债权转股权的企业,对债权转股权后新设立的公司承受原企业的土地、房屋权属,免征契税。

八、划拨用地出让或作价出资

以出让方式或国家作价出资(入股)方式承受原改制重组企业、事业单位划拨用地的,不属上述规定的免税范围,对承受方应按规定征收契税。

九、公司股权(股份)转让

在股权(股份)转让中,单位、个人承受公司股权(股份),公司土地、房屋权属不发生转移,不征收契税。

十、有关用语含义

本公告所称企业、公司,是指依照我国有关法律法规设立并在中国境内注册的企业、公司。

本公告所称投资主体存续,企业改制重组的,是指原改制重组企业的出资人必须存在于改制重组后的企业；事业单位改制的，是指履行国有资产出资人职责的单位必须存在于改制后的企业。出资人的出资比例可以发生变动。

本公告所称投资主体相同，是指公司分立前后出资人不发生变动，出资人的出资比例可以发生变动。

十一、本公告执行期限为2024年1月1日至2027年12月31日。

特此公告。

第七条 授权省、自治区、直辖市决定的情形

省、自治区、直辖市可以决定对下列情形免征或者减征契税：

（一）因土地、房屋被县级以上人民政府征收、征用，重新承受土地、房屋权属；

（二）因不可抗力灭失住房，重新承受住房权属。

前款规定的免征或者减征契税的具体办法，由省、自治区、直辖市人民政府提出，报同级人民代表大会常务委员会决定，并报全国人民代表大会常务委员会和国务院备案。

第八条 不得减征、免征契税的情形

纳税人改变有关土地、房屋的用途，或者有其他不再属于本法第六条规定的免征、减征契税情形的，应当缴纳已经免征、减征的税款。

第九条 纳税义务发生的时间

契税的纳税义务发生时间，为纳税人签订土地、房屋权属转移合同的当日，或者纳税人取得其他具有土地、房屋权属转移合同性质凭证的当日。

● 部门规章及文件

《财政部、税务总局关于贯彻实施契税法若干事项执行口径的公告》
(2021年6月30日　财政部、税务总局公告2021年第23号)

四、关于纳税义务发生时间的具体情形

(一) 因人民法院、仲裁委员会的生效法律文书或者监察机关出具的监察文书等发生土地、房屋权属转移的，纳税义务发生时间为法律文书等生效当日。

(二) 因改变土地、房屋用途等情形应当缴纳已经减征、免征契税的，纳税义务发生时间为改变有关土地、房屋用途等情形的当日。

(三) 因改变土地性质、容积率等土地使用条件需补缴土地出让价款，应当缴纳契税的，纳税义务发生时间为改变土地使用条件当日。

发生上述情形，按规定不再需要办理土地、房屋权属登记的，纳税人应自纳税义务发生之日起90日内申报缴纳契税。

第十条　申报缴纳契税的时间

纳税人应当在依法办理土地、房屋权属登记手续前申报缴纳契税。

第十一条　开具契税完税凭证

纳税人办理纳税事宜后，税务机关应当开具契税完税凭证。纳税人办理土地、房屋权属登记，不动产登记机构应当查验契税完税、减免税凭证或者有关信息。未按照规定缴纳契税的，不动产登记机构不予办理土地、房屋权属登记。

第十二条 申请退还已缴纳的税款

在依法办理土地、房屋权属登记前，权属转移合同、权属转移合同性质凭证不生效、无效、被撤销或者被解除的，纳税人可以向税务机关申请退还已缴纳的税款，税务机关应当依法办理。

第十三条 信息共享和工作配合机制

税务机关应当与相关部门建立契税涉税信息共享和工作配合机制。自然资源、住房城乡建设、民政、公安等相关部门应当及时向税务机关提供与转移土地、房屋权属有关的信息，协助税务机关加强契税征收管理。

税务机关及其工作人员对税收征收管理过程中知悉的纳税人的个人信息，应当依法予以保密，不得泄露或者非法向他人提供。

● 部门规章及文件

《财政部、税务总局关于贯彻实施契税法若干事项执行口径的公告》（2021年6月30日　财政部、税务总局公告2021年第23号）

五、关于纳税凭证、纳税信息和退税

（一）具有土地、房屋权属转移合同性质的凭证包括契约、协议、合约、单据、确认书以及其他凭证。

（二）不动产登记机构在办理土地、房屋权属登记时，应当依法查验土地、房屋的契税完税、减免税、不征税等涉税凭证或者有关信息。

（三）税务机关应当与相关部门建立契税涉税信息共享和工作配合机制。具体转移土地、房屋权属有关的信息包括：自然资源部门的土地出让、转让、征收补偿、不动产权属登记等信息，住房城乡建设部门的房屋交易等信息，民政部门的婚姻登记、社会组织登记等信息，公安部门的户籍人口基本信息。

（四）纳税人缴纳契税后发生下列情形，可依照有关法律法规申请退税：

1. 因人民法院判决或者仲裁委员会裁决导致土地、房屋权属转移行为无效、被撤销或者被解除，且土地、房屋权属变更至原权利人的；

2. 在出让土地使用权交付时，因容积率调整或实际交付面积小于合同约定面积需退还土地出让价款的；

3. 在新建商品房交付时，因实际交付面积小于合同约定面积需返还房价款的。

第十四条 征税机关

契税由土地、房屋所在地的税务机关依照本法和《中华人民共和国税收征收管理法》的规定征收管理。

第十五条 征收管理

纳税人、税务机关及其工作人员违反本法规定的，依照《中华人民共和国税收征收管理法》和有关法律法规的规定追究法律责任。

● 部门规章及文件

《国家税务总局关于契税纳税服务与征收管理若干事项的公告》（2021年8月26日 国家税务总局公告2021年第25号）

为贯彻落实中办、国办印发的《关于进一步深化税收征管改革的意见》，切实优化契税纳税服务，规范契税征收管理，根据《中华人民共和国契税法》（以下简称《契税法》）、《财政部、税务总局关于贯彻实施契税法若干事项执行口径的公告》（2021

年第 23 号，以下简称 23 号公告）等相关规定，现就有关事项公告如下：

一、契税申报以不动产单元为基本单位。

二、以作价投资（入股）、偿还债务等应交付经济利益的方式转移土地、房屋权属的，参照土地使用权出让、出售或房屋买卖确定契税适用税率、计税依据等。

以划转、奖励等没有价格的方式转移土地、房屋权属的，参照土地使用权或房屋赠与确定契税适用税率、计税依据等。

三、契税计税依据不包括增值税，具体情形为：

（一）土地使用权出售、房屋买卖，承受方计征契税的成交价格不含增值税；实际取得增值税发票的，成交价格以发票上注明的不含税价格确定。

（二）土地使用权互换、房屋互换，契税计税依据为不含增值税价格的差额。

（三）税务机关核定的契税计税价格为不含增值税价格。

四、税务机关依法核定计税价格，应参照市场价格，采用房地产价格评估等方法合理确定。

五、契税纳税人依法纳税申报时，应填报《财产和行为税税源明细表》（《契税税源明细表》部分，附件1），并根据具体情形提交下列资料：

（一）纳税人身份证件；

（二）土地、房屋权属转移合同或其他具有土地、房屋权属转移合同性质的凭证；

（三）交付经济利益方式转移土地、房屋权属的，提交土地、房屋权属转移相关价款支付凭证，其中，土地使用权出让为财政票据，土地使用权出售、互换和房屋买卖、互换为增值税发票；

（四）因人民法院、仲裁委员会的生效法律文书或者监察机关出具的监察文书等因素发生土地、房屋权属转移的，提交生效法律文书或监察文书等。

符合减免税条件的，应按规定附送有关资料或将资料留存备查。

六、税务机关在契税足额征收或办理免税（不征税）手续后，应通过契税的完税凭证或契税信息联系单（以下简称联系单，附件2）等，将完税或免税（不征税）信息传递给不动产登记机构。能够通过信息共享即时传递信息的，税务机关可不再向不动产登记机构提供完税凭证或开具联系单。

七、纳税人依照《契税法》以及23号公告规定向税务机关申请退还已缴纳契税的，应提供纳税人身份证件，完税凭证复印件，并根据不同情形提交相关资料：

（一）在依法办理土地、房屋权属登记前，权属转移合同或合同性质凭证不生效、无效、被撤销或者被解除的，提交合同或合同性质凭证不生效、无效、被撤销或者被解除的证明材料；

（二）因人民法院判决或者仲裁委员会裁决导致土地、房屋权属转移行为无效、被撤销或者被解除，且土地、房屋权属变更至原权利人的，提交人民法院、仲裁委员会的生效法律文书；

（三）在出让土地使用权交付时，因容积率调整或实际交付面积小于合同约定面积需退还土地出让价款的，提交补充合同（协议）和退款凭证；

（四）在新建商品房交付时，因实际交付面积小于合同约定面积需返还房价款的，提交补充合同（协议）和退款凭证。

税务机关收取纳税人退税资料后，应向不动产登记机构核实有关土地、房屋权属登记情况。核实后符合条件的即时受理，不符合条件的一次性告知应补正资料或不予受理原因。

八、税务机关及其工作人员对税收征管过程中知悉的个人的身份信息、婚姻登记信息、不动产权属登记信息、纳税申报信息及其他商业秘密和个人隐私，应当依法予以保密，不得泄露或者非法向他人提供。纳税人的税收违法行为信息不属于保密信息范围，税务机关可依法处理。

九、各地税务机关应与当地房地产管理部门加强协作，采用不动产登记、交易和缴税一窗受理等模式，持续优化契税申报缴纳流程，共同做好契税征收与房地产管理衔接工作。

十、本公告要求纳税人提交的资料，各省、自治区、直辖市和计划单列市税务局能够通过信息共享即时查验的，可公告明确不再要求纳税人提交。

十一、本公告所称纳税人身份证件是指：单位纳税人为营业执照，或者统一社会信用代码证书或者其他有效登记证书；个人纳税人中，自然人为居民身份证，或者居民户口簿或者入境的身份证件，个体工商户为营业执照。

十二、本公告自2021年9月1日起施行。《全文废止和部分条款废止的契税文件目录》（附件3）所列文件或条款同时废止。

特此公告。

附件：1. 契税税源明细表（略）

2. 契税信息联系单（略）

3. 全文废止和部分条款废止的契税文件目录（略）

第十六条　施行日期

本法自2021年9月1日起施行。1997年7月7日国务院发布的《中华人民共和国契税暂行条例》同时废止。

中华人民共和国耕地占用税法

（2018年12月29日第十三届全国人民代表大会常务委员会第七次会议通过 2018年12月29日中华人民共和国主席令第18号公布 自2019年9月1日起施行）

第一条 立法目的

为了合理利用土地资源，加强土地管理，保护耕地，制定本法。

第二条 耕地的法律定义

在中华人民共和国境内占用耕地建设建筑物、构筑物或者从事非农业建设的单位和个人，为耕地占用税的纳税人，应当依照本法规定缴纳耕地占用税。

占用耕地建设农田水利设施的，不缴纳耕地占用税。

本法所称耕地，是指用于种植农作物的土地。

● 部门规章及文件

《耕地占用税法实施办法》（2019年8月29日 财政部公告2019年第81号）

第2条 经批准占用耕地的，纳税人为农用地转用审批文件中标明的建设用地人；农用地转用审批文件中未标明建设用地人的，纳税人为用地申请人，其中用地申请人为各级人民政府的，由同级土地储备中心、自然资源主管部门或政府委托的其他部门、单位履行耕地占用税申报纳税义务。

未经批准占用耕地的，纳税人为实际用地人。

第三条 一次性征收规定

耕地占用税以纳税人实际占用的耕地面积为计税依据，按照规定的适用税额一次性征收，应纳税额为纳税人实际占用的耕地面积（平方米）乘以适用税额。

● 部门规章及文件

1.《耕地占用税法实施办法》（2019 年 8 月 29 日　财政部公告 2019 年第 81 号）

第 3 条　实际占用的耕地面积，包括经批准占用的耕地面积和未经批准占用的耕地面积。

2.《国家税务总局关于耕地占用税征收管理有关事项的公告》（2019 年 8 月 30 日　国家税务总局公告 2019 年第 30 号）（部分失效）

一、耕地占用税以纳税人实际占用的属于耕地占用税征税范围的土地（以下简称"应税土地"）面积为计税依据，按应税土地当地适用税额计税，实行一次性征收。

耕地占用税计算公式为：应纳税额＝应税土地面积×适用税额。

应税土地面积包括经批准占用面积和未经批准占用面积，以平方米为单位。

当地适用税额是指省、自治区、直辖市人民代表大会常务委员会决定的应税土地所在地县级行政区的现行适用税额。

第四条 税额

耕地占用税的税额如下：

（一）人均耕地不超过一亩的地区（以县、自治县、不设区的市、市辖区为单位，下同），每平方米为十元至五十元；

（二）人均耕地超过一亩但不超过二亩的地区，每平方米为八元至四十元；

（三）人均耕地超过二亩但不超过三亩的地区，每平方米为六元至三十元；

（四）人均耕地超过三亩的地区，每平方米为五元至二十五元。

各地区耕地占用税的适用税额，由省、自治区、直辖市人民政府根据人均耕地面积和经济发展等情况，在前款规定的税额幅度内提出，报同级人民代表大会常务委员会决定，并报全国人民代表大会常务委员会和国务院备案。各省、自治区、直辖市耕地占用税适用税额的平均水平，不得低于本法所附《各省、自治区、直辖市耕地占用税平均税额表》规定的平均税额。

第五条　适用税额可以适当提高

在人均耕地低于零点五亩的地区，省、自治区、直辖市可以根据当地经济发展情况，适当提高耕地占用税的适用税额，但提高的部分不得超过本法第四条第二款确定的适用税额的百分之五十。具体适用税额按照本法第四条第二款规定的程序确定。

第六条　占用基本农田的适用税额

占用基本农田的，应当按照本法第四条第二款或者第五条确定的当地适用税额，加按百分之一百五十征收。

● 部门规章及文件

1. 《耕地占用税法实施办法》（2019 年 8 月 29 日　财政部公告 2019 年第 81 号）

第 4 条　基本农田，是指依据《基本农田保护条例》划定的基本农田保护区范围内的耕地。

2.《国家税务总局关于耕地占用税征收管理有关事项的公告》(2019年8月30日　国家税务总局公告2019年第30号)(部分失效)

二、按照《耕地占用税法》第六条规定，加按百分之一百五十征收耕地占用税的计算公式为：应纳税额＝应税土地面积×适用税额×百分之一百五十。

第七条　免税的情形

军事设施、学校、幼儿园、社会福利机构、医疗机构占用耕地，免征耕地占用税。

铁路线路、公路线路、飞机场跑道、停机坪、港口、航道、水利工程占用耕地，减按每平方米二元的税额征收耕地占用税。

农村居民在规定用地标准以内占用耕地新建自用住宅，按照当地适用税额减半征收耕地占用税；其中农村居民经批准搬迁，新建自用住宅占用耕地不超过原宅基地面积的部分，免征耕地占用税。

农村烈士遗属、因公牺牲军人遗属、残疾军人以及符合农村最低生活保障条件的农村居民，在规定用地标准以内新建自用住宅，免征耕地占用税。

根据国民经济和社会发展的需要，国务院可以规定免征或者减征耕地占用税的其他情形，报全国人民代表大会常务委员会备案。

● 部门规章及文件

1.《耕地占用税法实施办法》(2019年8月29日　财政部公告2019年第81号)

第5条　免税的军事设施，具体范围为《中华人民共和国军事设施保护法》规定的军事设施。

第6条　免税的学校,具体范围包括县级以上人民政府教育行政部门批准成立的大学、中学、小学,学历性职业教育学校和特殊教育学校,以及经省级人民政府或其人力资源社会保障行政部门批准成立的技工院校。

学校内经营性场所和教职工住房占用耕地的,按照当地适用税额缴纳耕地占用税。

第7条　免税的幼儿园,具体范围限于县级以上人民政府教育行政部门批准成立的幼儿园内专门用于幼儿保育、教育的场所。

第8条　免税的社会福利机构,具体范围限于依法登记的养老服务机构、残疾人服务机构、儿童福利机构、救助管理机构、未成年人救助保护机构内,专门为老年人、残疾人、未成年人、生活无着的流浪乞讨人员提供养护、康复、托管等服务的场所。

第8条　免税的医疗机构,具体范围限于县级以上人民政府卫生健康行政部门批准设立的医疗机构内专门从事疾病诊断、治疗活动的场所及其配套设施。

医疗机构内职工住房占用耕地的,按照当地适用税额缴纳耕地占用税。

第10条　减税的铁路线路,具体范围限于铁路路基、桥梁、涵洞、隧道及其按照规定两侧留地、防火隔离带。

专用铁路和铁路专用线占用耕地的,按照当地适用税额缴纳耕地占用税。

第11条　减税的公路线路,具体范围限于经批准建设的国道、省道、县道、乡道和属于农村公路的村道的主体工程以及两侧边沟或者截水沟。

专用公路和城区内机动车道占用耕地的,按照当地适用税额缴纳耕地占用税。

第12条 减税的飞机场跑道、停机坪，具体范围限于经批准建设的民用机场专门用于民用航空器起降、滑行、停放的场所。

第13条 减税的港口，具体范围限于经批准建设的港口内供船舶进出、停靠以及旅客上下、货物装卸的场所。

第14条 减税的航道，具体范围限于在江、河、湖泊、港湾等水域内供船舶安全航行的通道。

第15条 减税的水利工程，具体范围限于经县级以上人民政府水行政主管部门批准建设的防洪、排涝、灌溉、引（供）水、滩涂治理、水土保持、水资源保护等各类工程及其配套和附属工程的建筑物、构筑物占压地和经批准的管理范围用地。

第16条 纳税人符合税法第七条规定情形，享受免征或者减征耕地占用税的，应当留存相关证明资料备查。

2. 《国家税务总局关于耕地占用税征收管理有关事项的公告》（2019年8月30日 国家税务总局公告2019年第30号）（部分失效）

三、按照《耕地占用税法》及《实施办法》的规定，免征、减征耕地占用税的部分项目按以下口径执行：

（一）免税的军事设施，是指《中华人民共和国军事设施保护法》第二条所列建筑物、场地和设备。具体包括：指挥机关，地面和地下的指挥工程、作战工程；军用机场、港口、码头；营区、训练场、试验场；军用洞库、仓库；军用通信、侦察、导航、观测台站，测量、导航、助航标志；军用公路、铁路专用线，军用通信、输电线路，军用输油、输水管道；边防、海防管控设施；国务院和中央军事委员会规定的其他军事设施。

（二）免税的社会福利机构，是指依法登记的养老服务机构、残疾人服务机构、儿童福利机构及救助管理机构、未成年人救助保护机构内专门为老年人、残疾人、未成年人及生活无着的流浪乞讨人员提供养护、康复、托管等服务的场所。

养老服务机构，是指为老年人提供养护、康复、托管等服务的老年人社会福利机构。具体包括老年社会福利院、养老院（或老人院）、老年公寓、护老院、护养院、敬老院、托老所、老年人服务中心等。

残疾人服务机构，是指为残疾人提供养护、康复、托管等服务的社会福利机构。具体包括为肢体、智力、视力、听力、语言、精神方面有残疾的人员提供康复和功能补偿的辅助器具，进行康复治疗、康复训练、承担教育、养护和托管服务的社会福利机构。

儿童福利机构，是指为孤、弃、残儿童提供养护、康复、医疗、教育、托管等服务的儿童社会福利服务机构。具体包括儿童福利院、社会福利院、SOS儿童村、孤儿学校、残疾儿童康复中心、社区特教班等。

社会救助机构，是指为生活无着的流浪乞讨人员提供寻亲、医疗、未成年人教育、离站等服务的救助管理机构。具体包括县级以上人民政府设立的救助管理站、未成年人救助保护中心等专门机构。

（三）免税的医疗机构，是指县级以上人民政府卫生健康行政部门批准设立的医疗机构内专门从事疾病诊断、治疗活动的场所及其配套设施。

（四）减税的公路线路，是指经批准建设的国道、省道、县道、乡道和属于农村公路的村道的主体工程以及两侧边沟或者截水沟。具体包括高速公路、一级公路、二级公路、三级公路、四级公路和等外公路的主体工程及两侧边沟或者截水沟。

第八条 免征、减征的例外情形

依照本法第七条第一款、第二款规定免征或者减征耕地占用税后，纳税人改变原占地用途，不再属于免征或者减征耕地占用税情形的，应当按照当地适用税额补缴耕地占用税。

● 部门规章及文件

1.《耕地占用税法实施办法》(2019 年 8 月 29 日　财政部公告 2019 年第 81 号)

　　第 17 条　根据税法第八条的规定,纳税人改变原占地用途,不再属于免征或减征情形的,应自改变用途之日起 30 日内申报补缴税款,补缴税款按改变用途的实际占用耕地面积和改变用途时当地适用税额计算。

2.《国家税务总局关于耕地占用税征收管理有关事项的公告》(2019 年 8 月 30 日　国家税务总局公告 2019 年第 30 号)(部分失效)

　　四、根据《耕地占用税法》第八条的规定,纳税人改变原占地用途,需要补缴耕地占用税的,其纳税义务发生时间为改变用途当日,具体为:经批准改变用途的,纳税义务发生时间为纳税人收到批准文件的当日;未经批准改变用途的,纳税义务发生时间为自然资源主管部门认定纳税人改变原占地用途的当日。

第九条　征税机关

耕地占用税由税务机关负责征收。

第十条　征税期限

耕地占用税的纳税义务发生时间为纳税人收到自然资源主管部门办理占用耕地手续的书面通知的当日。纳税人应当自纳税义务发生之日起三十日内申报缴纳耕地占用税。

自然资源主管部门凭耕地占用税完税凭证或者免税凭证和其他有关文件发放建设用地批准书。

● 部门规章及文件

1.《耕地占用税法实施办法》（2019 年 8 月 29 日　财政部公告 2019 年第 81 号）

　　第 27 条　未经批准占用耕地的，耕地占用税纳税义务发生时间为自然资源主管部门认定的纳税人实际占用耕地的当日。

　　因挖损、采矿塌陷、压占、污染等损毁耕地的纳税义务发生时间为自然资源、农业农村等相关部门认定损毁耕地的当日。

2.《国家税务总局关于耕地占用税征收管理有关事项的公告》（2019 年 8 月 30 日　国家税务总局公告 2019 年第 30 号）（部分失效）

　　五、未经批准占用应税土地的纳税人，其纳税义务发生时间为自然资源主管部门认定其实际占地的当日。

第十一条　临时占用耕地的征税规定

　　纳税人因建设项目施工或者地质勘查临时占用耕地，应当依照本法的规定缴纳耕地占用税。纳税人在批准临时占用耕地期满之日起一年内依法复垦，恢复种植条件的，全额退还已经缴纳的耕地占用税。

● 部门规章及文件

1.《耕地占用税法实施办法》（2019 年 8 月 29 日　财政部公告 2019 年第 81 号）

　　第 18 条　临时占用耕地，是指经自然资源主管部门批准，在一般不超过 2 年内临时使用耕地并且没有修建永久性建筑物的行为。

　　依法复垦应由自然资源主管部门会同有关行业管理部门认定并出具验收合格确认书。

2.《国家税务总局关于耕地占用税征收管理有关事项的公告》（2019 年 8 月 30 日　国家税务总局公告 2019 年第 30 号）（部分失效）

　　十、纳税人符合《耕地占用税法》第十一条、《实施办法》

第十九条的规定申请退税的,纳税人应提供身份证明查验,并提交以下材料复印件:

(一)税收缴款书、税收完税证明;

(二)复垦验收合格确认书。

第十二条 占用农、林、耕、牧、渔等用地的纳税规定

占用园地、林地、草地、农田水利用地、养殖水面、渔业水域滩涂以及其他农用地建设建筑物、构筑物或者从事非农业建设的,依照本法的规定缴纳耕地占用税。

占用前款规定的农用地的,适用税额可以适当低于本地区按照本法第四条第二款确定的适用税额,但降低的部分不得超过百分之五十。具体适用税额由省、自治区、直辖市人民政府提出,报同级人民代表大会常务委员会决定,并报全国人民代表大会常务委员会和国务院备案。

占用本条第一款规定的农用地建设直接为农业生产服务的生产设施的,不缴纳耕地占用税。

● 部门规章及文件

《耕地占用税法实施办法》(2019年8月29日 财政部公告2019年第81号)

第19条 因挖损、采矿塌陷、压占、污染等损毁耕地属于税法所称的非农业建设,应依照税法规定缴纳耕地占用税;自自然资源、农业农村等相关部门认定损毁耕地之日起3年内依法复垦或修复,恢复种植条件的,比照税法第十一条规定办理退税。

第20条 园地,包括果园、茶园、橡胶园、其他园地。

前款的其他园地包括种植桑树、可可、咖啡、油棕、胡椒、药材等其他多年生作物的园地。

第21条 林地,包括乔木林地、竹林地、红树林地、森林

沼泽、灌木林地、灌丛沼泽、其他林地，不包括城镇村庄范围内的绿化林木用地，铁路、公路征地范围内的林木用地，以及河流、沟渠的护堤林用地。

前款的其他林地包括疏林地、未成林地、迹地、苗圃等林地。

第22条　草地，包括天然牧草地、沼泽草地、人工牧草地，以及用于农业生产并已由相关行政主管部门发放使用权证的草地。

第23条　农田水利用地，包括农田排灌沟渠及相应附属设施用地。

第24条　养殖水面，包括人工开挖或者天然形成的用于水产养殖的河流水面、湖泊水面、水库水面、坑塘水面及相应附属设施用地。

第25条　渔业水域滩涂，包括专门用于种植或者养殖水生动植物的海水潮浸地带和滩地，以及用于种植芦苇并定期进行人工养护管理的苇田。

第26条　直接为农业生产服务的生产设施，是指直接为农业生产服务而建设的建筑物和构筑物。具体包括：储存农用机具和种子、苗木、木材等农业产品的仓储设施；培育、生产种子、种苗的设施；畜禽养殖设施；木材集材道、运材道；农业科研、试验、示范基地；野生动植物保护、护林、森林病虫害防治、森林防火、木材检疫的设施；专为农业生产服务的灌溉排水、供水、供电、供热、供气、通讯基础设施；农业生产者从事农业生产必需的食宿和管理设施；其他直接为农业生产服务的生产设施。

第十三条　信息共享机制

税务机关应当与相关部门建立耕地占用税涉税信息共享机制和工作配合机制。县级以上地方人民政府自然资源、农业农村、水利等相关部门应当定期向税务机关提供农用地转用、临时占地等信息，协助税务机关加强耕地占用税征收管理。

> 税务机关发现纳税人的纳税申报数据资料异常或者纳税人未按照规定期限申报纳税的，可以提请相关部门进行复核，相关部门应当自收到税务机关复核申请之日起三十日内向税务机关出具复核意见。

● 部门规章及文件

1.《耕地占用税法实施办法》（2019 年 8 月 29 日　财政部公告 2019 年第 81 号）

第 28 条　纳税人占用耕地，应当在耕地所在地申报纳税。

第 29 条　在农用地转用环节，用地申请人能证明建设用地人符合税法第七条第一款规定的免税情形的，免征用地申请人的耕地占用税；在供地环节，建设用地人使用耕地用途符合税法第七条第一款规定的免税情形的，由用地申请人和建设用地人共同申请，按退税管理的规定退还用地申请人已经缴纳的耕地占用税。

第 30 条　县级以上地方人民政府自然资源、农业农村、水利、生态环境等相关部门向税务机关提供的农用地转用、临时占地等信息，包括农用地转用信息、城市和村庄集镇按批次建设用地转而未供信息、经批准临时占地信息、改变原占地用途信息、未批先占农用地查处信息、土地损毁信息、土壤污染信息、土地复垦信息、草场使用和渔业养殖权证发放信息等。

各省、自治区、直辖市人民政府应当建立健全本地区跨部门耕地占用税部门协作和信息交换工作机制。

第 31 条　纳税人占地类型、占地面积和占地时间等纳税申报数据材料以自然资源等相关部门提供的相关材料为准；未提供相关材料或者材料信息不完整的，经主管税务机关提出申请，由自然资源等相关部门自收到申请之日起 30 日内出具认定意见。

第 32 条　纳税人的纳税申报数据资料异常或者纳税人未按

照规定期限申报纳税的,包括下列情形:

(一)纳税人改变原占地用途,不再属于免征或者减征耕地占用税情形,未按照规定进行申报的;

(二)纳税人已申请用地但尚未获得批准先行占地开工,未按照规定进行申报的;

(三)纳税人实际占用耕地面积大于批准占用耕地面积,未按照规定进行申报的;

(四)纳税人未履行报批程序擅自占用耕地,未按照规定进行申报的;

(五)其他应提请相关部门复核的情形。

2.《国家税务总局关于耕地占用税征收管理有关事项的公告》(2019年8月30日 国家税务总局公告2019年第30号)(部分失效)

七、耕地占用税纳税人依法纳税申报时,应填报《耕地占用税纳税申报表》,同时依占用应税土地的不同情形分别提交下列材料:

(一)农用地转用审批文件复印件;

(二)临时占用耕地批准文件复印件;

(三)未经批准占用应税土地的,应提供实际占地的相关证明材料复印件。

其中第(一)项和第(二)项,纳税人提交的批准文书信息能够通过政府信息共享获取的,纳税人只需要提供上述材料的名称、文号、编码等信息供查询验证,不再提交材料复印件。

八、主管税务机关接收纳税人申报资料后,应审核资料是否齐全、是否符合法定形式、填写内容是否完整、项目间逻辑关系是否相符。审核无误的即时受理;审核发现问题的当场一次性告知应补正资料或不予受理原因。

九、耕地占用税减免优惠实行"自行判别、申报享受、有关资料留存备查"办理方式。纳税人根据政策规定自行判断是否符合优惠条件，符合条件的，纳税人申报享受税收优惠，并将有关资料留存备查。纳税人对留存材料的真实性和合法性承担法律责任。

符合耕地占用税减免条件的纳税人，应留存下列材料：

（一）军事设施占用应税土地的证明材料；

（二）学校、幼儿园、社会福利机构、医疗机构占用应税土地的证明材料；

（三）铁路线路、公路线路、飞机场跑道、停机坪、港口、航道、水利工程占用应税土地的证明材料；

（四）农村居民建房占用土地及其他相关证明材料；

（五）其他减免耕地占用税情形的证明材料。

第十四条　征收管理

耕地占用税的征收管理，依照本法和《中华人民共和国税收征收管理法》的规定执行。

第十五条　法律责任

纳税人、税务机关及其工作人员违反本法规定的，依照《中华人民共和国税收征收管理法》和有关法律法规的规定追究法律责任。

第十六条　施行日期

本法自2019年9月1日起施行。2007年12月1日国务院公布的《中华人民共和国耕地占用税暂行条例》同时废止。

附：

各省、自治区、直辖市耕地占用税平均税额表

省、自治区、直辖市	平均税额（元/平方米）
上海	45
北京	40
天津	35
江苏、浙江、福建、广东	30
辽宁、湖北、湖南	25
河北、安徽、江西、山东、河南、重庆、四川	22.5
广西、海南、贵州、云南、陕西	20
山西、吉林、黑龙江	17.5
内蒙古、西藏、甘肃、青海、宁夏、新疆	12.5

中华人民共和国环境保护税法

（2016年12月25日第十二届全国人民代表大会常务委员会第二十五次会议通过　根据2018年10月26日第十三届全国人民代表大会常务委员会第六次会议《关于修改〈中华人民共和国野生动物保护法〉等十五部法律的决定》修正）

目　　录

第一章　总　　则
第二章　计税依据和应纳税额
第三章　税收减免
第四章　征收管理
第五章　附　　则

第一章　总　　则

第一条　立法目的

为了保护和改善环境，减少污染物排放，推进生态文明建设，制定本法。

第二条　应税污染物

在中华人民共和国领域和中华人民共和国管辖的其他海域，直接向环境排放应税污染物的企业事业单位和其他生产经营者为环境保护税的纳税人，应当依照本法规定缴纳环境保护税。

● 行政法规及文件

《环境保护税法实施条例》（2017年12月25日　国务院令第693号）

第4条　达到省级人民政府确定的规模标准并且有污染物排放口的畜禽养殖场，应当依法缴纳环境保护税；依法对畜禽养殖废弃物进行综合利用和无害化处理的，不属于直接向环境排放污染物，不缴纳环境保护税。

第三条　课税范围

本法所称应税污染物，是指本法所附《环境保护税税目税额表》、《应税污染物和当量值表》规定的大气污染物、水污染物、固体废物和噪声。

● 部门规章及文件

《财政部、税务总局、生态环境部关于明确环境保护税应税污染物适用等有关问题的通知》（2018年10月25日　财税〔2018〕117号）

一、关于应税污染物适用问题

燃烧产生废气中的颗粒物，按照烟尘征收环境保护税。排放的扬尘、工业粉尘等颗粒物，除可以确定为烟尘、石棉尘、玻璃棉尘、炭黑尘的外，按照一般性粉尘征收环境保护税。

第四条　不缴纳的情形

有下列情形之一的，不属于直接向环境排放污染物，不缴纳相应污染物的环境保护税：

（一）企业事业单位和其他生产经营者向依法设立的污水集中处理、生活垃圾集中处理场所排放应税污染物的；

（二）企业事业单位和其他生产经营者在符合国家和地方环境保护标准的设施、场所贮存或者处置固体废物的。

第五条　纳税义务人

依法设立的城乡污水集中处理、生活垃圾集中处理场所超过国家和地方规定的排放标准向环境排放应税污染物的，应当缴纳环境保护税。

企业事业单位和其他生产经营者贮存或者处置固体废物不符合国家和地方环境保护标准的，应当缴纳环境保护税。

● **行政法规及文件**

《环境保护税法实施条例》（2017年12月25日　国务院令第693号）

第3条　环境保护税法第五条第一款、第十二条第一款第三项规定的城乡污水集中处理场所，是指为社会公众提供生活污水处理服务的场所，不包括为工业园区、开发区等工业聚集区域内的企业事业单位和其他生产经营者提供污水处理服务的场所，以及企业事业单位和其他生产经营者自建自用的污水处理场所。

第六条　税目、税额

环境保护税的税目、税额，依照本法所附《环境保护税税目税额表》执行。

应税大气污染物和水污染物的具体适用税额的确定和调整，由省、自治区、直辖市人民政府统筹考虑本地区环境承载能力、污染物排放现状和经济社会生态发展目标要求，在本法所附《环境保护税税目税额表》规定的税额幅度内提出，报同级人民代表大会常务委员会决定，并报全国人民代表大会常务委员会和国务院备案。

● **行政法规及文件**

《环境保护税法实施条例》（2017年12月25日　国务院令第693号）

第2条　环境保护税法所附《环境保护税税目税额表》所称其他固体废物的具体范围，依照环境保护税法第六条第二款规定的程序确定。

第二章　计税依据和应纳税额

第七条　计税依据

应税污染物的计税依据，按照下列方法确定：

（一）应税大气污染物按照污染物排放量折合的污染当量数确定；

（二）应税水污染物按照污染物排放量折合的污染当量数确定；

（三）应税固体废物按照固体废物的排放量确定；

（四）应税噪声按照超过国家规定标准的分贝数确定。

● **行政法规及文件**

《环境保护税法实施条例》（2017年12月25日　国务院令第693号）

第5条　应税固体废物的计税依据，按照固体废物的排放量确定。固体废物的排放量为当期应税固体废物的产生量减去当期应税固体废物的贮存量、处置量、综合利用量的余额。

前款规定的固体废物的贮存量、处置量，是指在符合国家和地方环境保护标准的设施、场所贮存或者处置的固体废物数量；固体废物的综合利用量，是指按照国务院发展改革、工业和信息化主管部门关于资源综合利用要求以及国家和地方环境保护标准进行综合利用的固体废物数量。

第 6 条　纳税人有下列情形之一的，以其当期应税固体废物的产生量作为固体废物的排放量：

（一）非法倾倒应税固体废物；

（二）进行虚假纳税申报。

第八条　污染当量数计税

应税大气污染物、水污染物的污染当量数，以该污染物的排放量除以该污染物的污染当量值计算。每种应税大气污染物、水污染物的具体污染当量值，依照本法所附《应税污染物和当量值表》执行。

● **行政法规及文件**

《环境保护税法实施条例》（2017 年 12 月 25 日　国务院令第 693 号）

第 7 条　应税大气污染物、水污染物的计税依据，按照污染物排放量折合的污染当量数确定。

纳税人有下列情形之一的，以其当期应税大气污染物、水污染物的产生量作为污染物的排放量：

（一）未依法安装使用污染物自动监测设备或者未将污染物自动监测设备与环境保护主管部门的监控设备联网；

（二）损毁或者擅自移动、改变污染物自动监测设备；

（三）篡改、伪造污染物监测数据；

（四）通过暗管、渗井、渗坑、灌注或者稀释排放以及不正常运行防治污染设施等方式违法排放应税污染物；

（五）进行虚假纳税申报。

第九条　排放口计税

每一排放口或者没有排放口的应税大气污染物，按照污染当量数从大到小排序，对前三项污染物征收环境保护税。

每一排放口的应税水污染物,按照本法所附《应税污染物和当量值表》,区分第一类水污染物和其他类水污染物,按照污染当量数从大到小排序,对第一类水污染物按照前五项征收环境保护税,对其他类水污染物按照前三项征收环境保护税。

省、自治区、直辖市人民政府根据本地区污染物减排的特殊需要,可以增加同一排放口征收环境保护税的应税污染物项目数,报同级人民代表大会常务委员会决定,并报全国人民代表大会常务委员会和国务院备案。

● **行政法规及文件**

《环境保护税法实施条例》(2017年12月25日　国务院令第693号)
第8条　从两个以上排放口排放应税污染物的,对每一排放口排放的应税污染物分别计算征收环境保护税;纳税人持有排污许可证的,其污染物排放口按照排污许可证载明的污染物排放口确定。

第十条　排放量和分贝数计税

应税大气污染物、水污染物、固体废物的排放量和噪声的分贝数,按照下列方法和顺序计算:

(一)纳税人安装使用符合国家规定和监测规范的污染物自动监测设备的,按照污染物自动监测数据计算;

(二)纳税人未安装使用污染物自动监测设备的,按照监测机构出具的符合国家有关规定和监测规范的监测数据计算;

(三)因排放污染物种类多等原因不具备监测条件的,按照国务院生态环境主管部门规定的排污系数、物料衡算方法计算;

（四）不能按照本条第一项至第三项规定的方法计算的，按照省、自治区、直辖市人民政府生态环境主管部门规定的抽样测算的方法核定计算。

● 部门规章及文件

1.《财政部、税务总局、生态环境部关于明确环境保护税应税污染物适用等有关问题的通知》（2018年10月25日　财税〔2018〕117号）

三、关于应税污染物排放量的监测计算问题

（一）纳税人按照规定须安装污染物自动监测设备并与生态环境主管部门联网的，当自动监测设备发生故障、设备维护、启停炉、停运等状态时，应当按照相关法律法规和《固定污染源烟气（SO_2、NO_x、颗粒物）排放连续监测技术规范》（HJ75-2017）、《水污染源在线监测系统数据有效性判别技术规范》（HJ/T356-2007）等规定，对数据状态进行标记，以及对数据缺失、无效时段的污染物排放量进行修约和替代处理，并按标记、处理后的自动监测数据计算应税污染物排放量。相关纳税人当月不能提供符合国家规定和监测规范的自动监测数据的，应当按照排污系数、物料衡算方法计算应税污染物排放量。纳入排污许可管理行业的纳税人，其应税污染物排放量的监测计算方法按照排污许可管理要求执行。

纳税人主动安装使用符合国家规定和监测规范的污染物自动监测设备，但未与生态环境主管部门联网的，可以按照自动监测数据计算应税污染物排放量；不能提供符合国家规定和监测规范的自动监测数据的，应当按照监测机构出具的符合监测规范的监测数据或者排污系数、物料衡算方法计算应税污染物排放量。

（二）纳税人委托监测机构监测应税污染物排放量的，应当按照国家有关规定制定监测方案，并将监测数据资料及时报送生态环境主管部门。监测机构实施的监测项目、方法、时限和频次应当符合国家有关规定和监测规范要求。监测机构出具的监测报告应当包括应税水污染物种类、浓度值和污水流量；应税大气污染物种类、浓度值、排放速率和烟气量；执行的污染物排放标准和排放浓度限值等信息。监测机构对监测数据的真实性、合法性负责，凡发现监测数据弄虚作假的，依照相关法律法规的规定追究法律责任。

纳税人采用委托监测方式，在规定监测时限内当月无监测数据的，可以沿用最近一次的监测数据计算应税污染物排放量，但不得跨季度沿用监测数据。纳税人采用监测机构出具的监测数据申报减免环境保护税的，应当取得申报当月的监测数据；当月无监测数据的，不予减免环境保护税。有关污染物监测浓度值低于生态环境主管部门规定的污染物检出限的，除有特殊管理要求外，视同该污染物排放量为零。生态环境主管部门、计量主管部门发现委托监测数据失真或者弄虚作假的，税务机关应当按照同一纳税期内的监督性监测数据或者排污系数、物料衡算方法计算应税污染物排放量。

（三）在建筑施工、货物装卸和堆存过程中无组织排放应税大气污染物的，按照生态环境部规定的排污系数、物料衡算方法计算应税污染物排放量；不能按照生态环境部规定的排污系数、物料衡算方法计算的，按照省、自治区、直辖市生态环境主管部门规定的抽样测算的方法核定计算应税污染物排放量。

（四）纳税人因环境违法行为受到行政处罚的，应当依据相关法律法规和处罚信息计算违法行为所属期的应税污染物排放量。生态环境主管部门发现纳税人申报信息有误的，应当通知税务机关处理。

2.《生态环境部、财政部、税务总局关于发布计算环境保护税应税污染物排放量的排污系数和物料衡算方法的公告》（2021 年 4 月 28 日　生态环境部、财政部、税务总局公告 2021 年第 16 号）

为贯彻落实《中华人民共和国环境保护税法》，进一步规范因排放污染物种类多等原因不具备监测条件的排污单位应税污染物排放量计算方法，现公告如下：

一、属于排污许可管理的排污单位，适用生态环境部发布的排污许可证申请与核发技术规范中规定的排（产）污系数、物料衡算方法计算应税污染物排放量；排污许可证申请与核发技术规范未规定相关排（产）污系数的，适用生态环境部发布的排放源统计调查制度规定的排（产）污系数方法计算应税污染物排放量。

二、不属于排污许可管理的排污单位，适用生态环境部发布的排放源统计调查制度规定的排（产）污系数方法计算应税污染物排放量。

三、上述情形中仍无相关计算方法的，由各省、自治区、直辖市生态环境主管部门结合本地实际情况，科学合理制定抽样测算方法。

四、本公告自 2021 年 5 月 1 日起施行，《关于发布计算污染物排放量的排污系数和物料衡算方法的公告》（环境保护部公告 2017 年第 81 号）同时废止。《财政部、税务总局、生态环境部关于环境保护税有关问题的通知》（财税〔2018〕23 号）第一条第二款同时改按本公告规定执行。

生态环境部将适时对排污许可证申请与核发技术规范、排放源统计调查制度规定的排（产）污系数、物料衡算方法进行制修订，排污单位自制修订后的排（产）污系数、物料衡算方法实施之日的次月起（未明确实施日期的，以发布日期为实施日期），依据新的系数和方法计算应税污染物排放量。

特此公告。

附件：1. 生态环境部已发布的排污许可证申请与核发技术规范清单（略）

2. 生态环境部已发布的排放源统计调查制度排（产）污系数清单（略）

第十一条 应纳税额的计算

环境保护税应纳税额按照下列方法计算：

（一）应税大气污染物的应纳税额为污染当量数乘以具体适用税额；

（二）应税水污染物的应纳税额为污染当量数乘以具体适用税额；

（三）应税固体废物的应纳税额为固体废物排放量乘以具体适用税额；

（四）应税噪声的应纳税额为超过国家规定标准的分贝数对应的具体适用税额。

第三章 税收减免

第十二条 免征税收的情形

下列情形，暂予免征环境保护税：

（一）农业生产（不包括规模化养殖）排放应税污染物的；

（二）机动车、铁路机车、非道路移动机械、船舶和航空器等流动污染源排放应税污染物的；

（三）依法设立的城乡污水集中处理、生活垃圾集中处理场所排放相应应税污染物，不超过国家和地方规定的排放标准的；

（四）纳税人综合利用的固体废物，符合国家和地方环境保护标准的；

（五）国务院批准免税的其他情形。

前款第五项免税规定，由国务院报全国人民代表大会常务委员会备案。

● 行政法规及文件

1.《环境保护税法实施条例》（2017年12月25日　国务院令第693号）

第3条　环境保护税法第五条第一款、第十二条第一款第三项规定的城乡污水集中处理场所，是指为社会公众提供生活污水处理服务的场所，不包括为工业园区、开发区等工业聚集区域内的企业事业单位和其他生产经营者提供污水处理服务的场所，以及企业事业单位和其他生产经营者自建自用的污水处理场所。

● 部门规章及文件

2.《财政部、税务总局、生态环境部关于明确环境保护税应税污染物适用等有关问题的通知》（2018年10月25日　财税〔2018〕117号）

二、关于税收减免适用问题

依法设立的生活垃圾焚烧发电厂、生活垃圾填埋场、生活垃圾堆肥厂，属于生活垃圾集中处理场所，其排放应税污染物不超过国家和地方规定的排放标准的，依法予以免征环境保护税。纳税人任何一个排放口排放应税大气污染物、水污染物的浓度值，以及没有排放口排放应税大气污染物的浓度值，超过国家和地方规定的污染物排放标准的，依法不予减征环境保护税。

第十三条　减征税收的情形

纳税人排放应税大气污染物或者水污染物的浓度值低于国家和地方规定的污染物排放标准百分之三十的，减按百分之七十五征收环境保护税。纳税人排放应税大气污染物或者水污染物的浓度值低于国家和地方规定的污染物排放标准百分之五十的，减按百分之五十征收环境保护税。

● 行政法规及文件

《环境保护税法实施条例》（2017年12月25日　国务院令第693号）

第10条　环境保护税法第十三条所称应税大气污染物或者水污染物的浓度值，是指纳税人安装使用的污染物自动监测设备当月自动监测的应税大气污染物浓度值的小时平均值再平均所得数值或者应税水污染物浓度值的日平均值再平均所得数值，或者监测机构当月监测的应税大气污染物、水污染物浓度值的平均值。

依照环境保护税法第十三条的规定减征环境保护税的，前款规定的应税大气污染物浓度值的小时平均值或者应税水污染物浓度值的日平均值，以及监测机构当月每次监测的应税大气污染物、水污染物的浓度值，均不得超过国家和地方规定的污染物排放标准。

第11条　依照环境保护税法第十三条的规定减征环境保护税的，应当对每一排放口排放的不同应税污染物分别计算。

第四章　征收管理

第十四条　征收管理

环境保护税由税务机关依照《中华人民共和国税收征收管理法》和本法的有关规定征收管理。

生态环境主管部门依照本法和有关环境保护法律法规的规定负责对污染物的监测管理。

县级以上地方人民政府应当建立税务机关、生态环境主管部门和其他相关单位分工协作工作机制，加强环境保护税征收管理，保障税款及时足额入库。

● 行政法规及文件

《环境保护税法实施条例》（2017年12月25日　国务院令第693号）

第12条　税务机关依法履行环境保护税纳税申报受理、涉税信息比对、组织税款入库等职责。

环境保护主管部门依法负责应税污染物监测管理，制定和完善污染物监测规范。

第13条　县级以上地方人民政府应当加强对环境保护税征收管理工作的领导，及时协调、解决环境保护税征收管理工作中的重大问题。

第十五条　信息共享平台和工作配合机制

生态环境主管部门和税务机关应当建立涉税信息共享平台和工作配合机制。

生态环境主管部门应当将排污单位的排污许可、污染物排放数据、环境违法和受行政处罚情况等环境保护相关信息，定期交送税务机关。

税务机关应当将纳税人的纳税申报、税款入库、减免税额、欠缴税款以及风险疑点等环境保护税涉税信息，定期交送生态环境主管部门。

● 行政法规及文件

1. 《环境保护税法实施条例》（2017年12月25日　国务院令第693号）

第14条　国务院税务、环境保护主管部门制定涉税信息共享平台技术标准以及数据采集、存储、传输、查询和使用规范。

第 15 条　环境保护主管部门应当通过涉税信息共享平台向税务机关交送在环境保护监督管理中获取的下列信息：

（一）排污单位的名称、统一社会信用代码以及污染物排放口、排放污染物种类等基本信息；

（二）排污单位的污染物排放数据（包括污染物排放量以及大气污染物、水污染物的浓度值等数据）；

（三）排污单位环境违法和受行政处罚情况；

（四）对税务机关提请复核的纳税人的纳税申报数据资料异常或者纳税人未按照规定期限办理纳税申报的复核意见；

（五）与税务机关商定交送的其他信息。

第 16 条　税务机关应当通过涉税信息共享平台向环境保护主管部门交送下列环境保护税涉税信息：

（一）纳税人基本信息；

（二）纳税申报信息；

（三）税款入库、减免税额、欠缴税款以及风险疑点等信息；

（四）纳税人涉税违法和受行政处罚情况；

（五）纳税人的纳税申报数据资料异常或者纳税人未按照规定期限办理纳税申报的信息；

（六）与环境保护主管部门商定交送的其他信息。

● 部门规章及文件

2.《财政部、税务总局、生态环境部关于明确环境保护税应税污染物适用等有关问题的通知》（2018 年 10 月 25 日　财税〔2018〕117 号）

四、关于环境保护税征管协作配合问题

各级税务、生态环境主管部门要加快建设和完善涉税信息共享平台，进一步规范涉税信息交换的数据项、交换频率和数据格式，并提高涉税信息交换的及时性、准确性，保障环境保护税征管工作运转顺畅。

第十六条　纳税义务发生时间

纳税义务发生时间为纳税人排放应税污染物的当日。

第十七条　纳税地点

纳税人应当向应税污染物排放地的税务机关申报缴纳环境保护税。

● 行政法规及文件

《环境保护税法实施条例》（2017 年 12 月 25 日　国务院令第 693 号）

第 17 条　环境保护税法第十七条所称应税污染物排放地是指：

（一）应税大气污染物、水污染物排放口所在地；

（二）应税固体废物产生地；

（三）应税噪声产生地。

第 18 条　纳税人跨区域排放应税污染物，税务机关对税收征收管辖有争议的，由争议各方按照有利于征收管理的原则协商解决；不能协商一致的，报请共同的上级税务机关决定。

第十八条　纳税期限和申报数据资料

环境保护税按月计算，按季申报缴纳。不能按固定期限计算缴纳的，可以按次申报缴纳。

纳税人申报缴纳时，应当向税务机关报送所排放应税污染物的种类、数量，大气污染物、水污染物的浓度值，以及税务机关根据实际需要要求纳税人报送的其他纳税资料。

● 行政法规及文件

《环境保护税法实施条例》（2017 年 12 月 25 日　国务院令第 693 号）

第 19 条　税务机关应当依据环境保护主管部门交送的排污单位信息进行纳税人识别。

在环境保护主管部门交送的排污单位信息中没有对应信息的纳税人，由税务机关在纳税人首次办理环境保护税纳税申报时进行纳税人识别，并将相关信息交送环境保护主管部门。

第十九条　纳税时间

纳税人按季申报缴纳的，应当自季度终了之日起十五日内，向税务机关办理纳税申报并缴纳税款。纳税人按次申报缴纳的，应当自纳税义务发生之日起十五日内，向税务机关办理纳税申报并缴纳税款。

纳税人应当依法如实办理纳税申报，对申报的真实性和完整性承担责任。

第二十条　比对纳税申报数据资料

税务机关应当将纳税人的纳税申报数据资料与生态环境主管部门交送的相关数据资料进行比对。

税务机关发现纳税人的纳税申报数据资料异常或者纳税人未按照规定期限办理纳税申报的，可以提请生态环境主管部门进行复核，生态环境主管部门应当自收到税务机关的数据资料之日起十五日内向税务机关出具复核意见。税务机关应当按照生态环境主管部门复核的数据资料调整纳税人的应纳税额。

● 行政法规及文件

《环境保护税法实施条例》（2017 年 12 月 25 日　国务院令第 693 号）

第 20 条　环境保护主管部门发现纳税人申报的应税污染物排放信息或者适用的排污系数、物料衡算方法有误的，应当通知税务机关处理。

第 21 条　纳税人申报的污染物排放数据与环境保护主管部门交送的相关数据不一致的，按照环境保护主管部门交送的数据确定应税污染物的计税依据。

第 22 条　环境保护税法第二十条第二款所称纳税人的纳税申报数据资料异常，包括但不限于下列情形：

（一）纳税人当期申报的应税污染物排放量与上一年同期相比明显偏低，且无正当理由；

（二）纳税人单位产品污染物排放量与同类型纳税人相比明显偏低，且无正当理由。

第二十一条　核定机关

依照本法第十条第四项的规定核定计算污染物排放量的，由税务机关会同生态环境主管部门核定污染物排放种类、数量和应纳税额。

第二十二条　对从事海洋工程的特殊规定

纳税人从事海洋工程向中华人民共和国管辖海域排放应税大气污染物、水污染物或者固体废物，申报缴纳环境保护税的具体办法，由国务院税务主管部门会同国务院生态环境主管部门规定。

第二十三条　法律责任

纳税人和税务机关、生态环境主管部门及其工作人员违反本法规定的，依照《中华人民共和国税收征收管理法》、《中华人民共和国环境保护法》和有关法律法规的规定追究法律责任。

第二十四条　政府支持

各级人民政府应当鼓励纳税人加大环境保护建设投入，对纳税人用于污染物自动监测设备的投资予以资金和政策支持。

第五章　附　　则

第二十五条　用语解释

本法下列用语的含义：

（一）污染当量，是指根据污染物或者污染排放活动对环境的有害程度以及处理的技术经济性，衡量不同污染物对环境污染的综合性指标或者计量单位。同一介质相同污染当量的不同污染物，其污染程度基本相当。

（二）排污系数，是指在正常技术经济和管理条件下，生产单位产品所应排放的污染物量的统计平均值。

（三）物料衡算，是指根据物质质量守恒原理对生产过程中使用的原料、生产的产品和产生的废物等进行测算的一种方法。

第二十六条　损害责任

直接向环境排放应税污染物的企业事业单位和其他生产经营者，除依照本法规定缴纳环境保护税外，应当对所造成的损害依法承担责任。

第二十七条　环境保护税征收日期

自本法施行之日起，依照本法规定征收环境保护税，不再征收排污费。

第二十八条　施行日期

本法自 2018 年 1 月 1 日起施行。

附表一：

环境保护税税目税额表

税　目		计税单位	税　额	备　注
大气污染物		每污染当量	1.2 元至 12 元	
水污染物		每污染当量	1.4 元至 14 元	
固体废物	煤矸石	每吨	5 元	
	尾矿	每吨	15 元	
	危险废物	每吨	1000 元	
	冶炼渣、粉煤灰、炉渣、其他固体废物（含半固态、液态废物）	每吨	25 元	

续表

税　目		计税单位	税　额	备　注
噪声	工业噪声	超标1—3分贝	每月350元	1. 一个单位边界上有多处噪声超标，根据最高一处超标声级计算应纳税额；当沿边界长度超过100米有两处以上噪声超标，按照两个单位计算应纳税额。 2. 一个单位有不同地点作业场所的，应当分别计算应纳税额，合并计征。 3. 昼、夜均超标的环境噪声，昼、夜分别计算应纳税额，累计计征。 4. 声源一个月内超标不足15天的，减半计算应纳税额。 5. 夜间频繁突发和夜间偶然突发厂界超标噪声，按等效声级和峰值噪声两种指标中超标分贝值高的一项计算应纳税额。
		超标4—6分贝	每月700元	
		超标7—9分贝	每月1400元	
		超标10—12分贝	每月2800元	
		超标13—15分贝	每月5600元	
		超标16分贝以上	每月11200元	

附表二：

应税污染物和当量值表

一、第一类水污染物污染当量值

污染物	污染当量值（千克）
1. 总汞	0.0005
2. 总镉	0.005
3. 总铬	0.04
4. 六价铬	0.02
5. 总砷	0.02
6. 总铅	0.025
7. 总镍	0.025

续表

污染物	污染当量值（千克）
8. 苯并（a）芘	0.0000003
9. 总铍	0.01
10. 总银	0.02

二、第二类水污染物污染当量值

污染物	污染当量值（千克）	备注
11. 悬浮物（SS）	4	
12. 生化需氧量（BOD_5）	0.5	同一排放口中的化学需氧量、生化需氧量和总有机碳，只征收一项。
13. 化学需氧量（CODcr）	1	
14. 总有机碳（TOC）	0.49	
15. 石油类	0.1	
16. 动植物油	0.16	
17. 挥发酚	0.08	
18. 总氰化物	0.05	
19. 硫化物	0.125	
20. 氨氮	0.8	
21. 氟化物	0.5	
22. 甲醛	0.125	
23. 苯胺类	0.2	
24. 硝基苯类	0.2	
25. 阴离子表面活性剂（LAS）	0.2	
26. 总铜	0.1	
27. 总锌	0.2	
28. 总锰	0.2	

续表

污染物	污染当量值（千克）	备注
29. 彩色显影剂（CD-2）	0.2	
30. 总磷	0.25	
31. 单质磷（以P计）	0.05	
32. 有机磷农药（以P计）	0.05	
33. 乐果	0.05	
34. 甲基对硫磷	0.05	
35. 马拉硫磷	0.05	
36. 对硫磷	0.05	
37. 五氯酚及五氯酚钠（以五氯酚计）	0.25	
38. 三氯甲烷	0.04	
39. 可吸附有机卤化物（AOX）（以Cl计）	0.25	
40. 四氯化碳	0.04	
41. 三氯乙烯	0.04	
42. 四氯乙烯	0.04	
43. 苯	0.02	
44. 甲苯	0.02	
45. 乙苯	0.02	
46. 邻-二甲苯	0.02	
47. 对-二甲苯	0.02	
48. 间-二甲苯	0.02	
49. 氯苯	0.02	
50. 邻二氯苯	0.02	

续表

污染物	污染当量值（千克）	备注
51. 对二氯苯	0.02	
52. 对硝基氯苯	0.02	
53. 2,4-二硝基氯苯	0.02	
54. 苯酚	0.02	
55. 间-甲酚	0.02	
56. 2,4-二氯酚	0.02	
57. 2,4,6-三氯酚	0.02	
58. 邻苯二甲酸二丁酯	0.02	
59. 邻苯二甲酸二辛酯	0.02	
60. 丙烯腈	0.125	
61. 总硒	0.02	

三、pH值、色度、大肠菌群数、余氯量水污染物污染当量值

污染物		污染当量值	备注
1. pH值	1. 0-1,13-14 2. 1-2,12-13 3. 2-3,11-12 4. 3-4,10-11 5. 4-5,9-10 6. 5-6	0.06吨污水 0.125吨污水 0.25吨污水 0.5吨污水 1吨污水 5吨污水	pH值5-6指大于等于5，小于6；pH值9-10指大于9，小于等于10，其余类推。
2. 色度		5吨水·倍	
3. 大肠菌群数(超标)		3.3吨污水	大肠菌群数和余氯量只征收一项。
4. 余氯量(用氯消毒的医院废水)		3.3吨污水	

四、禽畜养殖业、小型企业和第三产业水污染物污染当量值

（本表仅适用于计算无法进行实际监测或者物料衡算的禽畜养殖业、小型企业和第三产业等小型排污者的水污染物污染当量数）

类型		污染当量值	备注
禽畜养殖场	1. 牛	0.1 头	仅对存栏规模大于 50 头牛、500 头猪、5000 羽鸡鸭等的禽畜养殖场征收。
	2. 猪	1 头	
	3. 鸡、鸭等家禽	30 羽	
4. 小型企业		1.8 吨污水	
5. 饮食娱乐服务业		0.5 吨污水	
6. 医院	消毒	0.14 床	医院病床数大于 20 张的按照本表计算污染当量数。
		2.8 吨污水	
	不消毒	0.07 床	
		1.4 吨污水	

五、大气污染物污染当量值

污染物	污染当量值（千克）
1. 二氧化硫	0.95
2. 氮氧化物	0.95
3. 一氧化碳	16.7
4. 氯气	0.34
5. 氯化氢	10.75
6. 氟化物	0.87
7. 氰化氢	0.005
8. 硫酸雾	0.6
9. 铬酸雾	0.0007
10. 汞及其化合物	0.0001
11. 一般性粉尘	4
12. 石棉尘	0.53
13. 玻璃棉尘	2.13
14. 碳黑尘	0.59
15. 铅及其化合物	0.02

续表

污染物	污染当量值（千克）
16. 镉及其化合物	0.03
17. 铍及其化合物	0.0004
18. 镍及其化合物	0.13
19. 锡及其化合物	0.27
20. 烟尘	2.18
21. 苯	0.05
22. 甲苯	0.18
23. 二甲苯	0.27
24. 苯并（a）芘	0.000002
25. 甲醛	0.09
26. 乙醛	0.45
27. 丙烯醛	0.06
28. 甲醇	0.67
29. 酚类	0.35
30. 沥青烟	0.19
31. 苯胺类	0.21
32. 氯苯类	0.72
33. 硝基苯	0.17
34. 丙烯腈	0.22
35. 氯乙烯	0.55
36. 光气	0.04
37. 硫化氢	0.29
38. 氨	9.09
39. 三甲胺	0.32
40. 甲硫醇	0.04
41. 甲硫醚	0.28

续表

污染物	污染当量值（千克）
42. 二甲二硫	0.28
43. 苯乙烯	25
44. 二硫化碳	20

中华人民共和国船舶吨税法

(2017年12月27日第十二届全国人民代表大会常务委员会第三十一次会议通过 根据2018年10月26日第十三届全国人民代表大会常务委员会第六次会议《关于修改〈中华人民共和国野生动物保护法〉等十五部法律的决定》修正)

第一条 应税船舶

自中华人民共和国境外港口进入境内港口的船舶(以下称应税船舶),应当依照本法缴纳船舶吨税(以下简称吨税)。

第二条 税目、税率

吨税的税目、税率依照本法所附的《吨税税目税率表》执行。

第三条 优惠税率和普通税率

吨税设置优惠税率和普通税率。

中华人民共和国籍的应税船舶,船籍国(地区)与中华人民共和国签订含有相互给予船舶税费最惠国待遇条款的条约或者协定的应税船舶,适用优惠税率。

其他应税船舶,适用普通税率。

第四条 征收方式

吨税按照船舶净吨位和吨税执照期限征收。

应税船舶负责人在每次申报纳税时,可以按照《吨税税目税率表》选择申领一种期限的吨税执照。

第五条　应纳税额的计算

吨税的应纳税额按照船舶净吨位乘以适用税率计算。

第六条　征收机关

吨税由海关负责征收。海关征收吨税应当制发缴款凭证。

应税船舶负责人缴纳吨税或者提供担保后，海关按照其申领的执照期限填发吨税执照。

● 部门规章及文件

《海关进出口货物征税管理办法》（2018 年 5 月 29 日　海关总署令第 240 号）

第 3 条　进出口关税、进口环节海关代征税的征收管理适用本办法。

进境物品进口税和船舶吨税的征收管理按照有关法律、行政法规和部门规章的规定执行，有关法律、行政法规、部门规章未作规定的，适用本办法。

第七条　吨税执照

应税船舶在进入港口办理入境手续时，应当向海关申报纳税领取吨税执照，或者交验吨税执照（或者申请核验吨税执照电子信息）。应税船舶在离开港口办理出境手续时，应当交验吨税执照（或者申请核验吨税执照电子信息）。

应税船舶负责人申领吨税执照时，应当向海关提供下列文件：

（一）船舶国籍证书或者海事部门签发的船舶国籍证书收存证明；

（二）船舶吨位证明。

应税船舶因不可抗力在未设立海关地点停泊的，船舶负责人应当立即向附近海关报告，并在不可抗力原因消除后，依照本法规定向海关申报纳税。

第八条 纳税义务的发生时间

吨税纳税义务发生时间为应税船舶进入港口的当日。

应税船舶在吨税执照期满后尚未离开港口的，应当申领新的吨税执照，自上一次执照期满的次日起续缴吨税。

第九条 免征吨税的情形

下列船舶免征吨税：

（一）应纳税额在人民币五十元以下的船舶；

（二）自境外以购买、受赠、继承等方式取得船舶所有权的初次进口到港的空载船舶；

（三）吨税执照期满后二十四小时内不上下客货的船舶；

（四）非机动船舶（不包括非机动驳船）；

（五）捕捞、养殖渔船；

（六）避难、防疫隔离、修理、改造、终止运营或者拆解，并不上下客货的船舶；

（七）军队、武装警察部队专用或者征用的船舶；

（八）警用船舶；

（九）依照法律规定应当予以免税的外国驻华使领馆、国际组织驻华代表机构及其有关人员的船舶；

（十）国务院规定的其他船舶。

前款第十项免税规定，由国务院报全国人民代表大会常务委员会备案。

第十条　延长吨税执照期限的情形

在吨税执照期限内,应税船舶发生下列情形之一的,海关按照实际发生的天数批注延长吨税执照期限:
（一）避难、防疫隔离、修理、改造,并不上下客货;
（二）军队、武装警察部队征用。

第十一条　申明免税或者延长吨税执照期限的依据和理由

符合本法第九条第一款第五项至第九项、第十条规定的船舶,应当提供海事部门、渔业船舶管理部门等部门、机构出具的具有法律效力的证明文件或者使用关系证明文件,申明免税或者延长吨税执照期限的依据和理由。

第十二条　缴税期限

应税船舶负责人应当自海关填发吨税缴款凭证之日起十五日内缴清税款。未按期缴清税款的,自滞纳税款之日起至缴清税款之日止,按日加收滞纳税款万分之五的税款滞纳金。

第十三条　入境担保

应税船舶到达港口前,经海关核准先行申报并办结出入境手续的,应税船舶负责人应当向海关提供与其依法履行吨税缴纳义务相适应的担保;应税船舶到达港口后,依照本法规定向海关申报纳税。

下列财产、权利可以用于担保:
（一）人民币、可自由兑换货币;
（二）汇票、本票、支票、债券、存单;
（三）银行、非银行金融机构的保函;
（四）海关依法认可的其他财产、权利。

第十四条 净吨位变化

应税船舶在吨税执照期限内，因修理、改造导致净吨位变化的，吨税执照继续有效。应税船舶办理出入境手续时，应当提供船舶经过修理、改造的证明文件。

第十五条 税率变化

应税船舶在吨税执照期限内，因税目税率调整或者船籍改变而导致适用税率变化的，吨税执照继续有效。

因船籍改变而导致适用税率变化的，应税船舶在办理出入境手续时，应当提供船籍改变的证明文件。

第十六条 吨税执照毁损或者遗失

吨税执照在期满前毁损或者遗失的，应当向原发照海关书面申请核发吨税执照副本，不再补税。

第十七条 少征、漏征或多征税款的处理

海关发现少征或者漏征税款的，应当自应税船舶应当缴纳税款之日起一年内，补征税款。但因应税船舶违反规定造成少征或者漏征税款的，海关可以自应当缴纳税款之日起三年内追征税款，并自应当缴纳税款之日起按日加征少征或者漏征税款万分之五的税款滞纳金。

海关发现多征税款的，应当在二十四小时内通知应税船舶办理退还手续，并加算银行同期活期存款利息。

应税船舶发现多缴税款的，可以自缴纳税款之日起三年内以书面形式要求海关退还多缴的税款并加算银行同期活期存款利息；海关应当自受理退税申请之日起三十日内查实并通知应税船舶办理退还手续。

应税船舶应当自收到本条第二款、第三款规定的通知之日起三个月内办理有关退还手续。

第十八条　纳税人的行政处罚

应税船舶有下列行为之一的，由海关责令限期改正，处二千元以上三万元以下的罚款；不缴或者少缴应纳税款的，处不缴或者少缴税款百分之五十以上五倍以下的罚款，但罚款不得低于二千元：

（一）未按照规定申报纳税、领取吨税执照；

（二）未按照规定交验吨税执照（或者申请核验吨税执照电子信息）以及提供其他证明文件。

第十九条　计算单位

吨税税款、税款滞纳金、罚款以人民币计算。

第二十条　其他规定

吨税的征收，本法未作规定的，依照有关税收征收管理的法律、行政法规的规定执行。

第二十一条　用语的含义

本法及所附《吨税税目税率表》下列用语的含义：

净吨位，是指由船籍国（地区）政府签发或者授权签发的船舶吨位证明书上标明的净吨位。

非机动船舶，是指自身没有动力装置，依靠外力驱动的船舶。

非机动驳船，是指在船舶登记机关登记为驳船的非机动船舶。

> 捕捞、养殖渔船,是指在中华人民共和国渔业船舶管理部门登记为捕捞船或者养殖船的船舶。
>
> 拖船,是指专门用于拖(推)动运输船舶的专业作业船舶。
>
> 吨税执照期限,是指按照公历年、日计算的期间。

第二十二条　施行日期

本法自 2018 年 7 月 1 日起施行。2011 年 12 月 5 日国务院公布的《中华人民共和国船舶吨税暂行条例》同时废止。

附:

吨税税目税率表

税　目（按船舶净吨位划分）	普通税率（按执照期限划分）			优惠税率（按执照期限划分)			备　注
	1 年	90 日	30 日	1 年	90 日	30 日	
不超过 2000 净吨	12.6	4.2	2.1	9.0	3.0	1.5	1. 拖船按照发动机功率每千瓦折合净吨位 0.67 吨。 2. 无法提供净吨位证明文件的游艇,按照发动机功率每千瓦折合净吨位 0.05 吨。 3. 拖船和非机动驳船分别按相同净吨位船舶税率的 50%计征税款。
超过 2000 净吨,但不超过 10000 净吨	24.0	8.0	4.0	17.4	5.8	2.9	
超过 10000 净吨,但不超过 50000 净吨	27.6	9.2	4.6	19.8	6.6	3.3	
超过 50000 净吨	31.8	10.6	5.3	22.8	7.6	3.8	

附 录

本书所涉文件目录

法律

1995年10月30日	全国人民代表大会常务委员会关于惩治虚开、伪造和非法出售增值税专用发票犯罪的决定
2015年4月24日	中华人民共和国税收征收管理法
2017年12月27日	中华人民共和国烟叶税法
2018年8月31日	中华人民共和国个人所得税法
2018年10月26日	中华人民共和国船舶吨税法
2018年10月26日	中华人民共和国环境保护税法
2018年12月29日	中华人民共和国企业所得税法
2018年12月29日	中华人民共和国车辆购置税法
2019年4月23日	中华人民共和国车船税法
2019年8月26日	中华人民共和国资源税法
2020年8月11日	中华人民共和国城市维护建设税法
2020年8月11日	中华人民共和国契税法
2021年4月29日	中华人民共和国海关法
2021年6月10日	中华人民共和国印花税法
2023年12月29日	中华人民共和国刑法

行政法规及文件

2004年3月31日	中华人民共和国反倾销条例
2004年3月31日	中华人民共和国保障措施条例
2004年3月31日	中华人民共和国反补贴条例

2007年7月20日	对储蓄存款利息所得征收个人所得税的实施办法
2008年11月10日	中华人民共和国消费税暂行条例
2011年1月8日	中华人民共和国房产税暂行条例
2011年1月8日	中华人民共和国土地增值税暂行条例
2016年2月6日	中华人民共和国税收征收管理法实施细则
2017年12月25日	中华人民共和国环境保护税法实施条例
2018年12月18日	中华人民共和国个人所得税法实施条例
2019年3月2日	中华人民共和国城镇土地使用税暂行条例
2019年3月2日	中华人民共和国车船税法实施条例
2019年4月23日	中华人民共和国企业所得税法实施条例
2022年3月29日	中华人民共和国海关行政处罚实施条例
2022年3月19日	国务院关于设立3岁以下婴幼儿照护个人所得税专项附加扣除的通知
2023年7月20日	中华人民共和国发票管理办法
2023年8月28日	国务院关于提高个人所得税有关专项附加扣除标准的通知

部门规章及文件

1995年1月27日	中华人民共和国土地增值税暂行条例实施细则
2001年5月18日	国家税务总局关于贯彻实施《中华人民共和国税收征收管理法》有关问题的通知
2003年4月23日	国家税务总局关于贯彻《中华人民共和国税收征收管理法》及其实施细则若干具体问题的通知
2005年3月28日	财政部、国家税务总局关于个人股票期权所得征收个人所得税问题的通知
2005年5月24日	纳税担保试行办法

2005年10月21日	国家税务总局关于进一步明确房屋附属设备和配套设施计征房产税有关问题的通知
2006年9月30日	国家税务总局关于个人股票期权所得缴纳个人所得税有关问题的补充通知
2007年1月13日	检举纳税人税收违法行为奖励暂行办法
2007年1月19日	财政部、国家税务总局关于贯彻落实国务院关于修改《中华人民共和国城镇土地使用税暂行条例》的决定的通知
2007年2月27日	财政部、国家税务总局关于个人取得有奖发票奖金征免个人所得税问题的通知
2007年4月4日	国家税务总局关于加强和规范个人取得拍卖收入征收个人所得税有关问题的通知
2008年3月7日	财政部、国家税务总局关于生育津贴和生育医疗费有关个人所得税政策的通知
2008年4月3日	国家税务总局关于外国企业所得税纳税年度有关问题的通知
2008年5月16日	国家税务总局关于停止执行企业购买国产设备投资抵免企业所得税政策问题的通知
2008年10月9日	财政部、国家税务总局关于储蓄存款利息所得有关个人所得税政策的通知
2008年12月15日	消费税暂行条例实施细则
2009年1月12日	财政部、国家税务总局关于对外资企业及外籍个人征收房产税有关问题的通知
2009年4月16日	国家税务总局关于实施国家重点扶持的公共基础设施项目企业所得税优惠问题的通知
2009年4月30日	财政部、国家税务总局关于企业清算业务企业所得税处理若干问题的通知
2009年5月12日	土地增值税清算管理规程

2009年8月19日	中华人民共和国海关税收保全和强制措施暂行办法
2009年11月22日	财政部、国家税务总局关于房产税、城镇土地使用税有关问题的通知
2010年12月21日	财政部、国家税务总局关于安置残疾人就业单位城镇土地使用税等政策的通知
2011年6月9日	财政部、国家税务总局关于企业促销展业赠送礼品有关个人所得税问题的通知
2011年7月25日	国家税务总局关于个人终止投资经营收回款项征收个人所得税问题的公告
2011年9月7日	财政部、国家税务总局关于专项用途财政性资金企业所得税处理问题的通知
2011年10月28日	增值税暂行条例实施细则
2012年7月13日	财政部、国家税务总局关于《中华人民共和国消费税暂行条例实施细则》有关条款解释的通知
2013年9月16日	国家税务总局关于应退税款抵扣欠缴税款有关问题的公告
2013年10月21日	国家税务总局关于技术转让所得减免企业所得税有关问题的公告
2013年12月25日	中华人民共和国海关审定进出口货物完税价格办法
2015年10月29日	国家税务总局关于发布《减免税政策代码目录》的公告
2016年10月19日	国家税务总局关于高档化妆品消费税征收管理事项的公告
2017年4月28日	财政部、税务总局关于简并增值税税率有关政策的通知

2017年8月29日	国家税务总局关于卷烟消费税计税价格核定管理有关问题的公告
2017年11月24日	扩大水资源税改革试点实施办法
2017年12月29日	增值税一般纳税人登记管理办法
2018年4月4日	财政部、税务总局关于调整增值税税率的通知
2018年5月29日	中华人民共和国海关进出口货物征税管理办法
2018年6月15日	个人所得税自行纳税申报办法（试行）
2018年6月15日	股权转让所得个人所得税管理办法（试行）
2018年6月15日	税务行政复议规则
2018年6月15日	增值税一般纳税人纳税申报办法
2018年6月15日	企业所得税核定征收办法（试行）
2018年6月15日	个人所得税管理办法
2018年6月15日	增值税专用发票使用规定
2018年6月29日	财政部、税务总局关于明确烟叶税计税依据的通知
2018年7月10日	财政部、税务总局、工业和信息化部、交通运输部关于节能、新能源车船享受车船税优惠政策的通知
2018年8月7日	税务检查证管理办法
2018年10月25日	财政部、税务总局、生态环境部关于明确环境保护税应税污染物适用等有关问题的通知
2018年12月27日	财政部、国家税务总局关于个人所得税法修改后有关优惠政策衔接问题的通知
2019年2月13日	财政部、税务总局关于国家综合性消防救援车辆车船税政策的通知
2019年3月21日	国家税务总局关于深化增值税改革有关事项的公告

2019年4月3日	财政部、税务总局关于延续供热企业增值税、房产税、城镇土地使用税优惠政策的通知
2019年6月13日	财政部、税务总局关于个人取得有关收入适用个人所得税应税所得项目的公告
2019年7月24日	税务登记管理办法
2019年8月29日	中华人民共和国耕地占用税法实施办法
2019年8月30日	国家税务总局关于耕地占用税征收管理有关事项的公告
2019年10月9日	国家税务总局关于增值税发票管理等有关事项的公告
2019年11月26日	税收违法行为检举管理办法
2020年1月17日	财政部、税务总局关于境外所得有关个人所得税政策的公告
2020年4月23日	国家税务总局关于明确二手车经销等若干增值税征管问题的公告
2020年6月24日	财政部、税务总局关于继续执行的资源税优惠政策的公告
2020年6月28日	财政部、税务总局关于资源税有关问题执行口径的公告
2020年8月5日	财政部、海关总署、税务总局关于不再执行20种商品停止减免税规定的公告
2020年8月28日	国家税务总局关于资源税征收管理若干问题的公告
2020年12月21日	中华人民共和国海关进出口货物减免税管理办法
2021年4月13日	工业和信息化部、财政部、税务总局关于调整免征车辆购置税新能源汽车产品技术要求的公告

2021年4月26日	财政部、税务总局关于继续执行企业、事业单位改制重组有关契税政策的公告
2021年4月28日	生态环境部、财政部、税务总局关于发布计算环境保护税应税污染物排放量的排污系数和物料衡算方法的公告
2021年5月12日	财政部、海关总署、税务总局关于对部分成品油征收进口环节消费税的公告
2021年6月22日	国家税务总局关于企业所得税若干政策征管口径问题的公告
2021年6月30日	财政部、税务总局关于贯彻实施契税法若干事项执行口径的公告
2021年8月24日	财政部、税务总局关于继续执行的城市维护建设税优惠政策的公告
2021年8月24日	财政部、税务总局关于城市维护建设税计税依据确定办法等事项的公告
2021年8月26日	国家税务总局关于契税纳税服务与征收管理若干事项的公告
2021年8月27日	财政部、税务总局关于契税法实施后有关优惠政策衔接问题的公告
2021年8月31日	国家税务总局关于城市维护建设税征收管理有关事项的公告
2021年12月22日	财政部、税务总局关于出口货物保险增值税政策的公告
2021年12月30日	财政部、税务总局关于权益性投资经营所得个人所得税征收管理的公告
2021年12月31日	重大税收违法失信主体信息公布管理办法
2022年1月20日	中华人民共和国工业和信息化部、财政部、税务总局关于调整享受车船税优惠的节能新能源汽车产品技术要求的公告

2022 年 3 月 25 日	个人所得税专项附加扣除操作办法（试行）
2022 年 6 月 12 日	财政部、税务总局关于印花税若干事项政策执行口径的公告
2022 年 6 月 28 日	国家税务总局关于实施《中华人民共和国印花税法》等有关事项的公告
2022 年 8 月 5 日	财政部、税务总局关于法律援助补贴有关税收政策的公告
2022 年 9 月 18 日	财政部、税务总局、工业和信息化部关于延续新能源汽车免征车辆购置税政策的公告
2022 年 9 月 30 日	财政部、税务总局关于企业投入基础研究税收优惠政策的公告
2022 年 10 月 2 日	财政部、海关总署、税务总局关于对电子烟征收消费税的公告
2022 年 10 月 25 日	国家税务总局关于电子烟消费税征收管理有关事项的公告
2023 年 1 月 9 日	财政部、税务总局关于明确增值税小规模纳税人减免增值税等政策的公告
2023 年 1 月 9 日	国家税务总局关于增值税小规模纳税人减免增值税等政策有关征管事项的公告
2023 年 3 月 26 日	财政部、税务总局关于进一步完善研发费用税前加计扣除政策的公告
2023 年 3 月 27 日	国家税务总局关于落实小型微利企业所得税优惠政策征管问题的公告
2023 年 6 月 19 日	财政部、税务总局、工业和信息化部关于延续和优化新能源汽车车辆购置税减免政策的公告
2023 年 6 月 30 日	财政部、税务总局关于部分成品油消费税政策执行口径的公告

2023年8月1日	财政部、税务总局关于金融机构小微企业贷款利息收入免征增值税政策的公告
2023年8月1日	财政部、税务总局关于增值税小规模纳税人减免增值税政策的公告
2023年8月2日	财政部、税务总局关于进一步支持小微企业和个体工商户发展有关税费政策的公告
2023年8月2日	国家税务总局关于进一步落实支持个体工商户发展个人所得税优惠政策有关事项的公告
2023年8月18日	财政部、税务总局关于延续实施全年一次性奖金个人所得税政策的公告
2023年8月18日	财政部、税务总局关于延续实施上市公司股权激励有关个人所得税政策的公告
2023年8月18日	财政部、税务总局、住房城乡建设部关于延续实施支持居民换购住房有关个人所得税政策的公告
2023年8月18日	财政部、税务总局关于设备、器具扣除有关企业所得税政策的公告
2023年8月21日	财政部、税务总局关于继续实施银行业金融机构、金融资产管理公司不良债权以物抵债有关税收政策的公告
2023年8月21日	财政部、税务总局、国家发展改革委、中国证监会关于延续实施创业投资企业个人合伙人所得税政策的公告
2023年8月27日	财政部、税务总局关于减半征收证券交易印花税的公告
2023年8月30日	国家税务总局关于贯彻执行提高个人所得税有关专项附加扣除标准政策的公告

2023年9月22日	财政部、税务总局关于继续实施企业、事业单位改制重组有关契税政策的公告
2023年9月22日	财政部、税务总局关于继续实施企业改制重组有关土地增值税政策的公告
2024年1月15日	中华人民共和国发票管理办法实施细则
2024年4月16日	财政部、国家税务总局关于农村集体产权制度改革土地增值税政策的公告
2024年4月17日	财政部、税务总局关于上市公司股权激励有关个人所得税政策的公告
2024年4月30日	国有公益性收藏单位进口藏品免税规定

司法解释及文件

| 2018年8月22日 | 最高人民法院关于虚开增值税专用发票定罪量刑标准有关问题的通知 |
| 2024年3月15日 | 最高人民法院、最高人民检察院关于办理危害税收征管刑事案件适用法律若干问题的解释 |

请示答复

2005年6月24日	国家税务总局关于个人因购买和处置债权取得所得征收个人所得税问题的批复
2007年6月1日	国家税务总局关于外商投资企业和外国企业征收城镇土地使用税问题的批复
2007年9月12日	财政部、国家税务总局关于企业向个人支付不竞争款项征收个人所得税问题的批复
2007年11月20日	国家税务总局关于个人取得房屋拍卖收入征收个人所得税问题的批复
2008年6月10日	财政部、国家税务总局关于企业为个人购买房屋或其他财产征收个人所得税问题的批复

2008年8月7日	国家税务总局关于离退休人员取得单位发放离退休工资以外奖金补贴征收个人所得税的批复
2013年11月25日	国家税务总局关于输水管道有关增值税问题的批复
2013年12月30日	国家税务总局关于房屋买受人按照约定退房取得的补偿款有关个人所得税问题的批复

图书在版编目（CIP）数据

税法一本通／法规应用研究中心编. —2版. —北京：中国法制出版社，2024.5

（法律一本通；11）

ISBN 978-7-5216-4485-2

Ⅰ.①税… Ⅱ.①法… Ⅲ.①税法-基本知识-中国 Ⅳ.①D922.22

中国国家版本馆 CIP 数据核字（2024）第086016号

责任编辑：谢 雯　　　　　　　　　　封面设计：杨泽江

税法一本通
SHUIFA YIBENTONG

编者/法规应用研究中心
经销/新华书店
印刷/三河市国英印务有限公司
开本/880毫米×1230毫米　32开　　印张/19.5　字数/506千
版次/2024年5月第2版　　　　　　　2024年5月第1次印刷

中国法制出版社出版
书号 ISBN 978-7-5216-4485-2　　　　　　定价：69.00元

北京市西城区西便门西里甲16号西便门办公区
邮政编码：100053　　　　　　　　　　传真：010-63141600
网址：http：//www.zgfzs.com　　　　编辑部电话：010-63141791
市场营销部电话：010-63141612　　　　印务部电话：010-63141606

（如有印装质量问题，请与本社印务部联系。）